Strafgesetzbuch

mit

Erläuterungen

nebst den wichtigsten Nebengesetzen und einem Anhang über Strafprozeßrecht, Wirtschafts- und Jugendstrafrecht

von

Dr. Walter Petters

Landgerichtsrat a. D.

(begründet von Dr. A. Grosch, Landgerichtspräsident a. D. †)

Zum Gebrauch für Polizei-, Kriminal- und Gendarmeriebeamte

Siebzehnte vollkommen neubearbeitete und vermehrte Auflage

(77—22 Tausend)

1947

J. Schweitzer Verlag, Berlin und München

Druck von Dr. F. P. Datterer & Cie., Freising-München (Inh. Theodor Dietz)

Vorwort zur 17. Auflage.

Es bestehen zwar gegen die Veröffentlichung eines Kommentars zum alten Reichsstrafgesetzbuch in einem Zeitpunkt, in dem die endgültige Gestaltung eines neuen Strafgesetzbuches noch keineswegs zu übersehen ist, gewisse Bedenken. Im Interesse einer gründlichen Ausbildung der großen Zahl von neu in den Polizeidienst aufgenommenen Beamten erschien jedoch eine Neuauflage des vorliegenden Erläuterungsbuches, um dessen beschleunigte Herstellung sich Herr Dr. Hesse vom Präsidium der Landpolizei Bayern besonders verdient gemacht hat, schon jetzt geboten.

Die neue Auflage gibt Gesetzgebung und Rechtsprechung (erstere einschließlich zahlreicher strafrechtlicher Nebengesetze sowie der nur für einzelne Länder geltenden Bestimmungen) nach dem Stande vom 1. November 1946 wieder. Dabei wurden auch alle einschlägigen Gesetze, Verordnungen und Anweisungen des Kontrollrats bzw. der Militärregierung, insofern sie auf das deutsche Strafrecht und Strafverfahren Einfluß gewonnen haben, in die Erläuterungen aufgenommen. Soweit in dieser Beziehung Zweifelsfragen aufgetreten sind, wurden diese bei der Besprechung der jeweils in Betracht kommenden Gesetzesstellen erörtert. Ebenso wurde zu der Frage Stellung genommen, welche der zwar aus der nationalsozialistischen Zeit stammenden, von den Besatzungsmächten aber nicht ausdrücklich aufgehobenen strafrechtlichen Bestimmungen in einem neuen demokratischen Strafgesetzbuch voraussichtlich keine Aufnahme finden werden, bzw. eine Abänderung erfahren müssen, weil sie spezifisch nationalsozialistischen Charakter tragen.

Der auszugsweisen Darstellung des Strafprozeßrechts und seiner Grundprobleme im Anhang 1 liegt die für die gesamte amerikanische Besatzungszone geltende Strafrechtspflegeordnung 1946 zugrunde. Der das Wirtschaftsstrafrecht behandelnde Anhang 2 enthält die für die tägliche Strafrechtspraxis hauptsächlich in Frage kommenden Wirtschaftsgesetze, u. a. die Kriegswirtschaftsverordnung und die Verbrauchsregelungs-Strafverordnung mit eingehenden Erläuterungen, während im Anhang 3 das Jugendstrafrecht, insonderheit das Reichsjugendgerichtsgesetz Aufnahme gefunden hat.

Im übrigen wurde von mir, wie in den früheren Auflagen, auch bei Herausgabe der vorliegenden siebzehnten Auflage das Ziel verfolgt, in erster Linie für den Polizeibeamten i. w. S. nicht nur ein Nachschlagebuch für den täglichen Dienst in der Verbrechensbekämpfung zu schaffen, sondern ihm auch die Möglichkeit zu geben, sich durch ein im Aufbau und in der Darstellungsweise leichtverständliches Lehrbuch mit zahlreichen Beispielen die in den Prüfungen geforderte theoretische Gesetzeskenntnis zu erwerben.

Darüber hinaus wird das Buch in seiner neuen Gestalt aber auch dem juristischen Nachwuchs manche Anregung geben und gewissermaßen als Brücke von der Theorie zur Praxis das Verständnis für die Grundprobleme des Strafrechts und deren Anwendung auf das tägliche Leben fördern und erleichtern.

Heidelberg, den 1. Dezember 1946.

Dr. Petters.

Erklärung der Abkürzungen.

StGB. = Strafgesetzbuch.

StPO. = Strafprozeßordnung.

StGVG. = Strafgerichtsverfassungsgesetz.

BGB. = Bürgerliches Gesetzbuch.

ZPO. = Zivilprozeßordnung.

KO. = Konkursordnung.

GewO. = Gewerbeordnung.

RGBl. = Reichsgesetzblatt.

Inhalt.

Strafgesetzbuch.

Erster Teil.

Von der Bestrafung der Verbrechen, Vergehen und Übertretungen im allgemeinen.

Zweiter Teil.

Von den einzelnen Verbrechen, Vergehen und Übertretungen und deren Bestrafung.

Strafgesetzbuch.

Einleitende Bestimmungen.

Dreiteilung der strafbaren Handlungen

§ 1. Eine mit dem Tode, mit Zuchthaus, oder mit Festungshaft von mehr als fünf Jahren bedrohte Handlung ist ein Verbrechen.

Eine mit Festungshaft bis zu fünf Jahren, mit Gefängnis oder mit Geldstrafe von mehr als einhundertfünfzig Reichsmark oder mit Geldstrafe schlechthin bedrohte Handlung ist ein Vergehen.

Eine mit Haft oder mit Geldstrafe bis zu einhundertfünfzig Reichsmark bedrohte Handlung ist eine Übertretung.

1. Die Dreiteilung aller strafbaren Handlungen in Verbrechen, Vergehen und Übertretungen ist wichtig:

a) zum Verständnis des StGB. selbst, das z. B. die Verjährungsfristen der Strafverfolgung bei Verbrechen, Vergehen und Übertretungen verschieden bemißt (§ 67) und den Versuch sowie die Beihilfe (§§ 43, 49) und die Begünstigung (§ 257) nur bei Verbrechen und Vergehen bestraft, vgl. auch §§ 20a, 27, 241,

b) im Strafverfahren, in welchem z. B. zur Erlassung eines Haftbefehls bei Verbrechen der Fluchtverdacht keiner weiteren Begründung bedarf (§ 112 Abs. 2[1] StPO. im Anhang 1).

2. Ob eine strafbare Handlung als Verbrechen, Vergehen oder Übertretung anzusehen ist, bemißt sich nach der möglichen *Höchststrafe*, wie sie im Gesetz *angedroht* ist, also ohne Rücksicht darauf, welche Strafe im Einzelfalle bei Berücksichtigung mildernder oder erschwerender Umstände *verwirkt* ist.

Beispiele: §§ 223 Vergehen, 224—226 Verbrechen, 242 Vergehen, 243, 244 Verbrechen, 370 Ziff. 5 Übertretung.

§ 2. Aufgehoben durch Kontrollratsgesetz Nr. 11, Art. 1 vom 30. Januar 1946.

1. § 2 enthielt die Bestimmung über die *entsprechende Anwendung* (Analogie). Es war nämlich unter der nationalsozialistischen Herrschaft der Grundsatz in § 2 aufgestellt worden, daß als Rechtserkenntnisquelle nicht nur das *Gesetz* zu gelten habe, sondern daneben das sog. *gesunde Volksempfinden*.

2. Das Militärregierungsgesetz Nr. 1 Art. IV Ziff. 7 lautet: „Anklagen dürfen nur erhoben, Urteile dürfen nur erlassen, und Strafen nur verhängt werden, falls ein zur Zeit der Begehung der Handlung in Kraft befindliches Gesetz diese Handlung ausdrücklich für strafbar erklärt. Bestrafung von Taten unter Anwendung von Analogie oder nach angeblichem ‚gesunden Volksempfinden' ist verboten." (Eine entsprechende Anordnung enthält die Proklamation des Kontrollrats Nr. 3 Art. II Nr. 3.)

3. Da diese Bestimmung inhaltlich der früheren Fassung des § 2 entspricht, ist damit zu rechnen, daß die ursprüngliche Fassung des § 2 Abs. 1 wieder in Kraft gesetzt wird, welche lautet: „Eine Handlung kann nur dann mit einer Strafe belegt werden, wenn diese Strafe gesetzlich bestimmt war, bevor die Handlung begangen wurde." Nach dieser alten Fassung des § 2 ist die Analogie im Strafrecht ausgeschlossen. Außerdem ergibt sich aus dieser Fassung, daß die Strafgesetze keine rückwirkende Kraft haben.

4. Der Begriff „gesundes Volksempfinden" erscheint noch in folgenden, an sich nicht ausdrücklich aufgehobenen Straftatbeständen des StGB.: §§ 3 Abs. 2, 240, 253, 330c; ferner in § 13 der Reichsärzteordnung und § 19 der Krankenpflegeverordnung. (Siehe hierzu die Erläuterungen zu den jeweiligen Gesetzesstellen des StGB., sowie Erl. 9 und 10 zu § 300.)

Zeitliche Geltung der Strafgesetze.

§ 2a. Die Strafbarkeit einer Tat und die Strafe bestimmen sich nach dem Recht, das zur Zeit der Tat gilt.

Gilt zur Zeit der Entscheidung ein milderes Gesetz als zur Zeit der Tat, so kann das mildere Gesetz angewandt werden; ist die Tat zur Zeit der Entscheidung nicht mehr mit Strafe bedroht, so kann die Bestrafung unterbleiben.

Ein Gesetz, das nur für eine bestimmte Zeit erlassen ist, ist auf die während seiner Geltung begangenen Straftaten auch dann anzuwenden, wenn es außer Kraft getreten ist.

Über Maßregeln der Sicherung und Besserung ist nach dem Gesetz zu entscheiden, das zur Zeit der Entscheidung gilt.

1. Neu gefaßt durch Gesetz vom 28. Juni 1935.

2. Zu Abs. 1: Es gilt der Grundsatz der Nichtrückwirkung der Strafgesetze. Stellt sich also das Bedürfnis heraus, einem Strafgesetz rückwirkende Kraft zu geben, so bedarf dies auch künftig einer besonderen gesetzlichen Anordnung in dem betreffenden Gesetz.

3. Zu Abs. 2: Eine allgemeine Ausnahme besteht aber für das mildere Strafgesetz, insofern, als die Anwendung des milderen Gesetzes dem pflichtgemäßen Ermessen des Richters überlassen ist. Der Fall, daß ein zur Zeit der Tat bestehendes Gesetz zur Zeit der Aburteilung in Wegfall kommt, ist in gleichem Sinne geregelt, wie die Rückwirkung eines milderen Strafgesetzes.

4. Zu Abs. 3: Hier ist das sog. Zeitgesetz geregelt.

§ 2b. Aufgehoben durch Kontrollratsgesetz Nr. 11, Art. I.

Diese Gesetzesstelle enthielt die sog. wahlweise Feststellung, d. h. sie bot die Möglichkeit, auch dann zu einer Verurteilung zu gelangen, wenn sich nicht einwandfrei feststellen ließ, welche strafbare Handlung von dem Täter begangen worden war.

Geltungsbereich des Strafrechts (Inländer).

§ 3. Das deutsche Strafrecht gilt für die Tat eines deutschen Staatsangehörigen, einerlei, ob er sie im Inland oder im Ausland begeht.

Für eine im Ausland begangene Tat, die nach dem Recht des Tatorts nicht mit Strafe bedroht ist, gilt das deutsche Strafrecht nicht, wenn die Tat nach dem gesunden Empfinden des deutschen Volkes wegen der besonderen Verhältnisse am Tatort kein strafwürdiges Unrecht ist.

Eine Tat ist an jedem Ort begangen, an dem der Täter gehandelt hat oder im Falle des Unterlassens hätte handeln sollen oder an dem der Erfolg eingetreten ist oder eintreten sollte.

1. Fassung vom 6. Mai 1940.

2. Hier wird der Geltungsbereich des Strafrechts in bezug auf den Inländer behandelt.

3. Abs. 1 stellt den Grundsatz auf, daß der deutsche Staatsangehörige auch dann nach deutschem Strafrecht verfolgt werden kann, wenn er eine nach deutschem Recht strafbare Handlung im Ausland begeht.

4. Zu Abs. 2: Da nach dem Militärregierungsgesetz Nr. 1 Art. IV Ziff. 7 und der Proklamation des Kontrollrats Nr. 3 Art. II Nr. 3 verboten ist, irgendeine Handlung auf Grund des sog. gesunden Volksempfindens für strafbar zu erklären (siehe Erl. zu dem aufgehobenen § 2), muß damit gerechnet werden, daß Abs. 2 bei der endgültigen Neufassung des § 3 nicht bestehen bleibt. Wird aber Abs. 2 aufgehoben, bzw. geändert, dann wird auch Abs. 1 eine andere Fassung erhalten müssen.

5. Abs. 3 enthält die Bestimmung, daß als Tatort sowohl der Ort der körperlichen Ausführungshandlung als auch der Ort des Erfolgs in Frage kommt. Wird also z. B. ein Erpresserbrief im Inland an eine im Ausland befindliche Person geschrieben, oder umgekehrt, so ist die Tat in beiden Fällen im Inland begangen.

Geltungsbereich des Strafrechts (Ausländer).

§ 4. Das deutsche Strafrecht gilt auch für Taten, die ein Ausländer im Inland begeht.

Für eine von einem Ausländer im Ausland begangene Straftat gilt das deutsche Strafrecht, wenn sie durch das Recht des Tatorts mit Strafe bedroht oder der Tatort keiner Strafgewalt unterworfen ist und wenn

1. der Täter die deutsche Staatsangehörigkeit nach der Tat erworben hat oder
2. die Straftat gegen das deutsche Volk oder gegen einen deutschen Staatsangehörigen gerichtet ist oder
3. der Täter im Inland betroffen und nicht ausgeliefert wird, obwohl die Auslieferung nach der Art der Straftat zulässig wäre.

Unabhängig von dem Recht des Tatorts gilt das deutsche Strafrecht für folgende Straftaten, die ein Ausländer im Ausland begeht:

1. Straftaten, die er als Träger eines deutschen staatlichen Amts, (als deutscher Soldat oder als Angehöriger des Reichsarbeitsdienstes) oder die er gegen den Träger eines deutschen Amts des Staates, (gegen einen deutschen Soldaten oder gegen einen Angehörigen des Reichsarbeitsdienstes) während der Ausübung ihres Dienstes oder in Beziehung auf ihren Dienst begeht;
2. hoch- oder landesverräterische Handlungen gegen Deutschland;
3. Sprengstoffverbrechen;
4. Kinderhandel und Frauenhandel;
5. Verrat eines Betriebs- oder Geschäftsgeheimnisses eines deutschen Betriebes;
6. Meineid in einem Verfahren, das bei einem deutschen Gericht oder einer anderen zur Abnahme von Eiden zuständigen deutschen Stelle anhängig ist;
7. Münzverbrechen und Münzvergehen;
8. unbefugter Vertrieb von Betäubungsmitteln;
9. Handel mit unzüchtigen Veröffentlichungen.

1. Fassung vom 6. Mai 1940.

2. Zu Abs. 1: Er enthält den Grundsatz, daß das deutsche Strafrecht auch für Taten gilt, die der Ausländer im Inland begeht.

3. Zu Abs. 2 und 3: Da diese Gesetzesstellen in der Neufassung des Strafgesetzbuches eine Änderung erfahren müssen, besonders Abs. 3 Nr. 1, wird von einer Erläuterung abgesehen.

§ 5. Das deutsche Strafrecht gilt, unabhängig von dem Recht des Tatorts, für Taten, die auf einem deutschen Schiff oder Luftfahrzeug begangen werden.

Diese Gesetzesstelle enthält eine Erweiterung des Begriffs des Inlandes. Das deutsche Strafrecht soll nämlich auch für Taten gelten, die auf einem deutschen Schiff oder Luftfahrzeug begangen werden, ohne Rücksicht darauf, ob das Schiff oder Luftfahrzeug sich außerhalb des deutschen Hoheitsgebiets befindet.

§ 6. Im Auslande begangene Übertretungen sind nur dann zu bestrafen, wenn dies durch besondere Gesetze oder durch Verträge angeordnet ist.

§ 7. Eine im Auslande vollzogene Strafe ist, wenn wegen derselben Handlung im Gebiete Deutschlands abermals eine Verurteilung erfolgt, auf die zu erkennende Strafe in Anrechnung zu bringen.

§ 8. Aufgehoben.

§ 9. Aufgehoben.

§ 10. Aufgehoben.

§ 11. Kein Mitglied eines Landtages oder einer Kammer eines zum Reiche gehörenden Staates darf außerhalb der Versammlung, zu welcher das Mitglied gehört, wegen seiner Abstimmung oder wegen der in Ausübung seines Berufs getanen Äußerung zur Verantwortung gezogen werden.

§ 12. Wahrheitsgetreue Berichte über Verhandlungen eines Landtags oder einer Kammer eines (zum Reiche gehörigen) Staats bleiben von jeder Verantwortlichkeit frei.

Erster Teil.

Von der Bestrafung der Verbrechen, Vergehen und Übertretungen im allgemeinen.

Erster Abschnitt: Strafen.

Vorbemerkung:

Das StGB. kennt folgende Strafarten:

I. Hauptstrafen:

1. Todesstrafe, § 13.
2. Zuchthausstrafe: lebenslängliche und zeitige (1—15 Jahre), §§ 14, 15, 31.
3. Gefängnisstrafe: 1 Tag bis 5 Jahre, § 16.
4. Festungshaft: lebenslängliche und zeitige (1 Tag bis 15 Jahre), § 17.
5. Haft: 1 Tag bis 6 Wochen, § 18.
6. Geldstrafe: Mindestbetrag bei Verbrechen und Vergehen 3 Reichsmark und höchstens 10000 Reichsmark, bei Übertretungen 1 Reichsmark und höchstens 150 Reichsmark, § 27.

I. Nebenstrafen:

1. Verlust der bürgerlichen Ehrenrechte, dauernder und zeitiger, § 32.
2. Unfähigkeit zur Bekleidung öffentlicher Ämter, die gemäß § 35 Abs. 2 den dauernden Verlust der bekleideten Ämter von Rechts wegen zur Folge hat, § 35.
3. Zulässigkeit von Polizeiaufsicht, §§ 38, 181, 181a, 248, 262, 285a.
4. Einziehung einzelner Gegenstände, §§ 40, 152, 245a, 284b, 295, 296a.
5. Erklärung des Verfalls an den Staat, § 335.
6. Dauernde Unfähigkeit als Zeuge oder Sachverständiger eidlich vernommen zu werden, § 161, ist sichernde Maßnahme; Veröffentlichung des Strafurteils ist teils Strafe, teils Genugtuung (§§ 165, 200).

odesstrafe.

§ 13. Die Todesstrafe ist durch Enthauptung zu vollstrecken.

1. Militärregierungsgesetz Nr. 1 Art. IV Ziff. 8 lautet: „Keine grausame oder übermäßig hohe Strafe darf verhängt werden. Die Todesstrafe ist abgeschafft, ausgenommen für Taten, die durch ein vor dem 30. Januar 1933 geltendes oder durch ein von der Militärregierung oder mit deren Ermächtigung verkündetes Gesetz mit dem Tode bedroht sind."

2. Damit ist die Todesstrafe in Wegfall gekommen zunächst in den von der Militärregierung bzw. dem Kontrollrat ausdrücklich aufgehobenen Straftatbeständen des StGB. und der Nebengesetze. (Siehe Kontrollratsgesetz Nr. 11 Art. I und II.) Da zu diesen aufgehobenen Gesetzen nach Art. II Ziff. 2 a. a. O. auch § 1 des Gesetzes zur Änderung des Reichsstrafgesetzbuchs vom 4. September 1941 gehört, ist auch die in diesem letztgenannten Gesetz angedrohte Todesstrafe für gefährliche Gewohnheitsverbrecher und für gefährliche Sittlichkeitsverbrecher in Wegfall gekommen.

3. Die Todesstrafe ist ferner in Wegfall gekommen in allen an sich in Kraft gebliebenen Tatbeständen des Strafgesetzbuches, in denen erst nach dem

30. Januar 1933 Todesstrafe angedroht worden ist. Hierher gehören: §§ 139 Abs. 2, 218 Abs. 3, 239a, 315. (Siehe die Erl. zu den einzelnen Gesetzesstellen.)

4. Bestehen geblieben ist die Todesstrafe, da schon vor 1933 angedroht, als Strafe für den Mord des § 211. (Die Frage, welche Wirkung die Abschaffung der Todesstrafe auf das Autofallengesetz vom 22. Juni 1938 und die Gewaltverbrecherverordnung vom 5. Dez. 1939 hat, soll unerörtert bleiben, da noch nicht geklärt ist, ob diese beiden Sondergesetze in Kraft geblieben sind.)

Zuchthausstrafe

§ 14. Die Zuchthausstrafe ist eine lebenslängliche oder eine zeitige.

Der Höchstbetrag der zeitigen Zuchthausstrafe ist fünfzehn Jahre, ihr Mindestbetrag ein Jahr.

Wo das Gesetz die Zuchthausstrafe nicht ausdrücklich als eine lebenslängliche androht, ist dieselbe eine zeitige.

§ 15. Die zur Zuchthausstrafe Verurteilten sind in der Strafanstalt zu den eingeführten Arbeiten anzuhalten.

Sie können auch zu Arbeiten außerhalb der Anstalt, insbesondere zu öffentlichen oder von einer Staatsbehörde beaufsichtigten Arbeiten verwendet werden. Diese Art der Beschäftigung ist nur dann zulässig, wenn die Gefangenen dabei von anderen freien Arbeitern getrennt gehalten werden.

1. Die Zuchthausstrafe ist eine entehrende Strafe. Sie ist bei Jugendlichen unzulässig. (Siehe aber § 20 Reichsjugendgerichtsgesetz.)

2. Ihre Folge ist dauernde Unfähigkeit zur Bekleidung öffentlicher Ämter. § 31.

Gefängnisstrafe.

§ 16. Der Höchstbetrag der Gefängnisstrafe ist fünf Jahre, ihr Mindestbetrag ein Tag.

Die zur Gefängnisstrafe Verurteilten können in einer Gefangenenanstalt auf eine ihren Fähigkeiten und Verhältnissen angemessene Weise beschäftigt werden; auf ihr Verlangen sind sie in dieser Weise zu beschäftigen.

Abs. 3 aufgehoben durch Kontrollratsgesetz Nr. 11.

1. Die Gefängnisstrafe ist nicht entehrend.

2. Auf Gefängnis bis zu 10 Jahren kann erkannt werden im Falle einer Gesamtstrafe (§ 74), sowie bei Jugendlichen an Stelle von Todesstrafe oder lebenslangem Zuchthaus (§ 5 RJGG.).

Festungshaft.

§ 17. Die Festungshaft ist eine lebenslängliche oder eine zeitige.

Der Höchstbetrag der zeitigen Festungshaft ist fünfzehn Jahre, ihr Mindestbetrag ein Tag.

Wo das Gesetz die Festungshaft nicht ausdrücklich als eine lebenslängliche androht, ist dieselbe eine zeitige.

Die Strafe der Festungshaft besteht in Freiheitsentziehung mit Beaufsichtigung der Beschäftigung und Lebensweise der Gefangenen. Sie wird in Festungen vollzogen, die der Reichsregierung unterstehen.

1. Die Festungshaft ist nicht entehrend. Sie darf nach der „Allgemeinen Anweisung an Richter Nr. 1" einstweilen nicht verhängt werden.

2. Sie kommt vor allem beim Zweikampf (§§ 201 ff.) in Frage; ferner in den §§ 104—107, 130a, 345.

Haft.

§ 18. Der Höchstbetrag der Haft ist sechs Wochen, ihr Mindestbetrag ein Tag.

Die Strafe der Haft besteht in einfacher Freiheitsentziehung.

1. Die Haft ist nicht entehrend und ohne Arbeitszwang (Ausnahme in § 362).

2. Sie kommt in der Hauptsache nur bei Übertretungen in Frage. Ausnahmsweise auch bei Vergehen, z. B. im Falle des § 185.

3. Als Gesamtstrafe kann Haft bis zu 3 Monaten verhängt werden (§ 77 Abs. 2).

Bemessung der Strafen.

§ 19. Bei Freiheitsstrafen wird der Tag zu vierundzwanzig Stunden, die Woche zu sieben Tagen, der Monat und das Jahr nach der Kalenderzeit gerechnet.

Die Dauer einer Zuchthausstrafe darf nur nach vollen Monaten, die Dauer einer anderen Freiheitsstrafe nur nach vollen Tagen bemessen werden.

Wahl zwischen Zuchthaus und Festungshaft.

§ 20. Wo das Gesetz die Wahl zwischen Zuchthaus oder Gefängnis und Festungshaft gestattet, darf auf Festungshaft nur dann erkannt werden, wenn die Tat sich nicht gegen das Wohl des Volkes gerichtet und der Täter ausschließlich aus ehrenhaften Beweggründen gehandelt hat.

Gefährlicher Gewohnheitsverbrecher.

§ 20a. Hat jemand, der schon zweimal rechtskräftig verurteilt worden ist, durch eine neue vorsätzliche Tat eine Freiheitsstrafe verwirkt und ergibt die Gesamtwürdigung der Taten, daß er ein gefährlicher Gewohnheitsverbrecher ist, so ist, soweit die neue Tat nicht mit schwererer Strafe bedroht ist, auf Zuchthaus bis zu 5 Jahren und, wenn die neue Tat auch ohne diese Strafschärfung ein Verbrechen wäre, auf Zuchthaus bis zu fünfzehn Jahren zu erkennen. Die Strafschärfung setzt voraus, daß die beiden früheren Verurteilungen wegen eines Verbrechens oder vorsätzlichen Vergehens ergangen sind und in jeder von ihnen auf Todesstrafe, Zuchthaus oder Gefängnis von mindestens sechs Monaten erkannt worden ist.

Hat jemand mindestens drei vorsätzliche Taten begangen und ergibt die Gesamtwürdigung der Taten, daß er ein gefährlicher Gewohnheitsverbrecher ist, so kann das Gericht bei jeder abzuurteilenden Einzeltat die Strafe ebenso verschärfen, auch wenn die übrigen im Abs. 1 genannten Voraussetzungen nicht erfüllt sind.

Eine frühere Verurteilung kommt nicht in Betracht, wenn zwischen dem Eintritt ihrer Rechtskraft und der folgenden Tat mehr als fünf Jahre verstrichen sind. Eine frühere Tat, die noch nicht rechtskräftig abgeurteilt ist, kommt nicht in Betracht, wenn zwischen ihr und der folgenden Tat mehr als fünf Jahre verstrichen sind. In die Frist wird die Zeit nicht eingerechnet, in der der Täter eine Freiheitsstrafe verbüßt oder auf behördliche Anordnung in einer Anstalt verwahrt wird.

Eine ausländische Verurteilung steht einer inländischen gleich, wenn die geahndete Tat auch nach deutschem Recht ein Verbrechen oder vorsätzliches Vergehen wäre.

1. Der § 20a ist durch das am 1. Jan. 1934 in Kraft getretene Gesetz gegen gefährliche Gewohnheitsverbrecher und über Maßregeln der Sicherung und Besserung vom 24. Nov. 1933 in das Strafgesetzbuch eingefügt worden. Diese neue Strafbestimmung gilt dem Kampf gegen das Berufsverbrechertum. Daneben ist nach § 42e Sicherungsverwahrung zulässig, wenn die öffentliche Sicherheit es erfordert, was nicht ohne weiteres bei jedem gefährlichen Gewohnheitsverbrecher der Fall zu sein braucht.

2. Ein Verbrecher gilt dann als gefährlicher Gewohnheitsverbrecher, wenn er mindestens drei Verbrechen oder vorsätzliche Vergehen begangen hat, und die Gesamtwürdigung dieser Taten ergibt, daß die verbrecherische Betätigung auf einen in seiner Persönlichkeit verwurzelten Hang zurückzuführen ist, der die Wahrscheinlichkeit begründet, daß der Täter auch in Zukunft weitere nicht unerhebliche Straftaten begehen wird.

3. Ohne Bedeutung für den Begriff des gefährlichen Gewohnheitsverbrechers ist es, ob der Täter wegen der einzelnen Straftaten bereits rechtskräftig verurteilt ist, ja er braucht sogar überhaupt noch nicht bestraft zu sein. Es ist nur erforderlich, daß drei Straftaten der oben genannten Art vorliegen (siehe Abs. 2 des § 20a).

4. Von einem Hang zu verbrecherischer Betätigung kann im allgemeinen dann nicht gesprochen werden, wenn die Straftaten vorwiegend durch äußere Umstände, wie schwere wirtschaftliche Not u. a. veranlaßt worden sind, also nicht in einer durch wiederholte Begehung erworbenen Seelenverfassung ihren Ursprung haben. Als Gewohnheitsverbrecher kommen vor allem in Frage die gewerbsmäßigen Einbrecher, Taschendiebe, Warenhausdiebe, Heiratsschwindler, Hochstapler und die gewohnheitsmäßigen Sittlichkeitsverbrecher.

5. Gefährlich ist der Gewohnheitsverbrecher dann, wenn von ihm zu erwarten ist, daß er weiterhin wichtige Rechtsgüter erheblich gefährden wird.

6. Der Abs. 1 des § 20a enthält den Fall, bei dem die Strafschärfung zwingend vorgeschrieben ist. Voraussetzung hierfür ist:
a) daß der Täter schon zweimal rechtskräftig verurteilt ist (Verbüßung der Strafen ist nicht erforderlich),
b) daß in jeder der beiden früheren Verurteilungen entweder auf Todesstrafe oder auf Zuchthaus oder auf Gefängnis von mindestens 6 Monaten erkannt worden ist,
c) daß die abzuurteilende Tat ein Verbrechen oder vorsätzliches Vergehen, und daß durch sie eine Freiheitsstrafe verwirkt ist.

7. Der Abs. 2 des § 20a enthält den Fall, bei dem die Strafschärfung in das Ermessen des Gerichts gestellt ist. Hat nämlich der Täter 3 Verbrechen oder vorsätzliche Vergehen begangen, ohne daß er wegen zweier dieser Taten bereits rechtskräftig zu Todesstrafe, Zuchthaus oder Gefängnis von mindestens 6 Monaten verurteilt worden ist, so kann das Gericht die Strafschärfung bei jeder der abzuurteilenden Taten vornehmen, wenn der Täter ein gefährlicher Gewohnheitsverbrecher ist.

8. Die Strafschärfung ist folgende:
a) Ist die abzuurteilende Tat ohne die Strafschärfung ein Vergehen, so tritt Zuchthaus bis zu 5 Jahren ein.
b) Ist die abzuurteilende Tat schon ohne die Strafschärfung ein Verbrechen, so wird die Strafe auf Zuchthaus bis zu 15 Jahren verschärft, sofern die Tat nicht schon mit einer schwereren Strafe bedroht sein sollte.

9. Weder für die Gesamtwürdigung, noch für die Strafschärfung kommen in Betracht Straftaten, die, wenn sie noch nicht rechtskräftig abgeurteilt sind, mehr als 5 Jahre vor der folgenden in Betracht zu ziehenden Straftat begangen sind, oder bei denen, wenn sie bereits abgeurteilt sind, der Eintritt der Rechtskraft des Urteils vor der folgenden Tat mehr als 5 Jahre zurückliegt.

Strafumwandlung.

§ 21. Achtmonatliche Zuchthausstrafe ist einer einjährigen Gefängnisstrafe, achtmonatliche Gefängnisstrafe einer einjährigen Festungshaft gleichzuachten.

Einzelhaft.

§ 22. Die Zuchthaus- und Gefängnisstrafe können sowohl für die ganze Dauer, wie für einen Teil der erkannten Strafzeit in der Weise in Einzelhaft vollzogen werden, daß der Gefangene unausgesetzt von anderen Gefangenen gesondert gehalten wird.

Die Einzelhaft darf ohne Zustimmung des Gefangenen die Dauer von drei Jahren nicht übersteigen.

Vorläufige Entlassung.

§ 23. Die zu einer längeren Zuchthaus- oder Gefängnisstrafe Verurteilten können, wenn sie drei Vierteile, mindestens aber ein Jahr der ihnen auferlegten Strafe verbüßt, sich auch während dieser Zeit gut geführt haben, mit ihrer Zustimmung vorläufig entlassen werden.

§ 24. Die vorläufige Entlassung kann bei schlechter Führung des Entlassenen, oder wenn derselbe den ihm bei der Entlassung auferlegten Verpflichtungen zuwiderhandelt, jederzeit widerrufen werden.

Der Widerruf hat die Wirkung, daß die seit der vorläufigen Entlassung bis zur Wiedereinlieferung verflossene Zeit auf die festgesetzte Strafdauer nicht angerechnet wird.

§ 25. Der Beschluß über die vorläufige Entlassung, sowie über einen Widerruf ergeht von der obersten Justiz-Aufsichtsbehörde. Vor dem Beschluß über die Entlassung ist die Gefängnisverwaltung zu hören.

Die einstweilige Festnahme vorläufig Entlassener kann aus dringenden Gründen des öffentlichen Wohls von der Polizeibehörde des Orts, an welchem der Entlassene sich aufhält, verfügt werden. Der Beschluß über den endgültigen Widerruf ist sofort nachzusuchen.

Führt die einstweilige Festnahme zu einem Widerrufe, so gilt dieser als am Tage der Festnahme erfolgt.

§ 26. Ist die festgesetzte Strafzeit abgelaufen, ohne daß ein Widerruf der vorläufigen Entlassung erfolgt ist, so gilt die Freiheitsstrafe als verbüßt.

Geldstrafe.

§ 27. Die Geldstrafe ist in Reichsmark festzusetzen.

Sie beträgt:

1. bei Verbrechen und Vergehen, soweit nicht höhere Beträge oder Geldstrafe in unbeschränkter Höhe angedroht sind oder werden, mindestens 3 Reichsmark und höchstens 10000 Reichsmark;
2. bei Übertretungen mindestens eine Reichsmark, soweit nicht ein höherer Mindestbetrag angedroht ist oder wird, und höchstens 150 Reichsmark.

Die Vorschriften des Abs. 2 über Höchstbeträge gelten nicht, soweit die angedrohte Strafe in dem Mehrfachen, dem Einfachen oder dem Bruchteil eines bestimmten Betrags besteht. Ist dieser nicht auf Reichsmark gestellt, so ist er für die Festsetzung der Geldstrafe in Reichsmark umzurechnen.

§ 27a. Bei einem Verbrechen oder Vergehen, das auf Gewinnsucht beruht, kann die Geldstrafe auf einhunderttausend Reichsmark erhöht und auf eine solche Geldstrafe neben Freiheitsstrafe auch in denjenigen Fällen erkannt werden, in denen das Gesetz eine Geldstrafe nicht androht.

§ 27b. Ist für ein Vergehen oder eine Übertretung, für die an sich eine Geldstrafe überhaupt nicht oder nur neben Freiheitsstrafe zulässig ist, Freiheitsstrafe von weniger als drei Monaten verwirkt, so ist an Stelle der Freiheitsstrafe auf Geldstrafe (§§ 27, 27a) zu erkennen, wenn der Strafzweck durch eine Geldstrafe erreicht werden kann.

(Die Vorschriften des Militärstrafgesetzbuchs bleiben unberührt.)

Die Vorschrift ist auch anwendbar, wenn neben Freiheitsstrafe Geldstrafe nur bei mildernden Umständen zulässig ist und solche nicht angenommen werden. Die Vorschrift ist aber nicht anwendbar, wenn Geld- und Freiheitsstrafe wahlweise angedroht sind, wie z. B. im § 185.

§ 27c. Bei der Bemessung einer Geldstrafe sind die wirtschaftlichen Verhältnisse des Täters zu berücksichtigen.

Die Geldstrafe soll das Entgelt, das der Täter für die Tat empfangen, und den Gewinn, den er aus der Tat gezogen hat, übersteigen.

Reicht das gesetzliche Höchstmaß hierzu nicht aus, so darf es überschritten werden.

§ 28. Ist dem Verurteilten nach seinen wirtschaftlichen Verhältnissen nicht zuzumuten, daß er die Geldstrafe sofort zahlt, so hat ihm das Gericht eine Frist zu bewilligen oder ihm zu gestatten, die Strafe in bestimmten Teilbeträgen zu zahlen.

Das Gericht kann diese Vergünstigung auch nach dem Urteil bewilligen. Es kann seine Entschließungen nachträglich ändern. Leistet der Verurteilte die Teilzahlungen nicht rechtzeitig, oder bessern sich seine wirtschaftlichen Verhältnisse wesentlich, so kann das Gericht die Vergünstigung widerrufen.

Auf die nach Abs. 2 zu treffenden Entscheidungen findet § 462 der StPO. Anwendung.

§ 28a. Soweit die Geldstrafe nicht gezahlt wird, ist sie beizutreiben.

Der Versuch, die Geldstrafe beizutreiben, kann unterbleiben, wenn mit Sicherheit vorauszusehen ist, daß sie aus dem beweglichen Vermögen des Verurteilten nicht beigetrieben werden kann.

§ 28b. Die Vollstreckungsbehörde kann dem Verurteilten gestatten, eine uneinbringliche Geldstrafe durch freie Arbeit zu tilgen.

Das Nähere regelt die Reichsregierung. Soweit dies nicht geschieht, ist der Reichsminister der Justiz ermächtigt, das Nähere zu regeln.

§ 29. An die Stelle einer uneinbringlichen Geldstrafe tritt bei Verbrechen und Vergehen Gefängnis oder, wenn neben der

Geldstrafe auf Zuchthaus erkannt wird, Zuchthaus, bei Übertretungen Haft. Auch bei Vergehen kann die Geldstrafe in Haft umgewandelt werden, wenn Geldstrafe allein oder an erster Stelle oder wahlweise neben Haft angedroht ist.

Die Dauer der Ersatzstrafe ist mindestens ein Tag und bei Gefängnis und Zuchthaus höchstens ein Jahr, bei Haft höchstens sechs Wochen. Ist neben der Geldstrafe wahlweise Freiheitsstrafe von geringerer Höhe angedroht, so darf die Ersatzstrafe deren Höchstmaß nicht übersteigen. Die Ersatzstrafe darf nur nach vollen Tagen bemessen werden.

Im übrigen richtet sich das Maß der Ersatzstrafe nach freiem Ermessen des Gerichts.

In den Fällen des § 27b ist Ersatzstrafe die verwirkte Freiheitsstrafe.

Der Verurteilte kann die Vollstreckung der Ersatzstrafe jederzeit dadurch abwenden, daß er den noch zu zahlenden Betrag der Geldstrafe entrichtet.

Kann die Geldstrafe ohne Verschulden des Verurteilten nicht eingebracht werden, so kann das Gericht anordnen, daß die Vollstreckung der Ersatzstrafe unterbleibt. § 462 der StPO. findet Anwendung.

§ 30. In den Nachlaß kann eine Geldstrafe nur dann vollstreckt werden, wenn das Urteil bei Lebzeiten des Verurteilten rechtskräftig geworden war.

Folgen bei Zuchthausstrafe.

§ 31. Die Verurteilung zur Zuchthausstrafe hat die dauernde Unfähigkeit zur Bekleidung öffentlicher Ämter von Rechts wegen zur Folge.

Unter öffentlichen Ämtern im Sinne dieses Strafgesetzes sind die Anwaltschaft und das Notariat, sowie der Geschworenen- und Schöffendienst mitbegriffen.

Aberkennung der bürgerlichen Ehrenrechte.

§ 32. Neben der Todesstrafe und der Zuchthausstrafe kann auf den Verlust der bürgerlichen Ehrenrechte erkannt werden, neben der Gefängnisstrafe nur, wenn die Dauer der erkannten Strafe drei Monate erreicht und entweder das Gesetz den Verlust der bürgerlichen Ehrenrechte ausdrücklich zuläßt oder die Gefängnisstrafe wegen Annahme mildernder Umstände an Stelle von Zuchthausstrafe ausgesprochen wird.

Die Dauer dieses Verlustes beträgt bei zeitiger Zuchthausstrafe mindestens zwei und höchstens zehn Jahre, bei Gefängnisstrafe mindestens ein Jahr und höchstens fünf Jahre.

Bei Meineid (§ 161), schwerer Kuppelei (§ 181) und Wucher i. S. der §§ 302d, 302e muß auf Ehrverlust erkannt werden.

§ 33. Die Aberkennung der bürgerlichen Ehrenrechte bewirkt den dauernden Verlust der aus öffentlichen Wahlen für den Verurteilten hervorgegangenen Rechte, ingleichen den dauernden Verlust der öffentlichen Ämter, Würden, Titel, Orden und Ehrenzeichen.

§ 34. Die Aberkennung der bürgerlichen Ehrenrechte bewirkt ferner die Unfähigkeit, während der im Urteile bestimmten Zeit

1. gegenstandslos;
2. gegenstandslos;
3. öffentliche Ämter, Würden, Titel, Orden und Ehrenzeichen zu erlangen;
4. in öffentlichen Angelegenheiten zu stimmen, zu wählen oder gewählt zu werden oder andere politische Rechte auszuüben;
5. Zeuge bei Aufnahme von Urkunden zu sein;
6. Vormund, Gegenvormund, Pfleger, Beistand der Mutter, Mitglied eines Familienrats oder Kurator zu sein, es sei denn, daß es sich um Verwandte absteigender Linie handele und die obervormundschaftliche Behörde oder der Familienrat die Genehmigung erteile.

Unfähigkeit zur Bekleidung öffentlicher Ämter.

§ 35. Neben einer Gefängnisstrafe, mit welcher die Aberkennung der bürgerlichen Ehrenrechte überhaupt hätte verbunden werden können, kann auf die Unfähigkeit zur Bekleidung öffentlicher Ämter auf die Dauer von einem bis zu fünf Jahren erkannt werden.

Die Aberkennung der Fähigkeit zur Bekleidung öffentlicher Ämter hat den dauernden Verlust der bekleideten Ämter von Rechts wegen zur Folge.

§ 36. Die Aberkennung der bürgerlichen Ehrenrechte und der Fähigkeit zur Bekleidung öffentlicher Ämter wird mit der Rechtskraft des Urteils wirksam. Ihre Dauer wird von dem Tage ab berechnet, an dem die Freiheitsstrafe, neben der die Aberkennung ausgesprochen wurde, verbüßt, verjährt oder erlassen ist. Ist neben der Strafe eine mit Freiheitsentziehung verbundene Maßregel der Sicherung und Besserung angeordnet worden, so wird die Frist erst von dem Tage ab berechnet, an dem auch die Maßregel erledigt ist.

Ist nach Ablauf einer Probezeit dem Verurteilten die Strafe ganz oder teilweise erlassen worden oder eine mit Freiheitsentziehung verbundene Maßregel der Sicherung und Besserung erledigt, so wird die Probezeit auf die Frist angerechnet.

§ 37. Aufgehoben.

Polizeiaufsicht.

§ 38. Neben einer Freiheitsstrafe kann in den durch das Gesetz vorgesehenen Fällen auf die Zulässigkeit von Polizeiaufsicht erkannt werden.

Die höhere Landespolizeibehörde erhält durch ein solches Erkenntnis die Befugnis, nach Anhörung der Gefängnisverwaltung den Verurteilten auf die Zeit von höchstens fünf Jahren unter Polizeiaufsicht zu stellen.

Diese Zeit wird von dem Tage berechnet, an welchem die Freiheitsstrafe verbüßt, verjährt oder erlassen ist.

Wirkungen der Polizeiaufsicht.

§ 39. Die Polizeiaufsicht hat folgende Wirkungen:

1. dem Verurteilten kann der Aufenthalt an einzelnen bestimmten Orten von der höheren Landespolizeibehörde untersagt werden;
2. aufgehoben;
3. Haussuchungen unterliegen keiner Beschränkung hinsichtlich der Zeit, zu welcher sie stattfinden dürfen.

Einziehung.

§ 40. Gegenstände, welche durch ein vorsätzliches Verbrechen oder Vergehen hervorgebracht, oder welche zur Begehung eines vorsätzlichen Verbrechens oder Vergehens gebraucht oder bestimmt sind, können, sofern sie dem Täter oder einem Teilnehmer gehören, eingezogen werden.

Die Einziehung ist im Urteile auszusprechen.

1. Während diese Gesetzesstelle von den Fällen handelt, in denen Gegenstände eingezogen werden **können**, gibt es auch Delikte, bei denen auf Einziehung erkannt werden **muß**, nämlich beim Münzverbrechen (§ 152), beim Vergehen des § 245a (Diebeswerkzeug), beim Glücksspiel (§ 284b), beim Jagdvergehen (§ 295) und beim unbefugten Fischen (§ 296a), und zwar in allen diesen Fällen ohne Rücksicht darauf, wem die Gegenstände gehören. Der Polizeibeamte hat demnach Verbrecherwerkzeuge und Gegenstände, die durch das Verbrechen hervorgebracht wurden, z. B. Falschgeld, zunächst in Verwahrung zu nehmen.

2. **Nicht** der Einziehung unterliegt das durch die strafbare Handlung Erworbene, z. B. die gestohlene Sache, oder das durch Betrug Erlangte. Diese Sachen sind nach Klärung des Falles dem Eigentümer zurückzugeben.

Unbrauchbarmachung.

§ 41. Wenn der Inhalt einer Schrift, Abbildung oder Darstellung strafbar ist, so ist im Urteile auszusprechen, daß alle Exemplare, sowie die zu ihrer Herstellung bestimmten Platten und Formen unbrauchbar zu machen sind.

Diese Vorschrift bezieht sich jedoch nur auf die im Besitze des Verfassers, Druckers, Herausgebers, Verlegers oder Buchhändlers befindlichen und auf die öffentlich ausgelegten oder öffentlich angebotenen Exemplare.

Ist nur ein Teil der Schrift, Abbildung oder Darstellung strafbar, so ist, insofern eine Ausscheidung möglich ist, auszusprechen, daß nur die strafbaren Stellen und derjenige Teil der Platten und Formen, auf welchem sich diese Stellen befinden, unbrauchbar zu machen sind.

Objektives Verfahren.

§ 42. Ist in den Fällen der §§ 40 und 41 die Verfolgung oder die Verurteilung einer bestimmten Person nicht ausführbar, so können die daselbst vorgeschriebenen Maßnahmen selbständig erkannt werden.

Ein solches Verfahren heißt objektives Verfahren, und ist in §§ 430—432 StPO. geregelt.

1a Abschnitt. Maßregeln der Sicherung und Besserung.

§ 42a. Maßregeln der Sicherung und Besserung sind:

1. die Unterbringung in einer Heil- oder Pflegeanstalt,
2. die Unterbringung in einer Trinkerheilanstalt oder einer Entziehungsanstalt,
3. die Unterbringung in einem Arbeitshaus,
4. die Sicherungsverwahrung,
5. aufgehoben (betraf Entmannung),
6. die Untersagung der Berufsausübung.

Allgemeine Grundsätze für die §§ 42a—42n:

1. Während die Strafe eine Vergeltung für das begangene Verbrechen darstellt, bezwecken die Sicherungs- und Besserungsmaßregeln, künftige Straftaten bestimmter Verbrechertypen zu verhindern. Die hierfür in Frage kommenden Mittel wollen kein Übel zufügen, sondern in anderer Weise die Begehung künftiger Verbrechen verhüten, und zwar entweder durch Besserungsmaßnahmen (Unterbringung in einer Heil- oder Pflegeanstalt, Trinkerheilanstalt, Arbeitshaus), oder durch körperliche Absonderung aus der Volksgemeinschaft, sei es der Person selbst (Sicherungsverwahrung), sei es ihrer Tätigkeit (Untersagung der Berufsausübung).

2. Die Sicherungsmaßregeln können regelmäßig nur neben einer Strafe verhängt werden, ausnahmsweise auch ohne Strafe, nämlich bei Begehung von Straftaten durch Unzurechnungsfähige. Zuständig für die Anordnung ist der Strafrichter, und nicht die Verwaltungsbehörde.

3. Die Anordnung muß erfolgen, wenn es sich um eine Sicherungsmaßregel handelt, die eine Freiheitsentziehung bezweckt (§ 42a Z. 1—4) und sie kann erfolgen im Falle des § 42 Ziff. 6.

Es können auch mehrere Sicherungsmaßregeln nebeneinander angeordnet werden.

4. Mit der Verjährung der Strafverfolgung erlischt auch die Befugnis zur Anordnung von Sicherungsmaßregeln (§ 67 Abs. 5). Die Vollstreckung der Sicherungsmaßregeln verjährt in 10 bzw. 5 Jahren (§ 70 Abs. 2). Ebenso wie die Strafen werden auch die Sicherungsmaßregeln in das Strafregister eingetragen.

Heil- und Pflegeanstalt.

§ 42b. Hat jemand eine mit Strafe bedrohte Handlung im Zustand der Zurechnungsunfähigkeit (§ 51 Abs. 1, § 58 Abs. 1) oder der verminderten Zurechnungsfähigkeit (§ 51 Abs. 2, § 58 Abs. 2) begangen, so ordnet das Gericht seine Unterbringung in einer Heil- oder Pflegeanstalt an, wenn die öffentliche Sicherheit es erfordert. Dies gilt nicht bei Übertretungen.

Bei vermindert Zurechnungsfähigen tritt die Unterbringung neben die Strafe.

1. Bei der Unterbringung in einer Heil- oder Pflegeanstalt sind 2 Fälle zu unterscheiden, nämlich die Unterbringung eines Unzurechnungsfähigen und die Unterbringung eines vermindert Zurechnungsfähigen.

2. Die Voraussetzungen sind folgende:

a) Es muß eine mit Strafe bedrohte Handlung vorliegen,

b) die Tat muß im Zustande der Unzurechnungsfähigkeit, bzw. verminderten Zurechnungsfähigkeit begangen sein,

c) der vermindert Zurechnungsfähige muß, falls es zu einem ordentlichen Strafverfahren gekommen ist, wegen der begangenen Handlung zu Strafe verurteilt, bzw. der Zurechnungsunfähige muß wegen Unzurechnungsfähigkeit freigesprochen worden sein.

d) die öffentliche Sicherheit muß die Unterbringung erfordern, d. h. es muß die Wahrscheinlichkeit vorliegen, der Täter werde durch weitere Handlungen die öffentliche Sicherheit gefährden.

3. Da bei dem Unzurechnungsfähigen, falls dieser Zustand von vornherein feststeht, ein Strafverfahren nicht eingeleitet werden kann, da eine strafbare Handlung nicht vorliegt, ist für diesen Fall ein besonderes Sicherungsverfahren vorgesehen (StPO. § 429a), während beim vermindert Zurechnungsfähigen die Unterbringung neben die Strafe tritt.

Trinkerheilanstalt.

§ 42c. Wird jemand, der gewohnheitsmäßig im Übermaß geistige Getränke oder andere berauschende Mittel zu sich nimmt, wegen eines Verbrechens oder Vergehens, das er im Rausch begangen hat oder das mit einer solchen Gewöhnung in ursächlichem Zusammenhang steht, oder wegen Volltrunkenheit (§ 330a) zu einer Strafe verurteilt und ist seine Unterbringung in einer Trinkerheilanstalt oder einer Entziehungsanstalt erforderlich, um ihn an ein gesetzmäßiges und geordnetes Leben zu gewöhnen, so ordnet das Gericht neben der Strafe die Unterbringung an.

Die Unterbringung in einer Trinkerheilanstalt oder Entziehungsanstalt, die ebenfalls neben der Strafe zwingend vorgeschrieben ist, hat zur Voraussetzung:

1. daß der Täter gewohnheitsmäßig im Übermaß geistige Getränke oder andere berauschende Mittel zu sich nimmt,
2. daß er wegen eines Verbrechens oder Vergehens verurteilt ist, das er entweder im Rausch begangen hat, oder das mit der Gewöhnung zum übermäßigen Genuß von Rauschmitteln in ursächlichem Zusammenhang steht, oder daß er wegen Volltrunkenheit nach § 330a zu Strafe verurteilt worden ist,
3. daß seine Unterbringung erforderlich ist, um ihn an gesetzmäßiges und geordnetes Leben zu gewöhnen, d. h. daß andere Mittel, wie z. B. Familienfürsorge nicht ausreichend erscheinen.

Arbeitshaus.

§ 42d. Wird jemand nach § 361 Nr. 3 bis 5, 6a bis 8 zu Haftstrafe verurteilt, so ordnet das Gericht neben der Strafe seine Unterbringung in einem Arbeitshaus an, wenn sie erforderlich ist, um ihn zur Arbeit anzuhalten und an ein gesetzmäßiges und geordnetes Leben zu gewöhnen.

Dasselbe gilt, wenn jemand, der gewohnheitsmäßig zum Erwerbe Unzucht treibt, nach § 361 Nr. 6 zu Haftstrafe verurteilt wird.

Wegen Bettelns ist die Anordnung nur zulässig, wenn der Täter aus Arbeitsscheu oder Liederlichkeit oder gewerbsmäßig gebettelt hat.

Arbeitsunfähige, deren Unterbringung in einem Arbeitshaus angeordnet ist, können in einem Asyl untergebracht werden.

Die Unterbringung in einem Arbeitshaus.

1. Das frühere Strafrecht kannte die Unterbringung in einem Arbeitshause bei der Zuhälterei des § 181a Abs. 3 in Verb. mit § 362 Abs. 3, sowie bei verschiedenen Übertretungen (Landstreicherei, Bettel, Trunksucht). In allen diesen Fällen konnte aber der Richter diese Unterbringung nicht selbst anordnen, sondern konnte nur auf Überweisung an die Landespolizeibehörde erkennen, in deren Ermessen es dann gestellt war, die verurteilte Person in ein Arbeitshaus unterzubringen. Nach § 42d kann nunmehr der Richter selbst die Anordnung treffen, während die Überweisung an die Landespolizeibehörde weggefallen ist.

2. Die Unterbringung in einem Arbeitshaus, die sich ganz allgemein gegen solche Personen richtet, die zu willensschwach sind, ihren Lebensunterhalt durch geregelte Arbeit zu verdienen, muß angeordnet werden, wenn die im Gesetz festgelegten Voraussetzungen gegeben sind.

3. Arbeitsunfähige sind statt im Arbeitshaus in einem Asyl unterzubringen.

4. Wegen der Dauer der Unterbringung vgl. § 42f Abs. 2 und wegen der Vollziehung § 42i Abs. 1.

Sicherungsverwahrung.

§ 42e. Wird jemand nach § 20a als ein gefährlicher Gewohnheitsverbrecher verurteilt, so ordnet das Gericht neben der Strafe die Sicherungsverwahrung an, wenn die öffentliche Sicherheit es erfordert.

1. Die Sicherungsverwahrung, die neben der Strafe zu verhängen ist, und zwar nur bei Gewohnheitsverbrechern i. S. des § 20a, bezweckt, den Berufsverbrecher dauernd unschädlich zu machen.

2. Wegen des Begriffs „gefährlicher Gewohnheitsverbrecher" vgl. Erläuterung 2 zu § 20a.

3. Die „öffentliche Sicherheit erfordert" diese Maßnahme, wenn nach der Persönlichkeit des Täters die Wahrscheinlichkeit besteht, daß er nach der Entlassung aus der Strafanstalt seine Freiheit zu neuen Verbrechen benutzen werde.

Dauer der Unterbringung.

§ 42f. Die Unterbringung dauert so lange, als ihr Zweck es erfordert.

Die Unterbringung in einer Trinkerheilanstalt oder einer Entziehungsanstalt und die erstmalige Unterbringung in einem Arbeitshaus oder einem Asyl dürfen nicht länger als zwei Jahre dauern.

Die Dauer der Unterbringung in einer Heil- oder Pflegeanstalt, der wiederholten Unterbringung in einem Arbeitshaus oder einem Asyl und der Sicherungsverwahrung ist an keine Frist gebunden. Bei diesen Maßregeln hat die höhere Vollzugsbehörde jeweils vor dem Ablauf bestimmter Fristen zu entscheiden, ob der Zweck der Unterbringung erreicht ist. Die Frist beträgt bei der Unterbringung in einer Heil- oder Pflegeanstalt und der Sicherungsverwahrung drei Jahre und bei der wiederholten Unterbringung in einem Arbeitshaus oder einem Asyl zwei Jahre. Ergibt sich bei der Prüfung, daß der Zweck der Unterbringung erreicht ist, so hat die höhere Vollzugsbehörde die Entlassung des Untergebrachten anzuordnen.

Die höhere Vollzugsbehörde kann auch während des Laufs der in den Abs. 2 und 3 genannten Fristen jederzeit prüfen, ob der Zweck der Unterbringung erreicht ist. Wenn die höhere Vollzugsbehörde dies bejaht, so hat sie die Entlassung des Untergebrachten anzuordnen.

Die Fristen laufen vom Beginn des Vollzugs an. Lehnt die höhere Vollzugsbehörde die Entlassung des Untergebrachten ab, so beginnt mit dieser Entscheidung der Lauf der im Abs. 3 genannten Fristen von neuem.

Höhere Vollzugsbehörde ist der Generalstaatsanwalt bei dem Oberlandesgericht, in dessen Bezirk die Vollzugsanstalt gelegen ist.

Nachträgliche Unterbringung.

§ 42g. Sind seit der Rechtskraft des Urteils drei Jahre verstrichen, ohne daß mit dem Vollzug der Unterbringung begonnen worden ist, so darf sie nur noch vollzogen werden, wenn das Gericht es anordnet. Die Anordnung ist nur zulässig, wenn der Zweck der Maßregel die nachträgliche Unterbringung erfordert.

In die Frist wird die Zeit nicht eingerechnet, in der der Unterzubringende eine Freiheitsstrafe verbüßt oder auf behördliche Anordnung in einer Anstalt verwahrt wird.

Entlassung.

§ 42h. Die Entlassung des Untergebrachten gilt nur als bedingte Aussetzung der Unterbringung. Die höhere Vollzugsbehörde kann dem Untergebrachten bei der Entlassung besondere Pflichten auferlegen und solche Anordnungen auch nachträglich treffen oder ändern. Zeigt der Entlassene durch sein Verhalten in der Freiheit, daß der Zweck der Maßregel seine erneute Unterbringung erfordert, und ist die Vollstreckung der Maßregel noch nicht verjährt, so widerruft die höhere Vollzugsbehörde die Entlassung.

Die Dauer der Unterbringung in einer Trinkerheilanstalt oder einer Entziehungsanstalt und der erstmaligen Unterbringung in einem Arbeitshaus oder einem Asyl darf auch im Falle des Widerrufs insgesamt die gesetzliche Höchstdauer der Maßregel nicht überschreiten.

§ 42i. Die im Arbeitshaus oder in der Sicherungsverwahrung Untergebrachten sind in der Anstalt zu den eingeführten Arbeiten anzuhalten. Sie können auch zu Arbeiten außerhalb der Anstalten verwendet werden, müssen jedoch dabei von freien Arbeitern getrennt gehalten werden.

Die in einer Heil- oder Pflegeanstalt, einer Trinkerheilanstalt oder einer Entziehungsanstalt Untergebrachten können innerhalb oder außerhalb der Anstalt auf eine ihren Fähigkeiten und Verhältnissen angemessene Weise beschäftigt werden.

Gemeinsame Bestimmungen für §§ 42b—42e (§§ 42f bis 42i).

1. Die vier bisher erörterten obligatorischen Sicherungsmaßregeln haben eine Freiheitsentziehung zur Folge, die das Gesetz als „Unterbringung" bezeichnet.

2. Nach § 42f Abs. 1 dauert die Unterbringung solange, als ihr Zweck es erfordert, also u. U. lebenslänglich, ausgenommen Abs. 2 des § 42f. Ganz allgemein hat die höhere Vollzugsbehörde jeweils vor Ablauf bestimmter Fristen zu prüfen, ob der Zweck der Unterbringung erreicht ist. Bejahendenfalls ist die Entlassung des Untergebrachten anzuordnen (§ 42f Abs. 3). Die höhere Vollzugsbehörde kann schließlich stets, also schon vor Ablauf bestimmter Fristen prüfen, ob der Zweck der Unterbringung erreicht ist.

3. § 42g enthält eine bedingte Verjährung des Vollzugs der Unterbringung.

4. Nach § 42h gilt die Entlassung des Untergebrachten vor dem Ablauf der angeordneten Dauer nur als **bedingte Aussetzung** insofern, als sie jederzeit widerrufen werden kann.

5. § 42i regelt die Beschäftigung der Untergebrachten.

6. Neben diesen Bestimmungen über Vollstreckung und Vollzug der Unterbringung gelten nach § 463a StPO. die Bestimmungen über die Strafvollstreckung sinngemäß.

§ 42k. Aufgehoben durch Kontrollratsgesetz Nr. 11, Art. 1 vom 30. Januar 1946. (Betraf die Entmannung.)

Untersagung der Berufsausübung.

§ 42l. Wird jemand wegen eines Verbrechens oder Vergehens, das er unter Mißbrauch seines Berufs oder Gewerbes oder unter grober Verletzung der ihm kraft seines Berufs oder Gewerbes obliegenden Pflichten begangen hat, zu Freiheitsstrafe von mindestens drei Monaten verurteilt, so kann ihm das Gericht zugleich auf die Dauer von mindestens einem und höchstens fünf Jahren die Ausübung des Berufs, Gewerbes oder Gewerbezweiges untersagen, wenn dies erforderlich ist, um die Allgemeinheit vor weiterer Gefährdung zu schützen.

Solange die Untersagung wirksam ist, darf der Verurteilte den Beruf, das Gewerbe oder den Gewerbezweig auch nicht für einen anderen ausüben oder durch eine von seinen Weisungen abhängige Person für sich ausüben lassen.

§ 36 Abs. 1 gilt entsprechend. Wird die Vollstreckung der Freiheitsstrafe oder einer neben der Strafe erkannten, mit Freiheitsentziehung verbundenen Maßregel der Sicherung und Besserung bedingt ausgesetzt, so wird die Probezeit auf die Frist angerechnet.

Das Gericht kann die Untersagung der Berufsausübung wieder aufheben, wenn der Zweck der Maßregel ihre Fortdauer nicht mehr erforderlich erscheinen läßt. Die Aufhebung ist frühestens zulässig, nachdem die Maßregel ein Jahr gedauert hat. Sie gilt nur als bedingte Aussetzung der Untersagung und kann bis zum Ablauf der im Urteil für ihre Dauer festgesetzten Zeit widerrufen werden; die Dauer der Untersagung darf auch im Falle des Widerrufs insgesamt die im Urteil für ihre Dauer festgesetzte Zeit nicht überschreiten.

Die Untersagung der Berufsausübung.

1. Die Erfahrung lehrt, daß gewisse Berufe und Gewerbe besonders leicht Gelegenheit bieten, strafbare Handlungen zu begehen, z. B. die Betrügereien der sog. Darlehensvermittler. Nach früherem Recht war es nicht möglich, einem solchen Rechtsbrecher die Ausübung seines Gewerbes in Zukunft zu untersagen. Diese Lücke füllt § 42l aus.

2. Solange die Untersagung wirksam ist, darf der Verurteilte den Beruf usw. weder selbst, noch durch andere ausüben. Tut er es trotzdem, dann ist er nach § 145c strafbar.

§ 42m. Aufgehoben durch Gesetz vom 23. März 1934.

§ 42n. Maßregeln der Sicherung und Besserung können nebeneinander angeordnet werden.

Zweiter Abschnitt: Versuch.

Vorbemerkung:

Bei allen strafbaren Handlungen und bei Unterlassungen von Handlungen, deren Vornahme durch eine Rechtspflicht geboten ist, unterscheidet man:

Vollendung: wenn der gesetzliche Tatbestand vollständig verwirklicht ist.

Versuch: wenn ein Anfang der Ausführung vorliegt, d. h. wenn mit der Verwirklichung eines Tatbestandsmerkmals begonnen worden ist (§§ 43—46).

Vorbereitungshandlung: wenn mit der Ausführungshandlung noch nicht begonnen worden ist, d. h. wenn nur eine Handlung vorliegt, die die Ausführung der Tat nur ermöglichen oder erleichtern soll, insbesondere durch Beschaffung und Bereitstellung der für die Ausführung der Tat erforderlichen Mittel und Werkzeuge. Die Vorbereitungshandlung ist grundsätzlich straflos. (Siehe aber die Neufassung des § 49a.)

Versuch.

§ 43. Wer den Entschluß, ein Verbrechen oder Vergehen zu verüben, durch Handlungen, welche einen Anfang der Ausführung dieses Verbrechens oder Vergehens enthalten, betätigt hat, ist, wenn das beabsichtigte Verbrechen oder Vergehen nicht zur Vollendung gekommen ist, wegen Versuches zu bestrafen.

Der Versuch eines Vergehens wird jedoch nur in den Fällen bestraft, in welchen das Gesetz dies ausdrücklich bestimmt.

1. Der Versuch ist ein Zurückbleiben des Erfolgs hinter dem Willen des Täters. Ein Anfang der Ausführung i. S. des § 43 ist in allen Handlungen zu finden, die infolge ihrer notwendigen Zusammengehörigkeit mit der Tatbestandshandlung für die natürliche Auffassung als deren Bestandteile erscheinen.

Beispiele: Beim schweren Diebstahl (§ 243) gehören die Erschwerungstatsachen (Einbruch, Einsteigen, Einschleichen), die an sich nur Vorbereitungshandlungen für den beabsichtigten Diebstahl sind, zum Tatbestand. Infolgedessen liegt in der Erfüllung eines solchen Tatbestandsmerkmals schon der Anfang der Ausführung des schweren Diebstahls, z. B. Beschmieren des Fensters zum Zwecke des Eindrückens. (Siehe auch Erläuterung 9 zu § 243, und wegen Versuch des einfachen Diebstahls Erl. 19 zu § 242.) Der Versuch eines Betrugs ist schon mit dem Beginn des Täuschens gegeben. (Siehe Erl. 11 zu § 263.) Versuch der Tötung liegt schon dann vor, wenn der Täter in Tötungsabsicht die Schußwaffe, wenn auch mit ungespanntem Hahn, anlegt. Versuchte Brandstiftung liegt schon dann vor, wenn der Täter das Streichholz angezündet hat.

2. Jede Tätigkeit, die zeitlich vor dem Anfang der Ausführung liegt, ist straflose Vorbereitungshandlung, z. B. Anschaffung von Werkzeugen zu einem beabsichtigten Diebstahl, oder von Mitteln oder Instrumenten zu einer beabsichtigten Abtreibung.

Ausnahmsweise sind schon Vorbereitungshandlungen strafbar, und zwar

a) Vorbereitungshandlungen des Täters: Vergehen des § 151 (Vorbereitungshandlungen zu den Münzdelikten der §§ 146, 149), ferner das Vergehen des § 245a (Besitz von Diebeswerkzeug) und das Vergehen des § 296 (Besitz von Jagd- und Fischereigerät).

b) Vorbereitungshandlungen des Teilnehmers: Die Vergehen der §§ 49a, 49b, ferner die Vergehen der §§ 110 (Aufforderung zum Ungehorsam), 111 Abs. 2 (Aufforderung zur Begehung strafbarer Handlungen), 218 Abs. 4 (Verschaffung von Abtreibungsmitteln) und § 357. In allen diesen Fällen ist der Teilnehmer (Gehilfe oder Anstifter) auch dann strafbar, wenn der Haupttäter die Tat nicht ausführt, oder nicht einmal auszuführen beginnt.

3. Da zum subjektiven Tatbestand der „Entschluß" gehört, ist der Versuch einer fahrlässigen Straftat nicht denkbar.

4. Ein strafbarer Versuch ist auch vorhanden, wenn der Gegenstand, gegen den sich die beabsichtigte Handlung richtet, an und für sich ungeeignet zur Begehung der strafbaren Handlung ist: also Kindsmordversuch an einem totgeborenen Kind ist möglich, ebenso Abtreibungsversuch einer Person, die sich nur für schwanger hält, aber in Wirklichkeit gar nicht schwanger ist.

Auch dann liegt ein strafbarer Versuch vor, wenn der Täter ein Mittel zur Herbeiführung des beabsichtigten Erfolges anwendet, welches unter allen Umständen ungeeignet ist, wenn z. B. der „Mörder" mit blind geladenem Gewehr schießt, wenn die Schwangere ihre Leibesfrucht mit einem Fußbade, mit Trinken von Rotwein, von unschädlichem Tee abzutreiben sucht. Dagegen bleibt straflos der Versuch mit sog. sympathischen Mitteln, z. B. der Versuch, einen anderen mit Totbeten zu töten.

5. Nicht zu verwechseln mit dem in Z. 4 geschilderten strafbaren Versuch mit untauglichen Mitteln am untauglichen Objekt ist das sog. straflose Wahnverbrechen. Es liegt vor, wenn der Täter in Kenntnis aller Tatumstände zu Unrecht annimmt, seine Handlung sei strafbar.

Beispiel: Der Onkel, der irrtümlicherweise annimmt, daß der intime Verkehr mit der Nichte Blutschande sei, kann nicht wegen Vergehens nach § 173 Abs. 2 bestraft werden.

Der Unterschied zwischen Wahnverbrechen und Strafrechtsirrtum (siehe Erläuterung 4 zu § 59): Beim Wahnverbrechen hält der Täter etwas für strafbar, was straflos ist; beim Strafrechtsirrtum hält der Täter etwas für straflos, was strafbar ist.

6. Der Versuch ist immer strafbar bei Verbrechen. Bei Vergehen dagegen nur, wenn dies im Gesetz ausdrücklich vorgesehen ist, z. B. bei Diebstahl (§ 242), Unterschlagung (§ 246), Betrug (§ 263).

Strafmaß.

§ 44. Das versuchte Verbrechen oder Vergehen kann milder bestraft werden als das vollendete.

Ist das vollendete Verbrechen mit dem Tode oder mit lebenslangem Zuchthaus bedroht, so kann auf Zuchthaus nicht unter drei Jahren erkannt werden.

In den übrigen Fällen kann die Strafe bis auf ein Viertel des Mindestbetrages der auf das vollendete Verbrechen oder Vergehen angedrohten Freiheits- und Geldstrafe ermäßigt werden. Ist hiernach Zuchthausstrafe unter einem Jahr verwirkt, so ist dieselbe nach Maßgabe des § 21 in Gefängnis zu verwandeln.

1. Die Neufassung des § 44 beruht auf der Verordnung vom 29. Mai 1943. Während nach der vor 1943 geltenden Fassung des § 44 der Richter die versuchte Tat milder bestrafen mußte, als die vollendete, ist eine solche Milderung nunmehr in das Ermessen des Richters gestellt: („kann milder bestraft werden").

2. Es ist damit zu rechnen, daß im kommenden neuen Strafgesetzbuch auf die alte Fassung des § 44 zurückgegriffen wird, d. h. daß die Strafmilderung beim Versuch wieder für obligatorisch erklärt wird. Man könnte auch sehr wohl den Standpunkt vertreten, daß die obligatorische Strafmilderung schon jetzt wieder in Kraft gesetzt ist, und zwar im Hinblick auf Ziff. 8b der „Allgemeinen Anweisung an Richter Nr. 1". (Siehe hierzu Erl. 6b zu § 139.)

§ 45. Wenn neben der Strafe des vollendeten Verbrechens oder Vergehens die Aberkennung der bürgerlichen Ehrenrechte zulässig oder geboten ist, oder auf Zulässigkeit von Polizeiaufsicht erkannt werden kann, so gilt Gleiches bei der Versuchsstrafe.

Rücktritt und tätige Reue.

§ 46. Der Versuch als solcher bleibt straflos, wenn der Täter

1. die Ausführung der beabsichtigten Handlung aufgegeben hat, ohne daß er an dieser Ausführung durch Umstände gehindert worden ist, welche von seinem Willen unabhängig waren, oder
2. zu einer Zeit, zu welcher die Handlung noch nicht entdeckt war, den Eintritt des zur Vollendung des Verbrechens oder Vergehens gehörigen Erfolges durch eigene Tätigkeit abgewendet hat.

1. Der sog. freiwillige Rücktritt (Z. 1) und die sog. tätige Reue (Z. 2) bilden einen Strafaufhebungsgrund.

2. Erfüllt die Tat außer dem Versuch einer strafbaren Handlung auch noch den Tatbestand einer anderen vollendeten Straftat, so bleibt letztere trotz Straflosigkeit des Versuchs strafbar. Wurden z. B. bei einem Notzuchtsversuch unzüchtige Handlungen mit Gewalt ausgeübt (§ 176[1]), so bleiben letztere strafbar, wenn auch der Täter seine Absicht, zum Beischlaf zu kommen, freiwillig aufgibt, und deshalb nicht wegen Notzuchtsversuchs bestraft werden kann. Ebenso bleibt der Einbrecher, der die Diebstahlsabsicht aufgibt, wegen Hausfriedensbruchs und ev. auch wegen Sachbeschädigung strafbar.

3. Der Fall Ziffer 1, Rücktritt vom nichtbeendeten Versuch, liegt vor, wenn der Täter die zur Erfüllung des Tatbestandes des vollendeten Verbrechens oder Vergehens gehörige Tätigkeit noch nicht beendet hat, wenn er z. B. nach vollbrachtem Einsteigen die Hand noch nicht an den Gegenstand, den zu stehlen er vorhatte, gelegt hat. In diesem Fall also bleibt der Täter straflos, weil er das Weiterhandeln unterläßt. Der Rücktritt ist freiwillig, wenn sich der Täter

sagt: „ich will nicht zum Ziele kommen, selbst wenn ich es könnte", und er ist unfreiwillig, wenn sich der Täter sagt: „ich kann nicht zum Ziele kommen, selbst wenn ich es wollte."

4. Der Fall Ziffer 2, tätige Reue gegenüber dem beendeten Versuch, ist gegeben, wenn die geplante strafbare Handlung nach der Vorstellung des Täters zwar ganz vollzogen, aber der Erfolg noch nicht eingetreten ist und der Täter nunmehr durch positives Tun den Eintritt des Erfolgs verhindert. Beispiele: Straflosigkeit tritt ein, wenn der Betrüger nach erfolgter Täuschungshandlung und Irrtumserregung den Getäuschten aufklärt, bevor eine Vermögensbeschädigung eingetreten ist, oder wenn die Mutter, nachdem sie in Mordabsicht dem Kind Gift eingeflößt hat, durch Gegenmaßnahme (z. B. Bewirken von Erbrechen) den Tod verhindert. In diesem Falle würde aber nur der Mordversuch, nicht aber das bereits vollendete Verbrechen des § 229 (Giftbeibringung) straflos bleiben. Als eigene Tätigkeit gilt es auch, wenn der Täter eine entgegenwirkende Naturkraft (z. B. in einer Maschine, Feuerlöschapparat) in Bewegung setzt oder eine andere Person mit der abwendenden Tätigkeit beauftragt hat. Immer aber ist erforderlich, daß die Tat z. Zt. der tätigen Reue noch nicht entdeckt war.

5. Beim fehlgeschlagenen Versuch, wenn z. B. der Mörder vorbeigeschossen hat, gibt es keine „Reue" mehr.

6. Der Rücktritt und die tätige Reue sind persönliche Strafausschließungsgründe i. S. des § 50 Abs. 2. Sie wirken sich deshalb nur in der Person des zurücktretenden Täters aus, lassen also die Strafbarkeit etwaiger Mittäter, Anstifter oder Gehilfen unberührt. Ein an sich strafbarer Versuch ist begangen und bleibt bestehen, und damit auch die Strafbarkeit des Mittäters, Anstifters und Gehilfen, es sei denn, daß auch er zurückgetreten ist.

7. Ausnahmsweise gibt es auch eine tätige Reue beim vollendeten Delikt ,und zwar in den Fällen der §§ 49a, 49b Abs. 3, 158, 163, 310.

Dritter Abschnitt: Teilnahme.

Vorbemerkung.

1. Der Abschnitt enthält als Formen der Teilnahme:
a) die Mittäterschaft (§ 47),
b) die Anstiftung (§ 48),
c) die Beihilfe (§ 49),
d) die Aufforderung zu einem Verbrechen (§ 49a),
e) die Teilnahme an einer Verbindung und Verabredung zur Tötung (§ 49b).

2. Die gesamte Teilnahmelehre wurde durch die Verordnung vom 29. Mai 1943 grundlegend geändert, und zwar in der Hauptsache durch die Neufassung des § 50 Abs. 1 (siehe die dortigen Erläuterungen), wonach jeder an einer Straftat Beteiligte einzig und allein nach seiner eigenen Schuld strafbar ist, also ohne Rücksicht darauf, ob auch der andere schuldig und somit strafbar ist.

a) Das frühere Recht: Früher konnte der Anstifter und Gehilfe nur dann bestraft werden, wenn sich auch der Haupttäter selbst strafbar gemacht hatte, d. h. wenn dieser vorsätzlich eine rechtswidrige Tat begangen oder wenigstens zu begehen versucht, und außerdem schuldhaft gehandelt hatte. (Grundsatz der extremen Akzessorietät der Teilnahme.) Beihilfe oder Anstiftung zur Tat eines Geisteskranken (§ 51)mußte also straflos bleiben: ebenso die Anstiftung oder Beihilfe zur Tat einer im Nötigungsstand (§ 52) oder im Notstand (§ 54) oder in einem tatsächlichen Irrtum nach § 59 befindlichen Person. In allen diesen Fällen war die Teilnahmehandlung (Anstiftung oder Beihilfe) deshalb nicht strafbar, weil der die Tat unmittelbar Ausführende schuldlos handelte, also sich nicht strafbar gemacht hatte. Wissenschaft und Rechtsprechung ermöglichten aber in diesen Fällen eine Bestrafung des Anstifters, bzw. Gehilfen durch die Konstruktion der sog. mittelbaren Täterschaft, indem man die Theorie aufstellte, daß der mittelbare Täter den schuldlos handelnden unmittelbaren Täter als Werkzeug zur Begehung der strafbaren Handlung benutze.

b) Mit der Neufassung des § 50, d. h. mit dessen in Abs. 1 niedergelegten Grundsatz hat die Konstruktion der mittelbaren Täterschaft an Bedeutung verloren. (Siehe hierzu Erläuterung Ziff. 3.) Für die Strafbarkeit des Teilnehmers ist nämlich nicht mehr erforderlich, daß der Haupttäter schuldhaft handelt, sondern es genügt, daß der Haupttäter den äußeren Tatbestand einer strafbaren Handlung verwirklicht oder zu verwirklichen versucht hat. M. a. W.: Jede von mehreren an einer Straftat beteiligten Personen ist lediglich nach dem Maße ihrer eigenen Schuld strafbar, ohne Rücksicht darauf, ob der andere Beteiligte bestraft werden kann oder nicht.

c) Beispiele: Der A überredet den geisteskranken B, den C zu töten, oder der A zwingt den B durch vorgehaltenen Revolver, den C zu töten, oder der A bittet den B, ihm einen vor dem Eisenbahnwagen stehenden Koffer in das Abteil hereinzureichen; B tut dies in der irrigen Meinung, der Koffer, der in Wirklichkeit einem anderen Reisenden gehört, sei Eigentum des A.

In diesen 3 Fällen handelt B jeweils schuldlos nach § 51 bzw. § 52 bzw. § 59. B kann daher nicht bestraft werden.

Der A konnte nach früherem Recht nicht wegen Anstiftung bestraft werden, weil die Haupttat infolge Schuldlosigkeit des B entfiel, denn nach früherem Recht war ja Voraussetzung für die Strafbarkeit des Anstifters, daß auch der Angestiftete eine strafbare Handlung schuldhaft beging. Man mußte daher, um A nicht straflos ausgehen zu lassen, zu der im Gesetz nicht vorgesehenen Konstruktion der mittelbaren Täterschaft greifen, d. h. der sich des B als eines Werkzeugs bedienende A wurde so behandelt, als habe er die Tat selbst ausgeführt.

Nach der Neufassung des § 50 durch die oben genannte Verordnung ist es nunmehr für die Strafbarkeit des A als Anstifters vollkommen gleichgültig, ob B schuldhaft gehandelt hat oder nicht. (Siehe auch den geänderten Wortlaut der §§ 48 und 49.)

3. Aus den obigen Erläuterungen ergibt sich für die mittelbare Täterschaft folgendes:

a) Die Konstruktion der mittelbaren Täterschaft ist nach der Neufassung des § 50 Abs. 1 auf die Fälle beschränkt, in denen feststeht, daß der mittelbare Täter tatsächlich mit dem Täterwillen und nicht nur mit dem Anstifterwillen gehandelt hat. Bei Zweifel, ob das eine, oder das andere vorliegt, gilt folgendes: Ein Täterwillen ist stets anzunehmen, wenn der Veranlasser weiß, daß der Ausführende schuldlos handelt, d. h. bloßes Werkzeug ist. (Beispiel: Der A. weiß, daß der zur Tötung des C. veranlaßte B. geisteskrank ist.) Weiß dagegen der Veranlasser von vornherein nicht, daß der Ausführende bloßes Werkzeug ist, dann ist die Konstruktion der mittelbaren Täterschaft entbehrlich; denn nach der Neufassung des § 50 Abs. 1 ist der Veranlasser nunmehr als Anstifter zu bestrafen, falls die allgemeinen Voraussetzungen hierfür gegeben sind. (Hervorrufung des Entschlusses beim Angestifteten, eine mit Strafe bedrohte Handlung zu begehen und mindestens Beginn der Ausführungshandlung seitens des Angestifteten.)

b) Immer aber ist die Konstruktion der mittelbaren Täterschaft ausgeschlossen:

aa) Bei den sog. eigenhändigen Delikten, d. h. solchen, die ihrer Natur nach nur persönlich begangen werden können wie Meineid und Sittlichkeitsverbrechen. (Ersatz für mittelbaren Meineid bietet § 160.) Beispiel: Der A. bestimmt den geisteskranken B. die C. zu vergewaltigen oder mit der C. Ehebruch zu treiben. Es ist mittelbare Täterschaft ausgeschlossen; der A. kann aber nach der Neufassung des § 50 Abs. 1 wegen Anstiftung bestraft werden.

bb) Bei Straftaten, die der mittelbare Täter nicht selbst begehen, d. h. unmittelbar ausführen könnte. Deshalb ist mittelbare Täterschaft ausgeschlossen, wenn die Begehung eines echten Beamtendelikts, d. h. eines solchen bewirkt werden soll, das nur von einem Beamten begangen werden kann. Beispiele: Ein Nichtbeamter läßt durch einen schuldlos handelnden, z. B. gutgläubigen Beamten eine Falschbeurkundung nach § 348 Abs. 1 vornehmen. Es liegt keine mittelbare Täterschaft vor, da der mittelbare Täter als Nichtbeamter das Delikt des § 348 nicht begehen kann. Ersatz für diesen Fall bildet § 271, wo der Fall geregelt ist, daß sich der Täter eines gutgläubigen Beamten bedient, um eine falsche Beurkundung zu erreichen. (Siehe Erl. 1 zu § 271.)

Mittäterschaft.

§ 47. Wenn mehrere eine strafbare Handlung gemeinschaftlich ausführen, so wird jeder als Täter bestraft.

1. Mittäter ist nicht nur der, welcher eine Tatbestandshandlung selbst vornimmt, also z. B. beim Diebstahl selbst Hand anlegt an die wegzunehmende Sache, sondern auch der, welcher irgendeine der Vollendung der Tat vorangehende Mitwirkung ausführt, z. B. beim Diebstahl Wache steht oder zur Ermutigung des Täters anwesend ist, sofern er nur in der Tat sein eigenes Werk sieht.

Auch eine geistige Mitwirkung genügt, wenn sie darin besteht, daß durch sie der Wille des zur unmittelbaren Ausführung Bestimmten ermuntert oder bestärkt wird, wenn nur der Wille jedes Mittäters darauf gerichtet ist, die Tat als seine eigene zu wollen und auszuführen. Bloßes Mitwissen genügt aber nicht. Vgl. aber § 139.

2. Die Mittäter müssen also die Tat in bewußtem und gewolltem Zusammenwirken, wenn auch nur auf Grund stillschweigenden Einverständnisses ausführen. Gemeinschaftlicher Entschluß und gemeinschaftliche Ausführung.

Es ist daher Mittäterschaft nur bei vorsätzlichen, nicht bei fahrlässigen strafbaren Handlungen möglich.

3. Geht einer der Mittäter weiter als der andere wußte und wollte, so ist der letztere dafür nicht verantwortlich: Verüben z. B. zwei einen Diebstahl, wobei der erste, während der zweite Wache steht, ohne des letzteren Wissen eine Tür in einem Gebäude aufbricht, so kann der zweite nur wegen Mittäterschaft zum einfachen Diebstahl bestraft werden.

4. Haben mehrere eine Tat verabredet, einer aber tritt zurück, indem er gar keine Mitwirkung ausübt, so bleibt dieser straflos. Vgl. auch Erl. 6 zu § 46.

Liegt bei dem einen Mittäter ein Schuldausschließungsgrund vor (z. B. § 51), so ist diese Tatsache für die Strafbarkeit des anderen Mittäters ohne Bedeutung. (Siehe § 50 Abs. 1 n. F. und Erläuterung 2 der Vorbemerkung zu § 47.)

Anstiftung.

§ 48. Als Anstifter wird bestraft, wer einen anderen zu der von demselben begangenen mit Strafe bedrohten Handlung durch Geschenke oder Versprechen, durch Drohung, durch Mißbrauch des Ansehens oder der Gewalt, durch absichtliche Herbeiführung oder Beförderung eines Irrtums oder durch andere Mittel vorsätzlich bestimmt hat.

Die Strafe des Anstifters ist nach demjenigen Gesetze festzusetzen, welches auf die Handlung Anwendung findet, zu welcher er wissentlich angestiftet hat.

1. Die Anstiftung ist die vorsätzliche Verursachung einer von einem anderen begangenen mit Strafe bedrohten Handlung, gleichgültig, ob es sich um ein Verbrechen, ein Vergehen oder eine Übertretung handelt. (Im Gegensatz zur Beihilfe, die nur zu einem Verbrechen oder Vergehen geleistet werden kann.)

Die Anstiftung hat zur Voraussetzung:

a) daß in dem anderen der Entschluß zur Begehung der strafbaren Handlung hervorgerufen wird,
b) daß die mit Strafe bedrohte Handlung, zu der angestiftet wurde, begangen oder wenigstens versucht worden ist,
c) daß der Anstifter die Vollendung der Tat gewollt hat (siehe Erläuterung 5); bleibt die Täterhandlung gegen den Willen des Anstifters im Stadium des Versuchs stecken, so liegt Anstiftung zum versuchten Delikt vor. Nur ausnahmsweise tritt auch bei erfolglos gebliebener Anstiftung Strafe ein in den Fällen der §§ 49a Abs. 1, 110, 111, Abs. 2, 159, 357.
d) Die weitere Voraussetzung, daß der Haupttäter strafrechtlich verantwortlich ist, also bei ihm nicht § 51 oder ein anderer Schuldausschließungsgrund (§§ 52, 54, 59) vorliegt, ist durch die Verordnung v. 29. Mai 1943 beseitigt worden. (Siehe hierzu die Erläuterung 2 zur Vorbemerkung zum dritten Abschnitt.) Für die Strafbarkeit des Anstifters ist nämlich nach dem neuen Recht nicht mehr erforderlich, daß der Haupttäter schuldhaft handelt, sondern genügt, daß der Haupttäter den äußeren Tatbestand einer strafbaren Handlung verwirklicht oder zu verwirklichen versucht. Deshalb mußte auch der Gesetzestext des § 48 geändert werden, indem an Stelle der Worte „strafbare Handlung" die Worte „mit Strafe bedrohte Handlung" gesetzt wurden.

2. Mehrere Personen können zusammenwirkend eine Anstiftung begehen. Eine selbständige Anstiftung durch mehrere Personen nacheinander ist aber nicht möglich, da ein schon zur Tat Entschlossener nicht mehr angestiftet werden kann.

3. Unter „Drohung" ist die Ankündigung der Zufügung irgendeines Übels zu verstehen.

4. Unter den „anderen Mitteln" sind gemeint: Aufforderung, Aufmunterung, Überreden, Zureden, Bitten, Anleitung geben.

5. Auf den Beweggrund, den der Anstifter verfolgt, kommt es nicht an. Darum ist auch der „Lockspitzel" (agent provocateur) strafbar. Wenn der Lockspitzel nur zum Versuche anstiften wollte, weil er vorhatte, einzugreifen und die Vollendung zu verhindern, oder wenn er im Auftrage der zuständigen Behörde handelte, wird er nicht strafbar sein.

6. Ein Nichtbeamter kann einen Beamten zu einem Amtsverbrechen anstiften. (Siehe hierzu Erläuterung 5 in der Vorbemerkung zu § 331.)

7. Der Anstifter wird nach dem gleichen Strafgesetz bestraft, wie der Täter. Liegt beim Täter ein Schuldausschließungsgrund (§§ 51, 52, 59), oder ein persönlicher strafbefreiender Grund, z. B. Rücktritt oder fehlender Strafantrag vor (siehe Vorbemerkung Nr. 2 zu § 51), so berührt dieser Umstand nicht die Strafbarkeit des Anstifters. (Siehe Vorbem. 2 zu § 47 und § 50 Abs. 2.)

Beihilfe.

§ 49. Als Gehilfe wird bestraft, wer dem Täter zur Begehung einer als Verbrechen oder Vergehen mit Strafe bedrohten Handlung durch Rat oder Tat wissentlich Hilfe geleistet hat.

Die Strafe des Gehilfen ist nach demjenigen Gesetze festzusetzen, welches auf die Handlung Anwendung findet, zu welcher er wissentlich Hilfe geleistet hat, kann jedoch nach den über die Bestrafung des Versuches aufgestellten Grundsätzen ermäßigt werden.

1. Die Beihilfe ist die vorsätzliche Unterstützung eines von einem anderen begangenen als Verbrechen oder Vergehen (also nicht Übertretung) mit Strafe bedrohten Handlung. Von der Mittäterschaft unterscheidet sich die Beihilfe dadurch, daß der Mittäter die Tat als eigene will, während der Gehilfe eine fremde Tat fördern will.

Die Beihilfe hat folgende Voraussetzungen:

a) Im Gegensatz zur Anstiftung, bei der im anderen der Entschluß zur Tat hervorgerufen wird (siehe Erl. 1a zu § 48), ist bei der Beihilfe nicht erforderlich, daß die Hilfeleistung ursächlich für den Erfolg der Haupttat geworden ist, sondern es genügt, daß der Gehilfe die Haupttat irgendwie gefördert hat. Es kann demnach auch einem zur Tat bereits Entschlossenen Hilfe geleistet werden, während ein zur Tat Entschlossener nicht angestiftet werden kann.

b) Ebenso wie bei der Anstiftung ist auch bei der Beihilfe erforderlich, daß die mit Strafe bedrohte Handlung, zu der Hilfe geleistet worden ist, begangen oder wenigstens versucht worden ist.

c) Ebenso wie bei der Anstiftung ist auch bei der Beihilfe erforderlich, daß der Gehilfe die Vollendung der Tat gewollt hat; bleibt die Täterhandlung gegen den Willen des Gehilfen im Stadium des Versuchs stecken, so liegt Beihilfe zum versuchten Delikt vor. Nur ausnahmsweise tritt auch bei erfolglos gebliebener Beihilfe Strafe ein, nämlich im Falle des § 49a Abs. 3.

d) Die weitere Voraussetzung, daß der Haupttäter strafrechtlich verantwortlich ist, daß also bei ihm nicht § 51 oder ein anderer Schuldausschließungsgrund (§§ 52, 54, 59) vorliegt, ist durch die Verordnung v. 29. Mai 1943 beseitigt worden. (Siehe hierzu die Erläuterung 2 zur Vorbemerkung zum dritten Abschnitt.) Für die Strafbarkeit des Gehilfen ist nämlich nach dem neuen Recht nicht mehr erforderlich, daß der Haupttäter schuldhaft handelt, sondern es genügt, daß der Haupttäter den äußeren Tatbestand einer als Verbrechen oder Vergehen mit Strafe bedrohten Handlung verwirklicht oder zu verwirklichen versucht. Deshalb mußte auch der Gesetzestext des § 49 geändert werden, indem an die Stelle der Worte „des Verbrechens oder Vergehens" die Worte „einer als Verbrechen oder Vergehen mit Strafe bedrohten Handlung" gesetzt wurden. (Siehe auch Erl. 1d zu § 48.)

2. Die nach Vollendung des Verbrechens oder Vergehens geleistete Unterstützung ist nicht mehr Beihilfe sondern Begünstigung (§§ 257, 258), z. B. die Sicherung des Gestohlenen.

3. Die Hilfe kann auch schon vor der Ausführung der Haupttat gewährt werden, also auch bei bloßen Vorbereitungshandlungen, z. B. durch Bezeichnung der Hebamme, die die Abtreibung der Leibesfrucht vornimmt oder durch Anfertigung eines Nachschlüssels für den Dieb.

4. Durch **Rat** kann Hilfe geleistet werden mittels Anleitung, Belehrung, Zusicherung später zu leistender Begünstigung (vgl. § 257 Abs. 3). **Beispiel**: Die Hausgehilfin gibt dem Geliebten Anweisung, wann und wie er am besten in die Villa ihrer Dienstherrschaft zum Zwecke des Diebstahls einsteigen kann.

5. Beihilfe durch die **Tat** kann auch in der Duldung der Wegnahme von Gegenständen durch den Dieb seitens der Dienstboten, der Wächter usw. gefunden werden.

6. Beihilfe zu **fahrlässigen** Handlungen ist nicht möglich.

7. Da die für den Haupttäter angedrohte, und nicht die von ihm im Einzelfall verwirkte Strafe für die Festsetzung der Strafe des Gehilfen maßgebend ist, kann der Richter nach den besonderen, namentlich subjektiven Momenten u. U. den Gehilfen strenger bestrafen als den Haupttäter.

8. Liegt beim Täter ein Schuldausschließungsgrund (§§ 51, 52, 59) oder ein **persönlicher strafbefreiender Grund**, z. B. Rücktritt oder fehlender Strafantrag vor (siehe Vorbemerkung Nr. 2 zu § 51), so berührt dieser Umstand, ebensowenig wie die Strafbarkeit des Anstifters bei der Anstiftung, auch nicht die Strafbarkeit des Gehilfen. (Siehe Vorbemerkung 2 zu § 47 und § 50 Abs. 2.)

9. Durch die Verordnung vom 29. Mai 1943 wurde die frühere Bestimmung in § 49, daß nämlich die Strafe für den Gehilfen nach den über die Bestrafung des Versuchs aufgestellten Grundsätzen ermäßigt werden **mußte**, in eine **Kannvorschrift** umgewandelt. Es ist fraglich, ob diese Änderung aufrecht erhalten bleibt. (Siehe die Erl. zu § 44.)

Erfolglose Anstiftung.

§ 49a. Wer einen anderen zur Begehung eines Verbrechens oder zur Teilnahme an einem Verbrechen auffordert, wird auch dann wie ein Anstifter bestraft, wenn das Verbrechen nicht oder unabhängig von der Aufforderung zur Ausführung gelangt. Die Strafe kann gemildert werden (§ 44).

Ebenso wird bestraft, wer sich einem anderen zu einem Verbrechen erbietet oder ein solches Anerbieten annimmt oder wer die Begehung eines Verbrechens verabredet oder in eine ernsthafte Verhandlung darüber eintritt.

Wer dem Täter zur Begehung eines Verbrechens Hilfe leistet, wird auch dann als Gehilfe bestraft, wenn das Verbrechen nicht oder unabhängig von einer Hilfeleistung zur Ausführung gelangt. Der Richter kann die Strafe nach pflichtgemäßem Ermessen mildern oder von Strafe absehen.

Nach diesen Vorschriften wird nicht bestraft, wer freiwillig und endgültig davon absieht, die Straftat zu begehen und ihre Begehung oder den Erfolg verhindert. Dies gilt auch für den, der sich freiwillig und ernstlich bemüht, die Begehung oder den Erfolg zu verhindern, wenn nicht sein Bemühen, sondern ein anderer Umstand dies erreicht.

1. Die durch die **Verordnung** v. 29. Mai 1943 geschaffene **Neufassung** des § 49a bedeutet, daß nunmehr in bestimmten Fällen schon der irgendwie

in die Erscheinung getretene verbrecherische Wille, ohne daß er zur Auslösung einer Straftat geführt hat, bestraft werden soll.

Ganz allgemein bedeutet § 49a, der sich aber nur auf Verbrechen bezieht, eine Ausnahme von der Regel, daß die erfolglose Anstiftung ebenso wie die erfolglose Beihilfe grundsätzlich straflos bleiben. In erheblich größerem Umfange als bisher sind nach neuem Recht die sog. Vorbereitungshandlungen sowohl des Haupttäters als auch des Teilnehmers mit Strafe bedroht.

2. Vorbereitungshandlungen des Haupttäters waren schon nach früherem Recht strafbar, bei der Münzfälschung (§ 151), Besitz von Diebeswerkzeug und Wildereigerät (§§ 245a, 296).

Vorbereitungshandlungen des Teilnehmers waren schon nach früherem Recht strafbar beim Unternehmen der Verleitung zum Meineid (§ 159), bei der Abtreibung des § 218 Abs. 4 und in den Fällen der §§ 110, 111 Abs. 2, 357. (Siehe Erläuterung 2 zu § 43.) Außerdem waren nach dem bisherigen § 49a Aufforderung und Erbieten zu einem Verbrechen strafbar, wenn sie schriftlich erfolgten, oder bei Mündlichkeit, wenn sie an die Gewährung von Vorteilen geknüpft waren. Dagegen war eine erfolglose Beihilfe im § 49a überhaupt nicht mit Strafe bedroht.

3. Nach der Neufassung des § 49a ist nunmehr ganz allgemein jede versuchte Teilnahme strafbar, soweit sie sich auf ein Verbrechen bezieht, und zwar ist die Aufforderung und Beihilfe nicht nur dann strafbar, wenn das Verbrechen überhaupt nicht zur Ausführung gelangt, sondern auch dann, wenn das Verbrechen unabhängig von der Aufforderung und Beihilfe zur Ausführung gelangt. Es ist also nunmehr sowohl die erfolglose Aufforderung als auch die erfolglose Beihilfe zu einem Verbrechen strafbar.

4. Neu ist ferner, daß wie ein Anstifter bestraft wird, wer die Begehung eines Verbrechens verabredet oder in eine ernsthafte Verhandlung darüber eintritt (§ 49a Absatz 2, zweiter Halbsatz). (Bisher war nur die Verabredung zu Verbrechen wider das Leben in § 49b mit Strafe bedroht; da nunmehr in dem neuen § 49a jede Verabredung zu Verbrechen unter Strafe gestellt ist, wurden die Worte „oder Verabredung" in § 49b gestrichen.)

5. Als Strafe ist für die erfolglose Aufforderung die Strafe der Anstiftung, die nach den Grundsätzen des § 44 gemildert werden kann, vorgesehen. Ebenso wird der erfolglose Gehilfe als Gehilfe bestraft; der Richter kann aber die Strafe nach pflichtgemäßem Ermessen mildern oder von Strafe absehen.

6. Entsprechend der Härte der Strafdrohung des § 49a ist in Abs. 4 der tätigen Reue in weitgehendem Umfange Rechnung getragen.

7. Wie bisher hat auch der neue § 49a nur subsidäre Bedeutung. Kommt es zur Vollendung oder zu einem strafbaren Versuch des fraglichen Verbrechens, dann ist der Auffordernde bzw. der Helfende wegen Anstiftung bzw. Beihilfe zu diesem Verbrechen zu bestrafen.

8. Beispiel für 49a Abs. 4: A., B. und C. verabreden, den D. zu ermorden. A. bekommt Reue und teilt den Plan dem D. mit, so daß dieser die Festnahme von B. und C. erwirken und dadurch den geplanten Mord verhindern kann. B. und C. sind nach § 49a Abs. 2 strafbar. A. ist nach § 49a Abs. 4 straflos.

Mordkomplott.

§ 49b. Wer an einer Verbindung teilnimmt, die Verbrechen wider das Leben bezweckt oder als Mittel für andere Zwecke in

Aussicht nimmt, oder wer eine solche Verbindung unterstützt, wird mit Gefängnis nicht unter 3 Monaten bestraft.

In besonders schweren Fällen ist die Strafe Zuchthaus bis zu fünf Jahren.

Nach diesen Vorschriften wird nicht bestraft, wer der Behörde oder dem Bedrohten so rechtzeitig Nachricht gibt, daß ein in Verfolgung der Bestrebungen der Verbindung beabsichtigtes Verbrechen wider das Leben verhindert werden kann.

Einfluß persönlicher Eigenschaften.

§ 50. Sind mehrere an einer Tat beteiligt, so ist jeder ohne Rücksicht auf die Schuld des anderen nach seiner Schuld strafbar.

Bestimmt das Gesetz, daß besondere persönliche Eigenschaften oder Verhältnisse die Strafe schärfen, mildern oder ausschließen, so gilt dies nur für den Täter oder Teilnehmer, bei dem sie vorliegen.

1. Die Neufassung des § 50 beruht auf der Verordnung v. 29. Mai 1943.

2. Nach Abs. 1 soll nunmehr jeder an einer Straftat Beteiligte einzig und allein nach seiner eigenen Schuld bestraft werden, also ohne Rücksicht darauf, ob auch der andere schuldig und somit strafbar ist. (Siehe Näheres hierüber in Vorbemerkung 2 vor § 47.)

3. Der Abs. 2 des § 50 betrifft nicht die Schuldfrage, sondern nur die Straffrage. Der Sinn dieser Gesetzesstelle ist folgender: Sind bei einer Straftat außer dem Haupttäter noch ein Mittäter, Anstifter oder Gehilfe beteiligt, so soll für diese letzteren dann eine andere gesetzliche Strafdrohung maßgebend sein als für den Haupttäter, wenn das Gesetz eine Strafdrohung aus Gründen, die nur in der Person des Haupttäters liegen, schärft, mildert oder ausschließt; liegen umgekehrt die strafändernden Umstände nur beim Teilnehmer und nicht auch beim Haupttäter vor, so wirken sie sich nur in der Person des Teilnehmers aus. M. a. W.: Die Persönlichkeit des Haupttäters soll dem Teilnehmer weder zum Nachteil noch zum Vorteil gereichen und umgekehrt.

4. Diese Trennung der Teilnahme von der Haupttat, die bezüglich der Schuldfrage in Abs. 1 des § 50 vollzogen wurde (siehe oben Erl. 2), erfolgt im übrigen aber nur, soweit strafändernde (und zwar strafschärfende oder strafmildernde) sowie strafausschließende Umstände in Frage kommen, nicht aber, soweit es sich um strafbegründende Umstände handelt.

a) Strafschärfende Umstände sind:
   - aa) Die Gewerbsmäßigkeit in den Fällen der §§ 260, 292 Abs. 3, 293 Abs. 3, 302d, 175a Abs. 4. (Nicht dagegen in den Fällen, in denen die Gewerbsmäßigkeit zum Grundtatbestand gehört. Siehe unten Erl. 3.)
   - bb) Der Rückfall in §§ 244, 261, 264, 250 Nr. 5.
   - cc) Die unechten Beamtendelikte, d. h. diejenigen Straftaten, die an sich von jedem begangen werden können, die aber schwerer bestraft werden, wenn der Täter Beamter ist. Hierher gehört vor allem die Amtsunterschlagung des § 350; ferner die Fälle der §§ 340, 341, 342, 347 und 348 Abs. 2. (Nicht hierher gehören die echten Beamtendelikte. Siehe unten Erl. 3.)

dd) Das Verwandtschaftsverhältnis in den Fällen der §§ 181 Nr. 2, 221 Abs. 2, 223 Abs. 2.
ee) Die Gemeingefährlichkeit des § 20a.

b) Strafmildernde Umstände sind:
aa) Jugendliches Alter (zwischen 14 und 18 Jahren. Siehe Reichsjugendgerichtsgesetz § 1, Abs. 1).
bb) Verminderte Zurechnungsfähigkeit (§ 51 Abs. 2).
cc) Verhältnis der Mutter zum unehelichen Kind (§ 217).
dd) Die Strafminderungsgründe des § 157 (Eidesnotstand) und des § 158 (Widerruf).

c) Strafausschließende Umstände sind:
aa) Diebstahl und Unterschlagung gegenüber Verwandten absteigender Linie oder gegenüber dem Ehegatten (§§ 247 Abs. 2, 248a Abs. 3, 370 Z. 5, Abs. 2).
bb) Notbetrug gegenüber Verwandten absteigender Linie oder gegenüber dem Ehegatten (§ 264a Abs. 4).
cc) Persönliche Begünstigung gegenüber Angehörigen (§ 257 Abs. 2).
dd) Pfandkehr gegenüber Verwandten absteigender Linie und gegenüber Ehegatten § 289 Abs. 5.
ee) Widerruf beim fahrlässigen Falscheid. § 163 Abs. 2.
ff) Fehlender Strafantrag, Rücktritt, Verjährung, Begnadigung.

5. Handelt es sich um strafbegründende Umstände, kommt § 50 nicht in Frage. Solche Umstände sind:

a) Die Beamteneigenschaft bei den echten Beamtendelikten, d. h. bei denjenigen, die nur von einem Beamten begangen werden können. Hierher gehören die Tatbestände der §§ 331, 332, 334, 336, 343, 344, 345, 346, 348 Abs. 1, 352, 353, 354, 355, 356, 357.

b) Die Gewerbsmäßigkeit bei Taten, die nur gewerbsmäßig begangen werden können, nämlich in den Fällen der §§ 175a Nr. 4 letzter Fall, 285, 302e.

6. Beispiele:

a) Zu Z. 4a: Der A leistet dem B zu einer von diesem gewerbsmäßig begangenen Wilderei dadurch Hilfe, daß er ihm ein Gewehr zur Verfügung stellt: Der B ist wegen gewerbsmäßiger Wilderei nach § 292 Abs. 4 strafbar, während der A nur wegen Beihilfe zur einfachen Wilderei nach §§ 292 Abs. 1, 49 zu bestrafen ist, es sei denn, daß er selbst gewerbsmäßig gehandelt hat. — Der A stiftet den B zu einem Rückfalldiebstahl an: Der B ist gemäß §§ 242, 244 zu bestrafen, während A nur wegen Anstiftung zum einfachen Diebstahl nach §§ 242, 48 bestraft werden kann, es sei denn, daß bei ihm ebenfalls die Voraussetzungen des Rückfalls gegeben sind. — Der Nichtbeamte A stiftet den Beamten B zu einer Amtsunterschlagung nach § 350 an: B ist gemäß § 350 strafbar, während A nur nach §§ 246, 48 bestraft werden kann. — Der A stiftet den Sohn B an, den Vater B körperlich zu mißhandeln: Der Sohn B ist nach § 223 Abs. 2 zu bestrafen, während die Strafe des A aus §§ 223 Abs. 1, 48 zu entnehmen ist. —

b) Zu Z. 4b: Der A stiftet die uneheliche Mutter B an, deren neugeborenes Kind zu töten: Die Mutter ist wegen Kindstötung nach § 217, während A als Mörder oder Totschläger gemäß §§ 211, 212, 48 zu bestrafen ist. Stiftet die uneheliche Mutter B den A zur Tötung ihres unehelichen Kindes an, so ist sie nur aus §§ 217, 48 zu bestrafen, während die Bestrafung des A aus §§ 211, 212 zu erfolgen hat.

c) Zu Z. 4c: Der A stiftet die Ehefrau B an, ihren Ehemann B zu bestehlen: Der A ist wegen Anstiftung zum Diebstahl gemäß §§ 242, 48 zu bestrafen, obwohl die

Ehefrau B gemäß § 247 Abs. 2 nicht als Täterin bestraft werden kann. Stiftet umgekehrt die Ehefrau B den A an, ihren Ehemann B zu bestehlen, so ist die Ehefrau straflos, während A als Dieb gemäß § 242 zu bestrafen ist. Oder: Der B stiftet den A an, den Vater A zu bestehlen. Der Vater stellt keinen Strafantrag; der Sohn A kann nicht bestraft werden (§ 247 Abs. 1); dagegen ist B wegen Anstiftung zum Diebstahl strafbar. (Siehe auch Erl. 5 zu § 247.) Oder: Der A stifte den B an, den C zu vergiften. B schüttet zu diesem Zwecke dem C Gift in den Kaffee. Bevor C erscheint, bekommt B Reue und schüttet den Kaffee weg: B bleibt wegen des Mordversuchs straflos, da er von dem beendeten Versuch gemäß § 46 Nr. 2 zurückgetreten ist, indem er zu einer Zeit, zu welcher die Handlung noch nicht entdeckt war, den Erfolg durch eigene Tätigkeit abgewendet hat. Der A bleibt aber strafbar wegen Anstiftung zum Mordversuch.

d) Zu Z. 5: Der Nichtbeamte A stiftet den Beamten B zu einer Falschbeurkundung i. S. des § 348 Abs. 1 an: Der Haupttäter B ist nach § 348 Abs. 1 zu bestrafen, und ebenso der Anstifter A nach §§ 348 Abs. 1, 48, denn die strafbegründenden Umstände erfassen auch den Teilnehmer. — Der A stiftet den B zum gewerbsmäßigen Glücksspiel an: Der B ist gemäß § 285 zu bestrafen, und ebenso der A gemäß §§ 285, 48.

Vierter Abschnitt:

Gründe, welche die Strafe ausschließen oder mildern.

Vorbemerkung.

1. Es werden behandelt

in § 51 die Unzurechnungsfähigkeit infolge Bewußtseinsstörung, Geisteskrankheit usw.,
in § 52 zwei Fälle der Nötigung zur Tat, durch welche die strafrechtliche Verantwortlichkeit ausgeschlossen wird,
in § 53 die Notwehr,
in § 54 der Notstand,
in § 58 die Strafbarkeit der Taubstummen,
in § 59 die Einwirkung des Tatsachenirrtums auf die Strafbarkeit
in § 60 die Anrechnung der Untersuchungshaft,
in den §§ 61—65 der Strafantrag,
in den §§ 66—72 die Verjährung.

An die Stelle der §§ 55—57 sind Bestimmungen des Reichsjugendgerichtsgesetzes getreten.

2. Voraussetzung jeden strafbaren Verhaltens ist

a) daß es tatbestandsmäßig ist, d. h. daß der im Gesetz festgelegte äußere und innere Tatbestand erfüllt ist (§ 59),
b) daß das Verhalten rechtswidrig ist, d. h. daß die Rechtswidrigkeit nicht durch einen Rechtfertigungsgrund ausgeschlossen ist. (Siehe Erläuterung 3.)
c) daß das Verhalten dem Täter zur Schuld zurechenbar ist, d. h. daß dem Täter kein Schuldausschließungsgrund (§§ 51, 52, 54) zur Seite steht,
d) daß die Tatbestandsverwirklichung in der Person des Täters strafbar ist, d. h. daß ihm kein persönlicher Strafausschließungsgrund zur Seite steht. (Siehe Erläuterung 4c zu § 50.)

Fehlt es bei der Haupttat an den Voraussetzungen zu b, dann ist auch eine strafbare Teilnahmehandlung ausgeschlossen, während ein Fehlen der Voraussetzungen a, c und d für die Strafbarkeit des Teilnehmers ohne Bedeutung ist. (Siehe Erl. 2 in Vorbem. zum Dritten Abschnitt und Erl. 3 zu § 50.)

3. **Nicht rechtswidrig**, weil ein **Rechtfertigungsgrund** vorliegt, sind Handlungen in folgenden Fällen:

a) wenn die Handlung durch **Notwehr** geboten ist (§ 53 StGB. und § 227 BGB.),
b) wenn ein **übergesetzlicher Notstand** vorliegt. (Siehe Erl. 4 u. 5 zu § 54.)
c) wenn bei der **Beleidigung** die Voraussetzungen des § 193 gegeben sind,
d) wenn **Amtshandlungen** vorliegen, z. B. Hinrichtung, Festnahme, Betreten der Wohnung gegen den Willen des Wohnungsberechtigten.
e) wenn sich die Handlungen (z. B. Körperverletzungen) aus einem **Erziehungs- und Disziplinarrecht** der Eltern, Lehrer, des Lehrherrn usw. ergeben,
f) wenn der Verletzte **einwilligt**, vorausgesetzt, daß die Einwilligung einem Willen entspringt, der vom Recht als maßgebend anerkannt ist, insbesondere, daß die Person, in deren rechtliche Interessen eingegriffen wird, die genügende geistige Reife und Urteilskraft besitzt, um sich der Bedeutung des Angriffs und der Gestattung seiner Verletzung klar zu sein.

In Frage kommen hier folgende Handlungen:

aa) Die **Vermögensrechtsverletzungen**: Kein Diebstahl, keine Unterschlagung oder Sachbeschädigung, wenn Eigentümer einwilligt. (Eine Brandstiftung wird durch die Einwilligung des Eigentümers nicht rechtmäßig, da sie nach § 306 strafbar ist wegen der Gefährdung der Allgemeinheit.)
bb) Die Handlungen gegen **Leib und Leben**: Die Einwilligung in die **Tötung** macht letztere nicht straflos (§ 216). Die Frage, wann die Einwilligung des Verletzten die **Körperverletzung** straflos macht, beantwortet § 226a dahin, daß die Handlung trotz Einwilligung strafbar bleibt, wenn sie gegen die guten Sitten verstößt. Die **Operation** ist somit im allgemeinen nicht rechtswidrig und daher straflos.
cc) Die Handlungen gegen die **Ehre**: Hier ist jeweils zu prüfen, ob der Einwilligung nach den persönlichen Verhältnissen der einwilligenden Person rechtliche Beachtung zukommt.

4. Als Schuldformen kennt das StGB. nur den **Vorsatz** und die **Fahrlässigkeit**. **Vorsatz** ist das bewußte Wollen aller Merkmale des äußeren Tatbestandes. Vorsatz liegt auch dann vor, wenn der Täter den Erfolg nicht unmittelbar gewollt hat, ihn aber doch als möglich vorausgesehen und ihn als eventuellen Erfolg in seinen Willen aufgenommen hat (sog. **dolus eventualis** oder **bedingter Vorsatz**). **Fahrlässig** handelt, wer die Sorgfalt außer acht läßt, zu der er nach den Umständen und nach seinen persönlichen Verhältnissen verpflichtet und fähig ist, und deshalb entweder nicht voraussieht, daß sich der Tatbestand der strafbaren Handlung verwirklichen kann (**unbewußte Fahrlässigkeit**) oder, obwohl er das für möglich hält, darauf vertraut, daß es nicht geschehen wird (**bewußte Fahrlässigkeit**). Vom **Vorsatz** unterscheidet sich die Fahrlässigkeit dadurch, daß beim Vorsatz (auch dem eventuellen) das Verschulden in der **gewollten**, bei der Fahrlässigkeit dagegen in der **ungewollten**, aber durch pflichtwidrige Unaufmerksamkeit herbeigeführten Verletzung der Rechtsordnung besteht.

5. Für den Begriff der **Zurechnungsfähigkeit** sind drei Stadien des Lebensalters maßgebend:

a) Bis zum vollendeten 14. Lebensjahr ist der Mensch im allgemeinen strafrechtlich nicht verantwortlich. Ist der Täter zur Zeit der Tat wenigstens 12 Jahre alt, so kann er unter bestimmten Voraussetzungen zur Verantwortung gezogen werden. (Siehe § 3 Abs. 2 Reichsjugendgerichtsgesetz.)

b) In der Zeit vom 14. bis 18. Lebensjahr ist der Mensch strafrechtlich verantwortlich, wenn er zur Zeit der Tat nach seiner sittlichen und geistigen Entwicklung reif genug ist, das Unrecht der Tat einzusehen und nach dieser Einsicht zu handeln. (Siehe § 3 Abs. 1 Reichsjugendgerichtsgesetz.)

c) Mit dem vollendeten 18. Lebensjahr ist der Mensch voll strafrechtlich verantwortlich. (Siehe auch § 20 Reichsjugendgerichtsgesetz betr. jugendliche Schwerverbrecher.)

Zurechnungsfähigkeit.

§ 51. Eine strafbare Handlung ist nicht vorhanden, wenn der Täter zur Zeit der Tat wegen Bewußtseinsstörung, wegen krankhafter Störung der Geistestätigkeit oder wegen Geistesschwäche unfähig ist, das Unerlaubte der Tat einzusehen oder nach dieser Einsicht zu handeln.

War die Fähigkeit, das Unerlaubte der Tat einzusehen oder nach dieser Einsicht zu handeln, zur Zeit der Tat aus einem dieser Gründe erheblich vermindert, so kann die Strafe nach den Vorschriften über die Bestrafung des Versuchs gemildert werden.

1. Neu gefaßt durch Gesetz vom 24. November 1933. Das Unterscheidungs- und das Hemmungsvermögen sind an die Stelle der Willensfreiheit getreten.

2. Neu aufgenommen hat das Gesetz den Begriff der Geistesschwäche und ferner den Begriff der verminderten Zurechnungsfähigkeit, die vorliegt, wenn auf Grund des biologischen Zustandes die Fähigkeit, das Unerlaubte der Tat einzusehen usw. nicht aufgehoben, sondern nur erheblich vermindert war. Es handelt sich dabei aber nicht um einen zwingenden Strafmilderungsgrund, sondern das Gesetz stellt die Milderung in das Ermessen des Gerichts.

3. Außer eigentlichen Geisteskrankheiten haben die gleiche straflos machende Wirkung: Die Zustände der Epileptiker (Fallsüchtigen), Fieberkranken, Vergifteten gewisser Art (mit Morphium, Opium usw.), gebärender und neuentbundener Frauen, Schlaftrunkener und Betrunkener stärksten Grades.

4. Die Folge der Unzurechnungsfähigkeit ist, daß die Schuld ausgeschlossen wird. Die Strafbarkeit der Teilnehmer wird dadurch nicht berührt. (Siehe § 50 Abs. 1 und Vorbemerkung Ziff. 2 vor § 47.)

5. In zwei Fällen kann auch ein Unzurechnungsfähiger bestraft werden:

a) wenn er sich in einen Rauschzustand versetzt in der Absicht, in diesem Zustand eine strafbare Handlung zu begehen; er wird wegen der in diesem unzurechnungsfähigen Zustand begangenen strafbaren Handlung bestraft.

b) wegen Volltrunkenheit nach § 330a. (Siehe die dortigen Erläuterungen.)

Nötigungsstand.

§ 52. Eine strafbare Handlung ist nicht vorhanden, wenn der Täter durch unwiderstehliche Gewalt oder durch eine Drohung, welche mit einer gegenwärtigen, auf andere Weise nicht abwendbaren Gefahr für Leib oder Leben seiner selbst oder eines Angehörigen verbunden war, zu der Handlung genötigt worden ist.

Als Angehörige im Sinne dieses Strafgesetzes sind anzusehen Verwandte und Verschwägerte auf- und absteigender Linie, Adoptiv- und Pflege-Eltern und -Kinder, Ehegatten, Geschwister und deren Ehegatten und Verlobte.

1. Der hier behandelte Nötigungsstand enthält einen Schuldausschließungsgrund (siehe Vorbemerkung 2 c vor § 51). Der unter einem solchen Zwang Stehende handelt zwar rechtswidrig, aber schuldlos und kann daher nicht bestraft werden, während der Nötigende entweder als mittelbarer Täter (siehe Vorbemerkung vor § 47) oder wegen Nötigung gemäß § 240 strafbar ist.

Der Unterschied gegenüber dem Notstand des § 54 liegt darin, daß beim Nötigungsstand des § 52 die Notlage von einem anderen geschaffen wurde, um durch den Genötigten eine strafbare Handlung begehen zu lassen, sie gewissermaßen abzunötigen.

2. Die beiden Nötigungsmittel sind unwiderstehliche Gewalt und Drohung mit einer Gefahr.

a) Als unwiderstehliche Gewalt i. S. des § 52 kommt nur eine beeinflussende Gewalt, wie Prügeln, Foltern oder Einsperren in Frage, um dadurch eine bestimmte Handlung zu erzwingen; nicht dagegen gehört hierher die unmittelbare körperliche Gewalt, denn ein durch sie abgenötigtes Verhalten ist keine „Handlung" mehr.

Beispiele: Der A führt dem B gewaltsam die Hand und zwingt ihn so, eine Urkunde mit fremdem Namen zu unterschreiben, oder A führt den Finger des B gewaltsam an den Abzug einer Pistole, mit der C erschossen wird: In beiden Fällen ist B schon deshalb straflos, weil überhaupt keine Handlung vorliegt. Dagegen ist B auf Grund von § 52 straflos, wenn er von A gemartert oder eingesperrt wird, und unter diesem Zwang ein Betriebsgeheimnis verrät.

b) Unter Drohung versteht man die Ankündigung einer Übelszufügung, und zwar muß das Übel eine gegenwärtige Leibes- oder Lebensgefahr des Täters oder eines Angehörigen enthalten.

Beispiele: Der A zwingt den B durch Drohung mit Erschießen, sich an einem Diebstahl zu beteiligen; oder der A droht dem B, er werde dessen Frau erschießen, falls er nicht den C erschieße: In beiden Fällen ist B gemäß § 52 straflos, wenn er dem Zwang erliegt und die abgenötigten Straftaten begeht.

3. Die Bestimmung in Absatz 2, wer unter „Angehörigen" zu verstehen ist, gilt auch für andere Bestimmungen des Strafgesetzbuchs, in denen dieser Ausdruck vorkommt, z. B. für den Strafantrag bei Diebstahl und Unterschlagung in § 247, ferner in §§ 257 und 292 Abs. 2.

Verwandte „auf- und absteigender Linie" sind Vater und Mutter, Großeltern, Urgroßeltern, Kind, Enkel, Urenkel ehelicher und unehelicher Geburt.

Zu den Verschwägerten gehören die Schwiegereltern und -kinder sowie die Stiefeltern und -kinder. Die Schwägerschaft dauert fort, auch wenn die Ehe, durch die sie begründet wurde, durch Tod aufgelöst oder geschieden ist.

Adoptiveltern und -kinder sind durch die Annahme an Kindes Statt Verbundene.

Verlobte sind nur solche, die sich ein ernstlich gemeintes Eheversprechen gegeben haben. Bloßes Liebesverhältnis ohne Verehelichungsabsicht schafft kein Verlöbnis

Notwehr.

§ 53. Eine strafbare Handlung ist nicht vorhanden, wenn die Handlung durch Notwehr geboten war.

Notwehr ist diejenige Verteidigung, welche erforderlich ist, um einen gegenwärtigen, rechtswidrigen Angriff von sich oder einem anderen abzuwenden.

Die Überschreitung der Notwehr ist nicht strafbar, wenn der Täter in Bestürzung, Furcht oder Schrecken über die Grenzen der Verteidigung hinausgegangen ist.

1. Wer in Notwehr handelt, ist nicht nur entschuldigt, sondern er handelt rechtmäßig (siehe Vorbemerkung Nr. 3 zu § 51), denn hier stehen sich nicht Recht und Recht (wie beim Notstand), sondern Recht und Unrecht gegenüber.

2. Als Angriffe, gegen welche Notwehr erlaubt ist, kommen solche gegen den Körper, das Leben, die Ehre oder das Vermögen in Betracht, also auch gegen den Dieb gibt es Notwehr, denn der Besitzer darf die gestohlene Sache dem auf frischer Tat betroffenen oder verfolgten Täter mit Gewalt wieder abnehmen. § 859 Abs. 2 BGB.

3. Wer bei der Abwehr des rechtswidrigen Angriffs über das zur Verteidigung erforderliche Maß hinausgeht, d. h. wer bei objektiver Beurteilung etwas tut, was zur Verteidigung nicht notwendig war, also einen sog. Notwehrexzeß begeht, ist grundsätzlich verantwortlich für alles, was er mehr getan hat, als erforderlich war. Hat er die Grenzen der erlaubten Verteidigung infolge eines selbstverschuldeten tatsächlichen Irrtums überschritten, dann ist er gemäß § 59 Abs. 2 wegen Fahrlässigkeit zu bestrafen, falls das fragliche Delikt fahrlässig begangen werden kann, z. B. wegen fahrlässiger Körperverletzung.

4. Nur dann bleibt der Notwehrexzeß straflos, wenn die Voraussetzungen des Abs. 3 des § 53 gegeben sind, d. h. wenn der Täter in Bestürzung, Furcht oder Schrecken über die Grenzen der Verteidigung hinausgegangen ist.

5. Gegen die berechtigte Ausübung des Amts gibt es keine Notwehr (vgl. aber Erl. 8 zu § 113).

6. Auch wenn der Täter nur sich einbildete, es stehe ihm ein Angriff bevor, bleibt er für die zur Abwehr solcher vermeintlicher Angriffe begangenen Handlungen straflos (§ 59 Abs. 1) (sog. Putativnotwehr). Nur wenn der Irrtum über das Vorhandensein der Notwehr selbstverschuldet war, kann eine fahrlässige Rechtsverletzung übrigbleiben (§ 59 Abs. 2), z. B. fahrlässige Körperverletzung.

7. Auch gegen Angriffe Geisteskrankert ann man sich straflos verteidigen; dagegen ist bei Angriffen von Tieren nur der Notstand des § 228 BGB. gegeben.

8. Beispiele: a) Der Feldhüter A sitzt in einer Wirtschaft und bemerkt, wie der arbeitslose Taglöhner B, den er kennt, im Begriffe ist, mit seinem, des A Rad, das er vor der Wirtschaft abgestellt hatte, davonzufahren. Kurz entschlossen nimmt A seine Dienstwaffe, schießt auf den davonfahrenden B und verletzt diesen nicht unerheblich am Arm: Es liegt seitens B ein gegenwärtiger, d. h. noch nicht beendeter Angriff auf das Eigentum des A vor, und der Schuß des A bezweckte die Abwehr dieses noch andauernden Angriffs. Trotzdem ist der Fall des § 53 nicht gegeben, denn das Vorgehen des A war nicht durch Notwehr geboten. Welches Maß der Abwehr erforderlich ist, richtet sich jeweils nach den besonderen Umständen des Einzelfalles, im allgemeinen richtet es sich nach der Art und Stärke des Angriffs. Jedenfalls lag für Abgabe eines Schusses keine Notwendigkeit vor, zumal A den B kannte, und somit in der Lage war, andere Schritte zu ergreifen, um sein Eigentum

wieder zu erlangen. Auch der strafbefreiende Grund des Abs. 3 (Bestürzung usw.) scheint nach Sachlage nicht gegeben zu sein. A, der offenbar keinen Tötungsvorsatz, sondern nur den der Körperverletzung gehabt hat, ist daher wegen vorsätzlicher gefährlicher Körperverletzung zu bestrafen. A bleibt selbstverständlich auch dann nach § 223a strafbar, falls sich herausstellt, daß B das Rad gar nicht stehlen wollte, sondern es, da er angetrunken war, mit seinem eigenen Fahrrad verwechselt hatte; denn auch bei Vorliegen der sog. Putativnotwehr (siehe Erläuterung Nr. 6) ist die Überschreitung der Notwehr strafbar.

b) Der A erwacht nachts und sieht, wie ein Unbekannter im Begriffe ist, durch das Fenster in sein Zimmer einzusteigen. Er holt seinen Revolver aus der Nachttischschublade, gibt einen Schuß auf den Unbekannten ab und tötet ihn: A ist straflos, mindestens nach Abs. 3 des § 53. (Straflose Überschreitung der Notwehr.)

c) Der Spaziergänger A beobachtet, wie ein sich mit allen Kräften wehrendes und schreiendes Mädchen von einem Manne in den Wald geschleppt wird. Er kommt dem Mädchen zu Hilfe, zieht seinen Revolver und erschießt den Mann. A ist straflos, da ein Angriff auch von einem anderen abgewehrt werden kann, und nach Sachlage gegen die Benutzung der Schußwaffe keine Bedenken bestehen.

Notstand.

§ 54. Eine strafbare Handlung ist nicht vorhanden, wenn die Handlung außer dem Falle der Notwehr in einem unverschuldeten, auf andere Weise nicht zu beseitigenden Notstande zur Rettung aus einer gegenwärtigen Gefahr für Leib oder Leben des Täters oder eines Angehörigen begangen worden ist.

1. Der hier behandelte Notstand ist der Zustand einer nicht von einem Menschen ausgehenden Gefahr, der einen Widerstreit der Pflichten erzeugt, weil er nur durch Verletzung fremden Rechtsgutes abgewendet werden kann. Die im Notstand begangene Handlung, die an sich rechtswidrig ist, ist lediglich schuldlose Zuwiderhandlung gegen ein Verbot, und zwar wird die Schuld deshalb verneint, weil bei Berücksichtigung des Selbsterhaltungstriebes oder des Fürsorgestrebens für Angehörige ein gesetzmäßiges Verhalten nicht zumutbar ist. (Siehe Vorbemerkung Nr. 2 c vor § 51.)

2. Besteht die berufliche Aufgabe gerade darin, eine bestimmte Tätigkeit unter Einsatz von Leib und Leben auszuführen, so kann sich der Verpflichtete dieser Aufgabe nicht mit der Begründung entziehen, es sei ihm nicht zuzumuten, sich dieser Gefahr auszusetzen. Dies gilt für Soldaten, Seeleute, Polizeibeamte, Feuerwehrmänner u. a.

3. Auch im Bürgerlichen Gesetzbuch (BGB.) gibt es Notstandshandlungen, nämlich den Verteidigungsnotstand des § 228 BGB. und den angreifenden Notstand des § 904 BGB. Diese beiden Handlungen schließen im Gegensatz zu § 54 nicht nur die Schuld, sondern darüber hinaus auch die Rechtswidrigkeit aus.

a) § 228 BGB. (Verteidigungsnotstand) lautet: „Wer eine fremde Sache beschädigt oder zerstört, um eine durch sie drohende Gefahr von sich oder einem anderen abzuwenden, handelt nicht widerrechtlich, wenn die Beschädigung oder Zerstörung nicht zur Abwendung der Gefahr erforderlich ist und der Schaden nicht außer Verhältnis zu der Gefahr steht. Hat der Handelnde die Gefahr verschuldet, so ist er zum Schadensersatz verpflichtet."

b) § 904 BGB. (angreifender Notstand) lautet: „Der Eigentümer einer Sache ist nicht berechtigt, die Einwirkung eines anderen auf die Sache zu verbieten, wenn die Einwirkung zur Abwendung einer gegenwärtigen Gefahr notwendig und der drohende Schaden gegenüber dem aus der Einwirkung dem Eigentümer entstehenden Schaden unverhältnismäßig groß ist. Der Eigentümer kann Ersatz des ihm entstehenden Schadens verlangen."

4. Der strafrechtliche Notstand des § 54 setzt, wie oben erwähnt, voraus, daß die Gefahr dem Täter selbst oder einem Angehörigen droht. Aber auch, wenn diese Voraussetzungen nicht gegeben sind, ist eine Notstandshandlung möglich, nämlich dann, wenn ein geringwertigeres Rechtsgut verletzt oder zerstört wird, um ein höherwertiges zu retten, bzw. wenn eine mit Strafe bedrohte Handlung das einzige Mittel ist, um ein höheres Rechtsgut zu schützen. Man spricht in diesem Falle von einem sog. übergesetzlichen Notstand, der den Täter nicht nur schuldlos macht, sondern der Handlung auch die Rechtswidrigkeit nimmt. Diese Konstruktion bietet u. a. die Möglichkeit, die Schwangerschaftsunterbrechung durch einen Arzt für straflos zu erklären: Zerstörung des minderwertigeren Rechtsgutes (Leibesfrucht) zur Rettung des höherwertigen Rechtsgutes (Leben der Mutter). (Siehe hierzu Erl. 5 zu § 218 betr. Sonderregelung für das Land Württemberg/Baden.)

5. Beispiele:

a) Strafrechtlicher Notstand nach § 54: A versucht bei einem Kinobrand durch den einzigen offenen Ausgang auf die Straße zu gelangen und stößt dabei den B, der den gleichen Versuch macht, zur Seite, so daß dieser zu Boden stürzt und in den Flammen umkommt. Oder: Bei einem Schiffsuntergang stößt A den B, der mit ihm gleichzeitig in das schon überfüllte Rettungsboot, das nur noch einen Menschen aufnehmen kann, springen will, ins Meer, so daß B ertrinkt. (In beiden Fällen kommt der bürgerlich-rechtliche Notstand nicht in Frage, da dieser nur gegen Sachen und nicht gegen Menschen gegeben ist.)

b) Verteidigungsnotstand des § 228 BGB.: Der A erschießt den wertvollen Hund des B, der sich auf ihn stürzt. A ist nicht wegen Sachbeschädigung nach § 303 strafbar, auch nicht schadensersatzpflichtig.

c) Angreifender Notstand des § 904 BGB.: Wer eine Tür einschlägt, um aus einem brennenden Haus zu entkommen, kann nicht wegen Sachbeschädigung bestraft werden. Oder: Wer, um sich vor einem schweren Gewitter zu retten, in ein fremdes Haus gewaltsam eindringt, kann nicht wegen Hausfriedensbruch bestraft werden.

d) Übergesetzlicher Notstand: Ein auf einem einsam gelegenen Hof wohnhafter Gutsbesitzer ist lebensgefährlich verunglückt. Um den in der Stadt wohnenden Arzt herbeizuholen, benutzt ein Angestellter des Gutsherrn dessen Auto, obwohl er keinen Führerschein besitzt. Der Angestellte kann nicht wegen Fahrens ohne Führerschein bestraft werden, da diese Fahrt die einzige Möglichkeit bot, das Leben des Verunglückten zu retten.

§ 55—57 aufgehoben und ersetzt durch Reichsjugendgerichtsgesetz vom 1. Januar 1944. (Siehe Anhang 3, Abschnitt A.)

Taubstummheit.

§ 58. Ein Taubstummer ist nicht strafbar, wenn er in der geistigen Entwicklung zurückgeblieben und deshalb unfähig ist, das Unerlaubte der Tat einzusehen oder nach dieser Einsicht zu handeln.

War die Fähigkeit, das Unerlaubte der Tat einzusehen oder nach dieser Einsicht zu handeln, zur Zeit der Tat aus diesem Grunde erheblich vermindert, so kann die Strafe nach den Vorschriften über die Bestrafung des Versuchs gemildert werden.

1. Neugefaßt durch Gesetz v. 24. Nov. 1933.

2. Ebenso wie in § 51 wird auch in dem neuen § 58 die Unzurechnungsfähigkeit des Taubstummen begründet nicht nur durch die mangelnde Fähigkeit, das Unerlaubte der Tat einzusehen, sondern auch durch die mangelnde Fähigkeit, nach dieser Einsicht zu handeln.

3. Auch für den Taubstummen ist neben der Zurechnungsunfähigkeit die Zwischenstufe der verminderten Zurechnungsfähigkeit vorgesehen.

Schuld und Irrtum.

§ 59. Wenn jemand bei Begehung einer strafbaren Handlung das Vorhandensein von Tatumständen nicht kannte, welche zum gesetzlichen Tatbestande gehören oder die Strafbarkeit erhöhen, so sind ihm diese Umstände nicht zuzurechnen.

Bei der Bestrafung fahrlässig begangener Handlungen gilt diese Bestimmung nur insoweit, als die Unkenntnis selbst nicht durch Fahrlässigkeit verschuldet ist.

1. Der § 59 behandelt das Irrtumsproblem; er befaßt sich mit der Frage, in welchen Fällen ein Irrtum die Schuld und damit die Strafbarkeit ausschließt.

2. Man muß unterscheiden zwischen dem strafrechtlich beachtlichen und dem strafrechtlich unbeachtlichen Irrtum.

a) Liegt ein beachtlicher Irrtum vor, so ist der Täter vollkommen straffrei, wenn sein Irrtum entschuldbar ist. Ist der Irrtum nicht entschuldbar, also auf mangelnde Sorgfalt zurückzuführen, so erfolgt Bestrafung nach § 59 Abs. 2, falls das fragliche Delikt auch fahrlässig begangen werden kann.

b) Ein unbeachtlicher Irrtum dagegen berührt die Strafbarkeit des Irrenden überhaupt nicht.

3. Beachtlich ist der Irrtum:

a) über ein strafbegründendes oder straferhöhendes Tatbestandsmerkmal (§ 59 Abs. 1),

b) über außerstrafrechtliche Rechtssätze (diese Art von Irrtum hat die Rechtsprechung dem Tatsachenirrtum des § 59 Abs. 1 gleichgestellt),

c) über das Vorhandensein der tatsächlichen Voraussetzungen eines Rechtfertigungs- oder eines Schuldausschließungsgrundes.

4. Unbeachtlich, d. h. für die Schuldfrage ohne Bedeutung ist der Irrtum, wenn es sich um einen strafrechtlichen Irrtum handelt. Denn es gilt der Grundsatz: Unkenntnis schützt vor Strafe nicht.

5. Beispiele:

a) Zu Z. 3a: aa) Wegnahme einer fremden Sache ist kein Diebstahl, wenn der Wegnehmende irrtümlicherweise annimmt, die Sache gehöre ihm; denn er irrt sich über das Vorhandensein des Tatumstandes „fremde Sache", der zum Tatbestand des § 242 (Diebstahl) gehört, und ist daher gemäß § 59 Abs. 1 schuldlos und somit straffrei. Dagegen ist er nach der Rechtsprechung des Reichsgerichts wegen versuchten Diebstahls zu bestrafen, wenn er seine eigene Sache wegnimmt in der Meinung, es sei eine fremde; denn ebenso wie die fehlende Kenntnis eines Tatbestandsmerkmales (Tatumstandes) sich gemäß § 59 Abs. 1 zu seinen Gunsten auswirkt, gereicht ihm die irrtümliche Annahme eines nichtvorhandenen Tatbestandsmerkmales zum Nachteil und führt zur Bestrafung wegen versuchter Verwirklichung des Tatbestandes.

bb) A begeht unzüchtige Handlungen mit einem Kinde unter 14 Jahren; zu seiner Entlastung führt er an, er habe geglaubt, das sehr entwickelte Kind sei schon 15 Jahre alt: Er kann, wenn seine Angaben glaubhaft sind, nicht wegen Verbrechens nach § 176 Z. 3 bestraft werden, da er den gesetzlichen Tatumstand „Person unter 14 Jahren" nicht gekannt hat.

cc) Wer seinen Vater körperlich mißhandelt, ohne zu wissen, daß es sein Vater ist (z. B. infolge Verwechslung in der Dunkelheit), kann nicht wegen Vergehens nach § 223 Abs. 2, sondern nur wegen Vergehens nach Abs. 1 bestraft werden, da er den straferhöhenden Tatumstaud „Verwandter aufsteigender Linie" nicht gekannt hat.

b) Zu Z. 3b: Wenn ein Schuldner irrtümlicherweise annimmt, durch Zahlung der Schuld werde die Pfändung aufgehoben, so kann er, wenn er über die gepfändete Sache verfügt, nicht wegen Verstrickungsbruchs nach § 137 bestraft werden, da er sich in einem außerstrafrechtlichen Irrtum, nämlich in einem zivilrechtlichen befunden hat.

c) Zu Z. 3c: aa) Der Revierförster A begegnet im Walde dem Landwirt B, den er irrtümlicherweise für einen Wilderer hält, der ihn angreifen wolle, gibt auf diesen einen Schuß ab und tötet ihn: A kann nicht wegen vorsätzlicher Tötung (Totschlag) bestraft werden, da er irrtümlicherweise die tatsächlichen Voraussetzungen der Notwehr nach § 53, also einen Rechtfertigungsgrund (siehe Vorbemerkung 3a vor § 51) als vorliegend erachtet hat. (Sog. Putativnotwehr, siehe Erläuterung 3 zu § 53.) Beruht aber der Irrtum des A auf Fahrlässigkeit, so ist A gemäß § 59 Abs. 2 wegen fahrlässiger Tötung nach § 222 zu bestrafen. (Siehe oben Erläuterung 2.)

bb) Der Lehrer X, der infolge einer Verwechslung den Schüler A, statt den Schüler B züchtigt, kann nicht wegen vorsätzlicher Körperverletzung nach § 340 bestraft werden, da er irrtümlicherweise die tatsächlichen Voraussetzungen des Züchtigungsrechts der Lehrer, also einen Rechtfertigungsgrund (siehe Vorbemerkung 3e vor § 51) als gegeben erachtet hat. Beruht aber der Irrtum des Lehrers auf Fahrlässigkeit, so ist er gemäß § 59 Abs. 2 wegen fahrlässiger Körperverletzung nach § 230 zu bestrafen. (Siehe oben Erläuterung 2.)

d) Zu Z. 4: Der Vater A macht sich der schweren Kuppelei nach § 181 Z. 2 schuldig, wenn er den Geschlechtsverkehr seiner Tochter mit dem Bräutigam duldet; sein Einwand, er habe nicht gewußt, daß ein solcher Geschlechtsverkehr „Unzucht" sei, ist bedeutungslos, da er auf einer irrigen Auslegung des Strafgesetzes beruht. (Strafrechtsirrtum.)

6. Unbeachtlich ist schließlich der sog. error in persona und error in objecto, wenn die getroffene Person oder Sache mit der gemeinten gleichwertig ist und im Augenblick der Tat die wahrgenommene Person oder Sache getroffen werden sollte. Beispiel: Der A will den B töten, tötet aber infolge einer Personenverwechslung den C. A ist wegen vollendeten Mords oder Totschlags zu bestrafen.

Hiervon zu unterscheiden ist die sog. Abirrung, d. h. der Fall, daß sich der Angriff in einer anderen Person oder Sache vollendet, als gegen die er zunächst gerichtet ist. In einem solchen Falle kommt Fahrlässigkeit und Versuch in Frage. Beispiel: A schießt mit Tötungsvorsatz auf B, trifft aber den daneben stehenden C. Es liegt versuchte Tötung des B, in Tateinheit mit fahrlässiger Tötung des C vor.

7. Schließlich sei in diesem Zusammenhang der Fall des sog. dolus generalis erwähnt. Er liegt vor, wenn der Täter irrtümlich glaubt, die Tat durch seine Ausführungshandlung vollendet zu haben, während der Erfolg aber erst durch eine weitere Handlung eintritt. Es liegt in diesem Falle eine vollendete Tat vor. Beispiel: Es liegt vollendeter Mord vor, wenn der Täter die von ihm mit Tötungsvorsatz verletzte Person, die er irrtümlich für tot hält, ins Wasser wirft und der Tod sonst nicht eingetreten wäre.

8. Ein sog. Wahnverbrechen, das straflos ist, liegt vor, wenn der Täter in Kenntnis aller Tatumstände irrtümlich annimmt, seine Handlung sei strafbar. Der Täter hält also beim Wahnverbrechen etwas für strafbar, was straflos ist, während der im Strafrechtsirrtum befindliche (siehe oben Z. 5 d) etwas für straflos hält, was strafbar ist. (Siehe Erläuterung 5 zu § 43.)

Anrechnung der Untersuchungshaft.

§ 60. Eine erlittene Untersuchungshaft oder einstweilige Unterbringung kann bei Fällung des Urteils auf die erkannte Strafe ganz oder teilweise angerechnet werden.

Strafantrag.

§ 61. Eine Handlung, deren Verfolgung nur auf Antrag eintritt, ist nicht zu verfolgen, wenn der zum Antrage Berechtigte es unterläßt, den Antrag binnen drei Monaten zu stellen. Diese Frist beginnt mit dem Tage, seit welchem der zum Antrage Berechtigte von der Handlung und von der Person des Täters Kenntnis gehabt hat.

1. Die Verfolgung tritt nur auf Antrag ein: bei den Verbrechen gegen §§ 179, 236, 243 und 244 in Verbindung mit 247,
bei den Vergehen gegen §§ 104, 123, 170, 172, 182, 185 bis 187, 189, 194 bis 196, 223, 232, 236, 237, 242, 246 in Verbindung mit §§ 247, 248a, 263 Abs. 5, 264a, 288, 289, 294, 299, 300, 301, 302, 303,
bei den Übertretungen gegen § 370 Ziffer 5 und 6.

2. Zum Antrag berechtigt ist der unmittelbar Verletzte; der Nichtverletzte hat ein Antragsrecht im eigenen Interesse in den Fällen der §§ 195, 196, 232, und zur Wahrnehmung fremder Interessen im Falle des § 65.

3. Der Strafantrag, der nach den §§ 247, 263 Abs. 4, 294 erforderlich ist, beruht auf bestimmten persönlichen Beziehungen zwischen Täter und Verletztem.

4. Der Strafantrag kann auch von einem Stellvertreter des Berechtigten gestellt werden. Es genügt, wenn er mündlichen Auftrag dazu nachweist.

5. Stirbt der Antragsberechtigte vor Stellung des Antrags, so erlischt das Antragsrecht.

6. Der Antrag muß innerhalb der dafür bestimmten Frist bei der Staatsanwaltschaft, einem Gericht oder bei einer Behörde des Polizeidienstes eingegangen sein. Daß die Staatsanwaltschaft, das Gericht oder die Behörde gerade zuständig zur weiteren Behandlung seien, ist nicht erforderlich.

7. In dem Antrag muß zum Ausdruck gebracht sein, daß der Antragsberechtigte verlangt, die näher zu bezeichnende Handlung solle strafrechtlich verfolgt werden. Der Benennung des zu Verfolgenden bedarf es nur bei den Anträgen nach §§ 247, 263 Abs. 4 und 294 (s. oben Anm. 3).

Der Antrag muß regelmäßig schriftlich gestellt werden, d. h. in einer geschriebenen Erklärung bestehen, die vom Berechtigten mit seiner Unterschrift zu versehen ist. Auch mittels Telegramms kann der Antrag gestellt werden. Der Antrag kann ferner bei einem Gericht oder der Staatsanwaltschaft auch zu Protokoll gestellt werden. Es gibt auch einen sog. vorsorglichen Strafantrag, der für den Fall gestellt wird, daß das angezeigte Offizialdelikt vom Gericht nur als Antragsdelikt gewertet wird, z. B. ein angezeigtes Sittlichkeitsverbrechen stellt sich nachträglich nur als Beleidigung heraus.

8. Ein vorher erklärter Verzicht auf Stellung des Antrags ist rechtlich bedeutungslos. Anders ist es mit der Zurücknahme; vgl. § 64.

9. Der fehlende Strafantrag ist ein persönlicher Strafausschließungsgrund. Wenn also der Sohn dem Vater ein Fahrrad stiehlt und verkauft es an A, der den Sachverhalt kennt, so ist A strafbarer Hehler, auch wenn der Vater keinen Strafantrag stellt. Wenn A den Sohn zum Diebstahl anstiftet, ist er auch dann als Anstifter zu bestrafen, wenn der Vater keinen Strafantrag gegen den Sohn stellt, und dieser daher nicht bestraft werden kann. (Siehe Erl. 4c zu § 50 und die dort in Erl. 6c angeführten Beispiele.)

10. Von dem Strafantrag ist zu unterscheiden die Strafanzeige, die wegen jeder strafbaren Handlung bei der Staatsanwaltschaft, der Polizei oder beim Amtsgericht mündlich oder schriftlich angebracht werden kann. (§ 158 Abs. 1 StPO.) Im übrigen sei bemerkt, daß alle strafbaren Handlungen, für die ein Strafantrag nicht erforderlich ist, von den zuständigen Stellen (vor allem der Staatsanwaltschaft) von Amts wegen verfolgt werden, ohne Rücksicht darauf, ob eine Strafanzeige erfolgt ist oder nicht. (Siehe Anhang 1 „Das Strafprozeßrecht“ Abschnitt D I, 1 b.)

§ 62. Wenn von mehreren zum Antrage Berechtigten einer die dreimonatliche Frist versäumt, so wird hierdurch das Recht der übrigen nicht ausgeschlossen.

Mehrere zum Antrag Berechtigte kommen in Frage in §§ 65, 182, 195, 196, 232 Abs. 3.

§ 63 aufgehoben.

Zurücknahme des Antrags.

§ 64. Die Zurücknahme des Antrages ist nur in den gesetzlich besonders vorgesehenen Fällen und nur bis zur Verkündung eines auf Strafe lautenden Urteils zulässig.

1. Die Zurücknahme ist zulässig in den Fällen der §§ 104, 123, 194, 247, 248a, 263, 264a und 370 [5 und 6]; wenn das Vergehen gegen einen Angehörigen (§ 52 Abs. 2) verübt ist, auch in den Fällen der §§ 232 und 303.

2. Zur Zurücknahme genügt jede Form, aus der zu ersehen ist, daß der Antragste er bei der Behörde, an welche der Antrag gelangt ist, denselben wieder zurücknehmen will.

§ 65. Der Verletzte, welcher das achtzehnte Lebensjahr vollendet hat, ist selbständig zu dem Antrage auf Bestrafung berechtigt. Solange er minderjährig ist, hat, unabhängig von seiner eigenen Befugnis, auch sein gesetzlicher Vertreter das Recht, den Antrag zu stellen.

Ist der Verletzte geschäftsunfähig oder hat er das achtzehnte Lebensjahr noch nicht vollendet, so ist sein gesetzlicher Vertreter der zur Stellung des Antrages Berechtigte.

1. Minderjährig ist der Verletzte bis zur Vollendung des 21. Lebensjahres.

2. Der „gesetzliche Vertreter" ist nach den Bestimmungen des BGB. der Vater als Inhaber der elterlichen Gewalt. Ist er tatsächlich verhindert, die elterliche Gewalt auszuüben oder ruht seine elterliche Gewalt (wenn er geschäftsunfähig oder auf längere Zeit verhindert ist), so tritt die Mutter an seine Stelle. Steht der Minderjährige nicht unter elterlicher Gewalt, so ist der Vormund der gesetzliche Vertreter. Für Fälle der Verhinderung der genannten Personen hat ein vom den Vormundschaftsgericht zu bestellender Pfleger einzutreten.

3. Geschäftsunfähig ist der Verletzte, wenn er sich in einem die freie Willensbestimmung ausschließenden Zustand krankhafter Störung der Geistestätigkeit befindet, sofern nicht der Zustand seiner Natur nach ein vorübergehender ist, ferner wenn er wegen Geisteskrankheit, nicht etwa bloß wegen Geistesschwäche, entmündigt ist.

4. Ein Taubstummer kann den Antrag selbst stellen. Kann er sich nicht verständigen, so muß ihm zur Stellung des Antrags ein Pfleger gestellt werden.

Verjährung.

§ 66. Durch Verjährung wird die Strafverfolgung und die Strafvollstreckung ausgeschlossen.

Der Staatsanwalt kann die Verfolgung einleiten, wenn die Verhängung der Todesstrafe oder von lebenslangem Zuchthaus zu erwarten ist.

1. Nach Ablauf einer bestimmten Zeit hat der Staat weder an der weiteren Verfolgung noch nicht ermittelter oder flüchtig gegangener Verbrecher, noch an der Vollstreckung von Strafen an solchen verurteilten Verbrechern, die nach der Verurteilung geflohen sind, ein Interesse. Denn das Sühneverlangen erlischt, und die Verfolgung lange Zeit zurückliegender Straftaten würde auf große praktische Schwierigkeiten stoßen. Deshalb hat der Gesetzgeber die Institution der Verjährung geschaffen. Sie bildet einen persönlichen Strafaufhebungsgrund. Das Urteil lautet bei Verjährung auf Einstellung.

2. Man unterscheidet zwei Arten von Verjährung:

a) Die Verfolgungsverjährung von Taten, die noch nicht rechtskräftig abgeschlossen sind (§§ 67—69). Die Fristen sind nach der Schwere der Straftat abgestuft von 20 Jahren bis zu 3 Monaten (§ 67). Die Verjährung beginnt mit dem Tage, an welchem die Handlung begangen ist (§ 67 Abs. 4).

b) Die Vollstreckungsverjährung rechtskräftig erkannter Strafen (§§ 70 bis 72). Die Fristen sind nach der Höhe der erkannten Strafe von 30 bis zu 2 Jahren abgestuft (§ 70). Die Verjährung beginnt mit dem Tage, an welchem das Urteil rechtskräftig geworden ist (§ 70 Abs. 3).

3. Nach dem durch die VO. v. 29. Mai 1943 eingefügten Abs. 2 kann der Staatsanwalt auch nach Ablauf der Verjährungsfristen eine Verfolgung unter den genannten Voraussetzungen einleiten. (Es ist fraglich, ob diese Vorschrift bestehen bleiben wird.)

4. Sowohl bei der Strafverfolgung, als auch bei der Strafvollstreckung gibt es eine Unterbrechung (§§ 68, 72), als auch ein Ruhen (§§ 69, 71).

5. Die Begnadigung ist ein staatsrechtlicher Akt, der rechtskräftig erkannte Strafen erläßt, ermäßigt, umwandelt oder aussetzt, oder ein schwebendes Strafverfahren niederschlägt (sog. Abolition). Die Gesamtbegnadigung (Amnestie) erfolgt ebenso wie die Generalabolition durch Gesetz.

6. Zu erwähnen sind in diesem Zusammenhang noch das Gesetz betr. die Entschädigung im Wiederaufnahmeverfahren freigesprochener Personen v. 20. Mai 1898, sowie das Gesetz betr. Entschädigung für unschuldig erlittene Untersuchungshaft v. 14. Juli 1904, sowie das Gesetz über beschränkte Auskunft aus dem Strafregister und die Tilgung von Strafvermerken v. 9. April 1920, und die Strafregisterverordnung v. 17. Febr. 1934.

Strafverfolgungsverjährung.

§ 67. Die Strafverfolgung von Verbrechen verjährt,

wenn sie mit dem Tode oder mit lebenslänglichem Zuchthaus bedroht sind, in zwanzig Jahren;

wenn sie im Höchstbetrage mit einer Freiheitsstrafe von einer längeren als zehnjährigen Dauer bedroht sind, in fünfzehn Jahren;

wenn sie mit einer geringeren Freiheitsstrafe bedroht sind, in zehn Jahren.

Die Strafverfolgung von Vergehen, die im Höchstbetrage mit einer längeren als dreimonatlichen Gefängnisstrafe bedroht sind, verjährt in fünf Jahren, von anderen Vergehen in drei Jahren.

Die Strafverfolgung von Übertretungen verjährt in drei Monaten.

Die Verjährung beginnt mit dem Tage, an welchem die Handlung begangen ist, ohne Rücksicht auf den Zeitpunkt des eingetretenen Erfolges.

Mit der Verjährung der Strafverfolgung erlischt auch die Befugnis, auf Grund der Tat Maßregeln der Sicherung und Besserung anzuordnen.

Unterbrechung der Verjährung.

§ 68. Jede Handlung des Richters, welche wegen der begangenen Tat gegen den Täter gerichtet ist, unterbricht die Verjährung.

Die Unterbrechung findet nur rücksichtlich desjenigen statt, auf welchen die Handlung sich bezieht.

Nach der Unterbrechung beginnt eine neue Verjährung.

1. Eine solche Unterbrechung liegt z. B. in dem Einstellungsbeschluß des Gerichts wegen Abwesenheit des Angeklagten, oder in dem Ersuchen des Richters an die Polizei, Erhebungen zu machen.

2. Zu Abs. 1 vgl. auch §§ 413 Abs. 4 419 Abs. 3 StPO.

Ruhen der Verjährung.

§ 69. Die Verjährung ruht während der Zeit, in welcher auf Grund gesetzlicher Vorschrift die Strafverfolgung nicht begonnen oder nicht fortgesetzt werden kann. Ist der Beginn oder die Fortsetzung eines Strafverfahrens von einer Vorfrage abhängig, deren Entscheidung in einem anderen Verfahren erfolgen muß, so ruht die Verjährung bis zu dessen Beendigung.

Ist zur Strafverfolgung ein Antrag oder eine Ermächtigung nach dem Strafgesetz erforderlich, so wird der Lauf der Verjährung durch den Mangel des Antrags oder der Ermächtigung nicht gehindert.

Strafvollstreckungsverjährung.

§ 70. Die Vollstreckung rechtskräftig erkannter Strafen verjährt, wenn

1. auf Tod oder lebenslängliches Zuchthaus oder auf lebenslängliche Festungshaft erkannt ist, in dreißig Jahren;
2. auf Zuchthaus oder Festungshaft von mehr als zehn Jahren erkannt ist, in zwanzig Jahren;
3. auf Zuchthaus bis zu zehn Jahren oder auf Festungshaft von fünf bis zu zehn Jahren oder Gefängnis von mehr als fünf Jahren erkannt ist, in fünfzehn Jahren;
4. auf Festungshaft oder Gefängnis von zwei bis fünf Jahren erkannt ist, in zehn Jahren;
5. auf Festungshaft oder Gefängnis bis zu zwei Jahren oder auf Geldstrafe von mehr als 150 Reichsmark erkannt ist, in fünf Jahren;
6. auf Haft oder auf Geldstrafe bis zu 150 Reichsmark erkannt ist, in zwei Jahren.

Die Vollstreckung einer rechtskräftig angeordneten Maßregel der Sicherung und Besserung verjährt in 10 Jahren. Ist die Unterbringung in einer Trinkerheilanstalt oder einer Entziehungsanstalt oder erstmalig die Unterbringung in einem Arbeitshaus angeordnet so beträgt die Frist fünf Jahre.

Die Verjährung beginnt mit dem Tage, an welchem das Urteil rechtskräftig geworden ist.

Ruhen der Vollstreckungsverjährung.

§ 71. Ist auf Freiheitsstrafe und Geldstrafe zugleich oder neben einer Strafe auf eine mit Freiheitsentziehung verbundene Maßregel der Sicherung und Besserung erkannt, so verjährt die Vollstreckung der einen Strafe oder Maßregel nicht früher als die der anderen.

Unterbrechung der Vollstreckungsverjährung.

§ 72. Jede auf Vollstreckung der Strafe oder Maßregel gerichtete Handlung derjenigen Behörde, welcher die Vollstreckung obliegt, sowie die zum Zwecke der Vollstreckung erfolgende Festnahme des Verurteilten unterbricht die Verjährung.

Nach der Unterbrechung der Vollstreckung der Strafe oder Maßregel beginnt eine neue Verjährung.

1. Eine solche Unterbrechung liegt z. B. in dem Erlaß eines Steckbriefs, oder in der Ladung zum Strafantritt.

2. Zu Abs. 1 vgl. auch § 462 StPO.

Fünfter Abschnitt:

Zusammentreffen mehrerer strafbarer Handlungen.

Vorbemerkung:

1. Der Abschnitt enthält besondere Vorschriften über die Verhängung und Bemessung der Strafen beim Zusammentreffen mehrerer von derselben Person begangener Delikte.

2. Die Fälle des § 73 werden in der Rechtssprache die des rechtlichen Zusammentreffens oder der ideellen Konkurrenz (Tateinheit) genannt. In den §§ 74ff. ist das sogenannte sachliche Zusammentreffen oder die Realkonkurrenz behandelt (Tatmehrheit).

3. Ein im Gesetze nicht ausdrücklich behandelter aber allgemein angenommener Fall des Zusammentreffens ist die fortgesetzte Begehung, wenn der Täter mit einheitlichem Vorsatz unter Anwendung gleichartiger Mittel dasselbe Rechtsgut mehrfach stoßweise verletzt. Als Beispiel ist anzuführen, der Diener, der seinen Herrn ständig Zigarren stiehlt. (Wegen gewerbs- und gewohnheitsmäßiger Tat siehe Erl. 2 und 3 zu § 260.)

4. Es ist in diesem Zusammenhang noch zu erwähnen die ebenfalls im Gesetz nicht ausdrücklich behandelte sog. Gesetzeskonkurrenz. Sie liegt vor, wenn der eine Tatbestand in dem anderen vollkommen aufgeht, z. B. Hausfriedensbruch im Verhältnis zum Einbruchsdiebstahl; in einem solchen Falle erfolgt nur Bestrafung wegen des schwereren Delikts.

5. Straflose Nachtat liegt vor, wenn zwar an sich der Tatbestand eines Strafgesetzes verwirklicht ist, dieser aber durch die Bestrafung eines vorhergehenden Verhaltens als mitbestraft zu gelten hat.

Beispiele: a) Der Dieb, der die gestohlene Sache zerstört, kann nicht außer wegen Diebstahls auch noch wegen Sachbeschädigung (§ 303) bestraft werden; diese ist vielmehr eine straflose Nachtat gegenüber dem Diebstahl.

b) Der Dieb, der die gestohlene Sache weiterverkauft, begeht im Augenblick des Verkaufs an sich eine Unterschlagung. Durch diese Unterschlagung wird aber kein neues Rechtsgut einer anderen Person verletzt, sondern nur abermals das Eigentum des Bestohlenen; daher kann der Dieb nicht außer wegen Diebstahls auch noch wegen Unterschlagung bestraft werden; die Unterschlagung ist vielmehr gegenüber dem Diebstahl eine straflose Nachtat.

c) Anders aber ist der durch den Verkauf der gestohlenen Sache gegenüber dem Dritten begangene Betrug zu bewerten. Ein Betrug gegenüber dem Käufer liegt deshalb vor, weil der Käufer gemäß § 935 BGB. an einer gestohlenen Sache kein Eigentum erwerben kann, und durch die infolge der Täuschung bewirkte Zahlung des Kaufpreises einen Vermögensschaden erleidet. Dieser Betrug gegenüber dem Käufer bedeutet aber einen neuen Eingriff in ein anderes Rechtsgut, nämlich eine Verletzung des Eigentums des Käufers. Der Betrug bildet gegenüber dem Diebstahl demnach keine straflose Nachtat, sondern ist neben dem Diebstahl gemäß § 74 (Tatmehrheit) zu bestrafen.

Idealkonkurrenz (Tateinheit).

§ 73. Wenn eine und dieselbe Handlung mehrere Strafgesetze verletzt, so kommt nur dasjenige Gesetz, welches die schwerste Strafe, und bei ungleichen Strafarten dasjenige Gesetz, welches die schwerste Strafart androht, zur Anwendung.

1. Das Wesen der hier behandelten Tateinheit (Idealkonkurrenz) besteht darin, daß durch eine Handlung mehrere Gesetze verletzt werden, während bei der Tatmehrheit des § 74 mehrere Handlungen mehrere Gesetze verletzen. Durch gewaltsamen Beischlaf mit der Stieftochter wird sowohl der Tatbestand der Notzucht nach § 177, als auch derjenige der Blutschande nach § 173 Abs. 2 und schließlich noch derjenige des Ehebruchs nach § 172 erfüllt. Mit dem Tatbestand des Meineids wird häufig derjenige des Betrugs (Prozeßbetrugs) tateinheitlich zusammentreffen, nämlich dann, wenn der Richter infolge einer falschen Aussage der Partei oder eines Zeugen zu einem falschen Urteilsspruch veranlaßt wird. (Siehe Erläuterung 10 h zu § 263.) Schließlich treffen in der Praxis häufig Amtsunterschlagung und Untreue tateinheitlich zusammen. (Siehe Erläuterung 4 zu § 350.)

2. Liegen die Voraussetzungen des § 73 vor, so müssen im Urteilsspruch alle verletzten Strafgesetze aufgeführt werden, während die Strafe nur aus dem Strafgesetz gebildet werden darf, welche die schwerste Strafe androht (sog. Aufsaugungs- oder Absorptionsprinzip, im Gegensatz zum Verschärfungs- oder Asperationsprinzip des § 74). Als „schwerstes“ Gesetz i. S. des § 73 galt nach früherer Rechtsprechung dasjenige, das ganz allgemein, also ohne Rücksicht auf die besondere Gestaltung des einzelnen Falles, die Verhängung der in der Art und dem Maße nach schwersten Strafe gestattet. Nach der neuesten Rechtsprechung dagegen soll entscheidend sein, welches Gesetz nach den Umständen des einzelnen Falles die schwerste Bestrafung ermöglicht.

Realkonkurrenz (Tatmehrheit).

§ 74. Gegen denjenigen, welcher durch mehrere selbständige Handlungen mehrere Verbrechen oder Vergehen, oder dasselbe Verbrechen oder Vergehen mehrmals begangen und dadurch mehrere zeitige Freiheitsstrafen verwirkt hat, ist auf eine Gesamtstrafe zu erkennen, welche in einer Erhöhung der verwirkten schwersten Strafe besteht.

Bei dem Zusammentreffen ungleichartiger Freiheitsstrafen tritt diese Erhöhung bei der ihrer Art nach schwersten Strafe ein.

Das Maß der Gesamtstrafe darf den Betrag der verwirkten Einzelstrafen nicht erreichen und fünfzehnjähriges Zuchthaus, zehnjähriges Gefängnis oder fünfzehnjährige Festungshaft nicht übersteigen.

1. Das Wesen der hier behandelten Tatmehrheit (Realkonkurrenz) besteht darin, daß der Täter durch mehrere Handlungen mehrere Strafgesetze verletzt.

2. Bei der Strafenbildung kommt das reine Kumulationsprinzip zur Anwendung, d. h. die verwirkten Einzelstrafen werden einfach zusammengerechnet, wenn es sich um mehrere Übertretungen handelt, sowie bei der Todesstrafe, lebenslänglichen Freiheitsstrafe und den Geldstrafen.

In allen übrigen Fällen, d. h. wenn mehrere zeitige Freiheitsstrafen für Verbrechen oder Vergehen verhängt sind, herrscht das sog. Asperationsprinzip: Für jede Straftat wird eine gesonderte Strafe ermittelt, alsdann diese Strafen aber nicht einfach zusammengerechnet, sondern es wird lediglich die verwirkte schwerste Einzelstrafe erhöht, wobei die in Abs. 3 festgesetzte Höchstgrenze beachtet werden muß.

3. Beispiel: A hat am 1. Aug. einen Betrug, am 20. Aug. einen Diebstahl und am 22. Aug. abermals einen Betrug begangen. Das Amtsgericht, das am 20. Okt. gegen A verhandelt, erkennt wegen des ersten Betrugs auf 6 Monate, wegen des Diebstahls auf 4 Monate und wegen des zweiten Betrugs auf 1 Woche Gefängnis. Die Gesamtstrafe muß mindestens 6 Monate und 1 Tag und darf höchstens 10 Monate und 6 Tage Gefängnis betragen.

§ 75. Trifft Festungshaft nur mit Gefängnis zusammen, so ist auf jede dieser Strafarten gesondert zu erkennen.

Ist Festungshaft oder Gefängnis mehrfach verwirkt, so ist hinsichtlich der mehreren Strafen gleicher Art so zu verfahren, als wenn dieselben allein verwirkt wären.

Die Gesamtdauer der Strafen darf in diesen Fällen fünfzehn Jahre nicht übersteigen.

§ 76. Neben der Gesamtstrafe müssen oder können Nebenstrafen und Nebenfolgen verhängt und Maßregeln der Sicherung und Besserung angeordnet werden, wenn das auch nur wegen einer der Gesetzesverletzungen vorgeschrieben oder zugelassen ist.

§ 77. Trifft Haft mit einer anderen Freiheitsstrafe zusammen, so ist auf die erstere gesondert zu erkennen.

Auf eine mehrfach verwirkte Haft ist ihrem Gesamtbetrage nach, jedoch nicht über die Dauer von drei Monaten zu erkennen.

§ 78. Sind mehrere Geldstrafen verwirkt, so ist auf jede gesondert zu erkennen.

Das gleiche gilt von den Freiheitsstrafen, die an die Stelle uneinbringlicher Geldstrafen treten. Ihre Gesamtdauer darf zwei Jahre nicht übersteigen; die Gesamtdauer mehrerer zusammentreffender Haftstrafen darf drei Monate nicht übersteigen.

§ 79. Die Vorschriften der §§ 74 bis 78 finden auch Anwendung, wenn, bevor eine erkannte Strafe verbüßt, verjährt oder erlassen ist, die Verurteilung wegen einer strafbaren Handlung erfolgt, welche vor der früheren Verurteilung begangen war.

Vgl. §§ 460, 462 Abs. 3 StPO.

Zweiter Teil.

Von den einzelnen Verbrechen, Vergehen und Übertretungen und deren Bestrafung.

Erster Abschnitt: Hochverrat.

§§ **80—87** aufgehoben durch Kontrollratsgesetz Nr. 11.

1a Abschnitt: Landesverrat.

§§ **88—93a** aufgehoben durch Kontrollratsgesetz Nr. 11.

Zweiter Abschnitt. Angriffe gegen den Reichspräsidenten.

§ **94** aufgehoben durch Kontrollratsgesetz Nr. 11.

Dritter Abschnitt.

Beleidigung von Bundesfürsten (§§ 98 bis 101) ist gegenstandslos geworden.

Vierter Abschnitt.

Feindliche Handlungen gegen befreundete Staaten.

§§ **102—103** aufgehoben durch Kontrollratsgesetz Nr. 11.

Zerstörung ausländischer Hoheitszeichen.

§ **103a.** Wer ein öffentliches Zeichen der Autorität eines nicht zu Deutschland gehörenden Staats oder ein Hoheitszeichen eines solchen Staats böswillig wegnimmt, zerstört oder beschädigt oder beschimpfenden Unfug daran verübt, wird mit Geldstrafe oder mit Gefängnis bis zu zwei Jahren bestraft.

§ 135 bedroht dasselbe Vergehen an deutschen Hoheitszeichen.

Aburteilung nur mit vorheriger Genehmigung der Militärregierung. (Allgemeine Anweisung an Richter Nr. 1.)

Beleidigung von Gesandten.

§ **104.** Wer sich gegen einen bei dem Reich beglaubigten Gesandten oder Geschäftsträger einer Beleidigung schuldig macht, wird mit Gefängnis bis zu einem Jahre oder mit Festungshaft von gleicher Dauer bestraft.

Die Verfolgung tritt nur auf Antrag des Beleidigten ein. Die Zurücknahme des Antrages ist zulässig.

Aburteilung nur mit vorheriger Genehmigung der Militärregierung. (Allgemeine Anweisung an Richter Nr. 1.)

Fünfter Abschnitt.

Verbrechen und Vergehen in Beziehung auf die Ausübung staatsbürgerlicher Rechte.

Sprengung gesetzgebender Versammlungen.

§ 105. Wer es unternimmt, eine gesetzgebende Versammlung des Reichs oder eines Landes auseinander zu sprengen, zur Fassung oder Unterlassung von Beschlüssen zu nötigen oder Mitglieder aus ihnen gewaltsam zu entfernen, wird mit Zuchthaus nicht unter fünf Jahren oder mit Festungshaft von gleicher Dauer bestraft.

Sind mildernde Umstände vorhanden, so tritt Festungshaft nicht unter einem Jahre ein.

Der Ausdruck: „wer es unternimmt" umfaßt Vollendung und Versuch. Bloße Verbreitungshandlungen (siehe Vorbemerkung zu § 43 und Erläuterung 1 zu § 43) sind also nicht strafbar.

Verhinderung von Mitgliedern.

§ 106. Wer ein Mitglied einer der vorbezeichneten Versammlungen durch Gewalt oder durch Bedrohung mit einer strafbaren Handlung verhindert, sich an den Ort der Versammlung zu begeben oder zu stimmen, wird mit Zuchthaus bis zu fünf Jahren oder mit Festungshaft von gleicher Dauer bestraft.

Sind mildernde Umstände vorhanden, so tritt Festungshaft bis zu zwei Jahren ein.

Verhinderung der Wähler.

§ 107. Wer einen Deutschen durch Gewalt oder durch Bedrohung mit einer strafbaren Handlung verhindert, in Ausübung seiner staatsbürgerlichen Rechte zu wählen oder zu stimmen, wird mit Gefängnis nicht unter sechs Monaten oder mit Festungshaft bis zu fünf Jahren bestraft.

Der Versuch ist strafbar.

Zu den staatsbürgerlichen Rechten gehört auch das Gemeindewahlrecht.

Sprengung von Versammlungen.

§ 107a. Wer nichtverbotene Versammlungen, Aufzüge oder Kundgebungen mit Gewalt oder durch Bedrohung mit einem Verbrechen verhindert oder sprengt, wird mit Gefängnis, neben dem auf Geldstrafe erkannt werden kann, bestraft.

Wer in nichtverbotenen Versammlungen oder bei nichtverbotenen Aufzügen oder Kundgebungen Gewalttätigkeiten in der Absicht begeht, die Versammlung, den Aufzug oder die Kundgebung zu sprengen, wird mit Gefängnis und mit Geldstrafe oder mit einer dieser Strafen bestraft.

Eine Ergänzung zu § 107a bedeutet das Gesetz Nr. 21 der Regierung Württemberg/Baden vom 20. November 1945 (Regierungsblatt 1946 Nr. 1 S. 2). § 3 Ziff. 3 dieses Gesetzes lautet: „Mit Gefängnis bis zu 2 Jahren oder mit Geldstrafe wird bestraft, wer eine öffentliche Versammlung, für die keine Erlaubnis erteilt worden ist, veranstaltet, fördert oder an ihr teilnimmt, es sei denn, daß die Versammlung zu religiösen Zwecken oder in Ausübung einer amtlich genehmigten Tätigkeit gehalten wird."

Wahlfälschung.

§ 108. Wer in einer öffentlichen Angelegenheit mit der Sammlung von Wahl- oder Stimmzetteln oder -zeichen oder mit der Führung der Beurkundungsverhandlung beauftragt, ein unrichtiges Ergebnis der Wahlhandlung vorsätzlich herbeiführt oder das Ergebnis verfälscht, wird mit Gefängnis von einer Woche bis zu drei Jahren bestraft.

Wird die Handlung von jemand begangen, welcher nicht mit der Sammlung der Zettel oder Zeichen oder einer anderen Verrichtung bei dem Wahlgeschäft beauftragt ist, so tritt Gefängnisstrafe bis zu zwei Jahren ein.

Auch kann auf Verlust der bürgerlichen Ehrenrechte erkannt werden.

1. Es sind Wahlen des Staats, der Gemeinden und anderer öffentlicher Korporationen (z. B. der Ortskrankenkassen) oder Stiftungen, auch die Volksabstimmungen gemeint.

2. Ein unrichtiges Ergebnis führt schon derjenige herbei, welcher nur das Stimmenverhältnis ohne Rücksicht auf das End- oder Gesamtresultat der Wahrheit zuwider gestaltet.

3. Während der Absatz 1 die Mitglieder und Protokollführer der Wahlkommissionen trifft, wendet sich der Absatz 2 gegen jeden anderen und bestraft insbesondere auch den Wähler, welcher bei derselben Haupt- oder Stichwahl bewußt unberechtigt an zwei Orten wählt, selbst wenn er in die Wählerliste beider Orte eingetragen ist.

Stimmenkauf.

§ 109. Wer in einer öffentlichen Angelegenheit eine Wahlstimme kauft oder verkauft, wird mit Gefängnis von einem Monat bis zu zwei Jahren bestraft; auch kann auf Verlust der bürgerlichen Ehrenrechte erkannt werden.

1. Nicht nur der Wahlkandidat sondern auch jeder Dritte kann als Stimmkäufer in Betracht kommen.

2. Jeder Vorteil irgendwelcher Art, nicht nur Vermögensvorteile, kommen als Kaufpreis in Betracht.

3. Die strafbare Handlung ist gegeben, auch wenn das Entgelt nur versprochen ist, auch wenn die Stimme noch gar nicht abgegeben ist, sofern nur Käufer und Verkäufer einig sind.

Sechster Abschnitt. Widerstand gegen die Staatsgewalt.

Aufforderung zum Ungehorsam.

§ 110. Wer öffentlich vor einer Menschenmenge, oder wer durch Verbreitung oder öffentlichen Anschlag oder öffentliche Ausstellung von Schriften oder anderen Darstellungen zum Ungehorsam gegen Gesetze oder rechtsgültige Verordnungen oder gegen die von der Obrigkeit innerhalb ihrer Zuständigkeit getroffenen Anordnungen auffordert, wird mit Geldstrafe oder mit Gefängnis bis zu zwei Jahren bestraft.

1. Öffentlich bedeutet hier die Vornahme der Handlung in der Art und Weise, daß sie, gleichgültig ob an einem öffentlichen oder privaten Orte geschehen, von unbestimmt welchen und wievielen Personen wahrgenommen werden konnte. Danach ist für eine Vereinsversammlung die Öffentlichkeit nicht vorhanden, wenn sich der Verein auf einen engern durch besondere Beziehungen unter sich verbundenen und bestimmt abgeschlossenen Personenkreis beschränkt.

2. Eine Menschenmenge liegt nur vor, wenn eine größere Anzahl von Menschen, die man nicht auf den ersten Blick zählen kann, versammelt ist. Die Aufforderung kann auch dann als „vor einer Menschenmenge" erfolgt angesehen werden, wenn sie sich nur an eine einzelne Person richtet.

3. Eine Verbreitung ist gegeben, sobald eine größere Anzahl von Personen, wenn sie auch der Zahl und dem Namen nach bestimmt sind, in Kenntnis gesetzt wird.

4. Obrigkeit ist nicht ein polizeiliches Vollzugsorgan, sondern nur eine Behörde oder ein Beamter, welcher die Regierungsgewalt in gewissem Umfang selbständig auszuüben hat.

5. Gleichgültig ist für den Tatbestand, ob die Aufforderung Erfolg hatte oder nicht (vgl. den folgenden Paragraphen).

6. Beispiel: Eine Polizeibehörde hat einen geplanten Umzug verboten. In einer politischen Versammlung oder in der Presse wird zur Nichtbeachtung dieser Maßnahme aufgefordert.

Aufforderung zur Begehung strafbarer Handlungen.

§ 111. Wer auf die vorbezeichnete Weise zur Begehung einer strafbaren Handlung auffordert, ist gleich dem Anstifter zu bestrafen, wenn die Aufforderung die strafbare Handlung oder einen strafbaren Versuch derselben zur Folge gehabt hat.

Ist die Aufforderung ohne Erfolg geblieben, so tritt Geldstrafe oder Gefängnisstrafe bis zu einem Jahre ein. Die Strafe darf jedoch, der Art oder dem Maße nach, keine schwerere sein, als die auf die Handlung selbst angedrohte.

1. Strafbare Handlungen sind solche, welche nach dem Reichsstrafgesetzbuch oder nach Reichs- oder Landesstrafgesetzen mit Strafe bedroht sind, nicht aber bloße Disziplinardelikte oder mit Prozeßstrafen belegte Handlungen.

2. Der im Absatz 1 behandelte Tatbestand entbehrt der selbständigen Strafandrohung. Er unterscheidet sich von der Anstiftung dadurch, daß sich die Aufforderung nicht an eine bestimmte Person richtet. Die Handlung ist jeweils nach der Strafandrohung für die strafbare Handlung, zu der aufgefordert ist, mit Strafe zu belegen. Darnach bemißt sich dann auch, ob der nach § 111 Abs. 1 Handelnde ein Verbrechen, ein Vergehen oder eine Übertretung begangen hat.

3. Beispiel: Der Führer eines Demonstrationszuges fordert zur Plünderung von Lebensmittelgeschäften auf.

§ 112. Aufgehoben durch Kontrollratsgesetz Nr. 11.

Widerstand gegen die Staatsgewalt.

§ 113. Wer einem Beamten, welcher zur Vollstreckung von Gesetzen, von Befehlen und Anordnungen der Verwaltungsbehörden oder von Urteilen und Verfügungen der Gerichte berufen ist, in der rechtmäßigen Ausübung seines Amtes durch Gewalt oder durch Bedrohung mit Gewalt Widerstand leistet, oder wer einen solchen Beamten während der rechtmäßigen Ausübung seines Amtes tätlich angreift, wird mit Gefängnis von vierzehn Tagen bis zu zwei Jahren bestraft.

Sind mildernde Umstände vorhanden, so tritt Gefängnisstrafe bis zu einem Jahre oder Geldstrafe ein.

Dieselben Strafvorschriften treten ein, wenn die Handlung gegen Personen, welche zur Unterstützung des Beamten zugezogen waren, oder gegen Mannschaften der bewaffneten Macht, oder gegen Mannschaften einer Gemeinde-, Schutz- oder Bürgerwehr in Ausübung des Dienstes begangen wird.

Der Versuch ist strafbar.

1. Diese Gesetzesstelle behandelt den Widerstand gegen die Staatsgewalt.

2. Welche Personen „Beamte" sind, sagt der § 359. Als Vollstreckungsbeamte kommen insbesondere in Frage: Polizei- und Gendarmeriebeamte, Steuer- und Zollbeamte, Gerichtsvollzieher u. a. Auch Bedienstete von Privateisenbahngesellschaften gehören hierher, wenn sie als Bahnpolizeibeamte fungieren.

3. Gerichte steht hier für gerichtliche Behörden; also kommen auch die Verfügungen der Staatsanwaltschaft in Betracht.

4. Zu der rechtmäßigen Ausübung des Amtes gehört, daß der Beamte sachlich und örtlich zuständig ist und die wesentlichen Voraussetzungen und Förmlichkeiten (z. B. bei einer vorläufigen Festnahme die §§ 112, 127 Strafprozeßordnung und die Mitteilung der Festnahme an den Betroffenen) pflichtmäßig

beobachtet. Daß sich vielleicht später die Amtshandlung wegen eines untergelaufenen tatsächlichen Irrtums des Beamten (z. B. unbegründeter Tatverdacht) nicht aufrecht erhalten läßt, ändert an deren Rechtmäßigkeit nichts.

5. Der Widerstand braucht nicht die Verhinderung der Amtshandlung zum Endziel zu haben; es genügt, wenn er die Amtshandlung auch nur erschweren sollte.

6. Widerstand durch Gewalt liegt nur dann vor, wenn es zu einer körperlichen Kraftäußerung gegen die Person des Beamten gekommen ist; bloßes passives Verhalten genügt nicht. Dagegen ein Gegenstemmen mit Händen oder Füßen, Anklammern an irgend einen festen Gegenstand, Sichlosreißen, ferner Zuhalten eines Schrankes (z. B. bei einer Durchsuchung); auch Einsperren eines Beamten erfüllt den Tatbestand, dagegen nicht ein Verschließen des Hauses vor dem Beamten. Zur Erfüllung des Tatbestands der Gewaltandrohung ist erforderlich, daß der Beamte die Drohung als ernstliche aufgefaßt hat.

7. Tätlicher Angriff ist auch dann gegeben, wenn nur zum Schlage ausgeholt wird, oder die Schußwaffe angelegt wird.

8. Der rechtmäßigen Ausübung des Amtes gegenüber, wenn sie sich in Form eines Angriffes vollzieht, gibt es keine Notwehr, weil die Rechtswidrigkeit des Angriffs (vgl. oben Erl. 5 zu § 53) fehlt. Wohl aber kann der Täter irrtümlicherweise der Ansicht sein, die Amtsausübung sei rechtswidrig, wodurch seine Strafbarkeit an sich ausgeschlossen würde (vgl. Bem. 6 zu § 53). Die Rechtsprechung nimmt aber an, daß die Meinung, der Beamte befinde sich nicht in rechtmäßiger Amtsausübung, den Täter nicht entschuldige. Der Widerstand gegen eine an sich rechtmäßige Amtshandlung ist also stets strafbar.

9. Freiwillige Feuerwehren, Sanitätskolonnen gehören nicht unter die in Absatz 3 aufgezählten Schutz- oder Bürgerwehren, wohl aber können deren Mitglieder natürlich zur Unterstützung der Beamten zugezogen sein.

10. Der Widerstand gegen Forst- und Jagdbeamte usw. ist in §§ 117 bis 119 mit besonderer Strafe bedroht.

11. Eine Ergänzung zu § 113 bildet das Gesetz Nr. 21 der Regierung Württemberg/Baden vom 20. November 1945 (Regierungsblatt 1946 Nr. 1 S. 2). § 3 Ziff. 4 dieses Gesetzes lautet: „Mit Gefängnis bis zu 2 Jahren oder mit Geldstrafe wird bestraft, wer gegen eine Verhaftung durch eine im amtlichen Auftrag handelnde oder sonst zur Festnahme oder Verhaftung berechtigte Person Widerstand leistet oder wer aus einer behördlich verhängten Haft entweicht." (Siehe auch Erl. 6 zu § 121.)

12. Beispiele: a) Ein Kriminalbeamter nimmt infolge einer entschuldbaren Personenverwechslung den A. statt des im Verdacht der Hehlerei stehenden B. fest. Leistet A. Widerstand, so liegt nicht eine straflose Notwehrhandlung vor, sondern A. ist nach § 113 strafbar; denn der Beamte befand sich in der rechtmäßigen Ausübung seines Amtes. (Siehe oben Erläuterungen Nr. 4 und 8.) Ebenso ist zu entscheiden, wenn ein Gerichtsvollzieher eine Wohnung durchsucht, die er irrtümlich für die des Schuldners hält. b) Ein Polizeibeamter dringt während der Nacht in die Wohnung des A. ein, weil er irrtümlicherweise annimmt, daß dorthin ein von ihm gesuchter Einbrecher Zuflucht genommen habe. Der Wohnungsinhaber tritt dem Beamten mit der Drohung entgegen, er werde ihn die Treppe herunterwerfen, wenn er nicht sofort das Haus verlasse: Es liegt kein Vergehen nach § 113 vor, denn der Beamte war zu dem Eindringen wider Willen des Inhabers zur Nachtzeit nicht berechtigt, da keiner der in § 16 des Polizeiverwaltungsgesetzes v. 1. Juni 1931 angeführten Fälle vorlag. Der Beamte war also nicht in rechtmäßiger Ausübung seines Amtes

und zwar nicht infolge eines tatsächlichen Irrtums (wie im Fall a), sondern infolge eines Rechtsirrtums, der eine objektiv unrechtmäßige Amtsausübung niemals zu einer rechtmäßigen machen kann.

Beamtennötigung.

§ 114. Wer es unternimmt, durch Gewalt oder Drohung eine Behörde oder einen Beamten zur Vornahme oder Unterlassung einer Amtshandlung zu nötigen, wird mit Gefängnis nicht unter drei Monaten bestraft.

Sind mildernde Umstände vorhanden, so tritt Gefängnisstrafe bis zu zwei Jahren oder Geldstrafe ein.

1. Während § 113 nur den Vollzugsbeamten und nur die Verhinderung einer Amtshandlung im Auge hat, stets also schon eine begonnene voraussetzt, bezieht sich die Beamtennötigung des § 114 auch auf andere Beamte und eine zukünftige Amtshandlung.

2. Als Behörden kommen nur staatliche und gemeindliche, nicht kirchliche Organe in Betracht.

3. Wegen des Ausdrucks unternimmt vgl. Erläuterung zu § 105.

4. Wegen der Gewalt s. Bem. 6 zu § 113.

5. Drohung bedeutet in Aussichtstellen irgendeines Übels z. B. Veröffentlichung der Handlungen des Beamten in der Presse.

6. Beispiel: Der Täter erhält einen Steuerbescheid vom Finanzamt; er schreibt an das Finanzamt, daß er Mißstände bei dieser Behörde öffentlich brandmarken werde, wenn der Steuerbescheid nicht zurückgenommen werde.

Aufruhr.

§ 115. Wer an einer öffentlichen Zusammenrottung, bei welcher eine der in den §§ 113 und 114 bezeichneten Handlungen mit vereinten Kräften begangen wird, teilnimmt, wird wegen Aufruhrs mit Gefängnis nicht unter sechs Monaten bestraft.

Die Rädelsführer, sowie diejenigen Aufrührer, welche eine der in den §§ 113 und 114 bezeichneten Handlungen begehen, werden mit Zuchthaus bis zu zehn Jahren bestraft; auch kann auf Zulässigkeit von Polizei-Aufsicht erkannt werden. Sind mildernde Umstände vorhanden, so tritt Gefängnisstrafe nicht unter sechs Monaten ein.

1. Der Aufruhr ist ein qualifizierter Fall des Widerstands gegen die Staatsgewalt in den Formen der §§ 113, 114.

2. Öffentliche Zusammenrottung ist das räumliche Zusammenhalten und Zusammenwirken beliebiger, unbestimmt welcher und wievieler Personen zu einem sofortigen erkennbar rechtswidrigen bedrohlichen oder gewalttätigen Handeln. Eine aus Neugierde oder zu einem sonstigen erlaubten Zweck versammelte Menge (z. B. ein Auflauf im Sinne des § 116) kann eine Zusammenrottung werden, wenn die Vereinten in dem Bewußtsein zusammenbleiben, es handle sich jetzt fernerhin um Verübung von Gewalttätigkeiten gegen Beamte usw.

3. Wenn auch theoretisch schon drei Menschen eine Zusammenrottung begehen können, so muß doch in der Praxis eine „Vielheit" der Menschen zur Zusammenrottung gefordert werden.

4. **Teil nimmt** derjenige, welcher sich vorsätzlich und mit Kenntnis von dem strafbaren Zwecke der zusammengerotteten Menge anschließt oder nach Erkennen dieses Zwecks bewußt bei der Menge verbleibt.

5. **Rädelsführer** ist derjenige, welcher die Menge zusammentreibt oder zusammenhält.

6. **Beispiel:** In die Polizeiwache ist ein Teilnehmer an einer Plünderung eingeliefert worden; eine Menschenmenge sammelt sich vor der Wache an. Als eine zur Verstärkung herbeigeholte Polizeistreife zum Auseinandergehen auffordert, fällt ein Teil der Menge über die Beamten her und mißhandelt sie. Strafbar ist nach Abs. 1 jeder, der sich unter der Menge befindet, nach Abs. 2 (Verbrechen), die sich an dem Überfall unmittelbar beteiligt haben.

Auflauf.

§ 116. Wird eine auf öffentlichen Wegen, Straßen oder Plätzen versammelte Menschenmenge von dem zuständigen Beamten oder Befehlshaber der bewaffneten Macht aufgefordert, sich zu entfernen, so wird jeder der Versammelten, welcher nach der dritten Aufforderung sich nicht entfernt, wegen Auflaufs mit Gefängnis bis zu drei Monaten oder mit Geldstrafe bestraft.

Ist bei einem Auflaufe gegen die Beamten oder die bewaffnete Macht mit vereinten Kräften tätlicher Widerstand geleistet oder Gewalt verübt worden, so treten gegen diejenigen, welche an diesen Handlungen teilgenommen haben, die Strafen des Aufruhrs ein.

1. Der **Auflauf** ist ein reines Unterlassungsdelikt. Es ist strafbar, weil es leicht zu einem Aufruhr (§ 115) führen kann.

2. Zu welchem **Zwecke** die Menge versammelt ist, ist gleichgültig. (Z. B. Ansammlung einer Menschenmenge anläßlich eines Unfalls; in einem solchen Falle wird der Beamte allerdings versuchen, die Menge durch eine gewöhnliche Aufforderung zum Auseinandergehen zu bewegen.)

3. Ein Weg, ein Platz ist **öffentlich**, wenn er dem öffentlichen Verkehr freigegeben ist, einerlei in wessen Eigentum er steht.

4. **Zuständiger Beamter** ist auch der einzelne Gendarm oder Polizeibeamte, wenn er die zur Aufrechterhaltung der Ordnung und Ruhe erforderlichen Maßregeln unter eigener Verantwortung zu treffen hat.

5. Eine in der Menge eingekeilte Person, die sich gar nicht entfernen kann, trotzdem sie möchte, macht sich nicht strafbar.

Forstwiderstand.

§ 117. Wer einem Forst-, Jagd- oder Fischereibeamten, dem Eigentümer eines Waldes oder eines Fischgewässers, einem Forst- oder Fischereiberechtigten, einem Jagd- oder Fischereiausübungsberechtigten, oder einem von diesen bestellten Aufseher in der rechtmäßigen Ausübung seines Amtes oder Rechtes durch Gewalt oder durch Bedrohung mit Gewalt Widerstand leistet, oder wer eine dieser Personen während der Ausübung ihres Amtes oder Rechtes tätlich angreift, wird mit Gefängnis von vierzehn Tagen bis zu drei Jahren bestraft.

Ist der Widerstand oder der Angriff unter Drohung mit Schießgewehr, Äxten oder anderen gefährlichen Werkzeugen erfolgt, oder mit Gewalt an der Person begangen worden, so tritt Gefängnisstrafe nicht unter drei Monaten ein.

Sind mildernde Umstände vorhanden, so tritt in den Fällen des Absatz 1 Gefängnisstrafe bis zu einem Jahre, in den Fällen des Absatz 2 Gefängnisstrafe nicht unter einem Monat ein.

Der Versuch ist strafbar.

1. Die §§ 117—119 regeln den Forstwiderstand; sie enthalten besondere Vorschriften über den Schutz von Forst-, Jagd- oder Fischereibeamten wegen der größeren Gefährlichkeit ihres Dienstes und gewähren den gleichen Schutz aber auch den Forst- und Jagdberechtigten sowie den von ihnen aufgestellten Privataufsehern, weil diese der gleichen Gefahr ausgesetzt sind.

2. Wegen der rechtmäßigen Ausübung des Amtes vgl. Bem. 4 zu § 113. Soweit es sich aber um einen Privataufseher (also einen Nichtbeamten) handelt, wird das infolge tatsächlichen Irrtums erfolgte Einschreiten nicht zu einem rechtmäßigen, wie dies beim Beamten der Fall ist.

3. Bei einer nicht dem Forst- oder Jagdschutz dienenden Amtshandlung z. B. Ergreifung eines ausgeschriebenen Verbrechers im Walde, greifen nicht die §§ 117 bis 119 sondern § 113 Platz. Ebenso verhält es sich mit einer Durchsuchung bei dem verdächtigen Forstdieb in einer Ortschaft, wenn sie sich nicht etwa als unmittelbare Fortsetzung einer im Walde begonnenen Amtshandlung darstellt.

4. Wegen des Widerstandleistens vgl. Bem. 6 zu § 113.

5. Wegen des tätlichen Angriffs Bem. 7 zu § 113. Auch hier wird rechtmäßige Ausübung des Amtes oder Rechtes gefordert, wenn es auch nicht ausdrücklich im Gesetz steht.

6. Die „an der Person" verübte Gewalt, wie sie der Absatz 2 als straferhöhenden Umstand im Gegensatz zu der in Absatz 1 erwähnten Gewalt fordert, liegt nur vor, wenn die Gewaltanwendung die Person unmittelbar betroffen hat.

Forstwiderstand mit Körperverletzung.

§ 118. Ist durch den Widerstand oder den Angriff eine Körperverletzung dessen, gegen welchen die Handlung begangen ist, verursacht worden, so ist auf Zuchthaus bis zu zehn Jahren zu erkennen.

Sind mildernde Umstände vorhanden, so tritt Gefängnisstrafe nicht unter drei Monaten ein.

1. Wegen des Ausdruckes Körperverletzung vgl. den § 223 und die dortigen Erläuterungen.

2. Gleichgültig für das Vorliegen des Tatbestands des § 118 ist, ob der Täter die Körperverletzung gewollt hat oder sie nur fahrlässigerweise bei seinem Widerstand verursacht hat.

Gemeinschaftlicher Forstwiderstand.

§ 119. Wenn eine der in den §§ 117 und 118 bezeichneten Handlungen von Mehreren gemeinschaftlich begangen worden ist, so kann die Strafe bis um die Hälfte des angedrohten Höchstbetrages, die Gefängnisstrafe jedoch nicht über fünf Jahre erhöht werden.

Gemeinschaftlich heißt bewußt und gewollt zusammenwirkend.

Gefangenenbefreiung

§ 120. Wer einen Gefangenen aus der Gefangenenanstalt oder aus der Gewalt der bewaffneten Macht, des Beamten oder desjenigen, unter dessen Beaufsichtigung, Begleitung oder Bewachung er sich befindet, vorsätzlich befreit oder ihm zur Selbstbefreiung vorsätzlich behilflich ist, wird mit Gefängnis bis zu drei Jahren bestraft.

Der Versuch ist strafbar.

1. Hier wird die Gefangenenbefreiung behandelt. Gefangener ist jeder, der durch ein berechtigtes Organ der Staatsgewalt in Haft genommen ist, also auch der nach § 127 Abs. 2 StPO. vorläufig Festgenommene. (Dagegen sind die von einer Privatperson gemäß § 127 Abs. 2 StPO. Festgenommenen keine Gefangenen.) Die von der Polizeibehörde in einer Irrenanstalt untergebrachten gemeingefährlichen Geisteskranken fallen unter § 122b.

2. Ob die Festnahme sachlich unbegründet ist, ist gleichgültig für den Tatbestand, wenn sie nur vom zuständigen Beamten in richtigen Formen wirklich vollzogen und nicht nur etwa angekündigt ist.

3. Neben den Beamten kommen solche Personen als Verwahrer der Gefangenen in Betracht, welche auf amtliche Anordnung bestehende Gefangenschaft zu vollziehen haben, also auch Wärter in Krankenhäusern.

4. Über die Selbstbefreiung vgl. Bem. 5 zu § 121.

5. Wer die Wiederergreifung eines entflohenen Gefangenen verhütet, macht sich nicht nach §120 strafbar, wohl aber möglicherweise wegen Begünstigung (§257 StGB.).

Entweichenlassen von Gefangenen.

§ 121. Wer vorsätzlich einen Gefangenen, mit dessen Beaufsichtigung oder Begleitung er beauftragt ist, entweichen läßt oder dessen Befreiung befördert, wird mit Gefängnis bis zu drei Jahren bestraft.

Ist die Entweichung durch Fahrlässigkeit befördert worden, so tritt Gefängnisstrafe bis zu drei Monaten oder Geldstrafe ein.

1. Diese Strafbestimmung findet auf solche Personen Anwendung, welche auf amtliche Anordnung Festgenommene zu verwahren haben (s. oben Bem. 3 zu § 120), auf Beamte findet § 347 StGB. Anwendung.

2. In Absatz 2 ist unter Entweichung auch die Selbstbefreiung zu verstehen.

3. Fahrlässig handelt derjenige, welcher bei gehöriger Aufmerksamkeit und Vorsicht das Entweichen des Gefangenen als erfahrungsgemäße Folge seines Verhaltens voraussehen konnte.

4. Strafbar ist auch derjenige Gefangenenbegleiter, welcher den Gefangenen sich allein an den Bestimmungsort begeben läßt, selbst wenn der „Gefangene" wirklich sein Versprechen erfüllt.

5. Der Gefangene, welcher sich selbst befreit, ist, solange nicht Meuterei (s. § 122 StGB.) vorliegt, nicht strafbar. Dagegen kann er sich durch Anstiftung seines Transporteurs zum vorsätzlichen Entweichenlassen strafbar machen.

6. Durch das Gesetz Nr. 21 der Regierung Württemberg/Baden vom 20. November 1945 (Regierungsblatt 1946 Nr. 1 S. 2) wurde in § 3 Ziff. 4 ein neuer Straftatbestand der Selbstbefreiung geschaffen. Er lautet: „Mit Gefängnis bis zu 2 Jahren oder mit Geldstrafe wird bestraft, wer gegen eine Verhaftung durch eine im amtlichen Auftrag handelnde oder sonst zur Festnahme oder Verhaftung berechtigte Person Widerstand leistet oder wer aus einer behördlich verhängten Haft entweicht."

Gefangenenmeuterei.

§ 122. Gefangene, welche sich zusammenrotten und mit vereinten Kräften die Anstaltsbeamten oder die mit der Beaufsichtigung Beauftragten angreifen, denselben Widerstand leisten oder es unternehmen, sie zu Handlungen oder Unterlassungen zu nötigen, werden wegen Meuterei mit Gefängnis nicht unter sechs Monaten bestraft.

Gleiche Strafe tritt ein, wenn Gefangene sich zusammenrotten und mit vereinten Kräften einen gewaltsamen Ausbruch unternehmen.

Diejenigen Meuterer, welche Gewalttätigkeiten gegen die Anstaltsbeamten oder die mit der Beaufsichtigung Beauftragten verüben, werden mit Zuchthaus bis zu zehn Jahren bestraft; auch kann auf Zulässigkeit von Polizei-Aufsicht erkannt werden.

1. Hier wird die sog. Gefangenenmeuterei behandelt. Über den Begriff des Gefangenen s. oben Erl. 1 zu § 120 und § 122a. Geisteskranke und jugendliche Fürsorgezöglinge unter 14 Jahren können als Täter nicht in Betracht kommen, da sie strafrechtlich nicht verantwortlich sind.

2. Über das Zusammenrotten vgl. oben Bem. 2 zu § 115. Schon zwei Gefangene können eine Zusammenrottung bilden. — Über die Bedeutung von Unternehmen vgl. Erl. zu § 105.

§ 122a. In den Fällen der §§ 120—122 steht einem Gefangenen gleich, wer in Sicherungsverwahrung oder in einem Arbeitshaus untergebracht ist.

§ 122b. Wer, abgesehen von den Fällen der §§ 120, 121, 122a, vorsätzlich jemand, der auf behördliche Anordnung in einer Anstalt untergebracht ist, aus der Verwahrung befreit oder ihm das Entweichen erleichtert, wird mit Gefängnis bis zu 2 Jahren oder mit Geldstrafe bestraft.

Der Versuch ist strafbar.

Die Strafverfolgung tritt nur auf Antrag der Behörde ein, welche die Verwahrung bewirkt hat.

Hierher gehören die in einer Heil- oder Pflegeanstalt, in einer Trinkerheilanstalt oder Entziehungsanstalt oder in einer Erziehungsanstalt Untergebrachten.

Siebenter Abschnitt.

Verbrechen und Vergehen wider die öffentliche Ordnung.

Vorbemerkung:

Nach Ziff. 7c der „Allgemeinen Anweisung an Richter Nr. 1" unterliegt die Aburteilung der Straftaten der §§ 125 bis 130, 132a dieses Abschnitts der vorherigen Meldepflicht an die Militärregierung, während eine Verurteilung nach §§ 130a, 135 der vorherigen Genehmigung durch die Militärregierung bedarf.

Hausfriedensbruch.

§ 123. Wer in die Wohnung, in die Geschäftsräume oder in das befriedete Besitztum eines anderen oder in abgeschlossene Räume, welche zum öffentlichen Dienste oder Verkehre bestimmt sind, widerrechtlich eindringt, oder wer, wenn er ohne Befugnis darin verweilt, auf die Aufforderung des Berechtigten sich nicht entfernt, wird wegen Hausfriedensbruchs mit Geldstrafe oder mit Gefängnis bis zu drei Monaten bestraft.

Ist die Handlung von einer mit Waffen versehenen Person oder von mehreren gemeinschaftlich begangen worden, so tritt Geldstrafe oder Gefängnisstrafe bis zu einem Jahre ein.

Die Verfolgung tritt nur auf Antrag ein. Die Zurücknahme des Antrags ist zulässig.

1. Hier wird der Hausfriedensbruch behandelt.

2. Wohnung ist der Inbegriff der Räume die einer Einzelperson oder einer zusammengehörenden Mehrheit von Personen, einer Familie, zum ständigen Aufenthalt zur Verfügung stehen. Sie kann auch beweglich sein z. B. Wohnung eines umherziehenden Schaustellers, die Wohnräume auf einem Schiff. Dagegen ist eine bewegliche Schlafstätte in einem Schäferkarren noch keine Wohnung. Leerstehende Räume sind ebensowenig Wohnungen im Sinne dieses Gesetzparagraphen wie unfertige Häuser, dagegen können sie als befriedetes Besitztum (s. unten) in Betracht kommen.

3. Zu der Wohnung gehören auch Treppen, Fluren oder Gänge. Bei Mietwohnungen ist es Tatfrage, ob Treppe und Hausgang zu der in Betracht kommenden Wohnung gehören oder gemeinschaftlich sind.

4. Geschäftsräume können auch beweglich sein; Bahnwagen und Fuhrwerke sind aber keine Geschäftsräume sondern Transportmittel; vgl. hierwegen Erl. 5.

5. Befriedetes Besitztum liegt vor, wenn ein Grundstück, auch ohne daß es ganz umzäunt oder eingehegt ist, für Jedermann erkennbar gegen das Betreten durch jeden Beliebigen gesichert ist. Ein Eisenbahn-Bahnsteig gehört hierher, ebenso eine Rennbahn.

6. Zu den abgeschlossenen Räumen, welche zum öffentlichen Dienst bestimmt sind, gehören Schulsäle, Wartesäle, Postwagen, Gepäckwagen auf Bahnen. Zum öffentlichen Verkehr sind u. a. bestimmt: Personenabteile in Eisenbahnzügen, Straßenbahnwagen, Omnibusse und ähnliches.

7. Zum Eindringen genügt es, wenn nur ein Teil des Körpers in den Raum gelangt.

8. Widerrechtlich heißt, wie das später folgende „ohne Befugnis", gegen den (dem Täter bekannten oder von ihm vermuteten) Willen des Berechtigten, der nicht immer der Eigentümer zu sein braucht. So kann auch der Hauseigentümer bei seinem Mieter einen Hausfriedensbruch begehen. Auch das Einschleichen um zu stehlen ist ein widerrechtliches Eindringen, es kommt aber als besonders zu strafende Handlung nur in Betracht, wenn der Diebstahl noch nicht zum Versuch gelangt ist, oder wieder aufgegeben wurde. (Rücktritt.)

9. Dienstboten haben ein Recht zum Aufenthalt in den ihnen zugewiesenen Räumlichkeiten.

10. Wirte können einzelnen Gästen, die sich ungebührlich benehmen, den Aufenthalt in ihren Lokalen untersagen und dadurch auch ein späteres Wiederkommen zu einem widerrechtlichen Eindringen machen.

11. Der erschwerte Hausfriedensbruch des Abs. 2 wird auch nur auf Antrag verfolgt.

12. Unter Waffe ist jedes gefährliche Werkzeug zu verstehen.

13. Zur Gemeinschaftlichkeit ist ein bewußtes Zusammenwirken erforderlich, bloße gleichzeitige Begehung genügt nicht.

14. Das Vergehen des § 123 kann auch im Wege der Privatklage vom Verletzten verfolgt werden (vgl. § 374[1] StPO.).

15. Für den Hausfriedensbruch des Beamten gilt die Spezialbestimmung des § 342.

Schwerer Hausfriedensbruch.

§ 124. Wenn sich eine Menschenmenge öffentlich zusammenrottet und in der Absicht, Gewalttätigkeiten gegen Personen oder Sachen mit vereinten Kräften zu begehen, in die Wohnung, in die Geschäftsräume oder in das befriedete Besitztum eines anderen oder in abgeschlossene Räume, welche zum öffentlichen Dienste bestimmt sind, widerrechtlich eindringt, so wird jeder, welcher an diesen Handlungen teilnimmt, mit Gefängnis von einem Monat bis zu zwei Jahren bestraft.

Hier wird der sog. schwere Hausfriedensbruch behandelt. Über den Ausdruck Menschenmenge s. oben Bem. 2 zu § 110, Zusammenrotten Bem. 2 und 3 zu § 115, Teilnehmen Bem. 4 zu § 115.

Landfriedensbruch.

§ 125. Wenn sich eine Menschenmenge öffentlich zusammenrottet und mit vereinten Kräften gegen Personen oder Sachen Gewalttätigkeiten begeht, so wird jeder, welcher an dieser Zusammenrottung teilnimmt, wegen Landfriedensbruches mit Gefängnis nicht unter drei Monaten bestraft.

Die Rädelsführer, sowie diejenigen, welche Gewalttätigkeiten gegen Personen begangen oder Sachen geplündert, vernichtet oder zerstört haben, werden mit Zuchthaus bis zu zehn Jahren bestraft; auch kann auf Zulässigkeit von Polizei-Aufsicht erkannt werden.

Sind mildernde Umstände vorhanden, so tritt Gefängnisstrafe nicht unter sechs Monaten ein.

1. Vom schweren Hausfriedensbruch (§ 124) unterscheidet sich der sog. Landfriedensbruch des § 125 dadurch, daß jener ein Eindringen in die fremde Wohnung usw., aber keine Verübung von Gewalttätigkeiten voraussetzt, während beim Landfriedensbruch wirklich Gewalttätigkeiten verübt worden sein müssen, dagegen ein Eindringen in die Wohnungen nicht verlangt wird. Vom Aufruhr (§ 115) unterscheidet sich der Landfriedensbruch dadurch, daß bei letzterem Gewalttätigkeiten gegen beliebige Personen oder Sachen bestraft werden, während sich der Aufruhr gegen Behörden oder Beamte richtet.

2. Wegen des Ausdrucks Menschenmenge s. oben Erl. 2 zu § 110, zusammenrotten Erl. 2 und 3 zu § 115, teilnehmen Erl. 4 zu § 115.

3. Über den Begriff: Rädelsführer vgl. Bem. 5 zu § 115.

4. Sachen plündert derjenige, welcher unter Benutzung des entstandenen Schreckens in der Absicht rechtswidriger Zueignung Sachen den Einwohnern offen wegnimmt oder abnötigt.

Landzwang.

§ 126. Wer durch Androhung eines gemeingefährlichen Verbrechens den öffentlichen Frieden stört, wird mit Gefängnis bis zu einem Jahre bestraft.

1. Der hier aufgestellte Tatbestand ist der sog. Landzwang.

2. Die gemeingefährlichen Verbrechen sind in den §§ 306 bis 324 enthalten.

3. Der öffentliche Frieden ist gestört, wenn mindestens ein Teil der Bevölkerung in seinem Sicherheitsbewußtsein erschüttert ist.

Bildung eines bewaffneten Haufen.

§ 127. Wer unbefugter Weise einen bewaffneten Haufen bildet oder befehligt oder eine Mannschaft, von der er weiß, daß sie ohne gesetzliche Befugnis gesammelt ist, mit Waffen oder Kriegsbedürfnissen versieht, wird mit Gefängnis bis zu zwei Jahren bestraft.

Wer sich einem solchen bewaffneten Haufen anschließt, wird mit Gefängnis bis zu einem Jahre bestraft.

1. Unter „Haufen" ist eine regellos zusammengeschlossene Menschenmenge, unter „Mannschaft" eine diszipliniertе und geordnete Abteilung von Menschen zu verstehen.

2. Waffe heißt im Gegensatz zu § 123 Abs. 2 (vgl. daselbst Bem. 12) ein Instrument, welches dazu bestimmt ist, zum Angriff oder zur Verteidigung bei Kämpfen zu dienen.

3. In Abs. 2 ist unter bewaffnetem Haufen auch die Mannschaft des Abs. 1 mitinbegriffen.

Teilnahme an Geheimverbindungen.

§ 128. Die Teilnahme an einer Verbindung, deren Dasein, Verfassung oder Zweck vor der Staatsregierung geheim gehalten werden soll, oder in welcher gegen unbekannte Obere Gehorsam oder gegen bekannte Obere unbedingter Gehorsam versprochen wird, ist an den Mitgliedern mit Gefängnis bis zu sechs Monaten, an den Stiftern und Vorstehern der Verbindung mit Gefängnis von einem Monat bis zu einem Jahre zu bestrafen.

Gegen Beamte kann auf Verlust der Fähigkeit zur Bekleidung öffentlicher Ämter auf die Dauer von einem bis zu fünf Jahren erkannt werden.

1. Verbindung ist im Gegensatz zu Versammlung eine Vereinigung von längerer Dauer mit Unterordnung des Einzelnen unter den Willen der Gesamtheit.

2. Auf den Inhalt der gedruckten oder geschriebenen Statuten kommt es nicht an, sondern auf die wirklich gehandhabte Organisation der Verbindung.

3. Beamte: § 359 StGB.

Teilnahme an staatsfeindlichen Verbindungen.

§ 129. Die Teilnahme an einer Verbindung, zu deren Zwecken oder Beschäftigungen gehört, Maßregeln der Verwaltung oder die Vollziehung von Gesetzen durch ungesetzliche Mittel zu verhindern oder zu entkräften, ist an den Mitgliedern mit Gefängnis bis zu einem Jahre, an den Stiftern und Vorstehern der Verbindung mit Gefängnis von drei Monaten bis zu zwei Jahren zu bestrafen.

Gegen Beamte kann auf Verlust der Fähigkeit zur Bekleidung öffentlicher Ämter auf die Dauer von einem bis zu fünf Jahren erkannt werden.

Anreizung zum Klassenkampf.

§ 130. Wer in einer den öffentlichen Frieden gefährdenden Weise verschiedene Klassen der Bevölkerung zu Gewalttätigkeiten gegeneinander öffentlich anreizt, wird mit Geldstrafe oder mit Gefängnis bis zu zwei Jahren bestraft.

1. Im Gegensatz zu § 126 bedarf es hier nicht der Störung des öffentlichen Friedens (Erl. 3 zu § 126) sondern nur der Gefährdung, d. h. der naheliegenden Möglichkeit einer Störung.

2. Die Anreizung muß sich immer an die ganze Klasse, nicht bloß an bestimmte einzelne Mitglieder der betreffenden Klassen gerichtet haben. Auch im Ausland erfolgte Anreizung gehört hierher, wenn sie nur im Inland wirken soll.

Kanzelmißbrauch.

§ 130a. Ein Geistlicher oder anderer Religionsdiener, welcher in Ausübung oder in Veranlassung der Ausübung seines Berufes öffentlich vor einer Menschenmenge, oder welcher in einer Kirche oder an einem anderen zu religiösen Versammlungen bestimmten Orte vor Mehreren Angelegenheiten des Staats in einer den öffentlichen Frieden gefährdenden Weise zum Gegenstande einer Verkündigung oder Erörterung macht, wird mit Gefängnis oder Festungshaft bis zu zwei Jahren bestraft.

Gleiche Strafe trifft denjenigen Geistlichen oder anderen Religionsdiener, welcher in Ausübung oder in Veranlassung der Ausübung seines Berufes Schriftstücke ausgibt oder verbreitet, in welchen Angelegenheiten des Staats in einer den öffentlichen Frieden gefährdenden Weise zum Gegenstande einer Verkündigung oder Erörterung gemacht sind.

Diese Gesetzesbestimmung, der sog. „Kanzelparagraph" ist durch Gesetz v. 10. Dez. 1871 in das StGB. eingefügt worden.

Staatsverleumdung.

§ 131. Wer erdichtete oder entstellte Tatsachen, wissend, daß sie erdichtet oder entstellt sind, öffentlich behauptet oder verbreitet, um dadurch Staatseinrichtungen oder Anordnungen der Obrigkeit verächtlich zu machen, wird mit Geldstrafe oder mit Gefängnis bis zu zwei Jahren bestraft.

1. Dieser Paragraph stellt eine bestimmte Art der Verleumdung (§ 187) des Staates unter Strafe, während sonst nur lebende Personen als Verleumdete in Betracht kommen.

2. Tatsachen sind auch Absichten, die ein Mensch verfolgt.

3. Wegen der Bedeutung von „öffentlich", das sich aber nur auf das Behaupten nicht auch auf das Verbreiten bezieht, vgl. Bem. 1 zu § 110. Behaupten heißt etwas als Ausdruck des eigenen Wissens hinstellen.

4. Eine Ergänzung zu § 131 bedeutet das Gesetz Nr. 21 der Regierung Württemberg/Baden vom 20. November 1945 (Regierungsblatt 1946 Nr. 1 S. 2). § 3 Ziff. 6 dieses Gesetzes lautet: „(Abs. 1) Mit Gefängnis bis zu 2 Jahren oder mit Geldstrafe wird bestraft, wer ein Gerücht in der Absicht verbreitet, Unruhe oder Aufregung in der Bevölkerung hervorzurufen. (Abs. 2) Der Versuch ist strafbar. (Abs. 3) Soweit eine der in Absatz 1 bezeichneten Handlung durch das Reichsstrafgesetzbuch oder ein anderes deutsches Gesetz mit schwererer Strafe bedroht ist, ist das schwerere Gesetz anzuwenden."

Amtsanmaßung.

§ 132. Wer unbefugt sich mit Ausübung eines öffentlichen Amtes befaßt oder eine Handlung vornimmt, welche nur kraft eines öffentlichen Amtes vorgenommen werden darf, wird mit Gefängnis, in schweren Fällen mit Zuchthaus bestraft.

1. Die Bestimmung bezieht sich nur auf die unbefugte Ausübung staatlicher Ämter, nicht auch von Kirchenämtern.

2. Der Täter macht sich strafbar, auch wenn die von ihm ausgeübte Handlung gar nicht in die Zuständigkeit des von ihm dargestellten Beamten gehört, sobald er sich nur als der zu der Handlung bestimmte Beamte ausgibt.

3. Auch ein Beamter kann sich nach dieser Bestimmung strafbar machen, wenn er in einen andern Geschäftsbereich übergreift.

4. Beispiele: Es gibt sich jemand als Kriminalbeamter aus und nimmt eine Durchsuchung vor. Oder: Jemand nimmt als Detektiv gegen den Willen des Betroffenen eine Durchsuchung vor. (Im ersten Falle tritt der Täter, der nur Privatperson ein kann, als Beamter auf und handelt — unter Verleugnung seiner

Eigenschaft als Privatperson — als solcher. Im zweiten Fall gibt sich der Täter nicht als Beamter aus, sondern tut als Privatperson etwas, was nur ein Beamter tun darf.)

Unbefugtes Uniformtragen.

§ 132a. Wer unbefugt inländische oder ausländische Uniformen, Amtskleidungen oder Amtsabzeichen trägt, wird, soweit nicht besondere Vorschriften etwas anderes bestimmen, mit Gefängnis bis zu einem Jahre und mit Geldstrafe oder mit einer dieser Strafen bestraft.

Ebenso wird bestraft, wer unbefugt eine Berufstracht oder ein Berufsabzeichen für Betätigung in der Kranken- oder Wohlfahrtspflege trägt, die im Inland staatlich anerkannt sind.

Den in den Absätzen 1, 2 genannten Uniformen, Kleidungen, Trachten oder Abzeichen stehen solche gleich, die ihnen zum Verwechseln ähnlich sind.

Die Vorschriften der Absätze 1 bis 3 gelten auch für Amtskleidungen und Amtsabzeichen der Religionsgesellschaften des öffentlichen Rechts sowie für Berufstrachten und Berufsabzeichen der von ihnen anerkannten religiösen Genossenschaften.

1. Die Absicht, Dritte über die Person des Trägers oder über seine Befugnis zum Tragen der Uniform zu täuschen, gehört nicht zum Tatbestand. Dagegen liegt § 132a nicht vor, wenn die Uniform im Rahmen der Verkehrssitte bei Aufführungen und Maskeraden getragen wird.

2. Uniform ist jede auf Grund öffentlich-rechtlicher Bestimmungen eingeführte Tracht, z. B. der Polizei, der Reichsbahn, der Reichspost, der Feuerwehr usw. Zu den Amtskleidungen, die, im Gegensatz zu den Uniformen, nicht ständig, sondern nur bei bestimmten Amtshandlungen getragen werden, gehören z. B. die Roben der Richter, Staatsanwälte und Rechtsanwälte.

3. Zu den Berufstrachten des Abs. 2 gehören die Uniform der Sanitätskolonne vom Roten Kreuz, und die Tracht der Rote-Kreuz-Schwestern.

4. Amtskleidungen der Religionsgesellschaften sind z. B. die Talare der evangelischen und die Gewänder der katholischen Geistlichen.

5. Hierher gehört noch das Gesetz über Titel, Orden und Ehrenzeichen vom 1. Juli 1937, das im § 6 das unbefugte Führen von Amts- und Dienstbezeichnungen, Titeln und Würden, sowie das unbefugte Tragen von Orden und Ehrenzeichen und von Abzeichen, die den Orden und Ehrenzeichen ähneln, unter Strafe stellt.

Gewahrsamsbruch.

§ 133. Wer eine Urkunde, ein Register, Akten oder einen sonstigen Gegenstand, welche sich zur amtlichen Aufbewahrung an einem dazu bestimmten Orte befinden, oder welche einem Beamten oder einem Dritten amtlich übergeben worden sind, vorsätzlich vernichtet, beiseite schafft oder beschädigt, wird mit Gefängnis bestraft.

Ist die Handlung in gewinnsüchtiger Absicht begangen, so tritt

Gefängnisstrafe nicht unter drei Monaten ein; auch kann auf Verlust der bürgerlichen Ehrenrechte erkannt werden.

1. Der Beamte, welcher mit der Verwahrung der Urkunden betraut ist oder dem sie amtlich zugänglich sind, wird nach der schwereren Vorschrift des § 348 Abs. 2 bestraft.

2. Einen ähnlichen Tatbestand enthält auch der § 137. Auch kann die hier einschlagende Handlung einen Diebstahl (§ 242), eine Unterschlagung (§ 246), eine Urkundenunterdrückung im Sinne des § 274[1] oder eine Sachbeschädigung darstellen.

3. Wem die Urkunden, Akten usw. gehören, ist für diesen Tatbestand (§ 133) gleichgültig, so daß auch der Eigentümer selbst sich der Handlung schuldig machen kann, z. B. der Täter gegenüber einem ihm abgenommenen in amtlicher Verwahrung befindlichen Überführungsstück.

4. Amtlich ist hier im weitesten Sinne zu verstehen, so daß auch kirchenamtliche Verwahrung den Tatbestand erfüllt.

5. Das Beiseiteschaffen braucht nicht ein immerwährendes zu sein. Es genügt schon ein vorübergehendes Wegbringen.

6. Ein Beiseiteschaffen liegt vor, wenn ein Beamter den Gegenstand in seinem Privatschubfach im Verwahrungszimmer verschließt.

7. Die gewinnsüchtige Absicht des Abs. 2 liegt vor, wenn der Täter z. B. gegen das Versprechen einer Belohnung handelt, oder wenn er die Tat begeht, um sich einen durch eine andere Handlung verschafften Gewinn zu erhalten.

Beschädigung öffentlicher Bekanntmachungen.

§ 134. Wer öffentlich angeschlagene Bekanntmachungen, Verordnungen, Befehle oder Anzeigen von Behörden oder Beamten böswillig abreißt, beschädigt oder verunstaltet, wird mit Geldstrafe oder mit Gefängnis bis zu sechs Monaten bestraft.

Eine Ergänzung zu § 134 bedeutet das Gesetz Nr. 21 der Regierung Württemberg/Baden vom 20. November 1945 (Regierungsblatt 1946 Nr. 1 S. 2).

§ 3 Ziff. 1 dieses Gesetzes lautet: „Mit Gefängnis bis zu 2 Jahren oder mit Geldstrafe wird bestraft, wer geschriebene oder gedruckte Ankündigungen, die im amtlichen Auftrag angeschlagen worden sind, verunstaltet oder unbefugt entfernt."

§ 134a. Aufgehoben durch Kontrollratsgesetz Nr. 11.

§ 134b. Aufgehoben durch Kontrollratsgesetz Nr. 11.

Verletzung inländischer Hoheitszeichen.

§ 135. Wer ein öffentliches Zeichen der Autorität des Reichs oder ein Hoheitszeichen eines deutschen Landes böswillig wegnimmt, zerstört oder beschädigt oder beschimpfenden Unfug daran verübt, wird mit Geldstrafe oder mit Gefängnis bis zu zwei Jahren bestraft.

1. Solche Zeichen sind Schilder der Behörden, Grenzpfähle, Wappen an Gesandtschaftshotels oder Konsulatsgebäuden, Fahnen. Kein Hoheitszeichen, soweit die Fahne lediglich zur Ausschmückung dient.

2. Beschimpfender Unfug ist eine rohe und frevelhafte Handlung.

3. Vgl. hierzu auch den § 103a.

Siegelbruch.

§ 136. Wer unbefugt ein amtliches Siegel, welches von einer Behörde oder einem Beamten angelegt ist, um Sachen zu verschließen, zu bezeichnen oder in Beschlag zu nehmen, vorsätzlich erbricht, ablöst oder beschädigt oder den durch ein solches Siegel bewirkten amtlichen Verschluß aufhebt, wird mit Gefängnis bis zu sechs Monaten oder mit Geldstrafe bestraft.

1. Diese Gesetzesstelle behandelt den sog. Siegelbruch.

2. Nur ein amtliches Siegel genießt den Schutz, nicht etwa ein Privatsiegel, mit welchem z. B. ein Gendarm beschlagnahmte Gegenstände bezeichnet.

3. Wie das Siegel hergestellt ist und aus welchem Stoff ist gleichgültig, es genügt auch eine Siegelmarke eines Gerichtsvollziehers.

4. Der amtliche Verschluß wird aufgehoben, wenn unter Unversehrtlassen des Verschlusses dieser unwirksam gemacht wird, z. B. durch Einsteigen in ein Fenster eines Raumes, dessen Türe versiegelt ist. Auch diese Aufhebung muß vorsätzlich begangen sein um den Tatbestand zu erfüllen.

Verstrickungsbruch.

§ 137. Wer Sachen, welche durch die zuständigen Behörden oder Beamten gepfändet oder in Beschlag genommen worden sind, vorsätzlich beiseite schafft, zerstört oder in anderer Weise der Verstrickung ganz oder teilweise entzieht, wird mit Gefängnis bis zu einem Jahre oder mit Geldstrafe bestraft.

1. Hier wird der sog. Verstrickungsbruch behandelt.

2. Unter Sachen sind Forderungsrechte nicht mit inbegriffen, wohl aber die Urkunden über solche, z. B. Schuldscheine, Aktien.

3. Zu den Sachen gehört auch das unbewegliche Vermögen. Doch kommt ein Grundstück selbst deshalb nicht in Betracht, weil man es weder beiseite schaffen noch zerstören kann. Wohl aber sind hierher zu rechnen Bestandteile von Grundstücken wie Gebäude, Früchte auf dem Halm, ausgesäte Samen, eingepflanzte Bäume usw., sowie Bestandteile, die mit dem Grund und Boden verbunden sind, z. B. Maschinen. Vgl. auch Erl. 4 zu § 289.

4. Die Behörden und Beamten müssen örtlich und sachlich aber nur im allgemeinen zuständig sein.

5. Die Pfändung selbst muß rechtswirksam sein. Es müssen alle wesentlichen Förmlichkeiten dabei beachtet sein. Dazu gehört, daß der Pfändungsbeamte (Gerichtsvollzieher) die Sachen in Besitz nimmt. Die Inbesitznahme kann, wenn die Sachen im Gewahrsam des Schuldners belassen werden, nur dadurch bewirkt werden, daß die Pfändung durch Siegel oder auf sonstige Art ersichtlich gemacht wird. Hat der Gerichtsvollzieher sog. Kompetenzstücke, d. h. Sachen, die der Pfändung nicht unterworfen sind, gepfändet, weil er sie nach seinem pflichthaften Ermessen nicht für Kompetenzstücke hielt, so genießt eine solche Pfändung den Schutz des § 137.

Ebenso steht der Umstand, daß die Sachen nicht Eigentum des Schuldners sind, einer wirksamen Pfändung nicht entgegen. Wer sich durch die Pfändung oder Beschlagnahme für verletzt hält, darf jedenfalls den Arrest nicht eigenmächtig brechen.

6. Die Beschlagnahme kann im Strafverfahren, im Polizeiverfahren, im Zollverkehr oder im Zwangsvollstreckungsverfahren in Zivilprozessen erfolgen. Auch bei der Beschlagnahme müssen etwa vorgeschriebene wesentliche Förmlichkeiten beachtet worden sein.

7. Beiseiteschaffen liegt auch vor, wenn die Sache nur zeitweise der Verfügungsgewalt der Beamten entzogen, wenn z. B. eine gepfändete Sache vor dem Gerichtsvollzieher versteckt, für diesen unkenntlich gemacht oder ihr Besitz ihm abgeleugnet wird.

8. Zum Zerstören gehören nicht bloße Beschädigungen, wohl aber das Verfüttern gepfändeter Futtermittel.

9. Der Verstrickungsbrecher ist nur strafbar, wenn er sich bewußt war, daß eine rechtswirksame Pfändung oder Beschlagnahme vorlag. Woher er dies weiß, ist gleichgültig. Er braucht z. B. nicht durch das Pfändungsprotokoll selbst Nachricht von der Pfändung erlangt zu haben.

Falsche Entschuldigung für Terminsversäumnis.

§ 138. Wer als Zeuge, Geschworener oder Schöffe berufen, eine unwahre Tatsache als Entschuldigung vorschützt, wird mit Gefängnis bis zu zwei Monaten bestraft.

Dasselbe gilt von einem Sachverständigen, welcher zum Erscheinen gesetzlich verpflichtet ist.

Die auf das Nichterscheinen gesetzten Ordnungsstrafen werden durch vorstehende Strafbestimmungen nicht ausgeschlossen.

Nichtanzeige von Verbrechen.

§ 139. Wer von dem Vorhaben eines Verbrechens wider das Leben, eines Münzverbrechens, eines Raubes, Menschenraubes oder gemeingefährlichen Verbrechens glaubhafte Kenntnis erhält und es unterläßt, der Behörde oder dem Bedrohten hiervon zur rechten Zeit Anzeige zu machen, wird mit Gefängnis bestraft. Ist die Tat nicht versucht worden, so kann von Strafe abgesehen werden.

In besonders schweren Fällen kann auf Zuchthaus und, wenn die geplante Tat mit dem Tode bedroht ist, auch auf lebenslanges Zuchthaus oder auf Todesstrafe erkannt werden.

1. Neu gefaßt durch Gesetz v. 2. Juli 1936.

2. Verbrechen wider das Leben §§ 211, 212, Münzverbrechen §§ 146, 147, 149, Raub §§ 249—251, Menschenraub § 234, gemeingefährliche Verbrechen §§ 306 bis 308, 311 bis 313, 315, 321 Abs. 2, 322 bis 324. Begangene Verbrechen brauchen nicht angezeigt zu werden.

3. Auf die an dem Verbrechen selbst Beteiligten oder der Beteiligung Verdächtigen findet diese Bestimmung keine Anwendung; wohl aber auf die durch das Verbrechen unmittelbar bedrohte Person. Das bloß stillschweigende Einverständnis und das in keiner Weise betätigte eigene Interesse an der Tat schließt die Anzeigepflicht nicht aus. Die Verpflichtung zur Anzeige besteht auch für die Zeugnisverweigerungsberechtigten, also vor allem für die Angehörigen.

4. Als Behörde, bei der die Anzeige zu machen ist, kommt vor allem die Polizeibehörde in Betracht.

5. „Zur rechten Zeit" bedeutet zu einer Zeit, zu der die Verhütung des Verbrechens noch möglich ist.

6. a) Die in Absatz 2 angedrohte Todesstrafe steht mit Militärregierungsgesetz Nr. 1 Art. IV Ziff. 8 in Widerspruch. (Siehe die Erl. zu § 13.)

b) Die angedrohte Zuchthausstrafe steht mit Ziff. 8b der „Allgemeinen Anweisungen an Richter Nr. 1" in Widerspruch, wonach in allen Fällen, in denen auf Grund eines seit dem 30. Januar 1933 erlassenen Gesetzes die Höchststrafe für eine Straftat, die vor dem 30. Januar 1933 vorgeschrieben war, verschärft wurde, keine Strafe verhängt werden darf, die das vor dem 30. Januar 1933 zugelassene Strafmaß übersteigt. (Ausnahmen sind nur insoweit zulässig, als die Verschärfung der Strafe durch die kriminelle Vergangenheit des Angeklagten oder die Häufigkeit der Straftat gerechtfertigt ist.) (Siehe auch Erl. 1 zu § 175.) Somit ist Abs. 2 des § 139 grundsätzlich außer Kraft gesetzt, soweit nicht eine der genannten Ausnahmen eine Zuchthausstrafe rechtfertigt.

Verkehrsflucht.

§ 139a. Wer sich nach einem Verkehrsunfall der Feststellung seiner Person, seines Fahrzeugs oder der Art seiner Beteiligung an dem Unfall vorsätzlich durch Flucht entzieht, obwohl nach den Umständen in Frage kommt, daß sein Verhalten zur Verursachung des Unfalls beigetragen hat, wird mit Gefängnis bis zu zwei Jahren oder mit Haft und mit Geldstrafe oder mit einer dieser Strafen bestraft.

Der Versuch ist strafbar.

In besonders schweren Fällen ist die Strafe Gefängnis nicht unter sechs Monaten oder Zuchthaus.

1. § 139a ist durch die VO. zur Änderung der Strafvorschriften über fahrlässige Tötung Körperverletzung und Flucht bei Verkehrsunfällen vom 2. April 1940 (RGBl. I S. 606) eingefügt. Da dieser Tatbestand aus der Reformarbeit vor 1933 übernommen worden ist, also kein nationalsozialistisches Ideengut enthält, dürften gegen seinen Fortbestand keine Bedenken bestehen.

2. Im Gegensatz zu § 22 des Kraftfahrzeuggesetzes vom 3. Mai 1909, der durch das obengenannte Gesetz aufgehoben ist, ist nunmehr die Flucht nach einem Verkehrsunfall nicht nur für den Kraftfahrzeugführer, sondern für jeden Verkehrsteilnehmer strafbar, wenn sein Verhalten möglicherweise zur Verursachung des Unfalls beigetragen hat. Täter kann somit auch sein der Insasse des Kraftwagens, der etwa dem Führer Weisungen erteilt hat, ferner der Radfahrer oder Fußgänger, oder der Führer eines bespannten Fuhrwerks oder eines Straßenbahnzuges, immer vorausgesetzt, daß der Täter weiß oder damit rechnet, daß er als Verursacher oder Mitverursacher des Unfalls nach den Umständen in Frage kommt und sich gleichwohl den Feststellungen entzieht.

3. § 139a erklärt auch denjenigen für strafbar, der sich der Feststellung der „Art seiner Beteiligung an dem Unfall" etwa des Grades seiner Trunkenheit durch Blutprobe oder des schlechten Zustandes seines Wagens durch die Flucht entzieht.

4. Häufig wird § 139a mit einem Vergehen nach § 330c zusammentreffen.

§ 139b. Wer einen noch nicht Achtzehnjährigen, dessen Beaufsichtigung ihm obliegt, nicht gehörig beaufsichtigt, wird mit Gefängnis bis zu 6 Monaten oder mit Haft oder mit Geldstrafe bestraft, wenn der zu Beaufsichtigende eine mit Strafe bedrohte Handlung begeht, die der Aufsichtspflichtige durch gehörige Aufsicht hätte verhindern können. Dies gilt nicht, soweit in sonstigen Vorschriften eine andere Strafe angedroht ist.

§§ 140—143a sind durch Kontrollratsgesetz Nr. 11 aufgehoben worden.

Verleitung zur Auswanderung.

§ 144. Wer es sich zum Geschäfte macht, Deutsche unter Vorspiegelung falscher Tatsachen oder wissentlich mit unbegründeten Angaben oder durch andere auf Täuschung berechnete Mittel zur Auswanderung zu verleiten, wird mit Gefängnis von einem Monat bis zu zwei Jahren bestraft.

1. Einen Erwerb braucht der Täter aus seinem „Geschäfte" nicht beabsichtigt zu haben.

2. Vgl. das Reichsgesetz über das Auswanderungswesen v. 9. Juni 1897 §§ 43—48, und VO. gegen Mißstände im Auswanderungswesen v. 14. Febr. 1924, (RGBl. S. 107).

Gefährdung des Schiffsverkehrs.

§ 145. Wer die von der Reichsregierung

zur Verhütung des Zusammenstoßens der Schiffe auf See,

über das Verhalten der Schiffer nach einem Zusammenstoße von Schiffen auf See, oder

in betreff der Not- und Lotsensignale für Schiffe auf See und auf den Küstengewässern

erlassenen Verordnungen übertritt, wird mit Geldstrafe bestraft.

Unerlaubte Ausstellung von Inhaberpapieren.

§ 145a. Wer im Inlande Schuldverschreibungen auf den Inhaber, in denen die Zahlung einer bestimmten Geldsumme versprochen wird, ohne die erforderliche staatliche Genehmigung ausstellt und in den Verkehr bringt, wird mit einer Geldstrafe bestraft, die dem fünften Teile des Nennwerts der ausgegebenen Schuldverschreibungen gleichkommen kann, mindestens aber dreihundert Reichsmark beträgt.

§ 145b (Tierquälerei) ist gestrichen.

§ 145b ist durch § 9 Abs. 1 des Gesetzes v. 24. Nov. 1933 (RGBl. S. 987) ersetzt worden. Er lautet: Wer ein Tier unnötig quält oder roh mißhandelt, wird mit Gefängnis bis zu 2 Jahren und mit Geldstrafe oder mit einer dieser Strafen bestraft.

Ein Tier quält nach § 1 a. a. O., wer ihm länger dauernde oder sich wiederholende erhebliche Schmerzen oder Leiden verursacht; unnötig ist das Quälen, soweit es keinem vernünftigen, berechtigten Zweck dient. Ein Tier mißhandelt, wer ihm erhebliche Schmerzen verursacht; eine Mißhandlung ist roh, wenn sie einer gefühllosen Gesinnung entspringt.

Verbotene Berufsausübung.

§ 145c. Wer einen Beruf oder ein Gewerbe ausübt oder ausüben läßt, solange ihm dies nach § 421 untersagt ist, wird mit Gefängnis bis zu 2 Jahren und mit Geldstrafe oder mit einer dieser Strafen bestraft.

Eingefügt durch RG. v. 24. Nov. 1933.

Vortäuschung einer Straftat.

§ 145d. Wer einer Dienststelle des Staates wider besseres Wissen die Begehung einer Straftat vortäuscht oder die Dienststelle über die Person eines an einer Straftat Beteiligten zu täuschen sucht, wird mit Gefängnis bis zu zwei Jahren oder mit Geldstrafe bestraft, soweit die Tat nicht nach anderen Vorschriften mit schwererer Strafe bedroht ist.

1. Diese Gesetzesstelle wurde durch die Verordnung vom 29. Mai 1943 in das Strafgesetzbuch eingefügt. Da der Tatbestand schon in den Reformarbeiten vor 1933 vorgesehen war, somit kein nationalsozialistisches Gedankengut enthält, dürften gegen den Fortbestand dieser Gesetzesstelle, die einem dringenden Bedürfnis der Praxis entspricht, keine Bedenken bestehen.

2. Welches Motiv der Vortäuschung zugrunde liegt, ist gleichgültig. Häufig wird das Delikt der Vortäuschung begangen werden, um eine andere Straftat zu verdecken.

3. Dem Vortäuschen ist gleichgestellt der Fall, daß jemand die Dienststelle über den Täter einer begangenen Straftat zu täuschen sucht, z. B. durch falsche Selbstbezichtigung; will er damit die Verfolgung des wahren Täters vereiteln, so ist er wegen Begünstigung nach § 257 strafbar.

4. Der innere Tatbestand erfordert Handeln wider besseres Wissen; bedingter Vorsatz (siehe Vorbemerkung 4 zu § 51) genügt also nicht.

Achter Abschnitt. Münzverbrechen und Münzvergehen.

Vorbemerkung:

1. Die verschiedenen Tatbestände:
   a) Die Falschmünzerei: § 146, erster Halbsatz.
   b) Die Münzfälschung: § 146 zweiter Halbsatz.
   c) Der Münzbetrug: § 147.
   d) Das Abschieben von Falschgeld: § 148.
   e) Die Münzverringerung: § 150.
   f) Die Vorbereitungshandlungen: § 151.
   g) Die Übertretungen nach § 360 Ziffer 4—6.
   h) Die Nichtanzeige eines Münzverbrechens ist nach § 139 strafbar.

2. Unter den Begriff Geld fällt jedes vom Staat oder seitens einer von ihm ermächtigten Stelle als Wertträger beglaubigte und zum Umlauf im öffentlichen Verkehr bestimmte Zahlungsmittel. Dem Metall- und Papiergeld des § 146 sind die Wertpapiere des § 149 gleichgestellt. Auch ausländisches Geld kann Gegenstand eines Münzdelikts sein.

3. Bei der Beschlagnahme falscher Münzen und unechten Papiergeldes ist behufs Vermeidung späterer Weitläufigkeiten tunlichst die Einwilligung des Besitzers zu der seinerzeitigen Einziehung des beschlagnahmten Gegenstandes festzustellen. Vgl. § 152.

4. Bezüglich aller Münzverbrechen und Münzvergehen gilt das sog. Weltrechtsprinzip nach § 4 Abs. 3 Z. 7.

Falschmünzerei und Münzfälschung.

§ 146. Wer inländisches oder ausländisches Metallgeld oder Papiergeld nachmacht, um das nachgemachte Geld als echtes zu gebrauchen, oder sonst in Verkehr zu bringen, oder wer in gleicher Absicht echtem Gelde durch Veränderung an demselben den Schein eines höheren Werts oder verrufenem Gelde durch Veränderung an demselben das Ansehen eines noch geltenden gibt, wird mit Zuchthaus nicht unter zwei Jahren bestraft; auch ist Polizeiaufsicht zulässig.

Sind mildernde Umstände vorhanden, so tritt Gefängnisstrafe ein.

1. Man unterscheidet die Falschmünzerei (erster Halbsatz), d. i. das Nachmachen von echtem inländischen oder ausländischem Metallgeld oder Papiergeld, und die Münzfälschung, d. i. die Verfälschung echten Geldes (zweiter Halbsatz).

2. Die Absicht des Gebrauchs oder des Inverkehrbringens gehört zum Tatbestand, so daß also der nicht strafbar wäre, der nachweislich nur zu seinem eigenen Vergnügen, um seine Kunst zu erproben, falsche Stücke herstellt. Nicht erforderlich ist aber, daß der Falschmünzer einen Gewinn macht.

3. Unter verrufenem Gelde ist nicht mehr geltendes, nicht mehr im Umlauf befindliches Geld zu verstehen. Wird es ohne Veränderung in Verkehr gebracht, so liegt nur Betrug vor.

4. Das Münzverbrechen ist schon vollendet, wenn die falschen Münzen in der Absicht des Inverkehrbringens hergestellt sind; das Ausgeben des falschen Geldes gehört also nicht zum Tatbestand. Gibt der Fälscher also den Gedanken der Ausgabe der Falschstücke auf, so kann von einem straflos machenden Rücktritt vom Versuch (§ 46 StGB.) nicht die Rede sein. Schreitet er noch zum Ausgeben der Falschstücke, so kommt dies nur für die Ausmessung der Strafe in Betracht.

5. Ein Versuch liegt vor, wenn das Nachmachen der Stücke erst begonnen hat, ein falsches Geldstück also noch nicht fertig gestellt ist, oder das fertiggestellte Geldstück so schlecht gelungen ist, daß es nicht möglich war, den Arglosen im gewöhnlichen Verkehr zu täuschen.

6. Wegen der Bestrafung gewisser Vorbereitungshandlungen zum Münzverbrechen vgl. § 151. — Wegen Anfertigung sog. Vexierscheine vgl. § 360 Ziff. 6 Bem.

Münzbetrug.

§ 147. Dieselben Strafbestimmungen finden auf denjenigen Anwendung, welcher das von ihm auch ohne die vorbezeichnete Absicht nachgemachte oder verfälschte Geld als echtes in Verkehr bringt, sowie auf denjenigen, welcher nachgemachtes oder verfälschtes Geld sich verschafft und solches entweder in Verkehr bringt oder zum Zwecke der Verbreitung aus dem Auslande einführt.

Das hier aufgestellte Verbrechen des sog. Münzbetrugs umfaßt 2 Fälle: das Inverkehrbringen von Falschstücken, welche der Täter ohne böse Absicht (s. Bem. 2 zu § 146) angefertigt hat, und das Inverkehrbringen oder Einführen von nachgemachtem Geld, das sich der Täter auf irgend eine Weise, also etwa durch Fund, durch Diebstahl usw. verschafft hat.

Abschieben falschen Geldes.

§ 148. Wer nachgemachtes oder verfälschtes Geld als echtes empfängt und nach erkannter Unechtheit als echtes in Verkehr bringt, wird mit Gefängnis bis zu drei Monaten oder mit Geldstrafe bestraft.

Der Versuch ist strafbar.

1. Diese Gesetzesstelle enthält eine Strafmilderung gegenüber § 147, weil hier der Täter lediglich einen unverschuldeten Schaden auf einen anderen abwälzen will, während im Falle des § 147 sich der Täter das Geld, wissend, daß es falsch ist, verschafft hat.

2. Unter § 148 fällt aber auch der Dieb und der Finder, da diese anderenfalls, mangels Anwendbarkeit des § 147 straflos bleiben müßten.

§ 149. Dem Papiergelde werden gleich geachtet die auf den Inhaber lautenden Schuldverschreibungen, Banknoten, Aktien oder deren Stelle vertretende Interimsscheine oder Quittungen, sowie die zu diesen Papieren gehörenden Zins-, Gewinnanteils- oder Erneuerungsscheine, welche von dem Reich, einem Lande oder fremden Staate oder von einer zur Ausgabe solcher Papiere berechtigten Gemeinde, Korporation, Gesellschaft oder Privatperson ausgestellt sind.

1. Die hier genannten Geldpapiere müssen auf den Inhaber ausdrücklich ausgestellt sein, dürfen also nicht auf den Namen einer bestimmten Person geschrieben sein. Wechsel gehören nicht hierher.

2. Über Banknoten vgl. Vorbemerkung 2 vor § 146. Unter Interimsscheinen versteht man Urkunden, welche bis zur Herstellung der Geldpapiere oder Volleinzahlung der Summen, auf welche die Geldpapiere lauten, als Quittung ausgestellt werden.

3. Für Zins- bzw. Gewinnanteilsscheine werden die Ausdrücke Koupons bzw. Dividendenscheine, für Erneuerungsscheine der Ausdruck Talons gebraucht.

4. Von Privaten ausgegebene Inhaber-Geldpapiere gehören nur hierher, wenn die Ausgabe eine vom Gesetz sanktionierte war; nach § 795 BGB. dürfen

Schuldverschreibungen auf den Inhaber, in denen die Zahlung einer bestimmten Geldsumme versprochen wird, nur mit staatlicher Genehmigung in den Verkehr gebracht werden. Vgl. oben § 145a.

Münzverringerung.

§ 150. Wer echte, zum Umlauf bestimmte Metallgeldstücke durch Beschneiden, Abfeilen oder auf andere Art verringert und als vollgültig in Verkehr bringt, oder wer solche verringerte Münzen gewohnheitsmäßig oder im Einverständnisse mit dem, welcher sie verringert hat, als vollgültig in Verkehr bringt, wird mit Gefängnis bestraft, neben welchem auf Geldstrafe sowie auf Verlust der bürgerlichen Ehrenrechte erkannt werden kann.

Der Versuch ist strafbar.

In dieser Bestimmung wird das sog. „Kippen" (Verringern echter Münzen: mechanisch durch Beschneiden, Abfeilen, Ausschälen oder chemisch durch Säureanwendung usw.) und das sog. „Wippen" (in Verkehr bringen solcher verringerter Geldstücke) mit Strafe bedroht.

Vorbereitungshandlungen.

§ 151. Wer Stempel, Siegel, Stiche, Platten, oder andere zur Anfertigung von Metallgeld, Papiergeld, oder dem letzteren gleich geachteten Papieren dienliche Formen zum Zwecke eines Münzverbrechens angeschafft oder angefertigt hat, wird mit Gefängnis bis zu zwei Jahren bestraft.

1. Hier werden die Vorbereitung eines Münzverbrechens und die Beihilfe zu einem in dem Vorbereitungsstadium stecken gebliebenen Münzverbrechen, die sonst straflos bleiben müßten (siehe aber § 49a Erl. 2), wegen der Gemeingefährlichkeit derartiger Manipulationen mit besonderer Strafe bedroht. Wenn ein Münzfälscher vom Versuche der Fälschung zurücktritt (§ 46), so kann er immer noch nach § 151 strafbar sein.

2. Vgl. die Übertretungen des § 360 Ziff. 4 und 5 StGB.

Einziehung.

§ 152. Auf die Einziehung des nachgemachten oder verfälschten Geldes, sowie der im § 151 bezeichneten Gegenstände ist zu erkennen, auch wenn die Verfolgung oder Verurteilung einer bestimmten Person nicht stattfindet.

Hier wird für die Strafverfolgungsbehörde der Zwang festgestellt, alle derartigen Falschstücke, einerlei wem sie gehören, einzuziehen. Vgl. oben die Vorbem. 3 vor § 146.

Neunter Abschnitt. Falsche uneidliche Aussage und Meineid.

Vorbemerkung:

1. Die Neufassung des 9. Abschnitts beruht auf der Strafrechtsangleichungsverordnung vom 29. Mai 1943 und der 2. Durchführungsverordnung hierzu vom 20. Jan. 1944.

2. Die verschiedenen Tatbestände:
a) Die falsche uneidliche Aussage: § 153.
b) Der Meineid: § 154.
c) Die falsche Versicherung an Eides Statt: § 156.
d) Die erfolglose Anstiftung zu einem Eidesdelikt: § 159.
e) Die Verleitung zum Falscheid: § 160.
f) Der Eidesbruch: § 162.
g) Der fahrlässige Falscheid: § 163.

3. Im Strafverfahren werden nach der durch Gesetz vom 24. Nov. 1933 geänderten Fassung der Strafprozeßordnung die Zeugen und Sachverständigen nach der Vernehmung vereidigt. Die Vereidigung erfolgt nach § 66c StPO. in der Weise, daß der Richter an den Zeugen die Worte richtet: „Sie schwören bei Gott dem Allmächtigen und Allwissenden, daß Sie nach bestem Wissen die reine Wahrheit gesagt und nichts verschwiegen haben", und der Zeuge hierauf die Worte spricht: „Ich schwöre es so wahr mir Gott helfe". Von der Vereidigung ist nach § 60 StPO. abzusehen u. a. bei Personen unter sechzehn Jahren.

Falsche uneidliche Aussage.

§ 153. Wer vor Gericht oder vor einer anderen zur eidlichen Vernehmung von Zeugen oder Sachverständigen zuständigen Stelle als Zeuge oder Sachverständiger uneidlich vorsätzlich falsch aussagt, wird mit Gefängnis nicht unter drei Monaten, in schweren Fällen mit Zuchthaus bestraft.

Der Versuch ist strafbar.

1. Nach früherem Recht konnte die falsche uneidliche Aussage nur unter dem Gesichtspunkt der Begünstigung (§ 257) oder der falschen Namensangabe (§ 360 Nr. 8) oder des Betrugs (§ 263) oder gegebenenfalls gem. § 271 strafrechtlich erfaßt werden. Durch die VO. vom 29. Mai 1943 wurde in einem neuen § 156a die uneidliche Aussage als besonderer strafrechtlicher Tatbestand fixiert. Dieser § 156a ist nunmehr an die Stelle des früheren § 153 getreten.

2. Der äußere Tatbestand hat folgende Merkmale:

a) Die falsche uneidliche Aussage muß vor Gericht oder vor einer anderen zur eidlichen Vernehmung von Zeugen oder Sachverständigen zuständigen Stelle abgegeben werden. Dabei ist es gleichgültig, ob es sich um ein Zivilgericht oder Strafgericht oder Verwaltungsgericht handelt. Als „andere zuständige Stellen" kommen in Betracht die Dienststrafgerichte im Dienststrafverfahren und das Patentamt (§ 33 Patentgesetz).

Nicht unter den Tatbestand des § 153 fallen vor allem falsche Zeugenaussagen vor der Polizei oder dem Staatsanwalt oder dem Notar.

b) Die falsche uneidliche Aussage ist als solche nur dann strafbar, wenn sie von einem Zeugen oder Sachverständigen abgegeben wird. Es ist also nach wie vor nicht strafbar die falsche Aussage bei der uneidlichen Parteivernehmung im Zivilprozeß (es sei denn, daß sie den Tatbestand des Betruges erfüllt), oder die falsche Aussage eines Angeklagten vor Gericht. Ebensowenig fällt unter § 153 die uneidliche Versicherung, die ein Schuldner gemäß § 19d Vollstreckungsverordnung vom 19. Mai 1933 im Offenbarungseidverfahren abgibt.

3. Der innere Tatbestand erfordert Vorsatz. Auch bedingter Vorsatz (dolus eventualis) genügt. Der Täter muß sich also bewußt sein, oder mit der von ihm gebilligten Möglichkeit rechnen, daß das, was er bekundet, mit dem Geschehenen

nicht übereinstimmt. Hält der Täter seine Bekundung für falsch, während sie in Wirklichkeit richtig ist, so liegt nur Versuch vor.

4. Die Neufassung des § 158 sieht auch für § 153 die Möglichkeit strafbefreienden Rücktritts vor.

5. Die Verleitung zur falschen Aussage (§ 160) sowie die versuchte Anstiftung hierzu (§ 159) findet auch auf die uneidliche falsche Aussage Anwendung. (Siehe die Neufassung der §§ 159, 160.)

6. Da der § 153 aus der Reformarbeit vor 1933 stammt, somit kein nationalsozialistisches Ideengut enthält, dürften gegen seinen Fortbestand keine Bedenken bestehen.

Meineid.

§ 154. Wer vor Gericht oder vor einer anderen zur Abnahme von Eiden zuständigen Stelle vorsätzlich falsch schwört, wird mit Zuchthaus bestraft.

Sind mildernde Umstände vorhanden, so ist die Strafe Gefängnis nicht unter sechs Monaten.

1. Während in dem bisherigen § 153 der Parteimeineid und der falsch geschworene auferlegte Eid (Offenbarungseid der §§ 807, 833 ZPO. und Verklarungseid des Schiffers nach § 525 HGB.), und in dem bisherigen § 154 der Zeugen- und Sachverständigenmeineid behandelt wurde, betrifft der neue § 154 alle Möglichkeiten des Meineides.

2. Der äußere Tatbestand des § 154 hat die gleichen Merkmale wie derjenige des § 153 (siehe die dortige Erläuterung Ziff. 2a).

3. Wegen des inneren Tatbestandes siehe Erläuterung Ziff. 3 zu § 153.

4. Im Falle jeden Meineides muß auf bestimmte Nebenstrafen erkannt werden (§ 161).

Eidliche Beteuerungen.

§ 155. Der Ableistung eines Eides wird gleichgeachtet, wenn

1. ein Mitglied einer Religionsgesellschaft, welcher das Gesetz den Gebrauch gewisser Beteuerungsformeln an Stelle des Eides gestattet, eine Erklärung unter der Beteuerungsformel seiner Religionsgesellschaft abgibt;
2. derjenige, welcher als Partei, Zeuge oder Sachverständiger einen Eid geleistet hat, in gleicher Eigenschaft eine Versicherung unter Berufung auf den bereits früher in derselben Angelegenheit geleisteten Eid abgibt, oder ein Sachverständiger, welcher als solcher ein- für allemal vereidet ist, eine Versicherung auf den von ihm geleisteten Eid abgibt;
3. ein Beamter eine amtliche Versicherung unter Berufung auf seinen Diensteid abgibt.

Falsche Versicherung an Eides Statt.

§ 156. Wer vor einer zur Abnahme einer Versicherung an Eides Statt zuständigen Behörde eine solche Versicherung wissentlich falsch abgibt oder unter Berufung auf eine solche Versicherung wissentlich falsch aussagt, wird mit Gefängnis von einem Monat bis zu drei Jahren bestraft.

Der Versuch ist strafbar.

1. Die Form der eidesstattlichen Versicherung ist gleichgültig. Die Versicherung kann auch schriftlich abgegeben werden; im letzteren Falle muß die eidesstattliche Versicherung eigenhändig unterschrieben werden.

2. Solche eidesstattlichen Versicherungen kommen vor: in Angelegenheiten der freiwilligen Gerichtsbarkeit, zur Glaubhaftmachung tatsächlicher Behauptungen im Zivilprozeß (ZPO. §§ 294, 952), vor dem Standesbeamten, vor Verwaltungsbehörden. Staatsanwaltschaft und Polizei sind dagegen nicht zur Abnahme eidesstattlicher Versicherungen zuständig.

Eidesnotstand.

§ 157. Hat ein Zeuge oder Sachverständiger sich eines Meineides, einer falschen Versicherung an Eides Statt oder einer falschen uneidlichen Aussage schuldig gemacht, so kann der Richter die Strafe nach pflichtgemäßem Ermessen mildern und im Falle uneidlicher Aussage auch ganz von Strafe absehen, wenn der Täter die Unwahrheit gesagt hat, um von einem Angehörigen oder von sich selbst die Gefahr einer gerichtlichen Bestrafung abzuwenden.

Der Richter kann auch dann die Strafe mildern oder ganz von Strafe absehen, wenn ein noch nicht Eidesmündiger uneidlich falsch ausgesagt hat.

1. Durch die StrafrechtsangleichungsVO. v. 29. Mai 1943 wurde der § 157 nicht unwesentlich abgeändert. Der Grundgedanke ist aber der gleiche geblieben: Es wird der Gewissensnot Rechnung getragen, in welcher der schwörende Zeuge oder Sachverständige sich befindet, wenn er die Wahrheit sagt.

2. Zu Abs. 1:

a) Auf den Meineid einer Partei bei der Parteivernehmung oder bei der Leistung eines Offenbarungseides findet Abs. 1 nach wie vor keine Anwendung.

Entsprechend dem neuen § 156 ist Abs. 1 des § 157 auch auf die uneidliche Aussage ausgedehnt worden.

b) Die Gefahr einer gerichtlichen Bestrafung (nicht mehr, wie bisher nur die Gefahr der Verfolgung wegen eines Verbrechens oder Vergehens) ist dann gegeben, wenn mit ihr nach den Erfahrungen des Lebens gerechnet werden muß; dabei ist nicht erforderlich, daß die Gefahr objektiv besteht, sondern es genügt, daß der Täter nur irrtümlich die Möglichkeit einer solchen Gefahr angenommen hat.

c) Liegen die Voraussetzungen vor, dann kann die Strafe bei einer eidlichen falschen Aussage gemildert, und bei einer uneidlichen Aussage überhaupt von Strafe abgesehen werden.

3. Zu Abs. 2: Diese Gesetzesstelle ist neu. Macht ein Eidesunmündiger eine uneidliche falsche Aussage, gleichgültig ob als Zeuge, Sachverständiger oder Partei, so hat der Richter stets die Möglichkeit, die Strafe zu mildern, oder ganz von Strafe abzusehen, ohne Rücksicht darauf, ob der Täter die Gefahr einer gerichtlichen Bestrafung abwenden wollte.

4. Der Fall des bisherigen § 157 Abs. 1 Ziff. 2 ist in der Neufassung beseitigt.

Berichtigung.

§ 158. Der Richter kann die Strafe wegen Meineids, falscher Versicherung an Eides Statt oder falscher uneidlicher Aussage nach seinem pflichtgemäßen Ermessen mildern oder von Strafe absehen, wenn der Täter die falsche Angabe rechtzeitig berichtigt.

Die Berichtigung ist verspätet, wenn sie bei der Entscheidung nicht mehr verwertet werden kann oder aus der Tat ein Nachteil für einen anderen entstanden ist oder wenn schon gegen den Täter eine Anzeige erstattet oder eine Untersuchung eingeleitet worden ist.

Die Berichtigung kann bei der Stelle, der die falsche Angabe gemacht worden ist oder die sie im Verfahren zu prüfen hat, sowie bei einem Gericht, einem Staatsanwalt oder einer Polizeibehörde erfolgen.

1. Durch diese durch die Strafrechtsangleichungs VO. v. 29. Mai 1943 erfolgte Neufassung des § 158 werden die Möglichkeiten, sich durch Widerruf Strafmilderung zu verschaffen, erheblich vermehrt.

2. Die Gesetzesstelle behandelt einen Fall des freiwilligen Rücktritts (§ 46) von der vollendeten Tat, der sonst, abgesehen von den Fällen der §§ 310, 163 Abs. 2 nur bei versuchten Straftaten in Frage kommt. Die Vorschrift bezweckt, den Widerruf falscher eidlicher und uneidlicher Aussagen zu fördern. Im Gegensatz zu § 157 findet § 158 auch auf falsche Aussagen anläßlich einer Parteivernehmung Anwendung.

3. Voraussetzung für die Anwendung des § 158 ist, daß der Täter die falsche Angabe rechtzeitig berichtigt. Wann die Berichtigung verspätet ist, sagt Abs. 2 des § 158.

4. Nach früherem Recht mußte der Widerruf bei der Behörde erfolgen, bei der die Aussage gemacht worden war. Nach neuem Recht kann darüber hinaus der Widerruf auch bei einem Gericht, einem Staatsanwalt oder einer Polizeibehörde (§ 158 Abs. 3) erfolgen.

5. Beispiel: Der A leistet in einem Zivilprozeß als Zeuge einen Meineid. Er bereut die Tat, begibt sich zu dem Richter, vor dem er den falschen Eid geschworen hat und widerruft den Eid, bevor der Richter auf Grund der falschen Aussage des A ein Urteil gefällt hat.

Aufforderung zum Meineid usw.

§ 159. Die Vorschriften über die Bestrafung der erfolglosen Anstiftung und anderer Vorbereitungshandlungen bei Verbrechen (§ 49a) gelten entsprechend für alle Fälle der falschen uneidlichen Aussage, des Meineids und der wissentlichen Abgabe einer falschen Versicherung an Eides Statt.

1. Der frühere § 159 enthielt eine Spezialbestimmung, in der das Unternehmen einer Verleitung zum Meineid bzw. zur wissentlichen Abgabe einer falschen Versicherung an Eides Statt mit besonderer Strafe bedroht war.

Nachdem die Strafrechtsangleichungsverordnung vom 29. Mai 1943 den § 49a neu gefaßt hat und nunmehr jede erfolglose Aufforderung zu einem Verbrechen (sowie auch jede erfolglose Beihilfe zu einem solchen) strafbar ist, erübrigt sich die bisherige Spezialbestimmung des § 159.

2. Da aber der § 49a sich nur auf Verbrechen bezieht, andererseits die uneidliche falsche Aussage des § 153 und die wissentliche Abgabe einer falschen Versicherung an Eides Statt des § 156 Vergehen sind, mußte in dem neuen § 159 die Bestimmung aufgenommen werden, daß § 49a entsprechend auch auf die Vergehen der §§ 153, 156 Anwendung zu finden hat.

3. Der Wille des Auffordernden muß darauf gerichtet sein, daß der Aufgeforderte vorsätzlich einen Meineid begeht, eine falsche uneidliche Aussage macht oder eine falsche Versicherung an Eides Statt abgibt.

4. Hat die Aufforderung einen Meineid usw. zur Folge, so ist der Auffordernde nicht nach §§ 159, 49a, sondern wegen Anstiftung nach § 48 zum Verbrechen des § 154 bzw. Vergehen des § 153 bzw. § 156 zu bestrafen.

5. Beispiele:

a) Der A fordert den B zur Leistung eines Meineides auf, aber erfolglos, denn der B macht unter Eid wahre Angaben. Der A ist nach §§ 159, 49a zu bestrafen.

b) Der A fordert den B zur Leistung eines Meineides auf, den B auch tatsächlich leistet. Der A ist nicht nach §§ 159, 49a, sondern wegen Anstiftung gem. § 48 zum Verbrechen des § 154 zu bestrafen.

Entsprechend ist zu entscheiden, wenn es sich um die Aufforderung zu einer falschen uneidlichen Aussage oder Abgabe einer falschen Versicherung an Eides Statt handelt.

Verleitung zum Falscheid.

§ 160. Wer einen anderen zur Ableistung eines falschen Eides verleitet, wird mit Gefängnis bis zu zwei Jahren bestraft, neben welchem auf Verlust der bürgerlichen Ehrenrechte erkannt werden kann, und wer einen anderen zur Ableistung einer falschen Versicherung an Eides Statt oder einer falschen uneidlichen Aussage verleitet, wird mit Gefängnis bis zu sechs Monaten bestraft.

Der Versuch ist strafbar.

1. Hier wird die Verleitung zum falschen Eid, d. h. zum tatsächlich unrichtigen aber vom Schwörenden nicht als unrichtig erkannten Eid, mit Strafe bedroht. Der Schwörende kann höchstens wegen fahrlässigen Falscheides (§ 163) belangt werden. Der Wille des Verleiters ist in diesem Falle also darauf gerichtet, daß der zu Verleitende gutgläubig einen objektiv falschen Eid leiste. Der Verleitende benutzt den Schwörenden als Werkzeug, um einen Meineid herbeizuführen; er kann aber nicht als mittelbarer Täter bestraft werden, da der Meineid zu den sog. eigenhändigen Delikten gehört. (Siehe Vorbemerkung 2 zu § 47.) Als Ersatz für die in diesem Falle ausgeschlossene mittelbare Täterschaft wurde § 160 geschaffen.

2. Die erfolglos gebliebene Verleitung wird als Versuch bestraft.

3. Nach der VO. v. 29. Mai 1943 ist nunmehr auch die Verleitung zur uneidlichen falschen Aussage strafbar. Während aber in § 159 der falsch Aussagende sich der Unwahrheit seiner Aussage bewußt sein muß, ist in § 160 Voraussetzung, daß der Aussagende seine Angaben für richtig hält.

Nebenstrafen und Nebenfolgen.

§ 161. Bei jeder Verurteilung wegen Meineides, mit Ausnahme der Fälle in den §§ 157 und 158, ist auf Verlust der bürgerlichen

Ehrenrechte und außerdem auf die dauernde Unfähigkeit des Verurteilten, als Zeuge oder Sachverständiger eidlich vernommen zu werden, zu erkennen.

In den Fällen der §§ 153, 156—159 kann neben der Gefängnisstrafe auf Verlust der bürgerlichen Ehrenrechte erkannt werden.

Eidesbruch.

§ 162. Wer vorsätzlich einer durch eidliches Angelöbnis vor Gericht bestellten Sicherheit oder dem in einem Offenbarungseide gegebenen Versprechen zuwiderhandelt, wird mit Gefängnis bis zu zwei Jahren bestraft.

Hier wird wesentlich milder als die wissentliche Eidesverletzung der nachträgliche Eidesbruch mit Strafe bedroht.

Fahrlässiger Falscheid.

§ 163. Wenn eine der in den §§ 154—156 bezeichneten Handlungen aus Fahrlässigkeit begangen worden ist, so tritt Gefängnisstrafe bis zu einem Jahre ein.

Straflosigkeit tritt ein, wenn der Täter, bevor eine Anzeige gegen ihn erfolgt oder eine Untersuchung gegen ihn eingeleitet und bevor ein Rechtsnachteil für einen anderen aus der falschen Aussage entstanden ist, diese bei derjenigen Behörde, bei welcher er sie abgegeben hat, widerruft.

1. Zum Nachweis eines fahrlässigen Falscheids gehört neben der tatsächlichen Unwahrheit des Beschworenen die Nichtkenntnis des Schwörenden von der Unwahrheit und der Nachweis, daß dieser bei genügender Aufmerksamkeit und Vorsicht (z. B. bei Anstrengung seines Gedächtnisses) erkennen konnte, daß die von ihm beschworenen Tatsachen den richtigen Verhältnissen nicht entsprechen.

2. Zu Abs. 2 vgl. Erläuterung Nr. 1 zu § 158. Im Gegensatz zu § 158 tritt bei Widerruf des fahrlässigen Falscheides immer Straflosigkeit ein.

Zehnter Abschnitt. Falsche Anschuldigung.

Falsche Anschuldigung.

§ 164. Wer einen anderen bei einer Behörde oder einem zur Entgegennahme von Anzeigen zuständigen Beamten (oder militärischen Vorgesetzten) oder öffentlich wider besseres Wissen einer strafbaren Handlung oder der Verletzung einer Amts- oder Dienstpflicht in der Absicht verdächtigt, ein behördliches Verfahren oder andere behördliche Maßnahmen gegen ihn herbeizuführen oder fortdauern zu lassen, wird wegen falscher Anschuldigung mit Gefängnis nicht unter einem Monat bestraft.

Ebenso wird bestraft, wer in gleicher Absicht bei einer der im Abs. 1 bezeichneten Stellen oder öffentlich über einen anderen wider besseres Wissen eine sonstige Behauptung tatsächlicher Art aufstellt, die geeignet ist, ein behördliches Verfahren oder andere behördliche Maßnahmen gegen ihn herbeizuführen oder fortdauern zu lassen.

Ist die Tat in der Absicht begangen, sich oder einem Dritten einen Vorteil zu verschaffen, so ist die Strafe Gefängnis nicht unter drei Monaten.

Neben der Strafe kann auf Verlust der bürgerlichen Ehrenrechte erkannt werden.

Ist die falsche Anschuldigung (Abs. 1, 2) nicht wider besseres Wissen, aber vorsätzlich oder leichtfertig begangen, so ist die Strafe Gefängnis bis zu einem Jahre oder Geldstrafe.

Solange ein infolge der gemachten Anzeige eingeleitetes Verfahren anhängig ist, soll mit dem Verfahren und mit der Entscheidung über die falsche Anschuldigung innegehalten werden.

1. Der äußere Tatbestand des durch die Strafrechtsnovelle vom 26. Mai 1933 neu gefaßten § 164 hat folgende Voraussetzungen:

a) Während nach altem Recht eine Beschuldigung in einer Anzeige erforderlich war, genügt jetzt schon die Verdächtigung eines anderen. Es ist also nicht mehr ein Handeln des Täters aus eigener Entschließung erforderlich, sondern der Tatbestand des § 164 kann auch bei Gelegenheit einer amtlichen Vernehmung oder in einer Erklärung auf amtliche Aufforderung erfüllt werden.

b) Die falsche Anschuldigung kann nicht nur, wie nach früherem Recht, bei einer Behörde erhoben werden, sondern auch bei einem zur Entgegennahme von Anzeigen zuständigen Beamten (ohne daß es also einer Weitergabe an die Behörde bedarf), oder öffentlich.

c) Während nach früherem Recht die Anzeige eine kriminell strafbare Handlung oder die Verletzung einer Amtspflicht zum Gegenstand haben mußte, kann jetzt außerdem Inhalt der falschen Anschuldigung die Aufstellung einer sonstigen Behauptung tatsächlicher Art sein, die geeignet ist, ein behördliches Verfahren oder eine andere behördliche Maßnahme gegen einen anderen herbeizuführen oder fortdauern zu lassen.

d) Die Anzeige muß objektiv unwahr sein. Beschuldigt daher jemand einen anderen einer strafbaren Handlung in der Meinung, er habe sie nicht begangen, während er sie in der Tat begangen hat, so entfällt auch nach neuem Recht eine Strafbarkeit nach § 164.

2. Die subjektiven Tatbestandsmerkmale:

a) Während nach früherem Recht das Bewußtsein des Täters erforderlich war, daß die Beschuldigung unwahr ist (dolus eventualis genügte nicht), unterscheidet der neue § 164 folgende 3 Möglichkeiten:

aa) Die falsche Anschuldigung wider besseres Wissen § 164 Abs. 1 und 2 mit einer Strafandrohung von 1 Monat bis 5 Jahre Gefängnis (ist die Tat begangen, um sich oder einem Dritten einen Vorteil zu verschaffen, so ist die Strafe 3 Monate bis 5 Jahre Gefängnis).

bb) Die vorsätzlich falsche Anschuldigung (§ 164 Abs. 5), d. h. die mit dem dolus eventualis begangene (die mit dem dolus directus begangene fällt unter aa) mit einer Strafandrohung von 1 Tag bis 1 Jahr Gefängnis oder Geldstrafe. Dieser Fall ist dann gegeben, wenn der Anzeigende nicht bestimmt weiß, daß seine Anzeige grundlos ist, aber mit dieser Möglichkeit rechnet und sie in Kauf nimmt, d. h. auch für diesen Fall die Anzeige will.

cc) Die leichtfertige falsche Anschuldigung (§ 164 Abs. 5) mit der gleichen Strafandrohung wie zu bb.

b) Der Täter muß nach dem neuen Tatbestand ferner in der Absicht gehandelt haben, ein behördliches Verfahren oder eine andere behördliche Maßnahme gegen den Verdächtigen herbeizuführen oder fortdauern zu lassen.

3. Strafbar ist auch derjenige, der einen anderen, der die Unwahrheit der Anzeige nicht kennt, zur Erstattung der Anzeige veranlaßt. Es liegt dann sog. mittelbare Täterschaft vor. (Siehe Vorbemerkung zu § 47.)

4. Schwerere Bestrafung tritt ein, wenn die Tat begangen wurde in der Absicht, sich oder einem Dritten einen Vorteil zu verschaffen (Abs. 3).

5. Wegen der Veröffentlichungsbefugnis vgl. § 165.

6. Siehe auch Erl. 1 zu § 145d.

§ 165. Wird wegen falscher Anschuldigung auf Strafe erkannt, so ist zugleich dem Verletzten die Befugnis zuzusprechen, die Verurteilung auf Kosten des Schuldigen öffentlich bekannt zu machen. Die Art der Bekanntmachung, sowie die Frist zu derselben, ist in dem Urteile zu bestimmen.

Dem Verletzten ist auf Kosten des Schuldigen eine Ausfertigung des Urteils zu erteilen.

Elfter Abschnitt.

Vergehen, welche sich auf die Religion beziehen.

Gotteslästerung.

§ 166. Wer dadurch, daß er öffentlich in beschimpfenden Äußerungen Gott lästert, ein Ärgernis gibt, oder wer öffentlich eine der christlichen Kirchen oder eine andere mit Korporationsrechten innerhalb des Reichsgebietes bestehende Religionsgesellschaft oder ihre Einrichtungen oder Gebräuche beschimpft, ingleichen wer in einer Kirche oder in einem anderen zu religiösen Versammlungen bestimmten Orte beschimpfenden Unfug verübt, wird mit Gefängnis bis zu drei Jahren bestraft.

1. Der Paragraph enthält drei verschiedene Tatbestände: den der Gotteslästerung, den der Beschimpfung der Kirchen und Religionsgesellschaften und schließlich den des beschimpfenden Unfugs in einer Kirche.

2. Gotteslästerung: öffentlich vorgenommen heißt in einer Art und Weise, daß die Äußerung unbestimmt von welchen und wie vielen Personen gehört werden konnte, mag sich dabei der Täter an einem öffentlichen oder privaten Orte befunden haben (vgl. Bem. 1 zu § 110). Eine in privatem Zirkel gemachte, später in die Öffentlichkeit gedrungene Äußerung kann den Tatbestand nicht erfüllen.

Beschimpfend sind die Äußerungen, wenn sie Beleidigungen (Ehrenkränkungen) in rohen oder besonders verletzenden Ausdrücken enthalten.

Nur mündliche oder schriftliche Äußerungen kommen in Betracht, nicht bildliche oder theatralische Darstellungen.

Lästern heißt Ehrenrühriges in schmähsüchtiger Weise sagen.

Ärgernis ist gegeben, wenn mindestens eine Person in ihren moralischen oder religiösen Gefühlen sich verletzt gefühlt hat.

3. Beschimpfung der Kirche usw.: wegen des Erfordernisses der Öffentlichkeit s. oben unter 2. In der Bezeichnung der Bibel als Lügenbuch kann eine Beschimpfung der christlichen Kirche gesehen werden.

Die christlichen Kirchen sind: die römisch-katholische, die alt-katholische, die evangelische oder protestantische (auch lutherische, reformierte und unierte genannt). Religionsgesellschaften mit Korporationsrechten sind: die jüdische Religionsgesellschaft, die griechisch-katholische, die anglikanische Religionsgesellschaft u. a. m.

Die Kirche ist beschimpft, wenn die Gesamtheit ihrer Anhänger beschimpft wurde. Als Einrichtungen der christlichen Kirchen sind anerkannt: die Christusverehrung, das Glaubensbekenntnis, die Reichung des Abendmahls, die Verkündung des Evangeliums durch die Predigt, die Sonntagsheiligung, die Kirchenlieder; bei der römisch-katholischen Kirche: das Priestertum, die Orden, die Messe, der Ablaß, das Zölibat (Verbot der Priesterehe); bei der evangelischen Kirche: das Predigtamt, das evangelische Lehramt, die Konfirmation, die Ehe der Geistlichen.

Gebräuche sind die Amtstracht der Geistlichen, die Kollekten (Sammlungen) für kirchliche Zwecke, die Gebete bei Beerdigungen, bei der römisch-katholischen Kirche: die Reliquienverehrung.

Über die Bedeutung von Beschimpfen s. oben unter Bem. 2. Tadelnde Kritiken über Fragen religiöser Verehrung sind natürlich nicht strafbar.

4. Beschimpfender Unfug in Kirchen: als Orte der Verübung kommen in Betracht: Kirchengebäude samt den Zugängen zu denselben, Betsäle, Privatkapellen, Friedhöfe, nicht aber vorübergehend zum Gottesdienst benutzte Gasthofsäle oder die Straßen, durch welche eine Prozession zieht.

Beschimpfender Unfug ist eine unberechtigte, mit Roheit und Frevelhaftigkeit gepaarte Handlung.

Öffentlich braucht in diesem Falle die Handlung nicht geschehen zu sein.

5. Nach der „Allgemeinen Anweisung an Richter Nr. 1" unterliegt eine Bestrafung nach § 166 der vorherigen Meldepflicht an die Militärregierung.

Gottesdienstverhinderung.

§ 167. Wer durch eine Tätlichkeit oder Drohung jemand hindert, den Gottesdienst einer im Staate bestehenden Religionsgesellschaft auszuüben, ingleichen wer in einer Kirche oder in einem anderen zu religiösen Versammlungen bestimmten Orte durch Erregung von Lärm oder Unordnung den Gottesdienst oder einzelne gottesdienstliche Verrichtungen einer im Staate bestehenden Religionsgesellschaft vorsätzlich verhindert oder stört, wird mit Gefängnis bis zu drei Jahren bestraft.

1. Auch in diesem Paragraphen sind zwei Tatbestände vereinigt:

Die Verhinderung Einzelner — auch der Priester — an der Ausübung des Gottesdienstes, wozu auch die bloße Teilnahme am Gottesdienst zählt, die Verhinderung oder Störung der Gesamtheit, der Gemeinde, in dem Gottesdienst oder in einzelnen gottesdienstlichen Handlungen.

2. Gottesdienst ist die Vereinigung von Mitgliedern einer Religionsgesellschaft zur gemeinsamen Erbauung durch Verehrung und Anbetung Gottes. Hierher gehört die Christenlehre, die Bestattungszeremonie, Vorlesen aus der Thora in einer jüdischen Gemeinde.

3. Die Störung des Gottesdienstes kann auch von einer außerhalb der Kirche befindlichen Person ausgehen.

4. Ein durch die Predigt des Geistlichen beleidigter Zuhörer darf in der Notwehr sich die Beleidigung straflos verbitten, wenn auch dadurch der Gottesdienst gestört wird.

5. Nach der „Allgemeinen Anweisung an Richter Nr. 1" unterliegt eine Bestrafung nach § 167 der vorherigen Meldepflicht an die Militärregierung.

Leichendiebstahl und Grabbeschimpfung.

§ 168. Wer unbefugt eine Leiche aus dem Gewahrsam der dazu berechtigten Person wegnimmt, ingleichen wer unbefugt ein Grab zerstört oder beschädigt, oder wer an einem Grabe beschimpfenden Unfug verübt, wird mit Gefängnis bis zu zwei Jahren bestraft; auch kann auf Verlust der bürgerlichen Ehrenrechte erkannt werden.

1. Der Paragraph faßt drei Tatbestände zusammen: den Leichendiebstahl die Grabzerstörung und den beschimpfenden Unfug an einem Grab.

2. Leichendiebstahl: es kommt nur die Wegnahme der Leiche als Ganzes in Betracht. Wegen einzelner Teile vgl. § 367¹. — Nur Menschenleichen werden hier geschützt. Eine Leibesfrucht gehört nicht hierher, sondern nur die Leiche eines entwickelt geborenen Kindes. Einbalsamierte uralte Leichen (ägyptische Mumien) sind nicht Leichen im Sinne dieser Bestimmung. Dagegen ist ein Diebstahl an ihnen möglich.

Den Gewahrsam über beerdigte Leichen hat der Eigentümer des Friedhofs, die politische oder religiöse Gemeinde, bei verschlossenen Erbbegräbnissen derjenige, welcher den Schlüssel dazu verwahrt. Also kann auch der Totengräber, der Friedhofverwalter als Täter für dieses Delikt in Frage kommen.

3. Grabzerstörung: unter Grab versteht man die Stätte, an der eine Menschenleiche in äußerlich erkennbarer Weise zur Ruhe gebracht ist. Zum Grabe gehört der Sarg mit der Leiche, der Grabhügel mit Gitter und Anpflanzungen sowie das Grabmal.

Wird jedoch nur das Grabmal beschädigt oder zerstört, so kommt § 304 StGB. in Betracht. Uralte Grabstätten (Hunnengräber) kommen nicht für diesen Tatbestand in Frage.

4. Beschimpfender Unfug an einem Grab: vgl. hierzu Bem. 4 Abs. 2 zu § 166.

Die Beziehung zu dem Grabe erhält der Unfug durch die erkennbare Absicht, den Verstorbenen in seinem Andenken zu beschimpfen.

Die Handlung muß das Grab in irgendeiner Weise selbst ergreifen, eine Beschimpfung, die nur auf einer Grabstätte ausgesprochen wurde, fällt nicht unter diese Strafbestimmung, möglicherweise aber unter § 166 letzter Fall.

Die Beweggründe können z. B. Zorn gegen die Hinterbliebenen, Rache gegen den Toten sein.

Zwölfter Abschnitt.

Straftaten gegen den Personenstand, die Ehe und die Familie.

Vorbemerkung.

1. Personenstand i. S. des § 169 ist das familienrechtliche Verhältnis einer einzelnen Person zu anderen Personen und wird begründet durch Geburt, Legitimation, Annahme an Kindes Statt, oder durch die Ehe; aufgehoben wird er durch Tod oder Scheidung der Ehe.

2. Der § 169 bezweckt den Schutz eines bereits rechtlich begründeten Personenstandes. Bei der Bedeutung der Personenstandsverhältnisse für die Allgemeinheit ist davon auszugehen, daß der Angriff bei der Personenstandsverletzung sich gegen ein Rechtsgut öffentlich-rechtlicher Natur richtet, daß somit die Einwilligung des „anderen", dessen Personenstand das äußere Angriffsobjekt bildet, die Handlung nicht straflos machen kann.

3. Durch das neue Personenstandsgesetz v. 3. Nov. 1937, in Kraft getreten am 1. Juli 1938, wurde das Gesetz v. 6. Febr. 1875 außer Kraft gesetzt.

4. Durch die Verordnung zum Schutz von Ehe, Familie und Mutterschaft v. 9. März 1943 (RGBl. I S. 140) und der Durchführungs-Verordnung hierzu v. 18. März 1943 (RGBl. I S. 169) wurde die Überschrift des zwölften Abschnitts geändert, und am Ende des Abschnitts die §§ 170a—170d neu eingefügt. Diese neuen Straftatbestände dienen der Förderung von Ehe und Familie. Da diese neuen Bestimmungen teilweise schon in Entwürfen vor 1933 erörtert worden sind und im übrigen offensichtlich kein nationalsozialistisches Gedankengut enthalten, also mit der Bestimmung des Militärregierungsgesetzes Nr. 1 Art. III, 4 nicht in Widerspruch stehen, dürften gegen den Fortbestand dieser vier Bestimmungen keine Bedenken bestehen. (Siehe auch Entscheidung des Oberlandesgerichts Braunschweig vom 6. Februar 1946, abgedruckt in der Südd. Juristenzeitung, Jg. 1 Nr. 5 S. 118.) In den so erweiterten zwölften Abschnitt wurden ferner die §§ 171, 172 (Doppelehe, Ehebruch) einbezogen, so daß der dreizehnte Abschnitt nunmehr mit § 173 beginnt.

Verletzung des Personenstandes.

§ 169. Wer ein Kind unterschiebt oder vorsätzlich verwechselt, oder wer auf andere Weise den Personenstand eines anderen vorsätzlich verändert oder unterdrückt, wird mit Gefängnis bis zu drei Jahren und, wenn die Handlung in gewinnsüchtiger Absicht begangen wurde, mit Zuchthaus bis zu zehn Jahren bestraft.

Der Versuch ist strafbar.

1. Das Kind braucht nicht ein neugeborenes zu sein, nur muß es in einem Alter stehen, in dem es noch nicht selber an der Tat teilnehmen kann.

2. Unterschieben heißt ausgeben als das leibliche Kind einer Frau, die es nicht geboren hat.

Verwechselt können auch von derselben Frau stammende Zwillinge werden.

3. Alle derartigen Handlungen, die nach diesem Paragraph bestraft werden sollen, müssen vorsätzlich begangen sein; bloße Verwechslung von Kindern in Wöchnerinnenasylen oder von Zwillingen aus Leichtsinn sind nicht strafbar.

4. **Veränderungen oder Unterdrückungen** des Personenstandes müssen sich immer auf einen anderen beziehen. Wenn sich jemand selbst fremde Personalien anmaßt, kann er sich wegen Betrugs (§ 263), Veranlassung falscher Beurkundung (§ 271) oder nach § 360⁸ StGB. strafbar machen, aber nicht nach § 169.

5. **Veränderungen** des Personenstandes sind Anerkennung eines unehelichen Kindes durch den späteren Ehemann der Mutter, der aber gar nicht der Erzeuger ist, Bewirkung der Eintragung im Geburtsregister als eheliches Kind trotz unehelicher Geburt, oder unter falschen Elternnamen.

6. **Unterdrückung** des Personenstandes liegt vor, wenn die Kindsmutter einen falschen Erzeuger angibt, oder wenn die Anmeldung der Geburt unterlassen und das Kind in der Absicht wegverbracht wird, es nirgends zur Anmeldung zu bringen und unter fremdem Namen weiterleben zu lassen.

7. Die Bewirkung bewußt falscher Eintragungen in die Personenstandsbücher insbesondere in das Geburtenbuch und das Sterbebuch, wird in der Regel auch **den Tatbestand** des § 271 erfüllen, da nach § 60 des Personenstandsgesetzes die Eintragungen in die genannten Bücher Heirat, Geburt und Tod und die darüber gemachten näheren Angaben **beweisen**. (Siehe Erläuterung 6 zu § 271.)

Eheerschleichung.

§ 170. Wer bei Eingehung einer Ehe dem anderen Teile ein gesetzliches Ehehindernis arglistig verschweigt, oder wer den anderen Teil zur Eheschließung arglistig mittels einer solchen Täuschung verleitet, welche den Getäuschten berechtigt, die Gültigkeit der Ehe anzufechten, wird, wenn aus einem dieser Gründe die Ehe aufgelöst worden ist, mit Gefängnis nicht unter drei Monaten bestraft.

Die Verfolgung tritt nur auf Antrag des getäuschten Teils ein.

1. Die **Eheerschleichung** liegt vor, wenn jemand dem andern Teil in böser Absicht ein gesetzliches Ehehindernis verschwiegen hat. Vgl. auch § 179 StGB.

2. **Gesetzliche Ehehindernisse** nach §§ 1303 bis 1315 BGB. sind z. B.: Mangelnde Willensfähigkeit eines Eheschließenden, bestehende Ehe, nahe Verwandtschaft und Schwägerschaft, Ehebruch für den deswegen Geschiedenen und seinen Mitschuldigen, mangelnde Einwilligung des gesetzlichen Vertreters.

3. **Ehebetrug** wird verübt durch arglistige Täuschung, die den Getäuschten berechtigt, die Gültigkeit der Ehe anzufechten, §§ 1331 bis 1335, 1350 BGB. Vor allem kommt hier in Frage arglistige Täuschung über solche Umstände, die den Getäuschten bei Kenntnis der Sachlage und bei verständiger Würdigung des Wesens der Ehe von der Eingehung der Ehe abgehalten haben würden (§ 1334 BGB.).

4. Sowohl bei der Eheerschleichung als auch beim Ehebetrug kann die Bestrafung nur erfolgen, wenn die Ehe durch rechtskräftiges Urteil des Gerichts für **nichtig** erklärt worden ist. Eine Auflösung der Ehe durch Ehescheidungsurteil genügt nicht. Außerdem ist Strafantrag des getäuschten Teils erforderlich.

Beiseiteschaffen von Familienhabe

§ 170a. Ein Ehegatte, der Familienhabe böswillig oder aus grobem Eigennutz veräußert, zerstört oder beiseiteschafft und dadurch den anderen Ehegatten oder einen unterhaltsberechtigten

Abkömmling schädigt, wird mit Gefängnis bis zu zwei Jahren oder mit Geldstrafe bestraft.

Der Versuch ist strafbar.

1. Es ist eine Erfahrungstatsache, daß Ehegatten, die sich auseinandergelebt haben, aus Haß oder Gewinnsucht einander dadurch schädigen, daß sie Familienhabe verschleudern oder zerstören. Nach bisherigem Recht war ein solches Verhalten nur als Untreue nach § 266 zu verfolgen; dies aber hatte zur Voraussetzung, daß ein besonderes Treueverhältnis festgestellt werden konnte, und daß der verletzte Ehegatte einen Strafantrag stellte.

2. Zur Familienhabe gehören Möbel, Teppiche, Beleuchtungskörper, Küchengerät, Kleidungsstücke, Wäsche, Bücher, aber auch nicht zum notwendigen Lebensbedarf gehörende Gegenstände, wie Kinderspielzeug, Sparkonten und Lebensversicherungen. Dabei ist es gleichgültig, wem die Gegenstände gehören; das Vergehen kann also auch durch Beseitigung von im ausschließlichen Eigentum des betreffenden Ehegatten stehenden Gegenständen begangen werden. Zur Familienhabe gehört schließlich auch das Mietrecht an der Mietwohnung; es kann also das Vergehen des § 170a auch durch Kündigung der Mietwohnung begangen werden.

3. Unter Veräußerung fällt nicht nur die Übergabe eines Gegenstandes, sondern auch die Aufgabe eines Rechts, oder die Abtretung einer Forderung. Das Beiseiteschaffen kann erfolgen durch Verstecken, Verheimlichen usw.

4. Der innere Tatbestand erfordert böswilliges Handeln, d. h. ein Verhalten, das auf verwerflicher Gesinnung beruht und mit der Treue gegen die Familie in Widerspruch steht. Nicht böswillig handelt daher der Ehegatte, der Familienhabe bei Freunden oder Verwandten unterstellt, um ihre Verschleuderung durch den anderen Ehegatten zu verhindern.

Aus grobem Eigennutz handelt, wer sich von dem Streben nach eigenem Vorteil in einem besonders anstößigen Maße in seinem Tun und Lassen bestimmen läßt.

5. Die Strafvorschrift verlangt ferner, daß dem anderen Ehegatten oder einem unterhaltsberechtigten Abkömmling ein Schaden zugefügt wird, der in der Regel darin bestehen wird, daß dem anderen Ehegatten bzw. den Kindern die Mitbenutzung der Familienhabe entzogen wird.

Verletzung der Unterhaltspflicht.

§ 170b. Wer sich einer gesetzlichen Unterhaltspflicht vorsätzlich entzieht, so daß der Lebensbedarf des Unterhaltsberechtigten gefährdet ist oder ohne öffentliche Hilfe oder die Hilfe anderer gefährdet wäre, wird mit Gefängnis bestraft.

Der Versuch ist strafbar.

1. Nach bisherigem Recht konnte die Verletzung der Unterhaltspflicht lediglich unter dem Gesichtspunkt einer Übertretung nach § 361 Nr. 10 bestraft werden, und zwar war Voraussetzung, daß die zuständige Behörde den Täter zur Erfüllung seiner Unterhaltspflicht aufgefordert hatte, und daß durch Vermittelung der Behörde fremde Hilfe in Anspruch genommen werden mußte.

2. Nach dem neuen § 170b, der an die Stelle des § 361 Nr. 10 tritt, ist die Verletzung der Unterhaltspflicht nunmehr ein Vergehen, das immer schon dann vorliegt, wenn sich der Unterhaltspflichtige seiner Unterhaltspflicht entzieht, ohne daß vorher eine Aufforderung seitens der Behörde an ihn ergangen zu sein braucht.

3. Der Unterhaltspflicht entzieht sich, wer nicht das als Unterhalt bezahlt, was der Berechtigte nach Sachlage zu fordern berechtigt ist; ein Entziehen kann aber auch darin erblickt werden, daß der Unterhaltsverpflichtete seinen Arbeitsplatz oder seinen Wohnsitz wechselt, um dadurch dem Unterhaltsberechtigten die Verfolgung seiner Unterhaltsansprüche unmöglich zu machen.

4. Als Folge des Verhaltens des Täters muß festgestellt werden, daß der Lebensbedarf des Unterhaltsberechtigten gefährdet ist, oder ohne öffentliche Hilfe oder die Hilfe anderer gefährdet wäre. Es ist aber nicht erforderlich, daß der Unterhaltsberechtigte in eine direkte Not gerät; es genügt, daß ihm Schwierigkeiten drohen.

5. Geschützt werden nicht nur Ehegatten, eheliche Kinder und Eltern, sondern auch die unehelichen Kinder.

6. Als Schuldform genügt Vorsatz. Der Täter muß wissen, daß eine Unterhaltsverpflichtung besteht, daß er sie erfüllen kann, daß er sie nicht erfüllt, und schließlich, daß durch sein Verhalten der Lebensbedarf des Unterhaltsberechtigten gefährdet wird. Eine Aufforderung durch die Behörde ist also keine Voraussetzung des Vorsatzes. Ebensowenig wird böswilliges Verhalten gefordert.

7. Ein Versuch nach § 170b kann z. B. dann vorliegen, wenn ein Mann mit einer Frau geschlechtlich verkehrt und dabei sich eines falschen Namens bedient, um etwaige Unterhaltsansprüche unmöglich zu machen.

Verlassen Schwangerer.

§ 170c. Wer einer von ihm Geschwängerten gewissenlos die Hilfe versagt, deren sie wegen der Schwangerschaft oder der Niederkunft bedarf, und dadurch Mutter oder Kind gefährdet, wird mit Gefängnis bestraft.

1. Diese Vorschrift stellt eine Ergänzung dar zu der Strafvorschrift der Aussetzung nach § 221. Während letztere nur die Schwangere während der Geburt und in den nächsten der Geburt folgenden Tagen schützt (denn nur in der Zeit kann sie als eine „wegen Krankheit hilflose Person" i. S. des § 221 angesehen werden), erstreckt sich der Schutz des § 170c auf die letzten Wochen vor und die ersten Wochen nach der Entbindung. Für diese gesamte Zeit hat der Schwängerer für Bereitstellung des Unterhalts und Unterkunft für die Entbindung zu sorgen.

2. Die Versagung der Hilfe ist aber nur dann strafbar, wenn sie gewissenlos erfolgt, Gewissenlosigkeit wird z. B. zu verneinen sein, wenn die Schwangere treulos geworden ist, d. h. sich mit anderen Männern eingelassen hat.

3. Der Täter muß ferner durch sein Verhalten Mutter oder Kind gefährden. Eine Gefährdung kann z. B. auch darin liegen, daß die Schwangere durch das gewissenlose Verhalten des Schwängerers zu ernstlichen Selbstmordgedanken getrieben wird.

Vernachlässigung der Sorgepflicht für Kinder.

§ 170d. Wer das körperliche oder sittliche Wohl eines Kindes dadurch gefährdet, daß er in gewissenloser Weise seine Fürsorge- oder Erziehungspflichten gröblich vernachlässigt, insbesondere das Kind ohne ausreichende Nahrung oder Wartung läßt, wird mit Gefängnis bestraft, soweit nicht die Tat nach anderen Vorschriften mit schwererer Strafe bedroht ist.

1. Der hier neu geschaffene Tatbestand konnte bisher nur unter dem Gesichtspunkt der Aussetzung (§ 221) oder eines Vergehens nach § 223b strafrechtlich erfaßt werden. Die dabei entstehenden Schwierigkeiten sind durch § 170d beseitigt.

2. Eine gröbliche Vernachlässigung von Kindern wird z. B. dann vorliegen, wenn eine Mutter, deren Mann im Felde steht, ihre Kinder sich selbst überläßt, um das Kino zu besuchen oder sonstigen Vergnügungen nachzugehen.

Doppelehe.

§ 171. Ein Ehegatte, welcher eine neue Ehe eingeht, bevor seine Ehe aufgelöst oder für nichtig erklärt worden ist, ingleichen eine unverheiratete Person, welche mit einem Ehegatten, wissend, daß er verheiratet ist, eine Ehe eingeht, wird mit Zuchthaus bis zu fünf Jahren bestraft.

Sind mildernde Umstände vorhanden, so tritt Gefängnisstrafe nicht unter sechs Monaten ein.

Die Verjährung der Strafverfolgung beginnt mit dem Tage, an welchem eine der beiden Ehen aufgelöst oder für nichtig erklärt worden ist.

1. Das Verbrechen der Doppelehe oder Bigamie begeht ein Ehegatte, der mit einer ledigen Person oder mit einem Ehegatten aus einer anderen Ehe die Ehe eingeht und ebenso eine ledige Person, die mit einem Ehegatten die Ehe eingeht.

2. Eine Ehe ist aufgelöst, wenn ein Ehegatte gestorben oder die Ehe rechtskräftig geschieden oder für nichtig erklärt ist. Die bloße Aufhebung der ehelichen Gemeinschaft, wie sie das Bürgerliche Gesetzbuch in § 1575 zuläßt, löst die Ehe nicht auf.

Mit der Todeserklärung eines verschollenen Ehegatten wird die Ehe kraft besonderer gesetzlicher Vorschrift noch nicht aufgelöst. Aber der andere Ehegatte kann eine neue Ehe eingehen, wenn er nicht etwa weiß, daß der Verschollene noch lebt.

3. Eine Ehe wird für nichtig erklärt auf Grund der Nichtigkeitsklage oder der Anfechtungsklage (§§ 1323—1329 bzw. 1330—1343 BGB.).

4. Wurden bei Eingehung der Ehe die wesentlichen Formvorschriften des § 1317 BGB nicht gewahrt (Erklärung der Eheabsicht vor dem Standesbeamten in gleichzeitiger Anwesenheit) und wurde die Ehe nicht in das Heiratsregister eingetragen, so liegt auch das Verbrechen der Doppelehe nicht vor, mag der bezeichnete Mangel die frühere oder die spätere Ehe betreffen.

Ehebruch.

§ 172. Der Ehebruch wird, wenn wegen desselben die Ehe geschieden ist, an dem schuldigen Ehegatten sowie dessen Mitschuldigen mit Gefängnis bis zu sechs Monaten bestraft.

Die Verfolgung tritt nur auf Antrag ein.

1. Der Begriff „Ehebruch" erfordert Beischlafvollziehung, d. h. Vereinigung der Geschlechtsteile.

2. Die Ehe, welche gebrochen worden sein soll, muß gerade wegen dieses Ehebruchs geschieden d. h. aufgelöst oder in der Gemeinschaft aufgehoben sein.

3. Leben beide Schuldigen in der Ehe, so findet ein Doppelehebruch statt, der an beiden strafbar ist, wenn in der Folge auch nur eine der Ehen geschieden wird.

4. Die Antragsfrist für den verletzten Ehegatten beginnt erst mit der Kenntnis von der Rechtskraft des Scheidungsurteils.

Dreizehnter Abschnitt.

Verbrechen und Vergehen wider die Sittlichkeit.

Blutschande.

§ 173. Der Beischlaf zwischen Verwandten auf- und absteigender Linie wird an den ersteren mit Zuchthaus bis zu fünf Jahren, an den letzteren mit Gefängnis bis zu zwei Jahren bestraft.

Der Beischlaf zwischen Verschwägerten auf- und absteigender Linie, sowie zwischen Geschwistern wird mit Gefängnis bis zu zwei Jahren bestraft.

Neben der Gefängnisstrafe kann auf Verlust der bürgerlichen Ehrenrechte erkannt werden.

Verwandte und Verschwägerte absteigender Linie bleiben straflos, wenn sie das achtzehnte Lebensjahr nicht vollendet haben.

1. Die hier behandelten Straftaten betreffen die sog. Blutschande.

2. Unter Beischlaf versteht man die Vereinigung der Geschlechtsteile zweier Personen verschiedenen Geschlechts, wozu mindestens der Anfang des Eindringens des männlichen Glieds in den weiblichen Geschlechtsteil gehört. Samenerguß ist nicht erforderlich.

3. Andere unzüchtige Handlungen zwischen Verwandten der hier bezeichneten Art sind als Blutschande nicht strafbar. (Siehe aber Erl. 1 zu § 174.) Nur soweit die Blutschande ein Verbrechen ist, also für die Eltern und Großeltern, ist auch der Versuch, zum Beischlaf zu gelangen, mit Strafe bedroht (§ 43 StGB.).

4. Über Verwandte auf- und absteigender Linie vgl. Erl. 3 zu § 52.

5. Für die Verwandten aufsteigender Linie ist die Blutschande ein Verbrechen, für die Verwandten absteigender Linie nur ein Vergehen. Dies ist für die Begründung des Fluchtverdachts beim Haftbefehl zu beachten.

6. Über Verschwägerte vgl. Erl. 3 zu § 52 StGB. Gleichgültig ist, ob die Schwägerschaft auf unehelicher oder ehelicher Geburt begründet ist.

Stiefeltern sind mit ihren Stiefkindern, also auch mit vorehelichen unehelichen Kindern des anderen Eheteils verschwägert.

7. Die Bestimmung der Straflosigkeit des Abs. 4 kommt nur Kindern und Enkeln, den Schwieger- und Stiefkindern bzw. Enkeln zugut, nicht aber unter 18 Jahre alten Geschwistern.

8. Beispiele:

a) Zu § 173 Abs. 1: Beischlaf zwischen Vater und seiner ehelichen oder unehelichen Tochter oder zwischen Mutter und ihrem ehelichen oder unehelichen Sohn oder zwischen Großvater und Enkeltochter oder Großmutter und Enkelsohn.

b) Zu § 173 Abs. 2: Beischlaf der Ehefrau A mit dem unehelichen Sohn ihres Mannes, oder Beischlaf des B mit seiner Stieftochter, oder Beischlaf des C mit einer Schwiegertochter.

Unzucht mit Abhängigen.

§ 174. Mit Zuchthaus oder mit Gefängnis nicht unter 6 Monaten wird bestraft,

1. wer einen seiner Erziehung, Ausbildung, Aufsicht oder Betreuung anvertrauten Menschen unter einundzwanzig Jahren oder
2. wer unter Ausnutzung seiner Amtsstellung oder seiner Stellung in einer Anstalt für Kranke oder Hilfsbedürftige einen anderen zur Unzucht mißbraucht.

Vorbemerkung: Der Bestimmung des § 174 liegt der gesetzgeberische Gedanke zugrunde, daß Personen, die der Autorität einer anderen Person in gewisser Beziehung unterworfen sind, gegenüber dem Mißbrauch dieses Autoritätsverhältnisses geschützt werden sollen; die geschlechtliche Freiheit dieser Personen soll vor Angriffen bewahrt werden. Infolgedessen wird aus § 174 immer nur die Autoritätsperson bestraft, niemals der andere Teil, mag dieser sich auch freiwillig preisgegeben oder selbst die Initiative ergriffen haben.

Da die bisherige Fassung des § 174 zu zahlreichen Meinungsverschiedenheiten in Wissenschaft und Rechtsprechung geführt hat, wurde durch die VO. v. 29. Mai 1943 der Gesetzestext erheblich vereinfacht.

1. Zu Ziff. 1: Während früher der Täter ganz bestimmten im einzelnen aufgeführten Personengruppen angehören mußte, kann nunmehr jeder Täter sein, dem ein anderer zur Erziehung, Ausbildung, Aufsicht oder Betreuung anvertraut ist. Neben den schon nach bisherigem Recht in Betracht kommenden Personen wie Vormund, Adoptiv- und Pflegeeltern, Geistlichen, Lehrern und Erziehern können jetzt auch Eltern im Verhältnis zu ihren leiblichen Kindern als Täter in Frage kommen.

Zur Ausbildung anvertraut ist der Schüler dem Lehrer, der Lehrling dem Lehrherrn; auch weibliche Lehrer können sich strafbar machen.

Zur Betreuung anvertraut ist z. B. ein Minderjähriger dem Betriebsführer oder dem Abteilungsleiter.

Erzieher ist, wer berufsmäßig eine auf längere Dauer berechnete Stellung gegenüber einer minderjährigen Person ähnlich der eines Vaters oder Vormundes einnimmt und die Lebensführung des Kindes zu überwachen hat. Z. B. der Inhaber eines landwirtschaftlichen Betriebes, der eine minderjährige Magd beschäftigt.

2. Zu Ziff. 2: Während früher nur Personen geschützt waren, gegen die der Beamte eine Untersuchung zu führen hatte, oder die seiner Obhut anvertraut waren, kommen nach neuem Recht als Täter in Frage alle Amtsträger des Staates, der Gemeinden und sonstiger öffentlich-rechtlicher Körperschaften. Eine Ausnutzung der Amtsstellung liegt vor, wenn der Amtsträger das dienstliche Verhältnis, in dem er zu einem anderen steht, dazu mißbraucht, um Unzucht mit diesem zu treiben. Als Krankenanstalt kann auch eine private in Frage kommen und zwar kann als Täter/ eder in Betracht kommen, der in der Anstalt angestellt oder beschäftigt ist.

3. Unter Unzucht sind solche Handlungen zu verstehen, die objektiv das allgemeine Sittlichkeitsgefühl verletzen und subjektiv auf Befriedigung oder Erregung eigener oder fremder Geschlechtslust gerichtet sind.

Der Beischlaf, soweit er nicht zwischen Ehegatten stattfindet, ist eine unzüchtige Handlung. Auch gegen den bedeckten Körper einer anderen Person gerichtete Handlungen können unzüchtige sein. Der Körper der anderen Person muß irgendwie mit der handelnden Person in Berührung kommen. Verschiedenheit des Geschlechts ist nicht erforderlich. Auch eine Frauensperson kann die unzüchtigen Handlungen vornehmen.

Gleichgeschlechtliche Unzucht.

§ 175. Ein Mann, der mit einem anderen Mann Unzucht treibt oder sich von ihm zur Unzucht mißbrauchen läßt, wird mit Gefängnis bestraft.

Bei einem Beteiligten, der zur Zeit der Tat noch nicht einundzwanzig Jahre alt war, kann das Gericht in besonders leichten Fällen von Strafe absehen.

1. Vorbemerkung zu §§ 175—175b: Durch Gesetz vom 28. Juni 1935 wurde § 175 neu gefaßt und der besonders schwere Fälle gleichgeschlechtlicher Unzucht behandelnde § 175a neu in das Strafgesetzbuch aufgenommen. (§ 175b enthält keine Neuerung, sondern hat den schon im alten § 175 vorgesehenen Tatbestand der Sodomie in einen Sonderstraftatbestand aufgenommen.) Da die genannten Paragraphen nicht zu den durch die Gesetzgebung des Kontrollrats und der Militärregierung ausdrücklich aufgehobenen Gesetzesstellen gehören und nicht ersichtlich ist, daß die Änderungen weltanschaulich bedingt waren, d. h. nationalsozialistisches Gedankengut enthalten, dürften gegen den Fortbestand dieser Tatbestände wohl keine Bedenken bestehen.

Andererseits aber fielen die in § 175a aufgestellten Tatbestände auch schon unter den alten § 175, enthalten also gegenüber dem alten Recht keinen neuen Straftatbestand, und konnten mithin schon vor dem 30. Januar 1933 bei der Strafzumessung berücksichtigt werden. Da aber weiterhin der neue § 175a eine Strafschärfung gegenüber dem alten § 175 enthält, wird man wohl den Standpunkt vertreten müssen, daß Ziff. 8b der „Allgemeinen Anweisung an Richter Nr. 1" zur Anwendung zu gelangen hat. Danach darf in allen Fällen, in denen auf Grund eines seit dem 30. Januar 1933 erlassenen Gesetzes die Höchststrafe für eine Straftat, die vor dem 30. Januar 1933 vorgeschrieben war, verschärft wurde, keine Strafe verhängt werden, die das vor dem 30. Januar 1933 zugelassene Strafmaß übersteigt. (Ausnahmen sind nur insoweit zulässig, als die Verschärfung der Strafe durch die kriminelle Vergangenheit des Angeklagten oder die Häufigkeit der Straftat gerechtfertigt ist.) (Siehe auch Erl. 6b zu § 139.)

Wir kommen somit zu dem Ergebnis, daß sich der Richter bei Anwendung des § 175a innerhalb des im alten § 175 festgesetzten Strafrahmens (Gefängnis von 1 Tag bis 5 Jahren) halten muß, es sei denn, daß der neue Strafrahmen des § 175a durch die kriminelle Vergangenheit des Angeklagten oder die Häufigkeit der Straftaten gerechtfertigt ist.

2. Der alte § 175 bedrohte die widernatürliche Unzucht zwischen Männern. Unter widernatürlicher Unzucht zwischen Männern waren nach der Rechtsprechung nur beischlafähnliche Handlungen zu verstehen, so daß die wechselseitige Onanie im allgemeinen nicht strafbar war. Die Neufassung des § 175 nach dem Gesetz v. 28. Juni 1935 beruht auf dem Gedanken, daß grundsätzlich jede Art gleichgeschlechtlicher Unzucht zwischen Männern, also nicht nur beischlafähnliche Handlungen, strafrechtlich erfaßt werden sollen.

3. Die widernatürliche Unzucht zwischen Personen weiblichen Geschlechts, die sog. lesbische Liebe, ist nach wie vor nicht strafbar.

4. Macht sich der Täter des Vergehens nach § 175 mit verschiedenen Männern schuldig, so liegen mehrere selbständige Handlungen und nicht etwa fortgesetzte Tat vor, da eine solche immer dann ausgeschlossen ist, wenn sich die Straftaten gegen Leben, Gesundheit, Ehre und sittliche Reinheit verschiedener Personen richten.

Schwere gleichgeschlechtliche Unzucht.

§ 175a. Mit Zuchthaus bis zu zehn Jahren, bei mildernden Umständen mit Gefängnis nicht unter drei Monaten wird bestraft:

1. ein Mann, der einen anderen Mann mit Gewalt oder durch Drohung mit gegenwärtiger Gefahr für Leib oder Leben nötigt, mit ihm Unzucht zu treiben oder sich von ihm zur Unzucht mißbrauchen zu lassen;
2. ein Mann, der einen anderen Mann unter Mißbrauch einer durch ein Dienst-, Arbeits- oder Unterordnungsverhältnis begründeten Abhängigkeit bestimmt, mit ihm Unzucht zu treiben oder sich von ihm zur Unzucht mißbrauchen zu lassen;
3. ein Mann über einundzwanzig Jahre, der eine männliche Person unter einundzwanzig Jahren verführt, mit ihm Unzucht zu treiben oder sich von ihm zur Unzucht mißbrauchen zu lassen;
4. ein Mann, der gewerbsmäßig mit Männern Unzucht treibt oder von Männern sich zur Unzucht mißbrauchen läßt oder sich dazu anbietet.

Zum Begriff der „Verführung" in Ziff. 3 gehört, daß der Volljährige irgendwie auf den Willen des Minderjährigen einwirkt, um diesen zu der Unzucht, die er an sich nicht will, geneigt zu machen, und dabei die geschlechtliche Unerfahrenheit oder geringere Widerstandskraft des Minderjährigen ausnützt. Verführung liegt also nicht vor, wenn der Minderjährige ohne Beeinflussung seines Willens zur Unzucht bereit gewesen ist.

Unzucht mit Tieren.

§ 175b. Die widernatürliche Unzucht, welche von Menschen mit Tieren begangen wird, ist mit Gefängnis zu bestrafen; auch kann auf Verlust der bürgerlichen Ehrenrechte erkannt werden.

Die sog. Sodomie kann sowohl von Männern wie von Frauen begangen werden. Der Tatbestand erfordert keine Vereinigung der Geschlechtsteile, noch Verschiedenheit des Geschlechts, noch Samenerguß.

Nötigung zur Unzucht. Unzucht mit Kindern.

§ 176. Mit Zuchthaus bis zu zehn Jahren wird bestraft, wer

1. mit Gewalt unzüchtige Handlungen an einer Frauensperson vornimmt oder dieselbe durch Drohung mit gegenwärtiger

Gefahr für Leib oder Leben zur Duldung unzüchtiger Handlungen nötigt;

2. eine in einem willenlosen oder bewußtlosen Zustande befindliche oder geisteskranke Frauensperson zum außerehelichen Beischlafe mißbraucht, oder

3. mit Personen unter vierzehn Jahren unzüchtige Handlungen vornimmt oder dieselben zur Verübung oder Duldung unzüchtiger Handlungen verleitet.

Sind mildernde Umstände vorhanden, so tritt Gefängnisstrafe nicht unter sechs Monaten ein.

1. Zu Ziffer 1:

a) Ob die Frauensperson bescholten oder unbescholten, verheiratet oder ledig ist, ist gleichgültig. (Das gleiche gilt für Ziffer 2.)

b) Wegen des Begriffs „unzüchtige Handlungen" vgl. Erläuterung 3 zu § 174.

c) Gewalt ist die unter Anwendung körperlicher Kraft erfolgende Einwirkung auf einen anderen zur Beseitigung eines tatsächlich geleisteten oder bestimmt erwarteten Widerstandes.

d) Wird ein Notzuchtversuch nach § 177 freiwillig aufgegeben, so daß der Täter wegen dieses Verbrechens nicht bestraft werden kann, so bleibt er aber wohl meistens wegen Verbrechens nach § 176 Z. 1 strafbar.

2. Zu Ziffer 2:

a) Hat der Täter den willenlosen oder bewußtlosen Zustand selbst herbeigeführt, dann ist er wegen Notzucht nach § 177 zu bestrafen.

b) Der Begriff geisteskranke Frauensperson umfaßt auch geistesschwache Frauen, letztere aber nur, wenn sie infolge ihres Geisteszustandes außerstande sind, die Bedeutung und die Folgen des Beischlafs richtig zu erkennen.

c) Wegen des Begriffs „Beischlaf" vgl. Erläuterung 2 zu § 173.

3. Zu Ziffer 3:

a) Das Verbrechen der Begehung unzüchtiger Handlungen mit Kindern unter 14 Jahren enthält 3 Tatbestände: 1. Die Vornahme einer unzüchtigen Handlung mit einem Kinde. 2. Die Verleitung desselben zur Verübung oder 3. zur Duldung einer unzüchtigen Handlung.

b) Das Verbrechen kann von Männern oder Frauen an Knaben oder Mädchen begangen werden.

c) Das Alter des Kindes unter 14 Jahren ist ein Tatbestandsmerkmal, muß also vom Vorsatz des Täters umfaßt sein. Ist der Täter der irrigen Meinung, das Kind sei schon über 14 Jahre alt, dann kann er gemäß § 59 nicht wegen Verbrechens nach § 176 Z. 3 bestraft werden. (Siehe Erläuterung 5a, bb zu § 59.) Macht sich der Täter bezüglich des Alters überhaupt keine ernsthaften Gedanken, sondern handelt er auf die von ihm in Kauf genommene Möglichkeit hin, daß das Kind noch nicht 14 Jahre alt sein könne, so genügt dies zur Bestrafung.

d) Von besonderer Bedeutung für die Bestrafung der Exhibitionisten ist die neuere Rechtsprechung: Veranlaßt der Täter ein Kind unter 14 Jahren, seinen, des Täters entblößten Geschlechtsteil anzusehen, so hat er das Kind „zur Verübung einer unzüchtigen Handlung verleitet" wobei es gleichgültig ist ob sich das Kind dabei des Unzüchtigen seiner Handlungsweise bewußt wird. Gelingt es dem Täter nicht, das Kind zum Hinsehen zu veranlassen, so ist Versuch des Verbrechens nach § 176 Z. 3 gegeben.

e) Wird Unzucht mit einem Knaben unter 14 Jahren getrieben, so ist nicht nur der Tatbestand des § 176 Z. 3, sondern auch derjenige des § 175 erfüllt.

Notzucht.

§ 177. Mit Zuchthaus wird bestraft, wer durch Gewalt oder durch Drohung mit gegenwärtiger Gefahr für Leib oder Leben eine Frauensperson zur Duldung des außerehelichen Beischlafs nötigt, oder wer eine Frauensperson zum außerehelichen Beischlafe mißbraucht, nachdem er sie zu diesem Zwecke in einen willenlosen oder bewußtlosen Zustand versetzt hat.

Sind mildernde Umstände vorhanden, so tritt Gefängnisstrafe nicht unter einem Jahre ein.

1. Das hier dargelegte Verbrechen der Notzucht ist nur vollendet, wenn es wirklich zum Beischlaf (s. oben Erl. 2 zu § 173) gekommen ist, sonst liegt nur Versuch vor oder nur das Verbrechen des § 176 Ziff. 1.

2. Auch eine Frauensperson kann sich an der Notzucht beteiligen, wenn sie eine andere Frauensperson zum Beischlaf mit einem Manne nötigt. Sie wird wegen Beihilfe zu bestrafen sein.

3. Ob die Frauensperson bescholten oder unbescholten ist, ist gleichgültig, auch an einer Dirne kann das Verbrechen begangen werden. Da der Tatbestand einen außerehelichen Beischlaf voraussetzt, kann Notzucht nicht an der eigenen Ehefrau begangen werden, wohl aber kann bei der eigenen Ehefrau die Beischlaferzwingung nach § 240 strafbar sein; auch kann der Ehemann, falls er unter den Voraussetzungen des § 176 Ziffer 1 unzüchtige Handlungen, zu deren Duldung die Ehefrau nicht verpflichtet ist, vornimmt, nach dieser Gesetzesstelle bestraft werden.

4. Ein freiwillig aufgegebener Notzuchtsversuch wird häufig entweder den Tatbestand des § 176 Ziffer 1 (siehe Erläuterung 1d zu § 176) oder aber den Tatbestand der Beleidigung erfüllen. Es ist daher in Zweifelsfällen stets ein Strafantrag von der Verletzten zu erheben.

§ 178. Ist durch eine der in den §§ 176 und 177 bezeichneten Handlungen der Tod der verletzten Person verursacht worden, so tritt Zuchthausstrafe nicht unter zehn Jahren oder lebenslängliche Zuchthausstrafe ein.

Tritt der Tod infolge der Niederkunft der geschändeten Frauensperson ein, so liegt die Verschärfung dieses Paragraphen vor, nicht aber, wenn sich die Geschändete aus Scham selbst den Tod gibt.

Erschleichung des Beischlafs.

§ 179. Wer eine Frauensperson zur Gestattung des Beischlafs dadurch verleitet, daß er eine Trauung vorspiegelt, oder einen anderen Irrtum in ihr erregt oder benutzt, in welchem sie den Beischlaf für einen ehelichen hielt, wird mit Zuchthaus bis zu fünf Jahren bestraft.

Sind mildernde Umstände vorhanden, so tritt Gefängnisstrafe nicht unter sechs Monaten ein.

Die Verfolgung tritt nur auf Antrag ein.

1. Zu dem hier festgestellten Verbrechen der Erschleichung des Beischlafs vgl. das Vergehen der Eheerschleichung (§ 170) und die dortigen Erläuterungen. Das Vergehen des § 170 kann von einem Manne, ebensogut aber auch von einer Frauensperson begangen werden, das Verbrechen des § 179 aber nur von einem Manne.

2. Das Verbrechen wird begangen, indem eine kirchliche Trauung, eine Abschließung der Ehe vor einem Standesbeamten vorgetäuscht wird, oder indem sich der Täter als Ehemann der getäuschten Frauensperson ausgibt (z. B. unter Benutzung der Dunkelheit).

3. Die Täuschung muß der Grund sein, aus dem sich die Frauensperson hingegeben hat; hätte sie auch sonst den Beischlaf gestattet und wird die Trauung nur etwa, um das Vermögen zu erlangen vorgespiegelt, so liegt dieses Verbrechen nicht vor, es kann aber Betrug gegeben sein.

Kuppelei.

§ 180. — Wer gewohnheitsmäßig oder aus Eigennutz durch seine Vermittelung oder durch Gewährung oder Verschaffung von Gelegenheit der Unzucht Vorschub leistet, wird wegen Kuppelei mit Gefängnis nicht unter einem Monate bestraft; auch kann zugleich auf Geldstrafe, auf Verlust der bürgerlichen Ehrenrechte, sowie auf Zulässigkeit von Polizei-Aufsicht erkannt werden. Sind mildernde Umstände vorhanden, so kann die Gefängnisstrafe bis auf einen Tag ermäßigt werden.

Als Kuppelei gilt insbesondere die Unterhaltung eines Bordells oder eines bordellartigen Betriebs.

Wer einer Person, die das achtzehnte Lebensjahr vollendet hat, Wohnung gewährt, wird auf Grund des Abs. 1 nur dann bestraft, wenn damit ein Ausbeuten der Person, der die Wohnung gewährt ist, oder ein Anwerben oder Anhalten dieser Person zur Unzucht verbunden ist.

1. Kuppelei begeht derjenige, welcher durch seine Vermittlung oder durch Gewährung oder Verschaffung der Gelegenheit der Unzucht Vorschub leistet. Die Kuppelei ist aber nur strafbar, wenn sie gewohnheitsmäßig oder aus Eigennutz begangen wird (§ 180) oder wenn hinterlistige Kunstgriffe angewendet bzw. wenn der Schuldige zu der verkuppelten Person in nahem verwandtschaftlichen oder Autoritätsverhältnis steht (§ 181).

Vgl. § 48 des Reichsgesetzes über das Auswanderungswesen abgedruckt unten bei § 236. Internationales Übereinkommen zur Bekämpfung des Mädchenhandels mit Ausführungsgesetz v. 14. Aug. 1912, RGBl. 13 S. 44.

2. Gewohnheitsmäßig handelt der Täter, wenn für ihn ein Hang zur Begehung die Triebfeder in einem einzelnen Falle bildet.

3. Aus Eigennutz handelt derjenige, welcher irgendeinen Nutzen, also in der Hauptsache einen Geldgewinn, wenn auch keinen außerordentlichen anstrebte. Gleichgültig ist es, ob es zur Erlangung des Gewinnes wirklich gekommen ist.

Aus Eigennutz handelt der Vermieter, wenn er seine Wohnung günstig zu vermieten sucht oder sich die zahlungsfähige Mieterin zu erhalten sucht, oder der Gastwirt, wenn er den Besuch seines Lokals, oder den Absatz seiner Getränke steigern will.

4. Unter Unzucht versteht man außer der Beischlafsvollziehung auch sonstige gegen Zucht und Sitte im Verkehr der Geschlechter verstoßende Handlungen. Einerlei ist es, ob es sich um natürliche oder unnatürliche Unzucht (s. § 175) handelt. Zur Vollendung des Tatbestands ist es nicht erforderlich, daß es schon zur Ausübung der Unzucht gekommen ist.

5. Vorschubleisten erfordert stets eine wirkliche Förderung der Unzucht, entweder durch vermittelnde Tätigkeit, d. h. eine solche, welche die persönliche Annäherung der betreffenden Personen zum Zwecke der Ausübung der Unzucht ermöglicht, oder durch Gewährung oder Verschaffung von Gelegenheit z. B. dadurch, daß der Täter Räume, über die er verfügen kann, jemanden zur Ausübung der Unzucht überläßt. So begeht z. B. Kuppelei der Dienstmann, der gegen Entgelt Fremde zu Dirnen führt, der Agent, der Dirnen für Bordells anwirbt, oder der Vermieter, der einem Liebespaar gegen Entgelt ein Zimmer zur Verfügung stellt. (Siehe aber unten Erl. 8.)

6. Die Person, deren Unzucht gefördert wird, macht sich nicht der Teilnahme schuldig, sie muß deshalb Zeugnis ablegen, wenn sie nicht als wirklich Verlobte das Zeugnis verweigern kann.

7. Beihilfe zur Kuppelei kann durch Gewährung eines Darlehens zur Schaffung eines Bordells und durch Weinlieferungen an das Bordell begangen werden.

8. Abs. 3 bezieht sich lediglich auf die Fälle, in denen die Gewährung der Wohnung als solche das einzige Mittel ist, durch das die Gelegenheit zur Unzucht verschafft wird. In einem solchen Falle liegt nur dann strafbare Kuppelei vor, wenn der Vermieter einen Preis fordert, der den normalen Preis erheblich übersteigt, oder wenn das Vermieten mit einem Anwerben oder Anhalten der Mieterin zur Unzucht verbunden ist.

Schwere Kuppelei.

§ 181. Die Kuppelei ist, selbst wenn sie weder gewohnheitsmäßig noch aus Eigennutz betrieben wird, mit Zuchthaus bis zu fünf Jahren zu bestrafen, wenn

1. um der Unzucht Vorschub zu leisten, hinterlistige Kunstgriffe angewendet werden, oder
2. der Schuldige zu der verkuppelten Person in dem Verhältnisse des Ehemannes zur Ehefrau, von Eltern zu Kindern, von Vormündern zu Pflegebefohlenen, von Geistlichen, Lehrern oder Erziehern zu den von ihnen zu unterrichtenden oder zu erziehenden Personen steht.

Neben der Zuchthausstrafe ist der Verlust der bürgerlichen Ehrenrechte auszusprechen; auch kann zugleich auf Geldstrafe sowie auf Zulässigkeit von Polizeiaufsicht erkannt werden.

Sind im Falle des Absatz 1 Nr. 2 mildernde Umstände vorhanden, so tritt Gefängnisstrafe ein, neben welcher auf Geldstrafe erkannt werden kann.

1. Vgl. zu § 181 Erl. 1 zu § 180.

2. Hinterlistige Kunstgriffe sind raffiniert getroffene Vorkehrungen, um die zu verkuppelnde Person über die wahre Absicht des Täters zu täuschen, z. B. der Täter verlockt das Mädchen zum Eintritt in ein Bordell unter der Vorspiegelung, es handle sich um eine Stelle als Dienstmädchen in einem normalen Haushalt.

3. Unter Eltern sind auch Adoptiv- und Pflegeeltern sowie Stiefeltern zu verstehen.

4. Als Kinder kommen weibliche und männliche, eheliche und uneheliche, minderjährige und volljährige in Betracht.

5. Die Eltern und der Ehemann machen sich strafbar, wenn sie es unterlassen, ihre elterlichen oder ehelichen Befugnisse pflichtgemäß zu gebrauchen, und dadurch Gelegenheit zur Unzucht schaffen (Duldung des unzüchtigen Verkehrs in der elterlichen oder ehemännlichen Wohnung, Gestattung des Eintritts in ein Bordell). Der Ehemann, der zur Schaffung eines Scheidungsgrundes einen anderen zum Geschlechtsverkehr mit seiner Ehefrau auffordert, begeht einen Versuch nach § 181.

Zuhälterei.

§ 181a. Eine männliche Person, welche von einer Frauensperson, die gewerbsmäßig Unzucht treibt, unter Ausbeutung ihres unsittlichen Gewerbes ganz oder teilweise den Lebensunterhalt bezieht, oder welche einer solchen Frauensperson gewohnheitsmäßig oder aus Eigennutz in bezug auf die Ausübung des unzüchtigen Gewerbes Schutz gewährt oder sonst förderlich ist (Zuhälter), wird mit Zuchthaus bis zu fünf Jahren bestraft.

Bei mildernden Umständen ist die Strafe Gefängnis nicht unter 3 Monaten.

Neben der Strafe kann auf die Zulässigkeit von Polizeiaufsicht erkannt werden.

1. Dieser sog. Zuhälterparagraph ist erst 1900 in das StGB. eingefügt worden, weil man dieser Klasse von Menschen mit dem Kuppeleiparagraphen nicht genügend beikam. Die Neufassung und Strafschärfung beruht auf Gesetz v. 24. Nov. 1933, wonach die Zuhälterei nunmehr Verbrechen ist.

2. Zwei verschiedene Fälle strafbarer Handlungen werden hier festgestellt:

Strafbar ist, wer sich von einer gewerbsmäßigen Dirne ganz oder teilweise unterhalten läßt (ausbeuterische Zuhälterei);

Strafbar ist weiter der Zuhälter, welcher gewohnheitsmäßig oder aus Eigennutz einer solchen Dirne Dienste zur Förderung ihres Gewerbes leistet (kupplerische Zuhälterei), z. B. Begleiten der Dirne auf ihren Strichgängen, um jederzeit Schutz zu gewähren.

3. Ausbeutung liegt auch vor, wenn die Frauensperson das Geld nur zum Aufheben gab und der Täter es wider ihren Willen verbraucht hat.

4. Wegen der Begriffe „gewohnheitsmäßig" und „aus Eigennutz" vgl. Erläuterungen 2 u. 3 zu § 180.

5. Aberkennung der bürgerlichen Ehrenrechte ist wie bisher stets zulässig, da die Grundstrafe Zuchthaus ist und bei Annahme mildernder Umstände auf mindestens 3 Monate Gefängnis erkannt werden muß. (Siehe § 32.)

6. Als weitere Nebenstrafe ist Polizeiaufsicht vorgesehen.

7. Wegen der Strafschärfung siehe Erl. 1 (Vorbemerkung) zu § 175. Man wird wohl zu dem Ergebnis gelangen müssen, daß im Hinblick auf Ziff. 8b der „Allgemeinen Anweisung für Richter Nr. 1" ebenso wie für § 175a auch für § 181a grundsätzlich der vor dem 30. Januar 1933 geltende Strafrahmen zur Anwendung zu gelangen hat, d. h. Gefängnis nicht unter einem Monat, und wenn der Zuhälter der Ehemann der Frauensperson war, oder Gewalt oder Drohung angewendet wurden, Gefängnis nicht unter einem Jahr. (Siehe § 181a, Abs. 2 alter Fassung.)

Verführung.

§ 182. Wer ein unbescholtenes Mädchen, welches das sechzehnte Lebensjahr nicht vollendet hat, zum Beischlafe verführt, wird mit Gefängnis bis zu einem Jahre bestraft.

Die Verfolgung tritt nur auf Antrag der Eltern oder des Vormundes der Verführten ein.

1. Unter unbescholten versteht das Gesetz frei von Tadel in bezug auf die Geschlechtsehre. Zur Bescholtenheit gehört nicht allein, daß das Mädchen schon einem Manne den Beischlaf gestattete, sondern auch schon der Fall, wenn das Mädchen in sittenloser Gesinnung sonstige unzüchtige Handlungen sich zuschulden kommen ließ.

2. Ein Mädchen, das von einem Manne genotzüchtigt wurde, ist damit nicht bescholten worden.

3. Ein zweites Mal kann ein Mädchen nicht verführt werden, weil es durch die erste Beischlafsgestattung bescholten worden ist.

4. Verführen heißt, seinen Lüsten dienstbar machen unter Mißbrauch der geschlechtlichen Unerfahrenheit des Mädchens, und zwar muß der Beischlaf vollzogen sein, anderenfalls kommt nur evtl. Beleidigung in Betracht. Wenn das Mädchen sich anbietet, liegt keine Verführung vor. Wohl aber kann auch in diesem Falle der Tatbestand der Beleidigung gegeben sein, denn die Rechtswidrigkeit der Beleidigung bleibt trotz der Einwilligung bestehen, weil die Einwilligung von Jugendlichen unter 18 Jahren, da sie die Bedeutung der Geschlechtsehre nicht erkennen, im allgemeinen rechtlich unerheblich ist. (Siehe Erl. 3b, cc, Seite 35.)

5. Die Mutter kann auch bei Lebzeiten des Vaters selbständig den Strafantrag stellen.

Erregung öffentlichen Ärgernisses.

§ 183. Wer durch eine unzüchtige Handlung öffentlich ein Ärgernis gibt, wird mit Gefängnis bis zu zwei Jahren oder mit Geldstrafe bestraft.

Neben der Gefängnisstrafe kann auf Verlust der bürgerlichen Ehrenrechte erkannt werden.

1. Zum Begriff der „unzüchtigen Handlung" i. S. des § 183 gehört im Gegensatz zu § 174 und zu § 176 nicht, daß der Täter die Absicht hat, die eigene oder fremde Geschlechtslust zu erregen, oder daß er sich vorstellt, die Handlung könne einen geschlechtlichen Reiz hervorrufen. Eine unzüchtige Handlung i. S. des § 183 liegt vielmehr schon dann vor, wenn sie das Scham- und Sittlichkeitsgefühl

der Allgemeinheit in geschlechtlicher Beziehung verletzt, und der Täter sich dieser Möglichkeit bewußt ist.

2. Durch die Handlung muß ein Ärgernis gegeben worden sein, d. h. es muß irgendeine Person, wenn auch nur ein Kind, in ihrem Sittlichkeitsgefühl verletzt worden sein.

3. Das Ärgernis muß öffentlich gegeben sein, es muß also die Handlung öffentlich verübt worden sein, an einem Orte, an dem sie von beliebigen unbestimmten Personen wahrgenommen werden konnte. Einerlei ist, ob wirklich weitere Personen als diejenige, welche Ärgernis genommen hat, dazu kamen, wenn nur noch andere beliebige Personen hätten dazu kommen können.

4. Das Vergehen wird besonders häufig begangen von Männern, die ihren entblößten Geschlechtsteil Frauen oder Kindern zeigen (sog. Exhibitionisten). Wenn das Vergehen mehrfach von demselben Manne begangen wird, so ist besonders auch sein Geisteszustand festzustellen. (Siehe auch Erl. 3d zu § 176.)

Verbreitung unzüchtiger Schriften.

§ 184. Mit Gefängnis bis zu einem Jahre und mit Geldstrafe oder mit einer dieser Strafen wird bestraft, wer

1. unzüchtige Schriften, Abbildungen oder Darstellungen feilhält, verkauft, verteilt, an Orten, welche dem Publikum zugänglich sind, ausstellt oder anschlägt oder sonst verbreitet, sie zum Zwecke der Verbreitung herstellt oder zu demselben Zwecke vorrätig hält, ankündigt oder anpreist;
2. unzüchtige Schriften, Abbildungen oder Darstellungen einer Person unter sechzehn Jahren gegen Entgelt überläßt oder anbietet;
3. Gegenstände, die zu unzüchtigem Gebrauche bestimmt sind, an Orten, welche dem Publikum zugänglich sind, ausstellt oder solche Gegenstände dem Publikum ankündigt oder anpreist;

3a. wer in einer Sitte oder Anstand verletzenden Weise Mittel, Gegenstände oder Verfahren, die zur Verhütung von Geschlechtskrankheiten dienen, öffentlich ankündigt, anpreist oder solche Mittel oder Gegenstände an einem dem Publikum zugänglichen Orte ausstellt;

4. öffentliche Ankündigungen erläßt, welche dazu bestimmt sind, unzüchtigen Verkehr herbeizuführen.

Neben der Gefängnisstrafe kann auf Verlust der bürgerlichen Ehrenrechte sowie auf Zulässigkeit von Polizeiaufsicht erkannt werden.

1. Über die Bedeutung von „unzüchtig" vgl. oben Erl. 1 zu § 174. Nicht darauf kommt es an, ob eine Schrift usw geeignet ist die Lüsternheit anzuregen, sondern ob sie das Schamgefühl verletzen kann, das sich nach dem Durchschnittsgefühl der Gesamtheit bestimmt.

Eine Darstellung des nackten menschlichen Körpers oder von Teilen desselben ist nur dann unzüchtig, wenn die Darstellung zu einem schamverletzenden Zwecke gemacht wurde und dies aus der Darstellung selbst oder aus ihrer Zusammenstellung mit anderen Darstellungen erkennbar ist.

2. Zu Ziff. 1: Feilhalten heißt für das Publikum bereit halten.

Dem Publikum zugänglich sind die Orte nur, wenn beliebige unbestimmte Personen zu denselben gelangen können. Eine Ausstellung kann auch durch Vorführung eines Films im Lichtspiel erfolgen. Auch Schallplatten, die Gesangsstücke wiedergeben, gehören hierher.

3. Zu Ziff. 2: diese Bestimmung findet Anwendung auf Personen, die ohne mit solchen Dingen Handel zu treiben, sie Personen unter 16 Jahren gegen Entgelt überlassen. Kaufleute, die einen Handelsartikel dieser Art anderen verkaufen, fallen schon unter die Ziff. 1.

4. Zu Ziff. 3: mit dieser Bestimmung soll die schamlose Ausstellung und Ankündigung von Präservativs, Schwämmchen, hygienischen Waren, Mitteln zur Verhütung der Empfängnis verhindert werden. Nur diejenigen Gegenstände, die in erster Linie gesundheitlichen Zwecken dienen, sind freigegeben. Das bloße diskrete Verkaufen derartiger Artikel ist natürlich nicht strafbar.

5. Zu Ziff. 3a: Eingeschoben durch RGes. v. 18. Febr. 1927 zur Bekämpfung der Geschlechtskrankheiten (RGBl. I S. 61) zur Ergänzung von Ziffer 3.

6. Zu Ziff. 4: Hier sollen Zeitungsannoncen, welche verschleiert oder unverschleiert, unzüchtigen Verkehr zwischen Männern und Frauen oder auch nur zwischen Männern vermitteln sollen, getroffen werden.

7. Nach § 40 StGB. kann die Einziehung der zur Begehung des Vergehens gebrauchten Schriften usw. erfolgen. Zur Sicherung dieser Einziehung hat die Beschlagnahme zu erfolgen (§§ 94, 98 StPO., § 23 Abs. 3 des RPreßG.).

Überlassung schamloser Schriften an Jugendliche.

§ 184a. Wer Schriften, Abbildungen oder Darstellungen, welche, ohne unzüchtig zu sein, das Schamgefühl gröblich verletzen, einer Person unter sechzehn Jahren gegen Entgelt überläßt oder anbietet, wird mit Gefängnis bis zu sechs Monaten oder mit Geldstrafe bestraft.

Schriften, Darstellungen usw. können, ohne daß sie das Sittlichkeitsgefühl in geschlechtlicher Beziehung verletzen, dennoch unter gewissen besonderen Umständen das Schamgefühl gröblich verletzen; dies kann z. B. der Fall sein bei Abbildungen in medizinischen Büchern, bei Abbildung menschlicher Körperteile in Wachs zu wissenschaftlichen Zwecken. Derartige Dinge dürfen nach der Bestimmung dieses Gesetzesparagraphen Personen unter 16 Jahren gegen Entgelt nicht überlassen werden.

Ärgerniserregung durch Gerichtsberichterstattung.

§ 184b. Mit Geldstrafe oder mit Gefängnis bis zu sechs Monaten wird bestraft, wer aus Gerichtsverhandlungen, für welche wegen Gefährdung der Sittlichkeit die Öffentlichkeit ausgeschlossen war, oder aus den diesen Verhandlungen zugrunde liegenden amtlichen Schriftstücken öffentlich Mitteilungen macht, welche geeignet sind, Ärgernis zu erregen.

Vgl. hierzu § 172 GVG.

Vierzehnter Abschnitt. Beleidigung.

Vorbemerkung:

I. Man unterscheidet 3 Formen der Beleidigung:

1. Die sog. formale Beleidigung des § 185, bei der das Beleidigende in der Form der Kundgebung liegt (z. B. Schimpfworte).

2. Die üble Nachrede des § 186, bei der eine Bestrafung nur eintritt, wenn nicht die behauptete Tatsache erweislich wahr ist,

3. die verleumderische Beleidigung des § 187, welche denselben Tatbestand betrifft, wie die üble Nachrede, jedoch mit dem Unterschied, daß die behauptete oder verbreitete Tatsache unwahr sein, und daß der Täter sie „wider besseres Wissen" behauptet oder verbreitet haben muß.

II. Bei Prüfung der Frage, welche Art von Beleidigung im einzelnen Falle, ob insbesondere der Tatbestand des § 185 oder derjenige des § 186 vorliegt, ist folgendes zu beachten:

1. Handelt es sich um eine reine Formalbeleidigung (z. B. „Du bist ein Tagdieb"), so liegt eine einfache Beleidigung nach § 185 vor, und zwar ohne Rücksicht darauf, ob diese Beleidigung gegenüber dem Beleidigten oder gegenüber einem Dritten geäußert worden ist.

Ebenso liegt eine einfache Beleidigung nach § 185 vor, wenn es sich um eine Tatsachenbehauptung handelt, die gegenüber dem Beleidigten geäußert wird (z. B. „Du hast mich betrogen").

2. Dagegen liegt der Tatbestand der üblen Nachrede nach § 186 vor, wenn es sich um eine Tatsachenbehauptung handelt, die nicht dem Beleidigten, sondern einem Dritten gegenüber aufgestellt wird (z. B. der A sagt dem B, er sei von C bestohlen worden). Diese Art von Beleidigung ist dann straflos, wenn die Wahrheit der Behauptung positiv erwiesen ist.

3. Ist schließlich die einem Dritten gegenüber aufgestellte Tatsachenbehauptung unwahr und wurde sie in Kenntnis der Unwahrheit gemacht, so liegt verleumderische Beleidigung nach § 187 vor.

III. Die Rechtswidrigkeit der Beleidigung ist ausgeschlossen, es tritt also Straflosigkeit ein, wenn die Voraussetzungen des § 193 gegeben sind. (Siehe Vorbem. Z. 3c vor § 51.)

IV. Die Absicht der Beleidigung ist nur dann Voraussetzung der Strafbarkeit, wenn trotz Vorliegens der Voraussetzung der §§ 192, 193 Bestrafung wegen formaler Beleidigung erfolgen soll.

V. Die Vergehen der Beleidigung in den Fällen der §§ 185 bis 187, 189 (Beschimpfung des Andenkens Verstorbener) können auch im Wege der Privatklage vom Verletzten verfolgt werden. (Siehe § 374 Abs. 1 Nr. 2 StPO.)

Beleidigung.

§ 185. Die Beleidigung wird mit Geldstrafe oder mit Haft oder mit Gefängnis bis zu einem Jahre und, wenn die Beleidigung mittels einer Tätlichkeit begangen wird, mit Geldstrafe oder mit Gefängnis bis zu zwei Jahren bestraft.

1. Unter Beleidigung versteht man die unberechtigte Darlegung der Mißachtung seines Nebenmenschen oder, wie es sonst noch ausgedrückt wird: „jede vor-

sätzliche, die Kränkung der Ehre eines andern enthaltende rechtswidrige Kundgebung".

2. Die Beleidigung ist entweder eine wörtliche oder eine tätliche. Letztere wird begangen durch körperliche Einwirkung auf die Person eines andern, solange diese Einwirkung nicht zu einer Mißhandlung oder Gesundheitsbeschädigung führt, denn dann ist es Körperverletzung (§ 223). Anspeien s. unter Bem. 2 am Ende zu § 223.

3. Die Beleidigung kann auch eine schriftliche (durch Zusendung eines Briefes, durch die Presse) oder eine symbolische sein, durch Gesten, Zeichen.

4. Die wörtliche Beleidigung kann eine sog. formale sein, durch ein Schimpfwort (Schuft, Gauner usw.), das unter allen Umständen die Ehre des andern kränkt und nach § 185 strafbar ist, gleichgültig, ob das Schimpfwort dem Beleidigten oder dem Dritten gegenüber geäußert wird, oder eine durch Behauptung von ehrenrührigen Tatsachen begangene. Werden die ehrenrührigen Tatsachen nicht dem Beleidigten direkt gegenüber geäußert, sondern einem andern gegenüber oder wenigstens in Gegenwart eines andern ausgesprochen, so liegt das Vergehen der „üblen Nachrede" — § 186 — vor. Vgl. unten Erl. 1 zu § 186.

5. Beleidigt werden kann nur ein Lebender, von dessen Leben der Beleidiger auch weiß. Wegen der Beschimpfung des Andenkens eines Verstorbenen vgl. § 189.

6. Beleidigt werden können nicht nur Einzelpersonen, sondern auch Personenmehrheiten, die das Recht anerkennt, und die mit staatlicher Billigung öffentliche Aufgaben zu erfüllen haben, z. B. der Anwaltsstand, das Rote Kreuz. Keine beleidigungsfähigen Gemeinschaften sind dagegen die Aktiengesellschaften und Geselligkeitsvereine, da sie keine öffentlichen Aufgaben zu erfüllen haben.

7. Kinder und Geisteskranke können beleidigt werden, wenn sie selbst auch die Kränkung nicht empfinden. Wer die Ehre einer Frau — sei es auch mit ihrem Einverständnis und insofern straffrei — antastet, verletzt zugleich die Ehre des Ehemannes.

8. Beleidigt werden kann auch eine Person, der die bürgerlichen Ehrenrechte aberkannt sind.

9. Dadurch wird eine Beleidigung nicht straflos, daß derjenige, auf den sie zielt, nicht ausdrücklich genannt ist, wenn er nur so bezeichnet wurde, daß erkennbar ist, wer gemeint ist.

10. Die Rechtswidrigkeit einer Ehrenkränkung kann unter gewissen Umständen ausgeschlossen sein; siehe Vorbem. Z. III.

11. Die Absicht zu beleidigen ist zu dem Tatbestand des § 185 nicht erforderlich. Es genügt vielmehr das Bewußtsein, daß die Äußerung geeignet ist, den Eindruck der Mißachtung einer bestimmten Person hervorzurufen.

12. Auch ein im Scherz getaner Ausspruch kann eine Beleidigung sein, wenn der andere nicht wissen kann, daß es sich um einen Scherz handelt oder wenn es schon eine Mißachtung ist dem andern gegenüber, sich mit ihm Scherze zu erlauben.

13. Das Ansinnen einer unzüchtigen Handlung an einen andern, also die Zumutung sich widernatürliche Unzucht gefallen oder etwa den Beischlaf an sich vollziehen zu lassen, ist eine Beleidigung, verliert aber den beleidigenden Charakter, wenn der oder die andere darauf eingeht.

Üble Nachrede.

§ 186. Wer in Beziehung auf einen anderen eine Tatsache behauptet oder verbreitet, welche denselben verächtlich zu machen oder in der öffentlichen Meinung herabzuwürdigen geeignet ist, wird, wenn nicht diese Tatsache erweislich wahr ist, wegen Beleidigung mit Geldstrafe oder mit Haft oder mit Gefängnis bis zu einem Jahre, und, wenn die Beleidigung öffentlich oder durch Verbreitung von Schriften, Abbildungen oder Darstellungen begangen ist, mit Geldstrafe oder mit Gefängnis bis zu zwei Jahren bestraft.

1. Die „üble Nachrede", wie der Tatbestand dieses Paragraphen genannt wird, liegt nur vor, wenn die beleidigende Tatsachenbehauptung nur oder auch gegenüber einem Dritten erfolgt; erfolgt sie nur gegenüber dem Beleidigten, dann liegt lediglich der Tatbestand des § 185 vor (siehe oben Erl. 4 zu § 185).

2. Die „üble Nachrede" des § 186 unterscheidet sich von der Verleumdung des § 187 dadurch, daß im Falle des § 186 Bestrafung schon dann eintritt, wenn die behaupteten Tatsachen seitens des Beschuldigten nicht bewiesen werden können, während sie bei der Verleumdung in voller Kenntnis ihrer Unwahrheit aufgestellt sein müssen.

3. Auch das Verbreiten von Gerüchten fällt unter diese Strafbestimmung. Das Beifügen, man glaube nicht daran, hebt die Strafbarkeit nicht auf.

4. Behaupten vgl. Erl. 3 zu § 131. Auch die Behauptung einer Tatsache von einem Dritten kann für einen anderen herabwürdigend sein, so wenn z. B. behauptet wird, die Tochter des andern habe außerehelich geboren.

5. Öffentlich ist die üble Nachrede begangen, wenn sie so vorgenommen wurde, daß sie unbestimmt von welchen und wievielen Personen wahrgenommen werden konnte, einerlei ob sich der Täter dabei an einem öffentlichen Ort oder in einer Privatwohnung befand.

6. Wird der Beweis der Wahrheit erbracht, oder ist er nach § 190 Satz 1 als erbracht anzusehen, so kann eine Bestrafung aus § 186 nicht erfolgen. Der Richter kann aber Anlaß haben zu prüfen, ob nicht eine formale Beleidigung nach § 185 übrig geblieben ist. Diese Frage ist gemäß § 192 zu bejahen, wenn das Vorhandensein einer Beleidigung aus der Form der Behauptung oder Verbreitung oder aus den Umständen, unter welchen sie geschah, hervorgeht.

7. Eine erhebliche Strafschärfung für öffentliche Beleidigung nach § 186 (Gefängnis nicht unter 3 Monaten) hat die NotVO. v. 8. Dez. 1931 gebracht in dem Falle, daß der Verletzte im öffentlichen Leben steht (RGBl. S. 699, 743).

Verleumdung.

§ 187. Wer wider besseres Wissen in Beziehung auf einen anderen eine unwahre Tatsache behauptet oder verbreitet, welche denselben verächtlich zu machen oder in der öffentlichen Meinung herabzuwürdigen oder dessen Kredit zu gefährden geeignet ist, wird wegen verleumderischer Beleidigung mit Gefängnis bis zu zwei Jahren und, wenn die Verleumdung öffentlich oder durch Verbreitung von Schriften, Abbildungen oder Darstellungen begangen ist, mit Gefängnis nicht unter einem Monat bestraft.

Sind mildernde Umstände vorhanden, so kann die Strafe bis auf einen Tag Gefängnis ermäßigt, oder auf Geldstrafe erkannt werden.

1. Unterschied zwischen übler Nachrede und Verleumdung vgl. oben Erl. 2 zu § 186.

2. Dem Beschuldigten muß nicht nur die Unwahrheit der behaupteten Tatsache, sondern auch nachgewiesen werden, daß er sie wider besseres Wissen ausgesprochen, daß er also die Unwahrheit genau erkannt hat.

3. Zu der Kreditgefährdung vgl. auch das Reichsgesetz zur Bekämpfung des unlauteren Wettbewerbs v. 7. Juni 1909 (RGBl. 499) in der Fassung der VO. des Reichspräsidenten zum Schutze der Wirtschaft v. 9. März 1932, § 15 (RGBl. I S. 121).

4. Unter Kredit versteht man das Vertrauen, das jemandem in bezug auf die Erfüllung von Verbindlichkeiten vermögensrechtlicher Art entgegengebracht wird. Als Verletzte können deshalb hier auch Handelsgesellschaften, Aktiengesellschaften, Genossenschaften in Betracht kommen. Über die Art wie sie zu klagen haben vgl. § 374 Abs. 3 StPO.

5. Die Verleumdung kann auch zusammentreffen mit falscher Anschuldigung; § 164 StGB.

6. Eine erhebliche Strafschärfung für öffentliche Verleumdung (Gefängnis nicht unter 6 Monaten) hat die NotVO. v. 8. Dez. 1931 gebracht in dem Falle, daß der Verletzte im öffentlichen Leben steht RGBl. S. 699, 743).

Buße.

§ 188. In den Fällen der §§ 186 und 187 kann auf Verlangen des Beleidigten, wenn die Beleidigung nachteilige Folgen für die Vermögensverhältnisse, den Erwerb oder das Fortkommen des Beleidigten mit sich bringt, neben der Strafe auf eine an den Beleidigten zu erlegende Buße erkannt werden.

Eine erkannte Buße schließt die Geltendmachung eines weiteren Entschädigungsanspruches aus.

Über die Buße, welche außer der Strafe zu erkennen ist und den Vermögensschaden sowie sonstige Einbußen ersetzen soll, vgl. §§ 403 ff. StPO. — Der Mindestbetrag ist drei, der Höchstbetrag 10000 RM. V. v. 6. Febr. 1924 (RGBl. S. 44). In den zu § 186 A. 7, und § 187 A. 6 genannten Fällen kann das Gericht außerdem auf eine an die Staatskasse zu entrichtende Buße bis zu 100000 RM. erkennen.

Beleidigung Verstorbener.

§ 189. Wer das Angedenken eines Verstorbenen verunglimpft, wird mit Gefängnis bis zu zwei Jahren oder mit Geldstrafe bestraft.

Die Verfolgung tritt nur auf Antrag der Eltern, der Kinder, des Ehegatten oder der Geschwister des Verstorbenen ein.

1. Durch die in der Verordnung v. 29. Mai 1943 erfolgte Neufassung des § 189 wurde der Tatbestand erheblich erweitert.

2. Nach früherem Recht war die Beleidigung Verstorbener nur dann strafbar, wenn sie in der Form der Verleumdung (§ 187) also wider besseres Wissen erfolgte. Jetzt genügt schon die einfache Beleidigung (§ 185) oder üble Nachrede (§ 186). Da aber das Gesetz eine Verunglimpfung verlangt, wird zum Ausdruck gebracht, daß nicht jede Beleidigung oder üble Nachrede genügt, sondern daß eine besonders schwere Kränkung vorliegen muß.

3. Da der Antrag nach der besonderen Vorschrift des Abs. 2 nur leibliche Eltern, Kinder, oder der Ehegatte (auch wenn er wieder geheiratet hat) oder die Geschwister des Verstorbenen stellen können, ist eine Bestrafung ausgeschlossen, wenn keiner dieser Angehörigen mehr lebt.

4. Abs. 3 wurde aufgehoben durch Kontrollratsgesetz Nr. 11.

Wahrheitsbeweis.

§ 190. Ist die behauptete oder verbreitete Tatsache eine strafbare Handlung, so ist der Beweis der Wahrheit als erbracht anzusehen, wenn der Beleidigte wegen dieser Handlung rechtskräftig verurteilt worden ist. Der Beweis der Wahrheit ist dagegen ausgeschlossen, wenn der Beleidigte wegen dieser Handlung vor der Behauptung oder Verbreitung rechtskräftig freigesprochen worden ist.

Der Paragraph enthält eine das Gericht bindende Beweisregel für den Fall, daß die Beleidigung in der Behauptung oder Verbreitung einer gerichtlich (nicht etwa nur dienstpolizeilich) strafbaren Handlung besteht.

§ 191. Ist wegen der strafbaren Handlung zum Zwecke der Herbeiführung eines Strafverfahrens bei der Behörde Anzeige gemacht, so ist bis zu dem Beschlusse, daß die Eröffnung der Untersuchung nicht stattfinde, oder bis zur Beendigung der eingeleiteten Untersuchung mit dem Verfahren und der Entscheidung über die Beleidigung innezuhalten.

1. Dieser Paragraph gehört unmittelbar zu dem vorhergehenden § 190 und dient zu dessen näherer Ausführung für einen besonderen Fall.

2. Vgl. auch die ähnliche Vorschrift bei § 164 Abs. 6 (falsche Anschuldigung).

§ 192. Der Beweis der Wahrheit der behaupteten oder verbreiteten Tatsache schließt die Bestrafung nach Vorschrift des § 185 nicht aus, wenn das Vorhandensein einer Beleidigung aus der Form der Behauptung oder Verbreitung oder aus den Umständen, unter welchen sie geschah, hervorgeht.

Wenn eine erweislich wahre Tatsache behauptet oder verbreitet wird, so ist dies keine rechtswidrige Handlung und deshalb auch nicht nach §§ 186, 187 StGB. strafbar. Wohl aber kann darin noch eine nach § 185 strafbare Beleidigung gefunden werden, wenn sich aus den näheren Umständen (vgl. darüber Erl. 6 zu § 193) ergibt, daß der Täter damit seine Mißachtung des Betroffenen unberechtigterweise darlegen wollte, d. h. wenn auf eine Beleidigungs*absicht* geschlossen werden kann. (Siehe Vorbem. Z. III u. IV zu § 185.)

Wahrnehmung berechtigter Interessen.

§ 193. Tadelnde Urteile über wissenschaftliche, künstlerische oder gewerbliche Leistungen, ingleichen Äußerungen, welche zur Ausführung oder Verteidigung von Rechten oder zur Wahrnehmung berechtigter Interessen gemacht werden, sowie Vorhaltungen und Rügen der Vorgesetzten gegen ihre Untergebenen dienstliche Anzeigen oder Urteile von seiten eines Beamten und ähnliche Fälle sind nur insofern strafbar, als das Vorhandensein einer Beleidigung aus der Form der Äußerung oder aus den Umständen, unter welchen sie geschah, hervorgeht.

1. Die Bedeutung dieser die Rechtswidrigkeit ausschließenden Vorschrift beruht darin, daß beim Vorhandensein der Voraussetzungen des § 193 zur Bestrafung wegen Vergehens nach §§ 185, 186 nicht das Bewußtsein von dem beleidigenden Charakter der Kundgebung genügt, sondern daß, ebenso wie bei § 192 eine direkt auf Zufügung einer Beleidigung gerichtete Absicht erfordert wird. Im Falle des § 187 kommt § 193 wohl niemals in Frage. (Siehe Vorbemerkung Z. III und IV zu § 185.)

2. In Wahrnehmung berechtigter Interessen handelt derjenige, welcher in einer ihn nahe angehenden Angelegenheit Schutzbehauptungen aufstellt, z. B. im Zivilprozeß dem Gegner Unglaubwürdigkeit vorwirft. Es kommen dabei nicht nur die höchstpersönlichen eigenen Interessen in Betracht, sondern auch mittelbar die Interessen einer Körperschaft, der der Täter angehört, oder fremder Personen, wenn der Täter nur nahe Beziehungen zu ihnen hat (z. B. der Redakteur einer Zeitung oder der Anwalt oder Verteidiger oder das Auskunftsbüro usw. sind berechtigt, die Interessen ihrer Auftraggeber gegebenenfalls auch auf Kosten der Ehre anderer wahrzunehmen). Die Inanspruchnahme der Presse kann nur zugebilligt werden, wenn die Anrufung der Behörde nutzlos erscheint oder wenigstens vom Täter in gutem Glauben für nutzlos erachtet wurde. Der Angezeigte hat aber nicht das Recht, zu seiner Verteidigung wissentlich unwahre ehrverletzende Behauptungen über einen anderen aufzustellen. Anzeigen unter falschem Namen, die vielleicht sogar Urkundenfälschungen sind, können den Schutz des § 193 nicht beanspruchen.

3. Die Vorhaltungen und Rügen der Vorgesetzten sind nicht rechtswidrig und genießen deshalb ebenfalls den Schutz des § 193.

4. Der Ausdruck „dienstliche Anzeigen" umfaßt nicht nur die Anzeige selbst, sondern auch die Ausführungen zur Begründung und Erläuterung der Anzeige.

5. Tätliche Beleidigungen kommen hier nicht in Betracht.

6. Ist aber die Form der Beleidigung (also der Ton der Äußerung, die Beigabe von Schimpfworten) oder sind die begleitenden Umstände (Vorbringung vor einer zur Empfangnahme solcher Mitteilungen ganz unberechtigten Person usw.) so, daß daraus zu ersehen ist, der Täter habe dem Betroffenen die Mißachtung seiner Person unberechtigterweise absichtlich darlegen, ihn in seiner Ehre angreifen wollen, dann muß dennoch Strafe eintreten. Bloße Übertreibungen, Verstärkungen und Vergrößerungen machen noch nicht strafbar.

Antrag.

§ 194. Die Verfolgung einer Beleidigung tritt nur auf Antrag ein. Die Zurücknahme des Antrages (§§ 185—193) ist zulässig.

1. Vgl. hierzu die §§ 61—65 StGB. über den Antrag. — Über die Privatklage s. § 381 StPO. und Anhang 1, Abschnitt F, Z. IV

2. Die öffentliche Klage wird von der Staatsanwaltschaft nur dann erhoben, wenn dies im öffentlichen Interesse liegt (§ 376 StPO.), z. B. bei Beleidigung von Beamten.

§ 195. Ist eine Ehefrau beleidigt worden, so hat sowohl sie, als ihr Ehemann das Recht, auf Bestrafung anzutragen.

1. Der Ehemann hat bei den Beleidigungen ausnahmsweise (vgl. § 65 StGB.) neben der Ehefrau ein selbständiges Antragsrecht.

2. Es kommt darauf an, ob der Ehemann z. Zt. als die Beleidigung gefallen ist, verheiratet war mit der Beleidigten.

Beamtenbeleidigung.

§ 196. Wenn die Beleidigung gegen eine Behörde, einen Beamten, einen Religionsdiener (oder ein Mitglied der bewaffneten Macht), während sie in der Ausübung ihres Berufes begriffen sind, oder in Beziehung auf ihren Beruf begangen ist, so haben außer den unmittelbar Beteiligten auch deren amtliche Vorgesetzte das Recht, den Strafantrag zu stellen.

1. Die hier genannten Vorgesetzten haben ein selbständiges Antragsrecht neben dem Beleidigten.

2. Behörden sind Organe der Staatsgewalt, welche unter öffentlicher Autorität für die Staatszwecke dienstbar sind. Auch die mittelbar für Staatszwecke tätigen Organe der Kommunen (Gemeinden, Kreise usw.) gehören hierher. Auch kirchliche Behörden sind in dieser Bestimmung mitinbegriffen. (Anders bei § 114 StGB.).

3. Einerlei ist es für die hier festgestellte Antragsberechtigung, ob der beleidigte Beamte in rechtmäßiger Ausübung seines Berufes war. (Anders beim Widerstand § 113).

4. Eine Beziehung auf den Beruf braucht nicht vorhanden zu sein, wenn dem Beamten eine allgemein sittenwidrige Handlung (z. B. ein falscher Zeugeneid) vorgeworfen wird.

5. Von mehreren Vorgesetzten hat jeder das Antragsrecht, nicht nur der unmittelbar Vorgesetzte.

§ 197. Eines Antrages bedarf es nicht, wenn die Beleidigung gegen eine gesetzgebende Versammlung des Reichs oder gegen eine andere politische Körperschaft begangen worden ist. Dieselbe darf jedoch nur mit Ermächtigung der beleidigten Körperschaft verfolgt werden.

1. Das ist eine Ausnahme von § 194.

2. Nach der „Allgemeinen Anweisung für Richter Nr. 1" unterliegt eine Bestrafung nach § 197 der vorherigen Meldepflicht an die Militärregierung.

Antrag bei wechselseitigen Beleidigungen.

§ 198. Ist bei wechselseitigen Beleidigungen von einem Teile auf Bestrafung angetragen worden, so ist der andere Teil bei Verlust seines Rechts verpflichtet, den Antrag auf Bestrafung spätestens vor Schluß der Verhandlung in erster Instanz zu stellen, hierzu aber auch dann berechtigt, wenn zu jenem Zeitpunkte die dreimonatliche Frist bereits abgelaufen ist.

Wechselseitige Beleidigungen sind miteinander im Zusammenhang stehende, gegenseitige Beleidigungen, die aber nicht auf der Stelle erwidert zu sein brauchen.

Kompensation.

§ 199. Wenn eine Beleidigung auf der Stelle erwidert wird, so kann der Richter beide Beleidiger oder einen derselben für straffrei erklären.

„Auf der Stelle erwidert" heißt nicht etwa am selben Platz sofort erwidert, sondern nur alsbald nach der Kenntnisnahme erwidert.

Veröffentlichungsbefugnis.

§ 200. Wird wegen einer öffentlich oder durch Verbreitung von Schriften, Darstellungen oder Abbildungen begangenen Beleidigung auf Strafe erkannt, so ist zugleich dem Beleidigten die Befugnis zuzusprechen, die Verurteilung auf Kosten des Schuldigen öffentlich bekannt zu machen. Die Art der Bekanntmachung, sowie die Frist zu derselben ist in dem Urteile zu bestimmen.

Erfolgte die Beleidigung in einer Zeitung oder Zeitschrift, so ist der verfügende Teil des Urteils auf Antrag des Beleidigten durch die öffentlichen Blätter bekannt zu machen, und zwar wenn möglich durch dieselbe Zeitung oder Zeitschrift und in demselben Teile und mit derselben Schrift, wie der Abdruck der Beleidigung geschehen.

Dem Beleidigten ist auf Kosten des Schuldigen eine Ausfertigung des Urteils zu erteilen.

1. Wegen der öffentlichen Begehung vgl. Erl. 5 zu § 186.

2. Auch dem amtlich Vorgesetzten, der den Antrag nach § 196 StGB. gestellt hat, ist die Befugnis zuzusprechen.

Fünfzehnter Abschnitt. Zweikampf.

Herausforderung zum Zweikampf.

§ 201. Die Herausforderung zum Zweikampf mit tödlichen Waffen, sowie die Annahme einer solchen Herausforderung wird mit Festungshaft bis zu sechs Monaten bestraft.

1. Unter Zweikampf im Sinne der §§ 201—210 versteht man einen zwischen zwei Personen verabredeten ernstlichen Kampf mit tödlichen Waffen nach vereinbarten oder hergebrachten Regeln.

2. Waffen irgendwelcher Art (also Schußwaffen oder Hiebwaffen) müssen angewendet sein, damit ein Zweikampf vorliegt. Ein Boxkampf gehört nicht hierher. dagegen die studentischen Schlägermensuren, ohne Rücksicht auf die im einzelnen Falle getroffenen Vorsichtsmaßregeln.

3. Eine tödliche Waffe ist eine Waffe, welche geeignet und bestimmt ist, tödliche Verletzungen beizubringen.

4. In § 201 wird lediglich die Herausforderung zum Zweikampf, sei sie nun zwischen den Gegnern direkt oder durch Mittelspersonen (sog. Kartellträger § 203 StGB.) gefallen, mit Strafe bedroht. Vom stattgehabten Zweikampf handeln die §§ 205 ff.

5. Die Strafe fällt weg, wenn die Parteien den Zweikampf freiwillig aufgegeben haben (§ 204 StGB.).

Herausforderung mit Tötungsabsicht.

§ 202. Festungshaft von zwei Monaten bis zu zwei Jahren tritt ein, wenn bei der Herausforderung die Absicht, daß einer von beiden Teilen das Leben verlieren soll, entweder ausgesprochen ist oder aus der gewählten Art des Zweikampfes erhellt.

Kartellträger.

§ 203. Diejenigen, welche den Auftrag zu einer Herausforderung übernehmen und ausrichten (Kartellträger), werden mit Festungshaft bis zu sechs Monaten bestraft.

Über die Kartellträger s. auch oben Bem. 4 zu § 201.

Rücktritt.

§ 204. Die Strafe der Herausforderung und der Annahme derselben, sowie die Strafe der Kartellträger fällt weg, wenn die Parteien den Zweikampf vor dessen Beginn freiwillig aufgegeben haben.

Zweikampf.

§ 205. Der Zweikampf wird mit Festungshaft von drei Monaten bis zu fünf Jahren bestraft.

1. Erst wenn der Zweikampf begonnen hat (s. Bem. 1 zu § 204), tritt diese Strafbestimmung ein. Vorher ist nur die Herausforderung strafbar (§ 201).

2. Der Teilnahme an dem Zweikampf machen sich auch die Mitglieder des Ehrengerichts, welches über die Zulässigkeit des Zweikampfes entscheidet, schuldig.

Tötung im Zweikampf.

§ 206. Wer seinen Gegner im Zweikampf tötet, wird mit Festungshaft nicht unter zwei Jahren, und wenn der Zweikampf ein solcher war, welcher den Tod des einen von beiden herbeiführen sollte, mit Festungshaft nicht unter drei Jahren bestraft.

1. Die schwere Strafe dieses Paragraphen tritt ein, wenn einer der Gegner infolge der im Zweikampf erlittenen Verletzungen stirbt, wenn der Tod auch erst nach Wochen im Krankenbett erfolgt und wenn der andere Teil den Tod auch gar nicht gewollt hat. (Erster Halbsatz.)

2. Die noch schwerere Strafe des zweiten Halbsatzes dieses Paragraphen tritt ein, wenn bei der Vereinbarung des Zweikampfes die Absicht vorlag, daß einer das Leben lasse, z. B. wenn Kugelwechsel bis zum Fallen eines Teils ausgemacht war.

Übertretung der Kampfesregeln.

§ 207. Ist eine Tötung oder Körperverletzung mittels vorsätzlicher Übertretung der vereinbarten oder hergebrachten Regeln des Zweikampfes bewirkt worden, so ist der Übertreter, sofern nicht nach den vorhergehenden Bestimmungen eine härtere Strafe verwirkt ist, nach den allgemeinen Vorschriften über das Verbrechen der Tötung oder der Körperverletzung zu bestrafen.

1. Wenn ein Teil nicht vorsätzlich sondern nur in der Hitze des Kampfes fahrlässig die Regeln des Zweikampfes außer acht gelassen hat, kommt diese Bestimmung nicht in Anwendung.

2. Tötung §§ 211 ff., Körperverletzung §§ 223 ff.

Zweikampf ohne Sekundanten.

§ 208. Hat der Zweikampf ohne Sekundanten stattgefunden, so kann die verwirkte Strafe bis um die Hälfte, jedoch nicht über fünfzehn Jahre erhöht werden.

Unter Sekundanten versteht man die beim Zweikampf Mitwirkenden, welche je einer auf einer Seite dem Kämpfenden beistehen, um ihn vor regelwidrigen Ausschreitungen des Gegners zu schützen.

Straflosigkeit der Kartellträger.

§ 209. Kartellträger, welche ernstlich bemüht gewesen sind, den Zweikampf zu verhindern, Sekundanten, sowie zum Zweikampf zugezogene Zeugen, Ärzte und Wundärzte sind straflos.

Kartellträger s. § 203 und Bem. 5 zu § 201. — Sekundanten s. Bem. zu § 208. — Zu den Zeugen gehört auch der sog. Unparteiische.

Anreizung zum Zweikampf.

§ 210. Wer einen andern zum Zweikampf mit einem Dritten absichtlich, insonderheit durch Bezeigung oder Androhung von Verachtung anreizt, wird, falls der Zweikampf stattgefunden hat, mit Gefängnis nicht unter drei Monaten bestraft.

In dem Anreizen kann auch eine Anstiftung (vgl. § 48 StGB.) liegen. Es kann aber auch weniger sein als zur Anstiftung erfordert wird.

§ 210a. Aufgehoben durch Kontrollratsgesetz Nr. 11.

Sechzehnter Abschnitt. Verbrechen und Vergehen wider das Leben.

Vorbemerkung:

1. Das Tötungsstrafrecht wurde durch das Gesetz zur Änderung des Reichsstrafgesetzbuches v. 4. Sept. 1941 (RGBl. I S. 549) neu geregelt.

a) Der Grundtatbestand ist der Mord. Der Totschlag ist lediglich ein leichterer Fall des Mordes. Eine Verurteilung wegen Totschlags hat also immer zur Voraussetzung, daß der Täter kein Mörder ist.

b) Die §§ 214 (Totschlag bei Unternehmung einer strafbaren Handlung) und 215 (Aszendententotschlag) wurden als nicht mehr notwendig aufgehoben, während die §§ 213 (Totschlag unter mildernden Umständen), 216 (Tötung auf Verlangen) und 217 (Kindstötung) bestehen blieben.

2. In §§ 211, 212, 213, 216, 217 ist die vorsätzliche Tötung eines Menschen, in § 218 die Abtreibung, in § 221 die Aussetzung und in § 222 die fahrlässige Tötung behandelt.

3. Gegenstand der verschiedenen Tötungsdelikte ist der Mensch schon als eben zur Welt kommendes Kind, vom Beginne der Geburtswehen an. Vorher kommt die menschliche Frucht nur für die Abtreibung (§ 218) in Betracht.

Lebend muß das Kind sein, aber nicht lebensfähig. Es kann also auch ein Kind Gegenstand eines Tötungsdelikts sein, das ohnedies nach kürzerer oder längerer Zeit sterben müßte, ebenso wie ein todkranker erwachsener Mensch.

4. Die Selbsttötung ist nicht strafbar, so daß auch Versuch und Teilnahme straflos sind. In der Anstiftung zum Selbstmord kann aber u. U. ein in mittelbarer Täterschaft begangener Mord oder Totschlag erblickt werden, so z. B. wenn der Selbstmörder unzurechnungsfähig ist.

5. Folgende zwei Sonderfälle sind zu beachten: Wenn der Täter seinen Feind A töten will, in der Dunkelheit aber den B für den A hält und erschießt, so wird er als Mörder oder Totschläger bestraft, wie wenn er den A erschossen hätte. Schießt er aber wirklich auf den A, trifft aber, weil der Schuß fehl geht, den in der Nähe stehenden B tödlich, so liegt Versuch der Tötung des A und fahrlässige Tötung des B (§ 222) vor. (Siehe Erläuterung 6 zu § 59.)

6. Die Tötung ist nicht strafbar, wenn sie nicht rechtswidrig ist, d. h. wenn ein Rechtfertigungsgrund vorliegt, z. B. wenn sie vom Soldat im Kriege, oder vom Scharfrichter, oder vom Arzte bei einer Geburt zur Rettung der Mutter ausgeführt wird. (Siehe Vorbemerkung vor § 51, Z. 3d.

Mord.

§ 211. Der Mörder wird mit dem Tode bestraft.

Mörder ist, wer

aus Mordlust, zur Befriedigung des Geschlechtstriebs, aus Habgier oder sonst aus niedrigen Beweggründen,

heimtückisch oder grausam oder mit gemeingefährlichen Mitteln oder

um eine andere Straftat zu ermöglichen oder zu verdecken

einen Menschen tötet.

Ist in besonderen Ausnahmefällen die Todesstrafe nicht angemessen, so ist die Strafe lebenslanges Zuchthaus.

1. Der Vorsatz ist bei Mord und Totschlag nach wie vor der gleiche: Die bewußte, gewollte Tötung eines Menschen.

a) Nach altem Recht wurde der Totschlag zum Mord, wenn die Tötung mit Überlegung ausgeführt wurde.

b) Auch das neue Recht hält an der Unterscheidung zwischen Mord und Totschlag fest, unterscheidet die beiden Tötungsarten aber nicht mehr nach dem inneren rein verstandesmäßigen Vorgang der Überlegung, sondern stellt mit der Bezeichnung des Täters als Mörder oder Totschläger die Gesamtpersönlichkeit des Täters in den Mittelpunkt der Betrachtungsweise.

2. Der Richter hat sich nach dem neuen Recht bei jedem Tötungsdelikt zunächst mit der Frage zu befassen, ob die Tötung als Mord zu werten ist, d. h. ob der Täter eine besonders verwerfliche Gesinnung an den Tag gelegt hat. Dies ist dann der Fall, wenn die im Gesetz in der ersten und dritten Gruppe aufgeführten besonderen Beweggründe vorliegen, oder wenn eine der in der zweiten Gruppe genannten Begehungsarten (Heimtücke, Grausamkeit und Anwendung gemeingefährlicher Mittel) in Frage kommen.

3. Während das frühere Tötungsstrafrecht für den Mord nur die absolute Todesstrafe kannte, läßt der neue § 211 für besondere Ausnahmefälle, in denen die Todesstrafe nicht angemessen ist, lebenslanges Zuchthaus zu.

Totschlag.

§ 212. Wer einen Menschen vorsätzlich tötet, ohne Mörder zu sein, wird als Totschläger mit lebenslangem Zuchthaus oder mit Zuchthaus nicht unter fünf Jahren bestraft.

Totschlag unter mildernden Umständen.

§ 213. War der Totschläger ohne eigene Schuld durch eine ihm oder einem Angehörigen zugefügte Mißhandlung oder schwere Beleidigung von dem Getöteten zum Zorne gereizt und hierdurch auf der Stelle zur Tat hingerissen worden, oder sind andere mildernde Umstände vorhanden, so tritt Gefängnisstrafe nicht unter sechs Monaten ein.

Hier sind zuerst einige besonders mild zu betrachtende Totschlagsfälle hervorgehoben und für diese sowie für andere milder zu betrachtende Totschlagshandlungen mildernde Umstände zugelassen.

§§ 214, 215 sind durch Gesetz v. 4. Sept. 1941 gestrichen. (Siehe Vorbemerkung zu § 211.)

Tötung auf Verlangen.

§ 216. Ist jemand durch das ausdrückliche und ernstliche Verlangen des Getöteten zur Tötung bestimmt worden, so ist auf Gefängnis nicht unter drei Jahren zu erkennen.

Der Versuch ist strafbar.

1. Das Verlangen des Getöteten sichert dem Täter eine mildere Bestrafung.

2. Das Verlangen einer jugendlichen Person unter 18 Jahren ist rechtlich unbeachtlich. (Siehe Vorbem. vor § 51, Z. 3f, bb.)

Kindstötung.

§ 217. Eine Mutter, welche ihr uneheliches Kind in oder gleich nach der Geburt vorsätzlich tötet, wird mit Zuchthaus nicht unter drei Jahren bestraft.

Sind mildernde Umstände vorhanden, so tritt Gefängnisstrafe nicht unter zwei Jahren ein.

1. Hier wird die so g. Kindstötung behandelt. Grund für die besondere Behandlung dieser Tötung ist die schwere Gemütsbewegung, in der sich die uneheliche Mutter im allgemeinen befindet. Solange diese Gemütsbewegung noch andauert, will das Gesetz die besondere Behandlung gewähren. So ist auch der Ausdruck gleich nach der Geburt zu verstehen. Ein bestimmter Zeitabschnitt läßt sich dafür nicht aufstellen.

2. „In der Geburt" heißt vom Beginne der Geburtswehen bis zum vollständigen Austritt aus dem Mutterleibe.

3. Auch der Ehefrau, die ein nicht vom Ehemann gezeugtes Kind gebärt, kommt die Sonderbestimmung dieses Paragraphen zugute.

4. Nur der Mutter kommt die Vergünstigung zugute, jeder andere Teilnehmer ist wegen Teilnahme (Mittäterschaft, Anstiftung, Beihilfe) am gemeinen Mord oder Totschlag zur Rechenschaft zu ziehen (vgl. Erläuterung 4b und 6 b zu § 50 StGB.).

Abtreibung.

§ 218. Eine Frau, die ihre Leibesfrucht abtötet oder die Abtötung durch einen anderen zuläßt, wird mit Gefängnis, in besonders schweren Fällen mit Zuchthaus bestraft.

Der Versuch ist strafbar.

Wer sonst die Leibesfrucht einer Schwangeren abtötet, wird mit Zuchthaus, in minder schweren Fällen mit Gefängnis bestraft. Hat der Täter dadurch die Lebenskraft des deutschen Volkes fortgesetzt beeinträchtigt, so ist auf Todesstrafe zu erkennen.

Wer einer Schwangeren ein Mittel oder einen Gegenstand zur Abtötung der Leibesfrucht verschafft, wird mit Gefängnis, in besonders schweren Fällen mit Zuchthaus bestraft.

1. Vorbemerkung: Der Tatbestand der Abtreibung hat durch seine mit Gesetz vom 9. März 1943 geänderte Fassung eine Strafschärfung erfahren, so daß ebenso wie im Falle des § 175a (siehe die allgemeinen Erläuterungen in Ziff. 1, Vorbemerkung zu § 175) angenommen werden muß, daß im Hinblick auf Ziff. 8b der „Allgemeinen Anweisung an Richter Nr. 1" bei Verurteilung wegen Abtreibung der vor dem 30. Januar 1933 geltende Strafrahmen maßgebend ist, d. h. daß im Falle des Abs. 1 des § 218 nur auf Gefängnis erkannt werden kann. Da aber im alten § 218 Zuchthausstrafe angedroht war für die ohne Einwilligung der Schwangeren oder gewerbsmäßig vorgenommene Abtreibung sowie die gewerbsmäßige Verschaffung von Abtreibungsmitteln, werden auch unter dem neuen Recht, wenigstens bei Vorliegen dieser drei Erschwerungsgründe gegen die Anwendung von Zuchthausstrafen keine Bedenken bestehen. Dagegen entfällt gemäß Militärregierungsgesetz Nr. 1 Art. IV Ziff. 8 die Möglichkeit, auf Todesstrafe zu erkennen. (Siehe Erl. zu § 13.) Darüber hinaus dürfte wohl die Annahme gerechtfertigt sein, daß die ganze Bestimmung des Abs. 3 Satz 2 unanwendbar geworden ist, da sie offensichtlich nationalsozialistisches Gedankengut enthält. („Fortgesetzte Beeinträchtigungen der Lebenskraft des deutschen Volkes".)

2. Im übrigen ist mit der Fassungsänderung der Ausführungshandlung („Abtöten der Leibesfrucht" statt, wie bisher, „Töten der Frucht im Mutterleib oder durch Abtreibung") keine sachliche Änderung eingetreten.

Das Wesen des Abtreibungsdelikts besteht nach wie vor darin, daß entweder durch die Bewirkung des vorzeitigen Abgangs der Frucht aus dem Leibe der lebenden Mutter der Tod der Frucht oder des etwa lebend geborenen Kindes herbeigeführt, oder die Frucht im lebenden Mutterleib getötet wird, aber in beiden Fällen unter Erhaltung des Lebens der Schwangeren. Ist zwar die Abtreibung bewirkt worden, das Kind aber, weil es die zum Fortleben erforderliche Reife hatte, am Leben geblieben, so liegt nur Versuch vor. Während die Tötungsverbrechen der §§ 211 bis 217 sich gegen die Menschen vom Beginne der Geburtswehen an richten, handelt der § 218 von der Vernichtung der Leibesfrucht bis zum Beginne der Geburtswehen.

3. Als Mittel der Abtreibung kommen sowohl äußerliche (z. B. Schlag oder Stoß auf den Unterleib der Schwangeren, Herabspringen der Schwangeren, Tragen schwerer Lasten u. ä.), als auch innerliche Mittel (Abführmittel, Mutterkorn und vor allem Einspritzung in die Gebärmutter) in Frage. Dabei ist zu bemerken, daß es vollkommen sicher die Abtreibung herbeiführende Mittel überhaupt nicht gibt, daß aber alle Mittel, welche Blutüberfüllung in den Unterleibsorganen herbeiführen, auch die Abtreibung der Leibesfrucht bewirken können. Auch die Anwendung absolut untauglicher Mittel bewirkt Strafbarkeit wegen Versuchs, dies sogar auch dann, wenn die Schwangere nur irrtümlich angenommen hat, daß sie schwanger sei. (Siehe Erl. 4 zu § 43.)

4. Der neue § 218 enthält folgende Tatbestände:

a) Die Abtötung durch die Mutter (Abs. 1, erster Halbsatz).
b) Die Abtötung durch einen anderen (Abs. 3).
c) Die Zulassung der Abtötung durch die Mutter (Abs. 1 zweiter Halbsatz).
d) Die Erleichterung der Abtötung (Verschaffung eines Gegenstandes zur Abtötung der Leibesfrucht) (Abs. 4).

Die Verschaffung ist ohne Rücksicht darauf strafbar, ob die Schwangere das Mittel verwendet oder nicht. Es ist sogar unerheblich, ob das Mittel mit dem Willen erworben wird, damit die Frucht abzutreiben. Es ist lediglich erforderlich, daß die Frau, der das Abtreibungsmittel verschafft wird, wirklich schwanger und das Mittel zur Abtreibung wirklich geeignet ist. Soweit die Schwangerschaft und die Eignung lediglich in der Vorstellung des Verkäufers vorhanden ist, kommt nur ein sog. Versuch am untauglichen Objekt und mit untauglichen Mitteln in Betracht.

5. Eine straflose Unterbrechung der Schwangerschaft durch den Arzt ist nur noch aus medizinischen Gründen möglich.

Durch Gesetz Nr. 34 der Regierung Württemberg/Baden vom 24. Juli 1946 (siehe Regierungsblatt Nr. 17 S. 207) wurde bestimmt, daß § 14 Abs. 1 des Gesetzes zur Verhütung erbkranken Nachwuchses vom 14. Juli 1933 in der Fassung der Gesetze vom 26. Juni 1935 und vom 4. Februar 1936 sowie die Bestimmungen der Artikel 2—7, 12 und 14 der 4. Ausführungsverordnung vom 18. Juli 1935 (mit einigen Änderungen) weiterhin anwendbar bleiben.

Der genannte § 14 Abs. 1 lautet: „Eine Unfruchtbarmachung oder Schwangerschaftsunterbrechung sowie eine Entfernung der Keimdrüsen sind nur dann zulässig, wenn ein Arzt sie nach den Regeln der ärztlichen Kunst zur Abwendung einer ernsten Gefahr für das Leben oder die Gesundheit desjenigen, an dem er sie vornimmt, und mit dessen Einwilligung vollzieht."

In dem ebenfalls in Kraft gebliebenen Art. 5 der genannten Ausführungsverordnung ist dann weiter bestimmt, daß die Unfruchtbarmachung oder Schwangerschaftsunterbrechung erst dann vorgenommen werden darf, nachdem eine Gutachterstelle den Eingriff für erforderlich erklärt hat, es sei denn, daß er wegen unmittelbarer Gefahr für Leben oder Gesundheit nicht aufgeschoben werden kann (n. b. in den Ländern Bayern und Groß-Hessen ist das Gesetz zur Verhütung erbkranken Nachwuchses vollkommen aufgehoben worden, so daß für diese Gebiete der amerikanischen Zone die Straflosigkeit einer ärztlichen Schwangerschaftsunterbrechung nur mit Hilfe des sog. übergesetzlichen Notstandes — siehe hierzu Erl. 4 zu § 54 — begründet werden kann).

Vertrieb von Abtreibungsmitteln.

§ 219. Wer Mittel oder Gegenstände, welche die Schwangerschaft abbrechen oder verhüten oder Geschlechtskrankheiten vorbeugen sollen, vorsätzlich oder fahrlässig einer Vorschrift entgegen herstellt, ankündigt oder in Verkehr bringt, wird mit Gefängnis bis zu zwei Jahren oder mit Geldstrafe bestraft.

1. Die durch die VO. zum Schutz von Ehe, Familie und Mutterschaft v. 9. März 1943 geschaffene Neufassung des § 219 erweitert dessen Anwendungsgebiet insofern, als nunmehr auch die Herstellung eines Abtreibungsmittels unter Strafe gestellt ist.

2. Unter die Ankündigung fällt auch die Anpreisung und Ausstellung. Das Inverkehrbringen umfaßt nicht nur den Verkauf, sondern jeden irgendwie gearteten Vertrieb, also auch die unentgeltliche Abgabe.

Anbieten von Hilfeleistungen.

§ 220. Wer öffentlich seine eigenen oder fremde Dienste zur Vornahme oder Förderung von Abtreibungen anbietet, wird mit Gefängnis bis zu zwei Jahren oder mit Geldstrafe bestraft.

Aussetzung.

§ 221. Wer eine wegen jugendlichen Alters, Gebrechlichkeit oder Krankheit hilflose Person aussetzt, oder wer eine solche Person, wenn dieselbe unter seiner Obhut steht oder wenn er für die Unterbringung, Fortschaffung oder Aufnahme derselben zu sorgen hat, in hilfloser Lage vorsätzlich verläßt, wird mit Gefängnis nicht unter drei Monaten bestraft.

Wird die Handlung von leiblichen Eltern gegen ihr Kind begangen, so tritt Gefängnisstrafe nicht unter sechs Monaten ein.

Ist durch die Handlung eine schwere Körperverletzung der ausgesetzten oder verlassenen Person verursacht worden, so tritt Zuchthausstrafe bis zu zehn Jahren und, wenn durch die Handlung der Tod verursacht worden ist, Zuchthausstrafe nicht unter drei Jahren ein.

1. Gebrechlichkeit umfaßt auch die Altersschwäche, Krankheit auch sinnlose Trunkenheit. Auch eine Gebärende gehört hierher.

2. Hilflos ist jemand, wenn er ohne Hilfe anderer an Leib oder Leben gefährdet ist.

3. Unter Aussetzen versteht man das Verbringen einer hilflosen Person in einen Zustand, in dem sie ohne Hilfe anderer an Leib oder Leben gefährdet ist.

4. Das Verlassen in hilfloser Lage wird nur bestraft, wenn der Weggehende eine rechtliche nicht bloß moralische Verpflichtung hat, für die hilflose Person zu

orgen. Ein bloßes Nichtaufnehmen einer derartigen Person fällt nicht unter die Strafbestimmung.

5. Mit dem Ausdruck leibliche Eltern ist ausgedrückt, daß wohl uneheliche Eltern, nicht aber Stief-, Schwieger-, Adoptiv- und Pflegeeltern, aber auch nicht Großeltern hierher zu rechnen sind.

6. Nach Abs. 3 ist lediglich der ungewollte Eintritt der dort bezeichneten schweren Folgen Grund zur Anwendung der hier aufgestellten Verbrechensstrafe.

7. Vgl. zu diesem Paragraph auch §§ 170c, 234.

Fahrlässige Tötung.

§ 222. Wer durch Fahrlässigkeit den Tod eines Menschen verursacht, wird mit Gefängnis bestraft.

1. Durch die VO. zur Änderung der Strafvorschriften über fahrlässige Tötung, Körperverletzung und Flucht bei Verkehrsunfällen v. 2. April 1940 wurde die Strafdrohung verschärft. Wegen der Straffschärfung siehe Erl. 1 (Vorbemerkung) zu § 175. Man wird wohl auch hier zu dem Ergebnis gelangen müssen, daß ebenso wie für §§ 175a, 181a (siehe Erl. 7 zu § 181a) und 218 (siehe Erl. 1 zu § 218) auch bei Anwendung des § 222 grundsätzlich der vor dem 30. Januar 1933 geltende Strafrahmen, nämlich Gefängnis bis zu 3 Jahren, maßgebend ist, es sei denn, daß die in der alten Fassung des § 222 vorgesehenen Straffschärfungsgründe (Berufsfahrer usw.) vorliegen, die eine Erhöhung der Gefängnisstrafe auf 5 Jahre ermöglichten.

2. Der Abs. 2 des § 222 und der Abs. 2 des § 230 bedrohten die fahrlässige Tötung und die fahrlässige Körperverletzung mit erhöhter Strafe, wenn der Täter zu der Aufmerksamkeit, die er außer acht ließ „vermöge seines Amtes, Berufes oder Gewerbes besonders verpflichtet“ war. Lagen diese Voraussetzungen vor, so wurden ferner nach der früheren Regelung des § 232 die leichte vorsätzliche sowie die fahrlässige Körperverletzung von Amts wegen verfolgt, während sonst diese Delikte nur auf Antrag des Verletzten verfolgt wurden.

3. Die durch die genannte VO. getroffene Neuregelung, die für den gesamten Bereich der fahrlässigen Tötung und Körperverletzung gilt (ihr Hauptanwendungsgebiet bildet allerdings der Straßenverkehr), beseitigt die Unterscheidung nach der Verletzung einer Amts-, Berufs- oder Gewerbepflicht, macht also keinen Unterschied mehr zwischen Berufsfahrer und Nichtberufsfahrer, verschärft dafür aber die Strafen in § 222 Abs. 1 und in § 230 Abs. 1.

4. Der eingetretene Erfolg (nämlich der Tod) muß die direkte oder indirekte Folge der dem Täter zur Last fallenden Handlungsweise oder Unterlassung sein. Man nennt dieses Verhältnis von Ursache und Wirkung Kausalzusammenhang. In dieser Beziehung gilt für das Strafrecht ganz allgemein die sog. Bedingungstheorie, d. h. jede Handlung gilt als Ursache des Erfolgs, die nicht hinweggedacht werden kann, ohne daß der Erfolg entfiele. Und zwar ist der Erfolg auf die Täterhandlung als seine Ursache auch dann zurückzuführen, wenn er ohne die besonderen Umstände, unter denen die Handlung begangen wurde, nicht eingetreten wäre. (Beispiel: Der durch einen Steinwurf Verletzte stirbt trotz der Unerheblichkeit der Verletzung, da er ein sog. „Bluter“ ist.) Die Annahme eines solchen ursächlichen Zusammenhangs ist ferner auch dann nicht ausgeschlossen, wenn der Erfolg ohne das gleichzeitige oder aufeinanderfolgende Zusammenwirken anderer menschlicher Handlungen, nämlich ein fahrlässiges Verhalten des Verletzten selbst oder eines dritten

nicht eingetreten wäre. (Beispiele: Der Verletzte zieht sich durch eigene Unsauberkeit eine Blutvergiftung zu, die schließlich zu seinem Tode führt. Oder: Eine Hausfrau läßt in einem unverschlossenen Schrank Arsenik liegen; die Köchin verwechselt dieses Gift mit dem daneben stehenden Zucker und vergiftet infolge dieses Irrtums den Hausherrn. Die von der Hausfrau für den Tod ihres Mannes fahrlässig gesetzte Ursache wird durch das fahrlässige Verhalten der Köchin nicht aufgehoben. Beide haben sich der fahrlässigen Tötung — vorausgesetzt, daß fahrlässiges Verhalten nachweisbar ist — schuldig gemacht.)

Umgekehrt kann man ganz allgemein sagen, daß der Kausalzusammenhang nur dann zu verneinen ist, wenn die Gewißheit, oder eine an Sicherheit grenzende Wahrscheinlichkeit dafür vorliegt, daß das schädigende Ereignis (hier der Tod) auch eingetreten sein würde, wenn das schuldhafte Verhalten nicht vorausgegangen wäre.

Es ist also bei allen Straftaten, bei denen zum Tatbestand ein äußerer Erfolg gehört, stets zunächst zu prüfen, ob der Kausalzusammenhang gegeben ist, und dann erst die Frage, ob der Täter schuldhaft, d. h. vorsätzlich oder fahrlässig gehandelt hat.

5. **Fahrlässigkeit liegt vor, wenn der Täter bei gehöriger Aufmerksamkeit und Vorsicht den Tod des andern als erfahrungsmäßige Folge seines Verhaltens hätte voraussehen können. Also es ist neben einem gewissen Grad von Leichtsinn auch Voraussehbarkeit der Todesfolge zur Strafbarkeit erfordert. Damit ist aber nicht gesagt, daß sich der Täter gerade die im besonderen Fall eingetretene Folge der Ereignisse vorstellen mußte, wenn er nur im allgemeinen den auf irgendeine Weise eintretenden Tod voraussehen konnte.**

6. **Die Mutter kann fahrlässigerweise den Tod ihres eben geborenen Kindes herbeiführen, wenn sie schuldhafterweise die Vorbereitungen zur Geburt unterläßt. Der Unterhaltspflichtige, der die Sorge für einen Neugeborenen nicht aufwendet,** die Pflegemutter, die das Pflegekind mehrere Tage verläßt, kann sich nach § 222 strafbar machen.

7. **Die Hebamme kann sich durch Unachtsamkeit bei der Geburtshilfe, ja auch durch nicht rechtzeitiges Kommen und versäumtes Herbeiholen des Arztes, der Arzt durch Kunstfehler, der Apotheker durch falsches Zuwägen bei Giftmedikamenten, der Bauunternehmer durch Vernachlässigung der Unfallverhütungsvorschriften, der Kraftfahrer durch Verstoß gegen die Kraftfahrzeugverordnung (siehe Erl. 12),** der fahrlässigen Tötung schuldig machen, immer vorausgesetzt, daß der Kausalzusammenhang gegeben ist. (Siehe Erl. 4.)

8. **Die Übertretung einer polizeilichen Vorschrift kann ein Anzeichen einer Fahrlässigkeit sein, begründet aber nicht schon an und für sich eine solche.**

9. **Der Umstand, daß der Getötete selbst auch fahrlässig gehandelt hat,** befreit den Beschuldigten nicht von der Strafe. (Siehe oben Erl. 4.)

10. **Eine Mittäterschaft gibt es natürlich nicht beim fahrlässigen Vergehen, wohl aber kann der Tod eines Menschen zwei oder mehr Beschuldigten in gleicher Weise zur Last fallen. (Siehe Erläuterungen zu § 47.)**

11. **Vgl. hierzu noch das häufig mit der fahrlässigen Tötung zusammentreffende Vergehen nach § 330 StGB.**

12. Ferner wird häufig mit der fahrlässigen Tötung eine Übertretung von **Bestimmungen für den Kraftfahrzeugverkehr zusammentreffen. Maßgebend hierfür ist die Straßenverkehrsordnung (StVO.) v. 13. Nov. 1937 (RGBl. S. 1179), insbesondere die §§ 1, 7—24, welche die dem Kraftfahrer im Interesse der Sicherheit des Verkehrs auferlegten Verpflichtungen enthalten. Wer gegen diese Bestimmungen verstößt, ist wegen Übertretung des § 21 des Kraftfahrzeuggesetzes v. 3. Mai 1909 (RGBl. S. 437, neueste Fassung v. 10. Aug. 1937, RGBl. S. 901) zu bestrafen.**

Siebzehnter Abschnitt. Körperverletzung.

Vorbemerkung:

1. Die §§ 223—229 betreffen die vorsätzliche Körperverletzung und zwar:

§ 223 die einfache oder leichte Körperverletzung nach Abs. 2 erschwert, wenn gegen einen Verwandten aufsteigender Linie verübt,

§ 223a die sog. gefährliche Körperverletzung.

An Stelle des § 223a Abs. 2 ist durch die Strafrechtsnovelle vom 26. Mai 1933 § 223b eingefügt worden, der eine erhebliche Verschärfung der Bestimmungen gegen Körperverletzungen von Kindern, Jugendlichen und Wehrlosen enthält.

§ 224 die schwere Körperverletzung mit unbeabsichtigten schweren Folgen,

§ 225 die schwere Körperverletzung mit beabsichtigten schweren Folgen,

§ 226 die Körperverletzung mit (unbeabsichtigtem) nachfolgendem Tod,

§ 227 die Beteiligung am Raufhandel mit schweren Folgen,

§ 228 mildernde Umstände für alle vorsätzlichen Körperverletzungen mit Ausnahme der des § 225,

§ 229 Beibringung von Gift,

der § 230 die fahrlässige Körperverletzung,

die §§ 231—233 Bestimmungen über Buße, Strafantrag und Aufrechnung gegenseitiger Körperverletzungen.

2. Die Vergehen der Körperverletzung in den Fällen der §§ 223, 223a Absatz 1 und des § 230 StGB. können vom Verletzten im Wege der Privatklage verfolgt werden, ohne daß es einer vorgängigen Anrufung der Staatsanwaltschaft bedarf (s. § 374 StPO. und Anhang 1, Abschnitt F, Z. IV).

3. Die frühere Streitfrage, ob die Einwilligung des Verletzten eine Körperverletzung straflos machen kann, hat § 226a dahin gelöst, daß grundsätzlich die Einwilligung einen Rechtfertigungsgrund bildet, es sei denn, daß die Tat trotz der Einwilligung gegen die guten Sitten verstößt. Durch diese neue Vorschrift ist nunmehr auch festgestellt, daß die Operation straflos ist. (Siehe Vorbem. vor § 51, Erl. Z. 3f, bb.)

Leichte Körperverletzung.

§ 223. Wer vorsätzlich einen anderen körperlich mißhandelt oder an der Gesundheit beschädigt, wird wegen Körperverletzung mit Gefängnis bis zu drei Jahren oder mit Geldstrafe bestraft.

Ist die Handlung gegen Verwandte aufsteigender Linie begangen, so ist auf Gefängnis nicht unter einem Monat zu erkennen.

1. Einen anderen muß die Körperverletzung betreffen. Daraus ergibt sich, daß die Selbstverletzung nicht strafbar ist.

2. Eine körperliche Mißhandlung liegt nur vor, wenn der „andere" mindestens ein körperliches Mißbehagen empfindet. Das kann auf die verschiedenste Weise verursacht werden, auch durch die Einflößung von Flüssigkeiten. Verursacht ein Schlag oder ein Stoß kein Mißbehagen, so kann er nur als Beleidigung in Betracht kommen (vgl. oben Bem. 2 zu § 185). Anspeien kann eine Mißhandlung darstellen.

3. Eine körperliche Mißhandlung ist aber auch in einer entstellenden Behandlung der körperlichen Unversehrtheit gegeben, Abschneiden eines Bartes oder größeren

Bartteils, eines Zopfes (wird der Zopf abgeschnitten, um ihn zu verkaufen, so liegt gleichzeitig auch Diebstahl vor).

4. Die Gesundheitsbeschädigung, welche sowohl die körperliche als auch die geistige Gesundheit betreffen kann, ist die Störung des Befindens eines anderen, die sich als Krankheit darstellt. Auch durch Ansteckung mit einer Geschlechtskrankheit kann eine solche Gesundheitsbeschädigung erfolgen (vgl. Erl. 4 zu § 327).

5. Die vorsätzliche Körperverletzung, wie sie in ihren beiden Erscheinungsformen oben Erl. 2 und 4 beschrieben wurde, ist nur strafbar, wenn sie rechtswidrig ist. Die Rechtswidrigkeit fehlt bei Ausübung des elterlichen Züchtigungsrechtes sowie des Züchtigungsrechtes des gewerblichen Lehrherrn und der Lehrer. (Siehe Vorbemerkung Z. 3e zu § 51.) Außerachtlassung der Voraussetzungen des Züchtigungsrechtes (wie sie z. B. den Lehrern in den Schulordnungen vorgeschrieben sind) sowie Überschreitung des zulässigen Maßes der Züchtigung machen die Mißhandlung strafbar (Lehrer, die Beamte sind, werden dann nach § 340 StGB. bestraft). Ein allgemeines Recht der Erwachsenen, ungezogene Jugend zu züchtigen, besteht nicht.

6. Nur diejenige Körperverletzung ist vorsätzlich verübt, bei der der Täter das Bewußtsein hat, daß ein körperliches Unbehagen erregt, bzw. daß durch seine Handlung die Gesundheit beschädigt wird, und daß er widerrechtlich handelt (wegen der fahrlässigen Körperverletzung vgl. unten § 230). Nicht strafbar macht sich demnach, wer glaubt es drohe ihm ein Angriff, er befinde sich in Notwehr, wenn auch sich das später als irrig herausstellt. (Siehe Erl. 6 zu § 53.) Die Absicht, einen Scherz zu machen, kann das Bewußtsein der Rechtswidrigkeit ausschließen.

Nicht wegen vorsätzlicher Körperverletzung (wohl aber wegen fahrlässiger Körperverletzung) kann derjenige bestraft werden, welcher einen vor ihm Stehenden schlagen oder werfen will, aber aus Versehen diesen nicht trifft, wohl aber einen seitab Stehenden.

7. Gleichgültig aber ist, ob sich der Täter in der Person des Mißhandelten geirrt hat, wenn er z. B. in der Dunkelheit statt auf seinen Feind auf einen ihm gänzlich Unbekannten einschlägt. Unerheblich für die Schuld des Täters ist auch, wenn der Beschuldigte aus Versehen statt auf den Arm auf den Kopf seines Gegners trifft.

8. Die in Abs. 2 erwähnten Verwandten aufsteigender Linie sind die Eltern, Großeltern und Urgroßeltern. S. auch Erl. 3 zu § 52.

9. Die Verfolgung der leichten vorsätzlichen Körperverletzung (sowie aller fahrlässigen Körperverletzungen) tritt nur auf Antrag ein. Die Zurücknahme des Antrags ist zulässig, wenn die Körperverletzung gegen einen Angehörigen begangen ist.

10. Die Staatsanwaltschaft erhebt nur dann Anklage, wenn ein öffentliches Interesse vorliegt (§ 376 StPO.). Anderenfalls kann die Verfolgung nur im Privatklageweg erfolgen. (Siehe Anhang 1, Abschnitt F, Z. IV. 3.)

Gefährliche Körperverletzung.

§ 223a. Ist die Körperverletzung mittels einer Waffe, insbesondere eines Messers oder eines anderen gefährlichen Werkzeuges, oder mittels eines hinterlistigen Überfalles, oder von mehreren gemeinschaftlich, oder mittels einer das Leben gefährdenden Behandlung begangen, so tritt Gefängnisstrafe nicht unter zwei Monaten ein.

1. Hier handelt es sich um die sog. erschwerte (im Gegensatz zu der schweren Körperverletzung des § 224) oder gefährliche Körperverletzung.

2. Waffe ist ein Werkzeug, welches nach seiner Beschaffenheit und regelmäßigen Bestimmung dazu dient, Körperverletzungen durch Hieb, Stoß, Stich, Wurf oder Schuß beizubringen.

3. Als Messer im Sinne dieser Gesetzesbestimmung kommt nur ein Messer, dessen Klinge geöffnet ist, in Betracht. Dagegen kann ein geschlossenes Messer Waffe oder gefährliches Werkzeug sein.

4. Ein gefährliches Werkzeug ist ein Mittel, welches in der vom Täter vorgenommenen Art des Gebrauchs geeignet ist, erheblichere Verletzungen beizubringen, z. B. Bierglas, zugeklapptes Taschenmesser, mit Nägeln beschlagener Stiefel, ein Zimmermannsnagel, nicht aber eine Stecknadel, ein leichtes Stöckchen. Eine ätzende Flüssigkeit ist kein Werkzeug. Ihre Anwendung gegen einen Menschen kann aber eine das Leben gefährdende Behandlung enthalten.

5. Hinterlistiger Überfall ist ein vom Verletzten unvorhergesehener Angriff, den der Täter absichtlich so angelegt hat, daß der Verletzte sich nicht verteidigen kann.

6. Von mehreren gemeinschaftlich verübt ist die Körperverletzung, wenn mindestens zwei bewußt und gewollt zusammenwirken (vgl. § 47 StGB.). Gleichzeitigkeit des Zugreifens ist ein Merkmal für die gemeinschaftliche Verübung, aber nicht absolutes Erfordernis. Ein Täter kann auch die Tätigkeit des anderen wissentlich fortsetzen.

7. Das Leben gefährdend ist die Behandlung, wenn sie geeignet war eine Lebensgefahr herbeizuführen, wenn es auch im einzelnen Falle nicht zu einer Bedrohung des Verletzten gekommen ist. Vgl. oben Erl. 4 am Schlusse. Das Herunterstoßen vom Fahrrad kann hierher gehören.

8. Bestraft werden wegen der gefährlichen Körperverletzung des § 223a kann nur der, welcher sich der Gefährlichkeit des von ihm benutzten Werkzeuges, des Mitwirkens mehrerer und der Lebensgefährlichkeit der ausgeübten Behandlung bewußt war.

9. Der Abs. 2 des § 223a ist durch § 223b ersetzt worden. Hier ist der Kreis der geschützten Personen und der Kreis der unter Strafe gestellten Handlungen erweitert worden.

Mißhandlung von Kindern und Wehrlosen.

§ 223b. Wer Kinder, Jugendliche oder wegen Gebrechlichkeit oder Krankheit Wehrlose, die seiner Fürsorge oder Obhut unterstehen oder seinem Hausstand angehören oder die von dem Fürsorgepflichtigen seiner Gewalt überlassen worden oder durch ein Dienst- oder Arbeitsverhältnis von ihm abhängig sind, quält oder roh mißhandelt oder wer durch böswillige Vernachlässigung seiner Pflicht, für sie zu sorgen, sie an der Gesundheit schädigt, wird mit Gefängnis nicht unter drei Monaten bestraft.

In besonders schweren Fällen ist die Strafe Zuchthaus bis zu fünf Jahren.

1. Die Handlung des § 223b, der durch die Strafrechtsnovelle v. 26. Mai 1933 neu geschaffen wurde (siehe Vorbem. zum siebzehnten Abschnitt) besteht in Quälen, d. h. Verursachung sich wiederholender Schmerzen, oder roher, d. h. aus

einer gefühllosen Gesinnung entspringenden Mißhandlung. Ersatzgeldstrafe nach § 27b ist ausgeschlossen.

2. In diesem Zusammenhang ei auch das Jugendschutzgesetz v. 30. April 1938 erwähnt, das die bisher in verschiedenen Gesetzen verstreuten Schutzvorschriften einheitlich zusammenfaßt und den Forderungen des Jugendschutzes anpaßt. Es regelt die Arbeitszeit der unter 18 Jahre alten Gefolgschaftsmitglieder, während die Beschäftigung der Erwachsenen die gleichzeitig in Kraft getretene Arbeitszeitordnung behandelt. § 24 des Jugendschutzgesetzes enthält die Strafbestimmungen: Während ein einfacher Verstoß gegen die Vorschriften des Gesetzes als Übertretung bestraft wird (§ 1), enthält Abs. 3 einen Sondertatbestand: Wer gewissenlos eine Person unter 18 Jahren, die durch ein Arbeits- oder Lehrverhältnis von ihm abhängt, durch Überanstrengung in ihrer Arbeitskraft schwer gefährdet, wird mit Gefängnis nicht unter 3 Monaten bestraft. In besonders schweren Fällen ist die Strafe Zuchthaus.

Schwere Körperverletzung.

§ 224. Hat die Körperverletzung zur Folge, daß der Verletzte ein wichtiges Glied des Körpers, das Sehvermögen auf einem oder beiden Augen, das Gehör, die Sprache oder die Zeugungsfähigkeit verliert, oder in erheblicher Weise dauernd entstellt wird, oder in Siechtum, Lähmung oder Geisteskrankheit verfällt, so ist auf Zuchthaus bis zu fünf Jahren oder Gefängnis nicht unter einem Jahre zu erkennen.

1. Hier wird die sog. schwere Körperverletzung behandelt, bei der es nicht auf die Gefährlichkeit der angewandten Mittel, sondern auf die eingetretenen schweren Folgen ankommt.

2. Die hier aufgezählten schweren Folgen dürfen nicht beabsichtigt sein (sonst liegt das viel härter bedrohte Verbrechen gegen § 225 StGB. vor). Die schwere Folge muß außerhalb des Wollens des Täters eingetreten sein.

3. Ein wichtiges Glied ist jeder mit dem Rumpf durch Gelenk verbundene Körperteil, welcher im Verhältnis zu dem Gesamtdasein des Menschen von besonderem Wert ist, also nicht ein einzelner Finger und sicher nicht einzelne Glieder eines Fingers, außer dem Daumen.

4. Der Verlust, also die gänzliche Abtrennung, nicht nur die Gebrauchsunfähigkeit eines Gliedes muß vorliegen, um die Bestrafung des § 224 eintreten zu lassen.

5. Der Verlust des Sehvermögens auf einem Auge genügt schon zu der schweren Bestrafung, aber das Gehör muß auf beiden Ohren verloren worden sein.

Wenn der Verletzte auch noch Licht und Dunkel unterscheiden und einzelne Töne noch hören kann, so ist doch schon der Verlust des Sehvermögens, wenn er Gegenstände nicht mehr erkennen kann, und der Verlust des Gehörs eingetreten, wenn er Sprechlaute nicht mehr unterscheiden kann.

6. Derjenige hat die Sprache verloren, welcher Sprechlaute nicht mehr hervorbringen kann, wenn er auch noch Töne auszustoßen vermag.

7. Zeugungsfähigkeit ist gleichbedeutend mit Fortpflanzungsfähigkeit. Darauf, ob etwa trotz des Verlustes der Beischlaf noch ausgeübt werden kann, kommt es nicht an.

8. In erheblicher Weise dauernd **entstellt** ist der Verletzte, wenn seine äußere Gesamterscheinung in sofort auffallender Weise verunstaltet ist. Bloßer Schönheitsverlust kommt ebensowenig in Betracht wie Verlust einer Singstimme oder Verlust innerer Organe. Dagegen wird die Entstellung dadurch nicht ausgeschlossen, daß der Verletzte in der Lage ist, durch eine Perücke, durch ein falsches Auge und Ähnliches die Verunstaltung später wieder zu verdecken.

9. **Siechtum** ist ein langandauernder (chronischer) Krankheitszustand welcher den gesamten Organismus des Verletzten ergreifend, eine erhebliche Beeinträchtigung des Allgemeinbefindes, eine Abnahme der Körperkräfte, Hinfälligkeit zur Folge hat. Absolute Unheilbarkeit braucht nicht vorzuliegen.

10. Unter **Lähmung** ist eine den ganzen Menschen ergreifende Bewegungsunfähigkeit zu verstehen, die von längerer Dauer sein muß, aber nicht unheilbar zu sein braucht.

11. Unter **Geisteskrankheit** wird hier eine länger andauernde aber nicht unheilbare Erkrankung des Geistes verstanden, bloße vorübergehende Bewußtlosigkeiten und Ohnmachten scheiden aus.

12. Erschwerungsgrund bei Anwendung von Gift vgl. § 229 Abs. 2.

§ 225. War eine der vorbezeichneten Folgen beabsichtigt und eingetreten, so ist auf Zuchthaus von zwei bis zu zehn Jahren zu erkennen.

Wenn der Wille des Täters auf Herbeiführung der in § 224 bezeichneten schweren Folgen gerichtet ist, dann liegt das Verbrechen des § 225 vor (s. oben Erl. 2 zu § 224). Mildernde Umstände gibt es hier nicht (§ 228).

Körperverletzung mit tödlichem Ausgang.

§ 226. Ist durch die Körperverletzung der Tod des Verletzten verursacht worden, so ist auf Zuchthaus nicht unter drei Jahren oder Gefängnis nicht unter drei Jahren zu erkennen.

1. Wenn als ein für den Täter **zufälliger Erfolg** irgendeiner, auch einer leichten, Körperverletzung der Tod des Verletzten eingetreten ist, dann tritt die hier festgesetzte Bestrafung wegen „Körperverletzung mit Todesfolge" oder wegen „Körperverletzung mit nachgefolgtem Tod" ein.

War der Wille des Täters auf Herbeiführung des Todes gerichtet, dann läge Mord oder Totschlag vor (s. oben §§ 211 f.).

2. Eine etwa mit der Körperverletzung zusammenfallende fahrlässige Tötung kommt neben der Bestimmung dieses Paragraphen nicht mehr in Betracht.

3. Der Täter ist nach dieser Bestimmung zu bestrafen, auch wenn er den Tod gar nicht voraussehen konnte.

4. Immerhin muß aber der Tod die Folge der gesetzten Verletzung sein. Dieser Zusammenhang wird aber nicht unterbrochen durch ein Krankenlager, durch eine Operation, der sich der Verletzte unterziehen mußte und die dann die letzte Ursache zum Tod abgab. (Siehe hierzu Erl. 4 zu § 222 betr. Kausalzusammenhang.)

5. Erschwerungsgrund bei Anwendung von Gift vgl. § 229 Abs. 2.

Einwilligung.

§ 226 a. Wer eine Körperverletzung mit Einwilligung des Verletzten vornimmt, handelt nur dann rechtswidrig, wenn die Tat trotz der Einwilligung gegen die guten Sitten verstößt.

Wegen Operation vgl. Vorbemerkung Ziff. 3 zu § 223.

§ 226b. Aufgehoben durch Kontrollratsgesetz Nr. 11.

Raufhandel

§ 227. Ist durch eine Schlägerei oder durch einen von mehreren gemachten Angriff der Tod eines Menschen oder eine schwere Körperverletzung (§ 224) verursacht worden, so ist jeder, welcher sich an der Schlägerei oder dem Angriffe beteiligt hat, schon wegen dieser Beteiligung mit Gefängnis bis zu drei Jahren zu bestrafen, falls er nicht ohne sein Verschulden hineingezogen worden ist.

Ist eine der vorbezeichneten Folgen mehreren Verletzungen zuzuschreiben, welche dieselbe nicht einzeln, sondern nur durch ihr Zusammentreffen verursacht haben, so ist jeder, welchem eine dieser Verletzungen zur Last fällt, mit Zuchthaus bis zu fünf Jahren zu bestrafen.

1. Schlägerei ist ein in Tätlichkeiten bestehender Streit von mehr als zwei Personen. Wenn dabei eine oder mehrere Personen zeitweise auch in Notwehr waren, so werden sie dadurch nicht straflos, wenn sie mit ihrem Verschulden in die Schlägerei hineingezogen waren (s. unten Erl. 5).

2. Auch der von mehreren gemachte Angriff muß auf Tätlichkeiten abzielen, wenn es auch noch nicht zu einem körperlichen Zusammenstoß gekommen war.

3. Wenn durch irgendeine bei der Schlägerei oder dem Angriff (auch durch eine nicht zu ermittelnde Person) vorgekommene Verletzung der Tod oder die schwere Körperverletzung eines Menschen, selbst eines Unbeteiligten (z. B. eines Polizeibeamten) verursacht wurde, tritt die Strafe des § 227 gegen alle Beteiligten (s. Erl. 4) ein.

4. Beteiligt ist jeder, der irgendwie eine Anteilnahme ausgeübt hat, wenn auch nur durch hetzenden Zuruf oder durch Abhalten der Polizei. Er braucht nicht selber tätlich gewesen zu sein.

5. Nicht ohne sein Verschulden hineingezogen ist derjenige, welcher nicht lediglich mitgerissen oder angegriffen wurde, sondern selbst sich tätlich bei Beginn gezeigt oder die Angreifer gereizt hat, auch derjenige, welcher anfangs schuldlos hineingezogen, dann unnötigerweise zu Körperverletzungen übergeht.

6. Mit Notwehr kann sich der in eine Schlägerei schuldhafterweise Hineingezogene nicht entschuldigen (s. oben Erl. 1), wohl aber derjenige, gegen den ein Angriff mehrerer erfolgt ist.

7. Vgl. auch § 367[10] StGB.

8. Der Abs. 2 dieses Paragraphen will nicht die treffen, welche als Mittäter für die Körperverletzung in ihrer Gesamtwirkung in Betracht kommen, denn diese werden ja schon durch §§ 226 und 224, 47 getroffen. Gemeint sind die, welche, ohne bewußt mit den andern zusammenzuwirken eine der den Tod oder die schwere Folge des § 224 mit verursachenden Körperverletzungen, sei es auch nur fahrlässigerweise, gesetzt haben.

Mildernde Umstände.

§ 228. Sind mildernde Umstände vorhanden, so ist in den Fällen des § 223 Abs. 2 und des § 223a auf Gefängnis bis zu drei Jahren oder Geldstrafe, in den Fällen der §§ 224 und 227 Abs. 2

auf Gefängnis nicht unter einem Monat, und im Falle des § 226 auf Gefängnis nicht unter drei Monaten zu erkennen.

Mildernde Umstände gibt es nicht bei §§ 223 Abs. 1, 223b und § 225.

Vergiftung.

§ 229. Wer vorsätzlich einem anderen, um dessen Gesundheit zu beschädigen, Gift oder andere Stoffe beibringt, welche die Gesundheit zu zerstören geeignet sind, wird mit Zuchthaus bis zu zehn Jahren bestraft.

Ist durch die Handlung eine schwere Körperverletzung verursacht worden, so ist auf Zuchthaus nicht unter fünf Jahren und, wenn durch die Handlung der Tod verursacht worden, auf Zuchthaus nicht unter zehn Jahren oder auf lebenslängliches Zuchthaus zu erkennen.

1. Das Verbrechen der sog. Vergiftung bedroht in Abs. 1 die Vollendung und den Versuch einer vorsätzlichen Körperverletzung, wenn zu derselben Gift benützt wurde.

2. Gift ist ein Stoff, welcher auch in kleiner Menge durch seine chemische Beschaffenheit die Gesundheit zu zerstören geeignet ist. Auch Ansteckungsstoffe, wie Blattern-, Syphilis-Gift (vgl. Bem. 4 zu § 327) gehören hierher.

3. Beigebracht ist das Gift, wenn es von dem Opfer durch den Mund eingenommen, eingeatmet oder unter die Haut eingespritzt ist.

4. In Absatz 2 wird die schwere Körperverletzung (§ 224) und die Körperverletzung mit nachgefolgtem Tod (§ 226) dann als besonders gefährliches Verbrechen hart bestraft, wenn sie mittels Giftes bewirkt wurde.

Fahrlässige Körperverletzung.

§ 230. Wer durch Fahrlässigkeit die Körperverletzung eines anderen verursacht, wird mit Geldstrafe oder mit Gefängnis bis zu drei Jahren bestraft.

1. Fahrlässig verursacht eine Körperverletzung (leichte oder schwere) wer bei Anwendung gehöriger Aufmerksamkeit und Vorsicht die Mißhandlung oder Gesundheitsbeschädigung des anderen als erfahrungsmäßige Folge seines Verhaltens voraussehen konnte. Vgl. die Erläuterungen zu § 222.

2. Ebenso wie für die fahrlässige Tötung des § 222 bildet auch für die fahrlässige Körperverletzung ein Hauptanwendungsgebiet der Straßenverkehr, da Verstöße gegen die Straßenverkehrsordnung, die eine Körperverletzung eines anderen zur Folge haben; in der Regel auch den Tatbestand des § 230 erfüllen. Im übrigen gilt das in den Erläuterungen 7—10 zu § 222 Ausgeführte entsprechend für § 230.

3. Wegen der Strafschärfung gilt das in Erl. 1 zu § 222 Gesagte. Es wird also bei Anwendung des § 230 grundsätzlich der vor dem 30. Januar 1933 in Geltung gewesene Strafrahmen (Gefängnis bis zu 2 Jahren), und der neue Strafrahmen (Gefängnis bis zu 3 Jahren) nur gegen den Berufsfahrer usw. in Frage kommen.

Buße.

§ 231. In allen Fällen der Körperverletzung kann auf Verlangen des Verletzten neben der Strafe auf eine an denselben zu erlegende Buße erkannt werden.

Eine erkannte Buße schließt die Geltendmachung eines weiteren Entschädigungsanspruches aus.

Für diese Buße haften die zu derselben Verurteilten als Gesamtschuldner.

Die Buße beträgt mindestens drei und höchstens 10000 RM. Art. IV der Verordnung über Vermögensstrafen und Bußen v. 6. Febr. 1924 (RGBl. S. 44).

Antrag.

§ 232. Die Verfolgung leichter vorsätzlicher sowie aller durch Fahrlässigkeit verursachter Körperverletzungen (§§ 223, 230) tritt nur auf Antrag ein, es sei denn, daß die Strafverfolgungsbehörde wegen des besonderen öffentlichen Interesses an der Strafverfolgung ein Einschreiten von Amts wegen für geboten erachtet.

Ist das Vergehen gegen einen Angehörigen verübt, so ist die Zurücknahme des Antrages zulässig.

Die in den §§ 195, 196 und 198 enthaltenen Vorschriften finden auch hier Anwendung.

1. In § 232 ist die Strafverfolgung der leichten vorsätzlichen sowie der fahrlässigen Körperverletzung durch die VO. v. 2. April 1940 (siehe Erläuterung 1 zu § 222) einheitlich dahin geregelt, daß grundsätzlich ein Strafantrag zur Verfolgung erforderlich bleibt, daß aber der Staatsanwalt die Körperverletzung dann von Amts wegen verfolgen kann, wenn er wegen des besonderen öffentlichen Interesses an der Strafverfolgung ein Einschreiten von Amts wegen für erforderlich erachtet.

2. Ein Einschreiten von Amts wegen wird insbesondere geboten sein bei einschlägigen ernsteren Vorstrafen, bei besonders grobem Leichtsinn (insbesondere Trunkenheit am Steuer), bei schweren Unfallsfolgen und dadurch hervorgerufener besonderer Erregung in der Öffentlichkeit. Im übrigen können nach wie vor die leichten vorsätzlichen und die fahrlässigen Körperverletzungen im Wege der Privatklage verfolgt werden (§ 374 Abs. 1 Nr. 3 StPO.).

3. Antragsberechtigt ist der Verletzte, für eine Ehefrau der Ehemann (§ 195), für unter väterlicher Gewalt stehende Kinder der Vater (§ 65), für Beamte der Vorgesetzte (§ 196).

4. Wegen des Begriffs „Angehörige" siehe § 52 Abs. 2.

Kompensation.

§ 233. Wenn leichte Körperverletzungen mit solchen, Beleidigungen mit leichten Körperverletzungen oder letztere mit ersteren auf der Stelle erwidert werden, so kann der Richter für beide Angeschuldigte, oder für einen derselben eine der Art oder dem Maße nach mildere oder überhaupt keine Strafe eintreten lassen.

Vgl. hierzu § 199 StGB. und die Bemerkung dazu.

Achtzehnter Abschnitt.
Verbrechen und Vergehen wider die persönliche Freiheit.

Vorbemerkung:

Die §§ 234, 235 betreffen den sog. Menschenraub, §§ 236—238 die Entführung, § 239 die Freiheitsberaubung, § 240 die Nötigung, § 241 die Bedrohung.

Menschenraub.

§ 234. Wer sich eines Menschen durch List, Drohung oder Gewalt bemächtigt, um ihn in hilfloser Lage auszusetzen oder in Sklaverei, Leibeigenschaft oder in auswärtige Kriegs- oder Schiffsdienste zu bringen, wird wegen Menschenraubes mit Zuchthaus bestraft.

1. Die §§ 234 und 235 enthalten das Verbrechen des „Menschenraubes", für das § 139 die Anzeigepflicht vorschreibt.

2. Das Verbrechen ist schon vollendet, wenn der Täter sich eines Menschen bemächtigt hat um ihn auszusetzen usw., wenn auch die Aussetzung selbst noch nicht geglückt ist.

3. Bemächtigt hat sich der Täter des Menschen, sobald er die wirkliche körperliche Herrschaft über ihn gewonnen hat.

4. „List" ist die Ausführung einer geflissentlich verborgenen Absicht mittels großer Schlauheit, Klugheit und Geschicklichkeit.

5. Unter „Drohung" versteht man das Inaussichtstellen irgend eines Übels, das nicht gerade eine strafbare Handlung zu sein braucht.

6. Über die Bedeutung von „Gewalt" vgl. Bem. 7 zu § 113.

7. Über „in hilfloser Lage aussetzen" vgl. die Erläuterungen 2 bis 4 zu § 221.

8. Über Sklaverei vgl. das RG. v. 28. Juli 1895 (RGBl. S. 425) betr. die Bestrafung des Sklavenhandels. Hier wird in § 1 die vorsätzliche Mitwirkung an einem auf Sklavenraub gerichteten Unternehmen bestraft. Als Täter und Geraubte kommt nur eine Mehrheit von Personen in Frage.

Kinderraub.

§ 235. Wer eine minderjährige Person durch List, Drohung oder Gewalt ihren Eltern, ihrem Vormund oder ihrem Pfleger entzieht, wird mit Gefängnis bestraft.

Sind mildernde Umstände vorhanden, so kann auf Geldstrafe erkannt werden.

Geschieht die Handlung in der Absicht, die Person zum Betteln oder zu gewinnsüchtigen oder unsittlichen Zwecken oder Beschäftigungen zu gebrauchen, so tritt Zuchthaus bis zu zehn Jahren ein.

1. Hier wird der sog. „Kinderraub" behandelt.

2. Entzogen ist das Kind den Eltern usw., wenn es aus dem Gewaltverhältnis der Eltern in das eines andern verbracht ist und dieser Zustand eine gewisse Dauer hat.

3. Das Entziehen kann auch durch Verschweigen des Aufenthalts des Kindes erfolgen.

4. Unter Eltern sind auch Adoptiveltern zu verstehen, denen gegenüber das Verbrechen von den leiblichen Eltern begangen werden kann.

5. Die Drohung kann sich auch gegen einen Dritten wenden, also z. B. gegen einen auf Grund richterlicher Verfügung ein Kind abholenden Gerichtsvollzieher. Auf die Einwilligung des Kindes selbst kommt es nicht an.

6. Wird der Kinderraub ausgeführt um das Kind zum Betteln, zu anderen gewinnsüchtigen oder zu unsittlichen Zwecken oder Beschäftigungen zu gebrauchen, so wird das Vergehen zum Verbrechen.

7. Über die Bedeutung von List, Drohung und Gewalt vgl. die Erl. 4—7 zu § 234.

Entführung wider Willen.

§ 236. Wer eine Frauensperson wider ihren Willen durch List, Drohung oder Gewalt entführt, um sie zur Unzucht zu bringen, wird mit Zuchthaus bis zu zehn Jahren und, wenn die Entführung begangen wurde, um die Entführte zur Ehe zu bringen, mit Gefängnis bestraft.

Die Verfolgung tritt nur auf Antrag ein.

1. Die in den §§ 236 bis 238 behandelte „Entführung" kann nur an einer Frauensperson begangen werden und verfolgt geschlechtliche Zwecke. Der § 236, der sog Frauenraub, umfaßt die Entführung wider Willen der minder- oder volljährigen Frauensperson unter Anwendung von List, Drohung oder Gewalt (s. die Erl. 4—7 zu § 234), während § 237 nur die Entführung einer minderjährigen unverehelichten Frauensperson (es kann auch die Braut des Täters sein) mit ihrem Willen aber gegen den Willen ihrer Eltern betrifft. Der § 238 verhindert in beiden Fällen (§§ 236 und 237) die Strafverfolgung, solange nicht die Ehe, welche der Schuldige selbst etwa mit der Entführten abgeschlossen hat, für ungültig erklärt ist.

2. Unter „Entführen" versteht man das Wegbringen an einen andern Ort als den bisherigen Aufenthaltsort in die Gewalt des Täters, der auch eine Frauensperson sein kann, welche im Interesse eines Mannes die Tat ausführt.

3. Ob die Frauensperson minderjährig oder volljährig ist, ist gleichgültig, ebenso ob sie unbescholten ist oder nicht.

4. Die Mittel: List, Drohung oder Gewalt müssen gegen die Frauensperson selbst angewandt werden, da der Tatbestand des § 236 nur vorliegt, wenn die Frauensperson gegen ihren Willen entführt wurde.

5. Wenn die Entführung begangen ist um die Frauensperson zur Unzucht (vgl. Erl. 1 zu § 174) zu bringen, liegt ein Verbrechen vor; wenn der Abschluß einer wirklichen (nicht etwa nur einer vorgetäuschten) Ehe beabsichtigt war, nur ein Vergehen.

6. Strafantragsberechtigt ist die Entführte, wenn sie achtzehn Jahre alt ist, sonst die in § 65 genannten Personen.

7. Vgl. hierzu Reichsgesetz v. 9. Juni 1897 über das Auswanderungswesen.

§ 48. Wer eine Frauensperson zu dem Zwecke, sie der gewerbsmäßigen Unzucht zuzuführen, mittels arglistiger Verschweigung dieses Zweckes zur Auswanderung verleitet, wird mit Zuchthaus bis zu fünf Jahren bestraft. Neben der Zuchthausstrafe ist der Verlust der bürgerlichen Ehrenrechte auszusprechen; auch kann zugleich auf Geldstrafe erkannt werden.

Dieselben Strafvorschriften finden auf denjenigen Anwendung, welcher mit Kenntnis des vom Täter in solcher Weise verfolgten Zweckes die Auswanderung der Frauensperson vorsätzlich befördert; sind mildernde Umstände vorhanden, so tritt Gefängnisstrafe nicht unter drei Monaten ein, neben welcher auf Geldstrafe erkannt werden kann.

Entführung mit Willen.

§ 237. Wer eine minderjährige, unverehelichte Frauensperson mit ihrem Willen, jedoch ohne Einwilligung ihrer Eltern, ihres Vormundes oder ihres Pflegers entführt, um sie zur Unzucht oder zur Ehe zu bringen, wird mit Gefängnis bestraft.

Die Verfolgung tritt nur auf Antrag ein.

1. Im allgemeinen vgl. über die Bedeutung der Strafbestimmung die Erl. 1 zu § 236.
2. Eine Witwe oder eine Geschiedene kann nach § 237 nicht entführt werden.
3. Wenn die Frauensperson aus eigenen Stücken selbst wegging, wenn auch in Begleitung des Beschuldigten, so liegt der Tatbestand nicht vor.
4. Die Entführung ist vollzogen, wenn die minderjährige Frauensperson an einen Ort verbracht ist, der für die Eltern nicht beliebig zugängig ist, an dem sie der Tochter nicht erforderlichenfalls ihren Schutz geben können.
5. Der Täter muß, wie im Falle des § 236, handeln, um die Frauensperson zur Unzucht oder zur Ehe zu bringen.
6. Zur Stellung des Strafantrags sind berechtigt die Eltern und der Vormund, gegebenenfalls der Pfleger, aber auch die Entführte selbst, wenn sie achtzehn Jahre alt ist.

§ 238. Hat der Entführer die Entführte geheiratet, so findet die Verfolgung nur statt, nachdem die Ehe für nichtig erklärt worden ist.

1. Der § 238 findet auf die §§ 236 und 237 Anwendung.
2. Hat nicht der Entführte selbst, sondern ein anderer, in dessen Interesse die Entführung begangen wurde, die Entführte geheiratet, so kommt § 238 nicht zur Anwendung.
3. Die Antragsfrist beginnt erst mit dem Zeitpunkt, zu welchem der Berechtigte Kenntnis von der Rechtskraft des Nichtigkeitsurteils erhalten hat.

Freiheitsberaubung.

§ 239. Wer vorsätzlich und widerrechtlich einen Menschen einsperrt oder auf andere Weise des Gebrauches der persönlichen Freiheit beraubt, wird mit Gefängnis oder mit Geldstrafe bestraft.

Wenn die Freiheitsentziehung über eine Woche gedauert hat, oder wenn eine schwere Körperverletzung des der Freiheit Beraubten durch die Freiheitsentziehung oder die ihm während derselben widerfahrene Behandlung verursacht worden ist, so ist auf Zuchthaus bis zu zehn Jahren zu erkennen. Sind mildernde Umstände vorhanden, so tritt Gefängnisstrafe nicht unter einem Monat ein.

Ist der Tod des der Freiheit Beraubten durch die Freiheitsentziehung oder die ihm während derselben widerfahrene Behandlung verursacht worden, so ist auf Zuchthaus nicht unter drei Jahren zu erkennen. Sind mildernde Umstände vorhanden, so tritt Gefängnisstrafe nicht unter drei Monaten ein.

1. Das Vergehen der **Freiheitsberaubung** kann nur vorsätzlich, nie fahrlässig begangen werden.

2. Die **Widerrechtlichkeit** fällt weg, wenn der der Freiheit Beraubte einwilligt, wenn das Gesetz (StPO. §§ 112, 127 für die Verhaftung und vorläufige Festnahme, erlaubte Selbsthilfe nach § 229 BGB., Notwehr § 53 StGB., elterliche Erziehungsrechte) die Ermächtigung für die Freiheitsentziehung gibt, auch bei der Fürsorge für einen Geisteskranken.

3. Die **Mittel der Freiheitsberaubung** sind der im Gesetz ausdrücklich genannte häufigste Fall der **Einsperrung**, listige Betäubung (mit Chloroform usw.) oder Hypnotisierung, Gewalt. Auch durch Herbeiführung eines Irrtums bei einem Unbeteiligten (Polizeibeamten, Irrenanstaltsarzt, dem gesagt wird, der andere habe ein Verbrechen begangen, sei geisteskrank) kann die Freiheitsberaubung begangen werden.

4. Eine wirkliche Verhinderung des Gebrauchs der Freiheit muß eingetreten sein. Bloße Erschwerung des Gebrauchs, etwa durch Wegnahme der Kleider eines Badenden, genügt nicht. Dagegen liegt die Beraubung vor, wenn der Eingesperrte nur mittels eines gegen Sitte und Anstand verstoßenden Verhaltens sich die Freiheit verschaffen könnte. Auch in der absichtlichen Nichtöffnung eines Eisenbahnkupees kann eine Freiheitsberaubung gefunden werden.

Für die Dauer der Beraubung gibt es keine Grenze, schon eine Einsperrung für wenige Augenblicke genügt, wenn sie nur ernsthaft gemeint war.

5. Ob sich der der Freiheit Beraubte der Freiheitsentziehung bewußt war, ist für den Tatbestand gleichgültig; es kann auch ein Schlafender, ein Betäubter, ein schwer Betrunkener als der Freiheit Beraubter in Betracht kommen.

6. Die in Abs. 2 und 3 bezeichneten **schweren Folgen** brauchen nicht beabsichtigt gewesen zu sein, wenn sie nur durch die Freiheitsentziehung eintreten, so muß auf die schwere Strafe erkannt werden.

7. Gegen Beamte kommen die besonderen Bestimmungen der §§ 341, 345 in Betracht.

Erpresserischer Kindesraub.

§ 239a. Wer in Erpressungsabsicht ein fremdes Kind durch List, Drohung oder Gewalt entführt oder sonst der Freiheit beraubt, wird mit dem Tode bestraft.

Kind im Sinne dieser Vorschrift ist der Minderjährige unter 18 Jahren.

1. Da vor dem 30. Januar 1933 jeder Fall des Kindesraubs nur nach § 235 strafbar war, die Todesstrafe also nicht verhängt werden konnte, hat sie als durch das Militärregierungsgesetz Nr. 1, Art. IV Ziff. 8 aufgehoben zu gelten. (Siehe Erl. zu § 13.) Ob darüber hinaus die ganze Vorschrift des § 239a in Wegfall gekommen ist, oder ob sie mit der Maßgabe bestehen geblieben ist, daß an Stelle der Todesstrafe der Strafrahmen des § 235, oder der Strafrahmen des § 44 Abs. 2 Platz zu greifen hat, ist fraglich.

2. Die **Entführung** muß in der **Absicht** geschehen, den Sorgeberechtigten oder einen anderen zu nötigen, dem Täter oder einem Dritten einen ihm nicht zustehenden **Vermögensvorteil** (Lösegeld) zu verschaffen.

3. Wegen des Begriffs „entführen" siehe Erläuterung Ziff. 2 zu § 236.

Nötigung.

§ 240. Wer einen anderen rechtswidrig mit Gewalt oder durch Drohung mit einem empfindlichen Übel zu einer Handlung, Duldung oder Unterlassung nötigt, wird wegen Nötigung mit Gefängnis oder mit Geldstrafe, in besonders schweren Fällen mit Zuchthaus oder mit Gefängnis nicht unter sechs Monaten bestraft.

Rechtswidrig ist die Tat, wenn die Anwendung der Gewalt oder die Zufügung des angedrohten Übels zu dem angestrebten Zweck dem gesunden Volksempfinden widerspricht.

Der Versuch ist strafbar.

1. Vorbemerkung: Durch Verordnung vom 29. Mai 1943 wurde der Tatbestand der Nötigung neu gefaßt. Ebenso wie bei der Erpressung des § 253 wird auch bei der Nötigung in einem besonderen Absatz 2 das Tatbestandsmerkmal „rechtswidrig" gesetzlich fixiert. Als rechtswidrig soll die Nötigungshandlung nämlich dann gelten, „wenn die Anwendung der Gewalt oder die Zufügung des angedrohten Übels zu dem angestrebten Zweck dem gesunden Volksempfinden widerspricht". Da nun aber nach der Kontrollratsproklamation Nr. 3 Art. II Ziff. 3 und nach dem Militärregierungsgesetz Nr. 1 Art. IV Ziff. 7 jegliche Bestrafung nach Anwendung von „gesundem Volksempfinden" verboten ist (siehe die Erl. zu dem aufgehobenen § 2), erhebt sich die Frage, ob durch dieses Verbot der ganze § 240 oder nur der Absatz 2 aufgehoben ist. Da im Gegensatz zu § 253 die Neufassung der Nötigungshandlung in § 240 (nach früherem Recht war die Drohung beschränkt auf eine solche mit einem Verbrechen oder Vergehen) eine den ganzen Tatbestand des § 240 betreffende Änderung enthält, erscheint es fraglich, ob nicht durch die Aufhebung des § 2 gleichzeitig auch Absatz 1 unanwendbar geworden ist. Verneint man diese Frage, vertritt man also den Standpunkt, daß Absatz 1 des § 240 in Kraft geblieben ist, dann müßte man zu der alten Auslegung des Begriffs der „Rechtswidrigkeit" bzw. „Widerrechtlichkeit" zurückkehren, die dahin lautete, daß ein verkehrsmäßiger Zusammenhang zwischen der Nötigungshandlung und dem angestrebten Zweck die Nötigung nicht als wider das Recht laufend, also nicht als rechtswidrig erscheinen lassen kann. M. a. W. das Inaussichtstellen von Nachteilen zur Erlangung des angestrebten Zwecks unter Anwendung von ordnungsmäßigen und verkehrsmäßigen Druckmitteln ist nicht rechtswidrig, sondern erlaubt und daher nicht strafbar.

Man kommt somit zu dem Ergebnis, daß bei Auslegung des Begriffs der Rechtswidrigkeit in dem oben erörterten Sinne gegen den Tatbestand des § 240 Abs. 1 keine durchschlagenden Bedenken bestehen dürften.

2. Das Wesen der Nötigung besteht darin, daß der Täter auf die Willensentschließung oder Willensbetätigung einer bestimmten Person einen widerrechtlichen Druck ausübt und den anderen dadurch zwingt, etwas zu tun, was er andernfalls nicht getan, oder etwas zu dulden, was er andernfalls abgewehrt, oder etwas zu unterlassen, was er andernfalls getan hätte.

3. Als Mittel der Nötigung kommen in Betracht Gewalt oder Drohung mit einem empfindlichen Übel.

a) Unter Gewalt ist die unter Anwendung physischer (körperlicher) Kraft erfolgende Einwirkung auf einen anderen zur Beseitigung eines tatsächlich geleisteten oder bestimmt erwarteten Widerstandes zu verstehen, wobei zu beachten ist, daß auch in der Gewalt gegen Sachen mittelbar eine solche gegen die Person liegen kann (z. B. Unbrauchbarmachung der Wohnung, um den Mieter zum Auszug zu zwingen).

b) Während nach alter Fassung als zweites Nötigungsmittel nur die Bedrohung mit einem Verbrechen oder Vergehen in Frage kam, genügt nach der neuen Fassung jede Drohung mit einem empfindlichen Übel; der Kreis der Nötigungsmittel wurde also erheblich erweitert. Es ist nach neuem Recht also nur erforderlich, daß es sich um die Androhung irgendeines Übels handelt, das der Bedrohte derart zu fürchten hat, daß dadurch seine freie Willensbestimmung oder Betätigung beeinflußt wird oder im Falle des Versuchs beeinflußt werden kann.

4. Die Nötigungshandlung ist, wie sich aus den obigen Erörterungen in der Vorbemerkung ergibt, dann rechtswidrig, wenn andere als ordnungsmäßige oder verkehrsmäßige Druckmittel zur Erreichung des mit der Nötigungshandlung angestrebten Zweckes angewendet werden. Deshalb handelt z. B. nicht rechtswidrig, wer einen Betrunkenen mit Gewalt nach Hause bringt. Dagegen erfüllt die Bedrohung eines Schuldners durch den Gläubiger, er werde die Tatsache seiner Schuld veröffentlichen, falls der Schuldner seine Schuld nicht begleiche, den Tatbestand des § 240. Ebenso handelt der Vermieter rechtswidrig, der den zum Auszug verpflichteten Mieter durch Aushängen der Fenster zur Räumung der Wohnung zwingt. Denn in beiden Fällen widerspricht es der Verkehrssitte, zu den genannten Zwecken sich einer Drohung zu bedienen bzw. Gewalt anzuwenden.

5. Für den inneren Tatbestand ist erforderlich der Nötigungswille mit der Vorstellung von der Möglichkeit des Erfolges, d. h. der Wirksamkeit der Kundgebung auf die Willenstätigkeit des zu Nötigenden.

6. Beim Versuch kommt es nur darauf an, ob nach Auffassung des Drohenden die von ihm in Aussicht gestellte Maßregel geeignet ist, bestimmend auf den Willen des Bedrohten einzuwirken; die Auffassung des Bedrohten selbst ist gleichgültig.

7. Die Erhöhung der Strafdrohung gegenüber dem bisherigen Recht hat den Tatbestand der Nötigung im Amte (§ 339) überflüssig gemacht.
Andererseits aber steht die Strafschärfung mit Ziff. 8b der „Allgemeinen Anweisung an Richter Nr. 1" in Widerspruch. (Siehe Erl. 1 zu § 175.) Man wird daher zu dem Ergebnis gelangen müssen, daß sich der Richter bei Anwendung des § 240 innerhalb des für § 240 alter Fassung vorgesehenen Strafrahmens (Gefängnis bis zu 1 Jahr oder Geldstrafe) halten muß.

Bedrohung.

§ 241. Wer einen anderen mit der Begehung eines Verbrechens bedroht, wird mit Gefängnis bis zu sechs Monaten oder mit Geldstrafe bestraft.

1. Zum Unterschied von der Nötigung muß bei der Bedrohung mit einem Verbrechen gedroht werden.

2. Die Androhung des Verbrechens kann ausdrücklich geschehen oder durch nicht mißzuverstehende Handlungen (z. B. Abgabe eines scharfen oder blinden Schusses nach dem Bedrohten).

3. Ob das in Aussicht gestellte Verbrechen den Bedrohten selbst oder nur einen andern, etwa sein Kind, treffen sollte, ist für den Tatbestand gleichgültig.

4. Ob der Drohende wirklich vorhatte, das Verbrechen auszuführen, ist ohne Bedeutung, wenn er nur in dem Bedrohten Furcht vor der Verwirklichung seiner Drohung erregen wollte.

5. Ist die Drohung nur bedingt ausgesprochen („wenn du mich angreifst, schlage ich dich tot", „wenn du da herauf kommst, schieße ich dir eine Kugel in den Kopf"), so wird es an der Ernstlichkeit, Furcht vor der Verwirklichung zu erregen, fehlen. Etwas anderes ist es, wenn die Bedingung eine Tatsache umfaßt, die in einer gewöhnlichen (täglichen) Handlung des Bedrohten, welche dieser vornehmen muß, besteht. Sobald daher die Drohung lautet: „wenn du morgen früh zur Arbeit gehst, schieße ich dich tot", dann wird der Tatbestand gegeben sein. In allen Fällen, in denen der Bedrohte durch die Bedrohung mit einem Verbrechen zu einer Handlung, Duldung oder Unterlassung veranlaßt werden soll, ist neben dem Tatbestand des § 241 auch eine Nötigung nach § 240 gegeben (Tateinheit nach § 73).

6. Der Versuch ist nicht strafbar (vgl. Bem. 6 zu § 240).

7. Die Bedrohung kann vom Verletzten im Wege der Privatklage verfolgt werden (s. § 374 StPO. und Anhang 1, Abschnitt F, Z. IV, 2d).

Neunzehnter Abschnitt. Diebstahl und Unterschlagung.

Vorbemerkung:

1. Die §§ 242 bis mit 245 behandeln den Diebstahl, § 246 die Unterschlagung, §§ 247 bis 248a enthalten für Diebstahl und Unterschlagung gemeinsame Bestimmungen.

2. Wegen der Verbrauchsmittelentwendung vgl. § 370[5] StGB.

3. Der Raub, der mit dem Diebstahl das Wegnehmen einer beweglichen Sache gemeinsam hat, wird in den §§ 249—251 besonders behandelt, vgl. auch den § 252 StGB.

4. Durch das Gesetz gegen gefährliche Gewohnheitsverbrecher v. 24. Nov. 1933 ist in das Strafgesetzbuch neu eingefügt worden § 245a, der schon den bloßen Besitz von Diebeswerkzeugen und ihre Überlassung an andere unter bestimmten Voraussetzungen für strafbar erklärt.

Einfacher Diebstahl.

§ 242. Wer eine fremde bewegliche Sache einem anderen in der Absicht wegnimmt, dieselbe sich rechtswidrig zuzueignen, wird wegen Diebstahls mit Gefängnis bestraft.

Der Versuch ist strafbar.

1. Vom Diebstahl sind, obwohl der gleiche Tatbestand vorliegt, scharf zu trennen:

a) Der Diebstahl geringwertiger Gegenstände aus Not, § 248a (Strafantrag erforderlich);
b) die Verbrauchsmittelentwendung des § 370[5] StGB. (Strafantrag erforderlich);
c) die Holz- (Forst-) Diebstähle an nicht aufbereitetem Holz usw.;
d) die Feldpolizeiübertretungen, soweit sie Wegnahme von noch nicht eingeernteten Früchten usw. betreffen, wenn der Wert des Entwendeten 10 RM. nicht übersteigt (Preuß. Feld- und Forstdiebstahlsgesetz v. 21. Jan. 1926).
e) der Naturfrevel, d. h. die Entwendung von wildwachsenden Pflanzen usw., wenn der Wert des entwendeten Gutes 20 RM. nicht übersteigt (§ 30 der Naturschutzverordnung v. 18. März 1936).

2. Der Diebstahl wird an Sachen begangen. Darunter sind körperliche Gegenstände zu verstehen. Ob sie einen schätzbaren Wert haben oder nicht, ist gleichgültig.

Also auch Urkunden (Schuldscheine, Quittungen, Sparkassenbücher, Fahrkartenformulare) und Wasser sowie Leuchtgas können Gegenstand des Diebstahls sein, nicht aber Maschinenkraft, Elektrizität.

Vgl. RG. v. 9. April 1900 betr. die Bestrafung der Entziehung elektrischer Arbeit.

§ 1. Wer einer elektrischen Anlage oder Einrichtung fremde elektrische Arbeit mittels eines Leiters entzieht, der zur ordnungsmäßigen Entnahme von Arbeit aus der Anlage oder Einrichtung nicht bestimmt ist, wird, wenn er die Handlung in der Absicht begeht, die elektrische Arbeit sich rechtswidrig zuzueignen, mit Gefängnis und mit Geldstrafe oder mit einer dieser Strafen bestraft.

Neben der Gefängnisstrafe kann auf Verlust der bürgerlichen Ehrenrechte erkannt werden.
Der Versuch ist strafbar.

§ 2. Wird die in § 1 bezeichnete Handlung in der Absicht begangen, einem anderen rechtswidrigen Schaden zuzufügen, so ist auf Geldstrafe oder auf Gefängnisstrafe bis zu zwei Jahren zu erkennen.

Die Verfolgung tritt nur auf Antrag ein.

3. Die Sachen müssen beweglich sein. Ob sie aber schon beweglich sind oder von dem Dieb durch Wegreißen und ähnliches erst beweglich gemacht werden, ist gleichgültig, z. B. Steine aus einem Steinbruch, Bretter des Zaunes.

4. Die Sachen müssen fremde sein, d. h. ein anderer muß Eigentum daran haben. Es kommen also nicht in Betracht Sachen, die jemand weggeworfen hat. Auch Leichen können nicht Gegenstand des Diebstahls sein, weil niemand Eigentum daran hat (für sie gelten die §§ 168, 367[1] StGB.). Sind die Leichen aber konserviert und wertvolle Altertümer (Mumien aus ägyptischen Gräbern in Sammlungen), dann können sie Gegenstand des Diebstahls sein, ebenso wie Schmuck, den man Leichen in das Grab mitgibt.

5. Für wilde Tiere und Fische, auch Krebse, finden die Gesetze über Jagd und Fischerei (vgl. auch §§ 292—294 und 295—296 StGB.) Anwendung; wenn sie aber in umhegten Tiergärten oder in geschlossenen Teichen untergebracht sind, ist ihre Wegnahme Diebstahl.

6. Zahme Tiere (Haustiere) bleiben im Eigentum ihres Herrn, auch wenn sie entlaufen (vgl. unten Erl. 10).

Ein gefangenes wildes Tier wird herrenlos, wenn der Eigentümer dasselbe nach erlangter Freiheit nicht unverzüglich verfolgt oder wenn er die Verfolgung aufgibt (§ 960 BGB.).

Ein Bienenschwarm wird herrenlos, wenn er ausgeschwärmt ist und der Eigentümer ihn nicht unverzüglich verfolgt oder die Verfolgung aufgibt (§ 961 BGB.).

Für die Tauben gelten in einigen Ländern besondere Bestimmungen, sonst finden die Bestimmungen über Haustiere (s. oben Bem. 6) Anwendung.

7. Teile des menschlichen Körpers (z. B. ein Zopf, Zähne) können Gegenstände des Diebstahls sein, wenn sie vom Körper losgelöst (abgeschnitten) werden. Sie gehören natürlich dem, an dessen Körper sie bis zur Abtrennung waren.

8. Auch solche Sachen sind fremde, welche dem Täter nicht allein gehören an denen er nur Miteigentum hat. So begeht derjenige einen Diebstahl, der einen gefällten auf der Grenze gestandenen Baum wegnimmt, trotzdem er als Nachbar Miteigentum hat (§ 923 BGB.); auch der stiehlt, der als Entdecker einen Schatz, an dem er nach dem BGB. (§ 984) Miteigentum mit dem Eigentümer des Grund und Bodens hat, für sich wegnimmt.

9. Die Handlung des § 242 besteht in dem Wegnehmen, d. h. in dem Verbringen der Sache aus fremdem Gewahrsam in die eigene Verfügungsgewalt.

Es braucht also nicht der Eigentümer selbst zu sein, dem die Sache weggenommen wird.

10. An einer verlorenen Sache kann ein Diebstahl nicht begangen werden (der sog. Funddiebstahl ist immer eine Unterschlagung, s. unten bei § 246 Erl. 6), weil der letzte Inhaber, der ja nicht weiß, wo die Sache ist, eine Herrschaft über dieselbe nicht ausüben kann. Entlaufene zahme Haustiere gehören zu den verlorenen Sachen.

Scharf zu trennen von den verlorenen Sachen sind verlegte Sachen, vergessene und versteckte Sachen. An ihnen kann Diebstahl begangen werden.

11. An Sachen, die zu einer Erbschaft gehören, kann nur dann ein Diebstahl begangen werden, wenn nach dem Tode des Erblassers schon jemand die Herrschaft über dieselben ergriffen hat. In anderen Fällen wird die Wegnahme von Erbschaftssachen Unterschlagung sein (s. unten Erl. 4 zu § 246).

12. Über Warenautomaten übt derjenige die Herrschaft aus, der sie füllt und besorgt. Wegen Automatenmißbrauch siehe Erl. 1 zu § 265a.

13. Das Gesinde hat neben der Herrschaft nicht den Gewahrsam über die in der Wohnung befindlichen Sachen. Dienstboten begehen also Diebstahl, wenn sie solche Sachen wegnehmen. Anders liegt der Fall, wenn die Herrschaft dem Dienstboten eine Sache besonders übergeben, anvertraut hat, wie z. B. den Wertbrief, der auf die Post zu tragen ist. An diesem begeht der Dienstbote Unterschlagung, wenn er ihn sich zueignet.

Ebenso liegt die Sache bei Ladenpersonal, bei Aufsehern.

14. Ob der Inhaber die Sache rechtmäßig erlangt hat, ist gleichgültig. Es kann also auch dem Dieb die eben gestohlene Sache wieder gestohlen werden. Vgl. unten Erl. 6 am Ende zu § 246.

15. Zum Diebstahl gehört, daß der Täter in der Absicht handelt, sich die Sache rechtswidrig zuzueignen, d. h. sie dem andern für immer zu entziehen. Nimmt er die Sache nur weg, um sie einige Zeit zu gebrauchen, so liegt kein Diebstahl vor, auch nicht, wenn der Wegnehmende sie bloß als Pfand für eine Forderung besitzen will. Der sog. Gebrauchsdiebstahl ist also grundsätzlich nicht strafbar (siehe aber die Gebrauchsanmaßung des § 290). Wohl aber liegt Diebstahl vor, wenn der Täter die Sache wegnimmt, um sie für sich zu versetzen, ohne an die Wiedereinlösung zu denken.

Im Hinblick auf die Verwendung von fremden Kraftfahrzeugen bei schweren Raubüberfällen usw. hat die VO. v. 20. Okt. 1932 (RGBl. S. 496) im § 1 bestimmt: Wer ein Kraftfahrzeug oder ein Fahrrad gegen den Willen des Berechtigten in Gebrauch nimmt, wird, sofern die Tat nicht nach anderen Vorschriften mit schwererer Strafe bedroht ist, mit Gefängnis bis zu 3 Jahren bestraft. Der Versuch ist strafbar. Die Verfolgung tritt nur auf Antrag ein. Die Zurücknahme des Antrags ist zulässig. Wer die Tat gegen seinen Ehegatten oder gegen einen Verwandten absteigender Linie begeht, ist straffrei.

16. Rechtswidrig ist an und für sich auch die Wegnahme einer Geldsumme, um sich für eine Forderung an denjenigen dem man sie wegnimmt, zu decken. Doch wird in solchen Fällen die Absicht der rechtswidrigen Zueignung, die immer vorhanden sein muß, dem Täter fehlen.

17. Eine gewinnsüchtige Absicht ist zum Diebstahl ebensowenig erforderlich wie eine Heimlichkeit der Begehung.

18. Weggenommen ist die Sache — und damit der Diebstahl vollendet — wenn der Täter sich selbst zum Herrn über dieselbe gemacht hat und die Herrschaft des andern aufgehoben hat, wobei aber nicht erforderlich ist, daß der Dieb die Sachen aus den Räumen des bisherigen Inhabers fortgeschafft und in gesicherten Besitz

genommen hat. Die Wegnahme kann auch in der Form der mittelbaren Täterschaft erfolgen. (Siehe hierzu Vorbem. Z. 3 zu § 47.)

19. Der Versuch des einfachen Diebstahls ist kraft besonderer Vorschrift strafbar. Er liegt schon dann vor, wenn der Täter mit dem bestimmten Willen, zu stehlen, was sich ihm Brauchbares bieten werde, in fremdes befriedetes Besitztum eingedrungen ist und den fremden Gewahrsam bereits beeinträchtigt oder ernstlich gefährdet, seinen Willen aber noch nicht auf die Wegnahme bestimmter Sachen gerichtet hat.

Schwerer Diebstahl.

§ 243. Auf Zuchthaus bis zu zehn Jahren ist zu erkennen, wenn

1. aus einem zum Gottesdienste bestimmten Gebäude Gegenstände gestohlen werden, welche dem Gottesdienste gewidmet sind;
2. aus einem Gebäude oder umschlossenen Raume mittels Einbruchs, Einsteigens oder Erbrechens von Behältnissen gestohlen wird;
3. der Diebstahl dadurch bewirkt wird, daß zur Eröffnung eines Gebäudes oder der Zugänge eines umschlossenen Raumes, oder zur Eröffnung der im Innern befindlichen Türen oder Behältnisse falsche Schlüssel oder andere zur ordnungsmäßigen Eröffnung nicht bestimmte Werkzeuge angewendet werden;
4. auf einem öffentlichen Wege, einer Straße, einem öffentlichen Platze, einer Wasserstraße oder einer Eisenbahn, oder in einem Postgebäude oder dem dazu gehörigen Hofraume, oder auf einem Eisenbahnhofe eine zum Reisegepäck oder zu anderen Gegenständen der Beförderung gehörende Sache mittels Abschneidens oder Ablösens der Befestigungs- oder Verwahrungsmittel, oder durch Anwendung falscher Schlüssel oder anderer zur ordnungsmäßigen Eröffnung nicht bestimmter Werkzeuge gestohlen wird;
5. der Dieb oder einer der Teilnehmer am Diebstahle bei Begehung der Tat Waffen bei sich führt;
6. zu dem Diebstahle mehrere mitwirken, welche sich zur fortgesetzten Begehung von Raub oder Diebstahl verbunden haben, oder
7. der Diebstahl zur Nachtzeit in einem bewohnten Gebäude, in welches sich der Täter in diebischer Absicht eingeschlichen, oder in welchem er sich in gleicher Absicht verborgen hatte, begangen wird, auch wenn zur Zeit des Diebstahls Bewohner in dem Gebäude nicht anwesend sind. Einem bewohnten Gebäude werden der zu einem bewohnten Gebäude gehörige umschlossene Raum und die in einem solchen befindlichen Ge-

bäude jeder Art, sowie Schiffe, welche bewohnt werden, gleich geachtet.

Sind mildernde Umstände vorhanden, so tritt Gefängnisstrafe nicht unter drei Monaten ein.

1. Hier wird der sog. schwere oder erschwerte Diebstahl behandelt. Ein weiterer Fall von durch seine Gefährlichkeit ausgezeichneten Diebstahl wird beim Raub in § 252 StGB. mit Strafe bedroht. — Der schwere Diebstahl im wiederholten Rückfall ist in § 244 StGB. mit besonders harter Strafe belegt. Die Reichsgesetze v. 23. Juli 1926 über den Verkehr mit unedlen Metallen und über den Verkehr mit Edelmetallen, Edelsteinen und Perlen v. 29. Juni 1926 (RGBl. I S. 415 u. 321) enthalten in ihren §§ 17 und 4 besondere Tatbestände des schweren Diebstahls und der fahrlässigen Hehlerei.

2. Ziffer 1: Kirchendiebstahl liegt vor, wenn die gestohlenen beweglichen Sachen wirklich für den Gottesdienst irgendwelcher Religionsgesellschaft bestimmt sind. Es gehört also nicht hierher der sog. Opferstockdiebstahl (sofern er nicht als Erbrechen eines Behältnisses unter die Erschwerung der Ziffer 2 fällt).

3. Zu Ziffer 2: Einbruchsdiebstahl. Gebäude sind nur unbewegliche Bauwerke mit Bedachung und Wänden, nicht Bergwerksschachte, Wohnwagen Umherziehender, wegfahrbare Bauhütten. — Umschlossener Raum ist ein begrenzter Teil der Erdoberfläche, mindestens so groß, daß ein Mensch in denselben eintreten kann, und so verwahrt, daß der Eintritt Unberechtigter abgehalten wird: Buden, Hütten, Gärten, Hühnerhöfe, Bergwerksschachte (nicht aber Wagen Umherziehender, Taubenschlag, offene Schutzhütte, Schiffe). Die Umzäunung braucht nicht lückenlos zu sein. —

Einbruch ist gewaltsames Eindringen von außen durch Herstellung oder Erweiterung einer Öffnung. Einsteigen ist Eindringen unter Überwindung eines Hindernisses durch eine Öffnung, die nicht zum Eintritt bestimmt ist (durch Steigen, Springen, Kriechen, Sichhinablassen).

Behältnis ist jede abschließbare Räumlichkeit, beweglich oder nicht beweglich (also auch verschlossene Zimmer), groß oder klein (Koffer, Sack, Taubenschlag, Gas- oder Wasserleitungsrohr, Geldkassette, Kassenschrank). — Erbrechen heißt gewaltsam aufmachen. Das Erbrechen muß innerhalb des Gebäudes oder umschlossenen Raumes noch erfolgt sein. Nimmt der Dieb eine Geldkassette weg und erbricht sie außerhalb des Hauses, so ist der Diebstahl nicht erschwert.

4. Zu Ziff. 3: Nachschlüsseldiebstahl. Über die Bedeutung von Gebäude, umschlossenen Raum und Behältnis vgl. Bem. 3. — Die Eröffnung durch falschen Schlüssel oder ein anderes hier gemeintes Werkzeug liegt immer vor, wenn die Aufhebung des Verschlusses nicht gewaltsam erfolgt ist, sondern durch Inbewegungsetzen des Schließmechanismus Der richtige Schlüssel wird, wenn er verloren war und von einem Unberechtigten gefunden wurde, zum falschen Schlüssel. Wegen Automatendiebstahl siehe § 265a.

5. Zu Ziff. 4: Transportdiebstahl. Dieser Erschwerungsgrund ist besonders bei Diebstählen auf Bahnhöfen zu beachten. Er liegt auch für Bahnbeamte vor, wenn sie nicht im Namen der Bahnverwaltung den Gewahrsam ausüben über die Gegenstände der Beförderung. In diesem letzteren Falle wäre Amtsunterschlagung (§ 350 StGB.) gegeben. Das gleiche gilt für Postbeamte, für welche aber auch noch § 354 StGB. in Betracht kommt.— Auch das Aufbinden einer Schnur, die das Gepäck zusammenhielt, genügt schon zu dieser Erschwerung. Der Kraftwagen ist weder ein Gebäude, noch ein geschlossener Raum. Wer daher

Gegenstände aus einem auf der Straße parkenden verschlossenen Kraftwagen stiehlt (durch Aufbrechen der Tür oder Aufschneiden des Verdecks), kann nicht nach § 243 Abs. 1 Nr. 2 bestraft werden, jedoch nach Nr. 4, denn der Kraftwagen ist nicht nur Beförderungs- sondern auch Verwahrungsmittel.

6. Zu Ziff. 5: Über Waffen bei sich führen vgl. Erl. 12 zu § 123. Zu vergleichen ist auch § 252 und § 367⁸ StGB.

7. Zu Ziff. 6: Hier wird der Bandendiebstahl getroffen.

8. Zu Ziff. 7: Hier handelt es sich um den Einschleichdiebstahl zur Nachtzeit (Eintritt der Dunkelheit bis zur Morgendämmerung) in bewohnten Gebäuden (s. oben Bem. 3). — Einschleichen liegt nur vor, wenn ein unter Vermeidung von Geräusch erfolgtes heimliches Eindringen stattgefunden hat. — Diebische Absicht liegt nicht vor, wenn der Täter nur übernachten wollte und sich erst später zum Stehlen entschlossen hat. — Auch ein Hausbewohner selbst kann sich des Diebstahls mit dieser Erschwerung schuldig machen. — Über umschlossener Raum vgl. Bem. 3.

9. Der Versuch eines schweren Diebstahls liegt vor, wenn auch nur mit einem die Erschwerung enthaltenden Tun (Einsteigen, Einbrechen, Einschleichen) begonnen ist. Vgl. Bem. 1 zu § 43.

10. Die Verbrauchsmittelentwendung des § 370⁵ StGB. und der Diebstahl geringwertiger Gegenstände aus Not (§ 248a StGB.) werden nach den bezeichneten Bestimmungen milder bestraft, auch wenn einer der Erschwerungsgründe des § 243 StGB. vorliegt.

11. Wird durch Ausführung eines schweren Diebstahls ein Hausfriedensbruch oder eine Sachbeschädigung begangen, so gehen diese Delikte im schweren Diebstahl auf.

Rückfalldiebstahl.

§ 244. Wer im Inlande als Dieb, Räuber oder gleich einem Räuber oder als Hehler bestraft worden ist, darauf abermals eine dieser Handlungen begangen hat, und wegen derselben bestraft worden ist, wird, wenn er einen einfachen Diebstahl (§ 242) begeht, mit Zuchthaus bis zu zehn Jahren, wenn er einen schweren Diebstahl (§ 243) begeht, mit Zuchthaus nicht unter zwei Jahren bestraft.

Sind mildernde Umstände vorhanden, so tritt beim einfachen Diebstahl Gefängnisstrafe nicht unter drei Monaten, beim schweren Diebstahl Gefängnisstrafe nicht unter einem Jahre ein.

1. Das Verbrechen des Diebstahls im wiederholten Rückfall liegt nicht vor, wenn es sich lediglich um Diebstahl geringwertiger Gegenstände aus Not (§ 248a), um Verbrauchsmittelentwendung (§ 370⁵), um Holz- (Forst-) Diebstähle, um Feldpolizeiübertretungen handelt (vgl. Bem. 1 zu § 242 StGB.). Auch wirken frühere Bestrafungen wegen solcher Straftaten nicht rückfallbegründend.

2. Zu beachten ist, daß außer Vorbestrafungen wegen Diebstahls auch solche wegen Raubs und Hehlerei rückfallbegründend wirken (anders beim Raubrückfall, § 250⁵ und bei dem Hehlereirückfall, § 261 StGB.).

3. Zu der rechtskräftigen Verurteilung wegen Diebstahls Raubs oder Hehlerei muß, um den Rückfall zu begründen, auch hinzukommen, daß die erkannte Strafe seinerzeit mindestens teilweise verbüßt, ganz oder teilweise erlassen ist (§ 245 StGB.).

4. Rückfallbegründend wirken auch frühere Bestrafungen wegen Versuchs des Diebstahls, des Raubs, der Hehlerei, sowie wegen Anstiftung oder Beihilfe zu diesen Straftaten.

5. Gehilfe, bzw. Anstifter wird nach § 244 bestraft, wenn bei ihm die Rückfallvoraussetzungen vorliegen; ob die Beihilfe oder Anstiftung zu einem einfachen Diebstahl erfolgen, ist dabei gleichgültig. Umgekehrt wird aber der Gehilfe bzw. Anstifter, wenn bei ihm die Voraussetzungen des § 244 nicht vorliegen, nur wegen Beihilfe bzw. Anstiftung zum einfachen Diebstahl bestraft, mag es sich auch bei der Haupttat um einen Rückfalldiebstahl handeln, denn der Rückfall ist ein strafschärfender Umstand i. S. des § 50 Abs. 2. (Siehe hierzu Erläuterungen 3 und 4a zu § 50.)

Rückfallverjährung.

§ 245. Die Bestimmungen des § 244 finden Anwendung, auch wenn die früheren Strafen nur teilweise verbüßt oder ganz oder teilweise erlassen sind, bleiben jedoch ausgeschlossen, wenn seit der Verbüßung oder dem Erlasse der letzten Strafe bis zur Begehung des neuen Diebstahls zehn Jahre verflossen sind.

1. Vgl. hiezu Bem. 3 zu § 244 StGB. Eine teilweise Verbüßung kommt z. B. vor, wenn der Verurteilte seinerzeit entsprungen ist, vorläufig entlassen oder auf Wohlverhalten beurlaubt wurde.

2. Welcher Zeitraum zwischen erster und zweiter Bestrafung liegt, ist gleichgültig. Wenn nur seit dem letzten Tag der Verbüßung der zweiten Strafe bis zur Begehung des neuen (dritten) Diebstahls noch keine zehn Jahre verflossen sind, dann tritt Rückfallsstrafe ein.

3. Die „Tilgung" einer Vorstrafe nach dem Reichsgesetz über beschränkte Auskunft aus dem Strafregister und Tilgung von Strafvermerken v. 9. April 1920 (RGBl. 507) beseitigt nach § 5 Abs. 2 dieses Gesetzes ihre rückfallbegründende Wirkung. Bei Zuchthausstrafe kommt eine Tilgung nicht in Frage.

Besitz von Diebeswerkzeug.

§ 245a. Wer Diebeswerkzeug in Besitz oder Gewahrsam hat oder von einem anderen für sich verwahren läßt, nachdem er wegen schweren Diebstahls, Diebstahls im Rückfall, Raubes, gewerbs- oder gewohnheitsmäßiger Hehlerei oder Hehlerei im Rückfall (§§ 243 bis 245, 249 bis 252, 260, 261) rechtskräftig verurteilt worden ist, wird mit Gefängnis nicht unter drei Monaten bestraft, sofern sich nicht aus den Umständen ergibt, daß das Werkzeug nicht zur Verwendung bei strafbaren Handlungen bestimmt ist.

Wer Diebeswerkzeug für einen anderen in Verwahrung nimmt oder einem anderen überläßt, obwohl er weiß oder den Umständen nach annehmen muß, daß das Werkzeug zur Verwendung bei strafbaren Handlungen bestimmt ist, wird, sofern die Tat nicht nach anderen Vorschriften mit schwererer Strafe bedroht ist, mit Gefängnis bestraft.

Das Diebeswerkzeug ist einzuziehen, auch wenn es dem Täter nicht gehört.

In den Fällen des Abs. 1 kommt eine frühere Verurteilung nicht in Betracht, wenn zwischen dem Eintritt ihrer Rechtskraft und der Tat des Abs. 1 mehr als fünf Jahre verstrichen sind. In die Frist wird die Zeit nicht eingerechnet, in der der Täter eine Freiheitsstrafe verbüßt oder auf behördliche Anordnung in einer Anstalt verwahrt wird. Eine ausländische Verurteilung steht einer inländischen gleich, wenn die geahndete Tat nach deutschem Recht ein Verbrechen der im Abs. 1 genannten Art wäre.

1. Diese Gesetzesstelle wurde eingefügt durch das Gesetz gegen gefährliche Gewohnheitsverbrecher v. 24. Nov. 1933.

2. Der Absatz 1 trifft den Einbrecher selbst, der Diebeswerkzeug zu seiner Verfügung hält, d. h. es verwahrt oder andere für sich verwahren läßt. Bei Nichtvorbestraften ist also der Eigengewahrsam straflos.

3. Der Absatz 2 richtet sich gegen denjenigen, der es einem anderen ermöglicht, über Diebeswerkzeug verfügen zu können, indem er das Werkzeug diesem überläßt, oder dasselbe für ihn verwahrt.

Unterschlagung.

§ 246. Wer eine fremde bewegliche Sache, die er in Besitz oder Gewahrsam hat, sich rechtswidrig zueignet, wird wegen Unterschlagung mit Gefängnis bis zu drei Jahren und, wenn die Sache ihm anvertraut ist, mit Gefängnis bis zu fünf Jahren bestraft.

Sind mildernde Umstände vorhanden, so kann auf Geldstrafe erkannt werden.

Der Versuch ist strafbar.

1. Die Unterschlagung unterscheidet sich vom Diebstahl dadurch, daß bei ersterer der Täter die fremde bewegliche Sache im Augenblick der Aneignung schon in seinem Besitz hatte, während er beim Diebstahl sie erst einem andern wegnimmt (vgl. Erl. 9 zu § 242 StGB.).

2. Wegen der Bedeutung des Ausdrucks: „fremde bewegliche Sache" vgl. die Erl. 2, 3, 4, 6—10 zu § 242.

3. Wegen im Miteigentum stehender Sachen vgl. insbesondere Erl. 8 zu § 242.

4. An Sachen, die zu einer Erbschaft gehören, von der noch niemand Besitz ergriffen hat, weil der Erblasser gestorben ist und Angehörige nicht zur Stelle sind, wird Unterschlagung begangen, wenn der Täter sich in den Besitz derselben gesetzt hat und sie dann zu seinem Nutzen verwertet (vgl. oben beim Diebstahl Erl. 11 zu § 242).

5. Eine Sache hat man in Besitz oder Gewahrsam, wenn man tatsächlich jederzeit über dieselbe verfügen kann.

Über die Frage, ob Dienstpersonal, Ladenangestellte, Aufseher Besitz oder Gewahrsam an den Sachen der Herrschaft, des Ladeninhabers, des Auftraggebers haben vgl. oben Erl. 13 zu § 242.

6. An der gefundenen Sache (s. oben Erl. 10 zu § 242) begeht der Finder, welcher die verlorene Sache behält und verheimlicht oder zu seinem Nutzen verwertet, Unterschlagung. — Wenn ein Dieb die gestohlene Sache bei einem andern niedergelegt hat, so begeht dieser eine Unterschlagung, wenn er sich die Sache

aneignet, weil er erneut rechtswidrig eingreift in das Recht des Eigentümers. Vgl. oben Erl. 14 zu § 242.

7. Der Verwahrer eines geschlossenen Koffers begeht, wenn er den Koffer öffnet und Sachen daraus an sich nimmt, Unterschlagung. Der Dienstbote des Verwahrers, der Sachen dem Koffer entnimmt, begeht Diebstahl. — Ein Geschäftsreisender, der für seinen Geschäftsherrn Gelder einzieht und nicht abliefert, begeht eine Unterschlagung, wenn er Vollmacht zum Geldeinzug hatte. Kassierte er ohne Vollmacht ein, so ist er wegen Betrugs zum Nachteil des zahlenden Kunden zu bestrafen, s. Erl. 9d zu § 263.

8. Die rechtswidrige Zueignung ist gegeben, wenn die Absicht des Inhabers der fremden Sache, über sie gleich dem berechtigten Eigentümer und mit Ausschluß desselben die Herrschaft auszuüben, in einer äußeren Handlung oder einer Unterlassung zum Ausdruck gelangt. Z. B.: Verkauf der fremden Sache, Ableugnen des Besitzes, Verweigerung der Herausgabe, Gestattung der Wegnahme durch einen Dritten, Angebot an einen Dritten zum Verkauf, ferner Verbrauch, Verpfändung usw.

9. Die Rechtswidrigkeit der Zueignung fällt weg, wenn der Täter das Einverständnis des Eigentümers voraussetzen darf z. B. beim Verbrauch von Geld bei jederzeitiger Bereitschaft und Möglichkeit sofortigen vollen Ersatzes oder wenn der Täter glaubt, wegen einer Gegenforderung ein Recht auf Aneignung einer Geldsumme zu haben. (Siehe aber Erl. 3 zu § 350.)

10. Anvertraut ist die Sache dem Täter, wenn er auf Grund eines Rechtsgeschäftes, insbesondere eines Vertrages mit dem Eigentümer oder seinem Vertreter, die Verfügungsgewalt über die Sache hat, im Gegensatz zu dem Fall, in dem er zufällig z. B. durch Fund in den Besitz der Sache gelangt ist.

11. Der Versuch der Unterschlagung, der z. B. in dem Hinbringen einer Sache zum Trödler, dem sie der Täter zum Verkaufe anbieten will, gefunden werden könnte, ist strafbar.

12. Die Amtsunterschlagung ist in § 350 mit besonderer Strafe bedroht. In diesem Falle ist die etwaige Ersatzbereitschaft des Beamten ohne Bedeutung.

13. Für ungetreues Verhalten von Bankinhabern usw. kommen in Erweiterung des § 246 die Spezialbestimmungen der §§ 34 und 38 des Depotgesetzes v. 4. Febr. 1937 in Betracht. Nach § 34 macht sich der Kaufmann, der von Kunden Wertpapiere (Aktien, Kuxe usw.) zur Verwahrung oder als Pfand erhalten hat, auch dann strafbar, wenn er bei der rechtswidrigen Verfügung über diese Papiere nicht die Absicht hatte, sich dieselben rechtswidrig zuzueignen, wenn er sie also z. B. verpfändet mit dem Willen und der Möglichkeit, sie jederzeit wieder auszulösen. Nach § 38 des Gesetzes tritt Zuchthausstrafe ein, wenn ein Kaufmann im Bewußtsein seiner Zahlungsunfähigkeit oder seiner Überschuldung Kundenwertpapiere sich rechtswidrig zueignet.

Leichtere Fälle des Diebstahls und der Unterschlagung.

§ 247. Wer einen Diebstahl oder eine Unterschlagung gegen Angehörige, Vormünder oder Erzieher begeht, oder wer einer Person, zu der er im Lehrlingsverhältnisse steht, oder in deren häuslicher Gemeinschaft er als Gesinde sich befindet, Sachen von unbedeutendem Werte stiehlt oder unterschlägt, ist nur auf Antrag zu verfolgen. Die Zurücknahme des Antrags ist zulässig.

Ein Diebstahl oder eine Unterschlagung, welche von Verwandten aufsteigender Linie gegen Verwandte absteigender Linie oder von einem Ehegatten gegen den anderen begangen worden ist, bleibt straflos.

Diese Bestimmungen finden auf Teilnehmer oder Begünstiger, welche nicht in einem der vorbezeichneten persönlichen Verhältnisse stehen, keine Anwendung.

1. Der Diebstahl oder die Unterschlagung zum Nachteil von Angehörigen, Vormündern oder Erziehern wird immer, sei der Wert noch so hoch oder die Begehung noch so erschwert, nur auf Antrag bestraft. Der Diebstahl oder die Unterschlagung zum Nachteil des Lehr- oder Dienstherrn wird nur dann lediglich auf Antrag verfolgt, wenn die gestohlene oder unterschlagene Sache von unbedeutendem Wert ist.

2. Über „Angehörige" vgl. Erl. 2 zu § 52, Vormünder Erl. 3 zu § 174.

3. Lehrlinge genießen die Vergünstigung, daß der Strafantrag gestellt sein muß, nicht aber Gesellen, auch wenn sie beim Meister wohnen.

4. Gesinde zu persönlichem oder häuslichem Dienst fällt nur unter die Vergünstigung, wenn es mit dem Dienstherrn in Familiengemeinschaft zusammenlebt. Der Hausbursche, der nur über Tags beim Dienstherrn ist, fällt nicht darunter. Strafantrag ist nicht erforderlich, wenn der Dienstbote die andern Dienstboten bestiehlt.

5. Da der Strafantrag lediglich Bedingung der Strafbarkeit ist, ergibt sich folgendes (siehe auch Erläuterungen 6c zu § 50):

a) Bestiehlt der Sohn A den Vater B und erwirbt C das Diebsgut in Kenntnis des Diebstahls, so ist C als Hehler auch dann strafbar, wenn der Vater keinen Strafantrag stellt.

b) Stiehlt der Sohn A seinem Vater einen diesem nicht gehörenden, sondern von ihm nur verwahrten Gegenstand, so ist der Irrtum des Sohnes, der Gegenstand gehöre seinem Vater, bedeutungslos. A ist auch ohne Strafantrag des Vaters zu verfolgen.

6. § 247 Abs. 2 enthält, wie § 248a Abs. 3, 257 Abs. 2, 264a Abs. 4, einen persönlichen Strafausschließungsgrund. (Siehe hierzu die Beispiele in Erl. 6c zu § 50.)

Nebenstrafen.

§ 248. Neben der wegen Diebstahls oder Unterschlagung erkannten Gefängnisstrafe kann auf Verlust der bürgerlichen Ehrenrechte, und neben der wegen Diebstahls erkannten Zuchthausstrafe auf Zulässigkeit von Polizeiaufsicht erkannt werden.

Notdiebstahl.

§ 248a. Wer aus Not geringwertige Gegenstände entwendet oder unterschlägt, wird mit Geldstrafe oder mit Gefängnis bis zu drei Monaten bestraft.

Die Verfolgung tritt nur auf Antrag ein. Die Zurücknahme des Antrags ist zulässig.

Wer die Tat gegen einen Verwandten absteigender Linie oder gegen seinen Ehegatten begeht, bleibt straflos.

1. Im Anschluß an die Erweiterung der Genußmittelentwendung (§ 370[5]) zu einer Verbrauchsmittelentwendung ist hier eine milde Strafandrohung gegen Diebstahl und Unterschlagung geringwertiger Gegenstände (z. B. alter Kleider, kleiner Geldbeträge) aus Not eingefügt (Notdiebstahl).

2. § 248a ist nicht rückfallbegründend i. S. des § 244 (siehe die dortige Erläuterung Z. 1), und greift, falls seine Voraussetzungen vorliegen, auch dann Platz, wenn der Diebstahl unter einer der Voraussetzungen des § 243 (schwerer Diebstahl) begangen worden ist. In diesem Falle ist aber neben einer Bestrafung nach § 248a auch eine solche wegen Sachbeschädigung (§ 303) oder Hausfriedensbruch (§ 123) möglich. (Siehe Erläuterung Z. 11 zu § 243.)

3. Ob die Not (wirtschaftliche Bedrängnis) eine verschuldete oder unverschuldete ist, erscheint gleichgültig. Auch eingebildete Not entschuldigt, nicht aber eine Not, die der Täter selbst beheben konnte z. B. dadurch, daß er in derselben Stadt seine zur Beschaffung alles Nötigen bereiten Eltern besucht.

4. Wie bei §§ 264a und 370[5] ist auch hier Strafantrag erforderlich.

5. Der Notdiebstahl ist als Raub nach § 249 zu bestrafen, wenn er mit Gewalt gegen eine Person, oder unter Anwendung von Drohungen mit gemeiner Gefahr für Leib oder Leben begangen wird. Ebenso findet auch § 252 auf § 248a Anwendung.

Zwanzigster Abschnitt. Raub und Erpressung.

Vorbemerkung:

Die §§ 249 bis 252 behandeln den Raub, die §§ 253 bis 255 die Erpressung, § 256 bezieht sich auf Nebenstrafen bei diesen strafbaren Handlungen.

§ 249 umfaßt den einfachen, § 250 den schweren, § 251 den besonders schweren Raub, § 252 den raubähnlichen Diebstahl.

Einfacher Raub.

§ 249. Wer mit Gewalt gegen eine Person oder unter Anwendung von Drohungen mit gegenwärtiger Gefahr für Leib oder Leben eine fremde bewegliche Sache einem anderen in der Absicht wegnimmt, sich dieselbe rechtswidrig zuzueignen, wird wegen Raubes mit Zuchthaus bestraft.

Sind mildernde Umstände vorhanden, so tritt Gefängnisstrafe nicht unter sechs Monaten ein.

1. Unter Raub versteht man einen Diebstahl (vgl. § 242), bei welchem durch Gewalt oder Drohung ein der Wegnahme geleisteter Widerstand gebrochen oder ein beabsichtigter Widerstand verhindert wird. — Der Täter muß die Sache selbst wegnehmen; wird die Herausgabe durch Drohung usw. erzwungen, so liegt räuberische Erpressung (§ 255) vor.

2. Die Gewalt muß gegen eine Person angewandt werden, und zwar gegen den Gewahrsamsinhaber; eine Gewaltanwendung gegen eine Sache genügt nur dann, wenn mit der Gewaltanwendung auf die Sache zugleich eine solche gegen die Person verbunden ist. Deshalb ist das in der Praxis häufig vorkommende Wegreißen einer Sache (Handtasche einer weiblichen Person) nur dann Raub, wenn die Sache von der betreffenden Person festgehalten wird, so daß beim Wegnehmen ein körperlicher Widerstand zu überwinden ist.

3. Wegen Drohung siehe Erläuterung 2b zu § 52.

4. Gegenüber Diebstahl (§ 242) ist der Raub ein Sonderverbrechen, so daß eine gleichzeitige Bestrafung wegen Diebstahls nicht möglich ist; § 73 ist also unanwendbar. Es ist ferner zu beachten, daß § 249 auch dann Platz greift, wenn die Tatbestände der §§ 248a und 370 Z. 5 unter den Voraussetzungen des § 249 vorliegen.

Schwerer Raub.

§ 250. Auf Zuchthaus nicht unter fünf Jahren ist zu erkennen wenn

1. der Räuber oder einer der Teilnehmer am Raube bei Begehung der Tat Waffen bei sich führt;
2. zu dem Raube mehrere mitwirken, welche sich zur fortgesetzten Begehung von Raub oder Diebstahl verbunden haben;
3. der Raub auf einem öffentlichen Wege, einer Straße, einer Eisenbahn, einem öffentlichen Platz, auf offener See oder einer Wasserstraße begangen wird;
4. der Raub zur Nachtzeit oder in einem bewohnten Gebäude (§ 243 Nr. 7) begangen wird, in welches sich der Täter zur Begehung eines Raubes oder Diebstahls eingeschlichen oder sich gewaltsam Eingang verschafft oder in welchem er sich in gleicher Absicht verborgen hatte, oder
5. der Räuber bereits einmal als Räuber oder gleich einem Räuber im Inlande bestraft worden ist. Die im § 245 enthaltenen Vorschriften finden auch hier Anwendung.

Sind mildernde Umstände vorhanden, so tritt Gefängnisstrafe nicht unter einem Jahre ein.

1. Der § 250 behandelt den schweren Raub, für welchen im übrigen die Bemerkungen beim einfachen Raub (§ 249) und beim Diebstahl (§ 242) zu vergleichen sind.

2. Zu Ziffer 1: Über Waffen bei sich führen vgl. Erl. 12 zu § 123 und Erl. 6 zu § 243.

3. Zu Ziffer 2: vgl. hierzu den Bandendiebstahl, wie er in § 243[6] bedroht ist.

4. Zu Ziffer 3: hier ist der Straßenraub bedroht. Zur „Eisenbahn" gehört auch der Bahnhof.

5. Zu Ziffer 4: vgl. hierzu Erl. 8 zu § 243[7]. Während in § 243[7] nur die diebische Absicht erwähnt ist, wird hier außer der diebischen Absicht auch noch die räuberische Absicht erwähnt. Gewaltsam Eingang verschafft sich derjenige, welcher Gewalt gegen Sachen anwendet, Personen mit Gewalt überwältigt oder sie bedroht, daß sie ihm Eingang gewähren.

Zu dem Einschleichen oder sich gewaltsam Eingang verschaffen muß dann noch die Anwendung von Gewalt oder Drohung gegen eine im Gebäude anwesende Person kommen, wie sie der Tatbestand des Raubes (§ 249) erfordert.

6. Zu Ziffer 5: Der Rückfall in den Raub wird schon bei der zweiten Bestrafung (und nicht wie beim Diebstahl erst bei der dritten Bestrafung vgl. § 244) als schwerer Raub bestraft. Aber nur Vorstrafen wegen Raubs begründen diesen Rückfall. Wegen der Anwendung des § 245 vgl. die Erläuterungen zu diesem Paragraphen.

Besonders schwerer Raub.

§ 251. Mit Zuchthaus nicht unter zehn Jahren oder mit lebenslänglichem Zuchthaus wird der Räuber bestraft, wenn bei dem Raube ein Mensch gemartert, oder durch die gegen ihn verübte Gewalt eine schwere Körperverletzung oder der Tod desselben verursacht worden ist.

1. Hier werden zwei Fälle als ganz besonders schwerer Raub mit hoher Strafe bedroht.

2. Unter Marterung eines Menschen versteht man absichtliche körperliche Peinigung durch Verursachung großer Schmerzen.

3. Was man unter schwerer Körperverletzung versteht, sagt § 224.

4. Ein vollendeter Raub nach § 251 liegt nur dann vor, wenn der Täter die Sachen an sich nimmt, während der Gewahrsamsinhaber noch lebt, denn nach dessen Tode kann er ihm die Sache nicht mehr „wegnehmen". Die nach dem Tode vollzogene Zueignung kann demnach nur als Unterschlagung bestraft werden.

5. Hat der Räuber eine schwere Körperverletzung oder den Tod zufügen wollen, so liegt neben dem Tatbestand des besonders schweren Raubes auch der Tatbestand des § 224 oder des Mordes (§ 211), vielleicht des Totschlags (§ 212) vor.

Räuberischer Diebstahl.

§ 252. Wer bei einem Diebstahle auf frischer Tat betroffen, gegen eine Person Gewalt verübt oder Drohungen mit gegenwärtiger Gefahr für Leib oder Leben anwendet, um sich im Besitze des gestohlenen Gutes zu erhalten, ist gleich einem Räuber zu bestrafen.

1. Hier wird ein besonderer Fall des Diebstahls, der einen straferhöhenden Umstand enthält, bedroht, wenn nämlich nach Vollendung des Diebstahls (auch eines solchen nach § 248a und 370 Z. 5) der Dieb mit Gewalt oder Drohung gegen eine Person vorgeht, um sich im Besitz des Diebesgutes zu erhalten.

2. Strafantrag ist in keinem Falle erforderlich. § 247 findet nicht Anwendung, weil der Täter gleich einem Räuber nicht wie ein Dieb zu bestrafen ist.

3. Beispiel: Der Dieb wird in der Wohnung des Bestohlenen überrascht; auf dessen Aufforderung, die gestohlenen Sachen herauszugeben, versetzt ihm der Dieb einen Schlag auf den Kopf und entflieht mit dem Diebesgut.

4. Eine besonders wichtige Ergänzung der Strafbestimmungen gegen Raub enthält das Gesetz gegen Straßenraub mittels Autofallen vom 22. Juni 1938 (RGBl. S. 651).

Es bestimmt: Wer in räuberischer Absicht eine Autofalle stellt, wird mit dem Tode bestraft. Dieses Gesetz tritt mit Wirkung v. 1. Jan. 1936 in Kraft.

Hierzu ist folgendes zu bemerken:

a) Wegen Wegfalls der Todesstrafe siehe Erl. zu § 13. Da das Gesetz im übrigen nicht zu den von der Militärregierung bzw. dem Kontrollrat speziell aufgehobenen Gesetzen gehört und auch offensichtlich kein nationalsozialistisches Ideengut enthält, dürften gegen den Fortbestand dieses Gesetzes wohl keine Bedenken bestehen. Ob allerdings diese Spezialbestimmung des Raubs in einem künftigen neuen Strafgesetzbuch Aufnahme finden wird, kann heute noch nicht entschieden werden. Ebenso erscheint fraglich, welcher Strafrahmen an Stelle der aufgehobenen absoluten Todesstrafe treten soll. (Siehe hierzu Erl. 1 zu § 239a.)

b) Das Gesetz bezweckt, den Kraftwagenverkehr und seine weitere Entwicklung durch energisches vorbeugendes Eingreifen vor den besonderen Gefahren zu schützen, die aus räuberischen Überfällen während der Fahrt drohen. Das Gesetz bestraft daher schon bestimmte Vorbereitungsverhandlungen zu einem Raubverbrechen, die sonst im allgemeinen noch nicht strafbar sind.

c) Das Gesetz enthält nur zwei Tatbestandsmerkmale: das „Stellen einer Autofalle" und die „räuberische Absicht". Sind diese beiden Merkmale im Einzelfalle gegeben, so ist schon damit das Verbrechen vollendet.

d) Als „Autofallen" kommen nicht nur körperliche Gegenstände, durch die das Fahrzeug als solches betroffen werden soll (z. B. gefällte Bäume, gespannte Seile, Nägel zur Beschädigung der Reifen) in Betracht, sondern auch psychische Einwirkungen auf den Fahrer selbst, die darauf abzielen, diesen oder das Fahrzeug in die Gewalt des Täters zu bringen. Eine solche Einwirkung kann z. B. darin bestehen, daß der Täter durch irgendwelche Manipulationen den Fahrer in den Glauben versetzt, er wolle als Fahrgast mit ihm als Fahrer eine ordnungsmäßige Fahrt ausüben, indem er z. B. dem Fahrer auf offener Strecke zuwinkt, um dadurch die Mitnahme zu erreichen, oder daß er bereits vor Beginn der Fahrt sich in heuchlerischer Weise als ordnungsmäßigen Fahrgast ausgibt, während er sich in Wirklichkeit in beiden Fällen mit räuberischer Absicht trägt, d. h. mit der Absicht, den Fahrer im Laufe der Fahrt zum Halten zu zwingen und zu berauben. Ebenso stellt schon der eine Falle, der sich am Wegrande mit der Schußwaffe aufstellt, um in räuberischer Absicht ein vorbeifahrendes Auto durch Schüsse in die Reifen oder den Motor oder auf die Insassen zum Halten zu bringen.

e) Das Verbrechen ist also schon vollendet, wenn der Täter glaubt, alles getan zu haben, was nach seinem Willen dazu dienen soll, den Täter zu überlisten und damit ihn oder das Fahrzeug in seine Gewalt zu bringen, wenn er also in räuberischer Absicht das körperliche Hindernis bereitet, oder dem Fahrer z. B. zugewinkt hat, gleichgültig, ob überhaupt ein Auto vorbeikommt bzw. ob der Fahrer auf das Winken reagiert. In all diesen Fällen kommt als einzige Strafe die Todesstrafe in Betracht. Kommt es dann zu einem eigentlichen Raubverbrechen, so steht dieses, ebenso wie ein eventueller Mord, Mordversuch oder eine Körperverletzung mit dem Autofallenverbrechen in Tateinheit.

f) Ein Versuch liegt z. B. vor, wenn der Täter den Baum fällt, den er dann über die Straße legen will, oder wenn er sich auf der Straße aufstellt, um einem Auto in der erörterten Absicht zuzuwinken.

g) Schafft der Täter ein körperliches Hindernis ohne eine verbrecherische Absicht zu haben, z. B. um einem Kraftfahrer einen „Streich" zu spielen, ist § 321 anzuwenden.

Erpressung.

§ 253. Wer einen anderen rechtswidrig mit Gewalt oder durch Drohung mit einem empfindlichen Übel zu einer Handlung, Duldung oder Unterlassung nötigt und dadurch dem Vermögen des Genötigten oder eines anderen Nachteil zufügt, um sich oder einem Dritten zu Unrecht zu bereichern, wird wegen Erpressung mit Zuchthaus oder mit Gefängnis nicht unter sechs Monaten bestraft.

Rechtswidrig ist die Tat, wenn die Anwendung der Gewalt oder die Zufügung des angedrohten Übels zu dem angestrebten Zweck dem gesunden Volksempfinden widerspricht.

1. Vorbemerkung: Durch Verordnung vom 29. Mai 1943 wurde der Tatbestand der Erpressung neu gefaßt. Das in Erl. 1 zu § 240 Gesagte gilt für § 253 entsprechend. Man muß also auch bezüglich § 253 zu dem Ergebnis gelangen, daß bei Auslegung des Begriffs der Rechtswidrigkeit nicht mehr nach dem „gesunden Volksempfinden", sondern unter Zugrundelegung der Begriffe Verkehrsmäßigkeit bzw. Verkehrssitte gegen den Fortbestand des § 253 Abs. 1 keine Bedenken bestehen dürften.

2. Wie bei der Nötigung des § 240 kommen auch bei der Erpressung als Mittel Gewalt oder Drohung mit einem empfindlichen Übel in Betracht. (Siehe hierzu Erl. 3 zu § 240.) (Nach früherem Recht genügte neben der Gewalt eine Drohung schlechthin.) Wie bisher kommt als Gewalt in § 253 nur eine solche an Sachen in Betracht, weil § 255 die Gewalt gegen eine Person als Erschwerungsgrund aufstellt.

3. Während nach früherem Recht der objektive Tatbestand schon dann vollendet war, wenn der Genötigte die Handlung vorgenommen, geduldet oder unterlassen hat, ist nach neuem Recht zur Vollendung der Erpressung erforderlich, daß ein Vermögensnachteil für den Genötigten tatsächlich eingetreten ist.

4. Der innere Tatbestand erfordert nach wie vor Vorsatz und außerdem die Absicht, sich oder einen anderen zu Unrecht zu bereichern.

5. Beispiele:

a) Der Kaufmann A schreibt seinem Lieferanten B, er werde die Geschäftsverbindung zu ihm abbrechen, wenn er ihm künftighin die von ihm zu beziehenden Waren nicht erheblich billiger liefern werde. Oder: Der Mieter A droht dem Vermieter B, er werde ihm den Mietvertrag kündigen, wenn er nicht einen Nachlaß im Mietzins gewährt: In beiden Fällen liegt keine Erpressung vor. Zwar wurde von A versucht, den B zu einem Preisnachlaß, bzw. zu einer Herabsetzung des Mietzinses zu nötigen, und diese Nötigungshandlung hätte auch zweifellos den A zu Unrecht bereichert, da er ja keinen Anspruch auf einen Preis- bzw. Mietzinsnachlaß gehabt hat, und es wäre insofern auch dem B ein Nachteil zugefügt worden. Die Androhung enthält auch ein empfindliches Übel. Die Nötigungshandlung war aber nicht rechtswidrig, weil es sich um die Androhung eines verkehrsmäßigen Übels handelte, d. h. eines Übels, mit dem jedermann im Geschäfts- und Wirtschaftsleben nach den Regeln des normalen Verkehrs, nach der Verkehrssitte rechnen muß.

b) Der Kaufmann A bzw. der Mieter A sucht seinen Zweck dadurch zu erreichen, daß er dem B damit droht, im Falle der Weigerung eine Strafanzeige wegen eines von B tatsächlich begangenen Sittlichkeitsverbrechens zu erstatten: An sich ist zwar die Erstattung einer Strafanzeige, der ein wahrer Sachverhalt zugrunde liegt, erlaubt. Trotzdem aber war diese Androhung der Zufügung eines an sich erlaubten Übels im vorliegenden Falle deshalb nicht rechtmäßig, also rechtswidrig, weil es verkehrs- bzw. sittenwidrig ist, die Erlangung eines Vermögensvorteils mit einer Strafanzeige zu verbinden, die einen in keinerlei Zusammenhang mit dem erstrebten Zwecke stehenden Sachverhalt zum Gegenstande hat, oder wenn der Fordernde in keiner Beziehung zu dem Verbrechen steht, dessen Nichtanzeige er gewissermaßen verkaufen will.

In diesen beiden Fällen liegt also eine versuchte, und wenn die Drohung Erfolg gehabt hat, eine vollendete Erpressung nach § 253 vor.

c) Wenn A, nachdem die entsprechenden Erpresserbriefe zur Kenntnis des B gelangt waren, Reue empfunden und den B gebeten hätte, die Briefe als nicht geschrieben zu betrachten, so hätte dieses reumütige Verhalten des A keinen Einfluß auf die Strafbarkeit wegen versuchter Erpressung gehabt; denn gemäß § 46 Ziff. 2 ist ein Rücktritt vom beendeten Versuch immer dann ausgeschlossen, wenn die Tat schon entdeckt war. Eine solche Entdeckung lag aber vor, da B bereits von den Erpresserbriefen Kenntnis genommen hatte.

Schwere Erpressung.

§ 254. Gestrichen durch VO. v. 29. Mai 1943.

Räuberische Erpressung.

§ 255. Wird die Erpressung durch Gewalt gegen eine Person oder unter Anwendung von Drohungen mit gegenwärtiger Gefahr für Leib oder Leben begangen, so ist der Täter gleich einem Räuber zu bestrafen.

1. Räuberische Erpressung liegt vor, wenn die Gewalt nicht nur gegen Sachen, sondern an der Person des zu Nötigenden (vgl. oben Erl. 2 am Schlusse zu § 253) vorgenommen wird und wenn auf den Bedrohten mit Ankündigung sofortiger Tötung oder Körperverletzung eingewirkt wird.

2. Die Bestrafung gleich einem Räuber erfolgt nach den §§ 249 bis 251.

3. Beispiel: Der Täter zwingt durch vorgehaltenen Revolver einen anderen zum Unterschreiben eines Wechselakzeptes.

Nebenstrafen.

§ 256. Neben der wegen Erpressung erkannten Gefängnisstrafe kann auf Verlust der bürgerlichen Ehrenrechte und neben der wegen Raubes oder Erpressung erkannten Zuchthausstrafe auf Zulässigkeit von Polizeiaufsicht erkannt werden.

Einundzwanzigster Abschnitt. Begünstigung und Hehlerei.

Vorbemerkung:

I. In den §§ 257—262 werden Handlungen mit Strafe bedroht, die eigentlich Teilnehmerhandlungen an verschiedenen Delikten, verübt nach der Tat, sind. Es bedarf also zur Bestrafung nach diesen Bestimmungen zuerst der Feststellung einer vorausgegangenen anderen strafbaren Handlung.

II. Die Tatbestände sind folgende:

1. Die Begünstigung (§§ 257, 258).
   a) Persönliche B. (§ 257 Abs. 1, erster Halbsatz).
   b) Sachliche B. (§ 257 Abs. 1, erster Halbsatz).
   Beide qualifiziert, falls des persönlichen Vorteils wegen begangen (§ 257 Abs. 1, zweiter Halbsatz).
   c) Begünstigung des Vorteils wegen nach vorausgegangener besonderer Delikte, sog. Personenhehlerei (§ 258).

2. Die Hehlerei.
   a) Die einfache H. (§ 259).
   b) Die gewerbs- und gewohnheitsmäßige H. (§ 260).
   c) Die Rückfallhehlerei (§ 261).

Begünstigung.

§ 257. Wer nach Begehung eines Verbrechens oder Vergehens dem Täter oder Teilnehmer wissentlich Beistand leistet, um denselben der Bestrafung zu entziehen oder um ihm die Vorteile des Verbrechens oder Vergehens zu sichern, ist wegen Begünstigung mit Geldstrafe oder mit Gefängnis bis zu einem Jahre und, wenn er diesen Beistand seines Vorteils wegen leistet, mit Gefängnis zu bestrafen. Die Strafe darf jedoch, der Art oder dem Maße nach, keine schwerere sein, als die auf die Handlung selbst angedrohte.

Die Begünstigung ist straflos, wenn dieselbe dem Täter oder Teilnehmer von einem Angehörigen gewährt worden ist, um ihn der Bestrafung zu entziehen.

Die Begünstigung ist als Beihilfe zu bestrafen, wenn sie vor Begehung der Tat zugesagt worden ist. Diese Bestimmung leidet auch auf Angehörige Anwendung.

1. Es gibt zweierlei Begünstigungen:

Die persönliche Begünstigung, die nach der Tat geleistet wird, um den Täter der Bestrafung zu entziehen. (Strafvereitelung.)

Die sachliche Begünstigung, die dem Täter die Vorteile seiner strafbaren Handlung sichern, ihm die Ausnützung der Straftat ermöglichen soll. (Vorteilssicherung.)

2. Die Handlung des § 257 besteht in beiden Fällen darin, daß dem Täter oder Teilnehmer des Vordelikts Beistand geleistet wird; und zwar muß der Beistand wissentlich geleistet sein, d. h. der Begünstiger muß wissen, daß der Vortäter eine strafbare Handlung begangen hat, die nach dem Gesetze ein Verbrechen oder Vergehen ist. Dabei genügt schon, wie in allen Fällen, in denen „Wissentlichkeit" verlangt wird, der sog. dolus eventualis, d. h. es handelt der Täter auch dann wissentlich, wenn er einen solchen Sachverhalt nur für möglich hält, für den Fall aber, daß er gegeben ist, den Täter in persönlicher oder sachlicher Hinsicht fördern will. (Nach einer Übertretung ist keine Begünstigung möglich.)

3. In beiden Fällen muß die Beistandsleistung nach Begehung des Verbrechens oder Vergehens erfolgen. Ist die Hilfe vor der Tat zugesagt, so wird sie als Beihilfe bestraft (Abs. 3).

4. Als Beistandsleistung bei der persönlichen Begünstigung kommt jede Tätigkeit in Betracht, die geeignet ist, den Strafanspruch des Staates gegen den Täter oder einen Teilnehmer zu vereiteln, sei es, um die Strafverfolgung, die Verurteilung oder die Vollstreckung der erkannten Strafe zu hintertreiben.

In der Praxis häufig vorkommende Fälle der persönlichen Begünstigung sind: Verbergen des Täters, Ermöglichen der Flucht, Einwirkung auf den Polizeibeamten, die Anzeige nicht zu erstatten, unberechtigte Zeugnisverweigerung vor dem Richter, Verbüßung der Strafe für einen anderen, Zahlung der Geldstrafe für den Verurteilten ohne Verpflichtung zur Rückerstattung, falsche tatsächliche Erklärungen in einem für einen anderen eingereichten Gnadengesuch. Dagegen kann die bloße Weigerung, einem Polizeibeamten gegenüber Angaben zu machen, den Tatbestand einer strafbaren Begünstigung nicht erfüllen, weil der Polizei gegenüber keine gesetzlich erzwingbare Verpflichtung zur Aussage besteht.

Geht aber die bloße Ablehnung der Auskunftserteilung über in ein bewußt wahrheitswidriges Behaupten zugunsten des Verfolgten, dann beginnt damit die „Beistandsleistung" i. S. des § 257.

5. Als Beistandsleistung bei der sachlichen Begünstigung kommt jede Tätigkeit in Betracht, die geeignet ist, dem Vortäter die Vorteile des Verbrechens oder Vergehens zu sichern. Sie stellt einen Angriff dar gegen das rechtlich geschützte Gut, das bereits durch die Vortat verletzt worden ist, indem sie diese Verletzung zugunsten des Vortäters festigen will. Beispiele: Aufbewahrung der durch Diebstahl oder Unterschlagung erlangten Sachen; Ableugnen des Besitzes einer solchen Sache, die auf rechtmäßige Art in den Besitz des Begünstigers gekommen war.

6. In beiden Fällen ist straferschwerend, wenn der Begünstiger seines Vorteils wegen Beistand geleistet hat.

7. In Abs. 2 wird die persönliche Begünstigung, welche einem Angehörigen geleistet wird, für straflos erklärt.

8. Wenn das begünstigte Verbrechen oder Vergehen nur auf Antrag verfolgt wird, so gilt das gleiche für die Begünstigung.

9. Eine besondere Art der Begünstigung ist die sog. Personenhehlerei des § 258 (siehe dort).

10. Für die bei der Strafrechtspflege beteiligten Beamten kommt u. U. die Sonderbestimmung des § 346 in Frage.

11. Eine Ergänzung zu § 257 bedeutet das Gesetz Nr. 21 der Regierung Württemberg/Baden vom 20. November 1945 (Regierungsblatt 1946 Nr. 1 S. 2).

§ 3 Ziff. 5 dieses Gesetzes lautet: „Mit Gefängnis bis zu 2 Jahren oder mit Geldstrafe wird bestraft, wer einer Person, von der ihm bekannt ist, daß sie von einer Behörde gesucht wird, Hilfe leistet, um sie dem Zugriff der Behörde zu entziehen, oder wer es unterläßt, diese Person der suchenden Behörde zu melden."

§ 257a. Wer, abgesehen von den Fällen der §§ 120, 121, 122a, 122b, vorsätzlich die Vollstreckung einer gegen einen anderen rechtskräftig angeordneten Maßregel der Sicherung und Besserung ganz oder zum Teil vereitelt, wird mit Gefängnis bis zu 2 Jahren oder mit Geldstrafe bestraft.

Der Versuch ist strafbar.

Wird die Tat zugunsten eines Angehörigen begangen, so tritt Straffreiheit ein.

Eingefügt wurde diese Gesetzesstelle durch Gesetz v. 24. Nov. 1933 sie wurde notwendig, um die Vollstreckung der Maßregeln der Sicherung und Besserung zu gewährleisten.

Personenhehlerei.

§ 258. Wer seines Vorteils wegen sich einer Begünstigung schuldig macht, wird als Hehler bestraft, wenn der Begünstigte

1. einen einfachen Diebstahl oder eine Unterschlagung begangen hat, mit Gefängnis,
2. einen schweren Diebstahl, einen Raub oder ein dem Raube gleich zu bestrafendes Verbrechen begangen hat, mit Zuchthaus bis zu fünf Jahren.

Sind mildernde Umstände vorhanden, so tritt Gefängnisstrafe nicht unter drei Monaten ein.

Diese Strafvorschriften finden auch dann Anwendung, wenn der Hehler ein Angehöriger ist.

Die des Vorteils wegen (s. oben Erl. 6 zu § 257 StGB.) geleistete Begünstigung wird hier als sog. Personenhehlerei (im Gegensatz zu der eigentlichen Hehlerei des § 259) mit besonders schwerer Strafe bedroht, wenn sie bei Diebstahl, Unterschlagung und Raub begangen wurde.

Sachhehlerei.

§ 259. Wer seines Vorteils wegen Sachen, von denen er weiß oder den Umständen nach annehmen muß, daß sie mittels einer strafbaren Handlung erlangt sind, verheimlicht, ankauft, zum Pfande nimmt oder sonst an sich bringt oder zu deren Absatz bei anderen mitwirkt, wird als Hehler mit Gefängnis bestraft.

Der Versuch ist strafbar.

1. Die Sachhehlerei des § 359 (die im Gegensatz zur Begünstigung auch bei Übertretungen möglich ist) besteht darin, daß der Täter eine Sache, die einem Dritten durch die verbotswidrige Handlung des Vortäters entzogen worden ist, durch Verheimlichen, Ansichbringen oder Mitwirken zum Absatz in dieser Lage erhält und dadurch dem Geschädigten die Wiedererlangung der Sache erschwert oder unmöglich macht.

2. Bezüglich der Vortat verlangt das Gesetz, daß die Sache mittels einer strafbaren Handlung erlangt wurde. Dabei ist es gleichgültig, ob der Vortäter sich die Sache unmittelbar (wie z. B. durch diebische Wegnahme), oder mittelbar (z. B. Meineid, Urkundenfälschung, Betrug) verschafft hat.

3. Es ist ferner Identität der erlangten und der gehehlten Sache erforderlich, d. h. die Sache, die nur an die Stelle der durch strafbare Handlung erlangten getreten ist, kann grundsätzlich nicht Gegenstand einer Hehlerei sein, z. B. das für einen gestohlenen Hundertmarkschein eingewechselte Kleingeld, oder die aus gestohlenem oder unterschlagenem Gelde gekauften Sachen.

4. Die Sache muß ferner den Mangel der rechtswidrigen Erlangung in der Hand des Vortäters z. Zt. der Hehlerei noch an sich tragen. Hat also der Vortäter an der durch die strafbare Handlung erlangten Sache rechtmäßiges Eigentum erworben (z. B. durch Verjährung oder der Bettler an den Almosen oder die Dirne an dem Dirnenlohn), so kann an derartigen Sachen keine Hehlerei begangen werden.

Ebenso ist Hehlerei ausgeschlossen, wenn der Hehler selbst unanfechtbares Eigentum erworben hat. (Siehe Erl. 11c zu § 292.) Andererseits ist Hehlerei auch an Sachen möglich, die vom Vortäter zwar durch eine strafbare Handlung erlangt sind, wegen deren der Vortäter aber nicht bestraft werden kann, z. B. weil die Straftat mangels Strafantrags nicht verfolgbar ist, oder wenn sie wegen eines anderen persönlichen Strafausschließungsgrundes straflos bleiben muß, z. B. wenn es sich um einen Diebstahl zwischen Ehegatten (§ 247 Abs. 2) handelt. (Siehe Erl. 5 zu § 247.)

5. Die Tat des Hehlers, die der Vortat nachfolgt, besteht in der Befestigung des Erfolges der Vortat, und zwar durch das Mittel des Verheimlichens, Ansichbringens und des Mitwirkens zum Absatze bei anderen.

a) Das Verheimlichen ist eine Tätigkeit, die darauf gerichtet ist, dem Berechtigten die Auffindung der Sache zu erschweren oder unmöglich zu machen, so z. B. das Ableugnen des Besitzes einer selbst in gutem Glauben erworbenen gestohlenen Sache.

b) Das Ansichbringen ist die Erwerbung eigener tatsächlicher Verfügungsgewalt auf Grund beiderseitiger Willensübereinstimmung derart, daß der Erwerber über die Sache wie über seine eigene verfügen soll. Eigenmächtige Ansichnahme genügt also nicht.

c) Das Mitwirken zum Absatz bei anderen ist jede dem Veräußerer der Sache bei seiner Absetzungstätigkeit geleistete Förderung.

6. Der Vorsatz erfordert ein Wissen davon, daß der Vortäter die Sache durch irgendeine strafbare Handlung — Verbrechen, Vergehen oder Übertretung — erlangt hat und noch rechtswidrig über sie verfügt. Diesem Wissen ist das durch die Umstände bedingte Annehmenmüssen gleichgestellt, d. h. es genügt, daß dem Täter Umstände von derartiger Beschaffenheit bekannt waren, daß sie ihm zu der Annahme eines strafbaren Erwerbs nötigen mußten. Wer annehmen mußte, von dem wird kraft Gesetzes vermutet, daß er auch angenommen hat.

Kann aber der der Hehlerei Verdächtige im einzelnen Falle Tatsachen anführen, die beweisen, daß er gar nicht auf den Gedanken kommen konnte, die fragliche Sache könne von dem anderen durch eine strafbare Handlung erworben sein, daß er also im guten Glauben gehandelt habe, dann liegt der Tatbestand des § 259 nicht vor.

7. Auch der Eigentümer kann an seiner eigenen Sache Hehlerei begehen. Beispiel: Die Ehefrau A hat einen Mantel, den ihr Ehemann B dem Gläubiger C als Sicherheit für eine Darlehnsschuld zum Pfand gegeben hat, dem Gläubiger vor Zahlung der Schuldsumme heimlich weggenommen und ihrem Ehemann wieder zurückgegeben: Der Ehemann begeht, wenn er in Kenntnis des Sachverhalts seinen Mantel an sich nimmt, Hehlerei, weil er eine durch das Vergehen der Pfandkehr nach § 289 durch die Ehefrau erlangte Sache an sich gebracht hat.

8. Als Beweggrund für die Tat erfordert das Gesetz, daß sie des eigenen Vorteils wegen geschieht.

9. Die sog. Personenhehlerei des § 258 unterscheidet sich von der Sachhehlerei des § 259 dadurch, daß bei ersterer die Vorteilsicherung Mittel und Zweck der Begünstigung des Vortäters ist, während bei der Sachhehlerei die Befestigung und Sicherung des Erfolgs der Vortat lediglich des eigenen Vorteils wegen geschieht. Es ist also die Willensrichtung des Täters entscheidend.

Gewerbsmäßige Hehlerei.

§ 260. Wer die Hehlerei gewerbs- oder gewohnheitsmäßig betreibt, wird mit Zuchthaus bis zu zehn Jahren bestraft.

1. Der Paragraph findet auf §§ 258 und 259 Anwendung.

2. Gewerbsmäßig handelt, wer die Absicht hat, aus der in Betracht kommenden Handlungsweise eine ständige, fortgesetzte, wenn auch nur bei günstiger Gelegenheit fließende Einkommensquelle zu machen.

3. Gewohnheitsmäßig handelt, wer einem Hange zur wiederholten Begehung der betreffenden Handlung nachgibt.

Dabei kann schon ein einzelner Fall unter Umständen genügen, wenn nur das Gesamtverhalten des Täters auf eine Wiederholungsabsicht schließen läßt. (Dagegen kann die Gewohnheitsmäßigkeit nur durch mehrere Einzelhandlungen bewiesen werden, ebenso wie auch der Begriff der fortgesetzten Tat mindestens zwei Einzelhandlungen erfordert.)

Rückfallhehlerei.

§ 261. Wer im Inlande wegen Hehlerei einmal und wegen darauf begangener Hehlerei zum zweitenmale bestraft worden ist, wird, wenn sich die abermals begangene Hehlerei auf einen schweren Diebstahl, einen Raub oder ein dem Raube gleich zu bestrafendes Verbrechen bezieht, mit Zuchthaus nicht unter zwei Jahren bestraft. Sind mildernde Umstände vorhanden, so tritt Gefängnisstrafe nicht unter einem Jahre ein.

Bezieht sich die Hehlerei auf eine andere strafbare Handlung, so ist auf Zuchthaus bis zu zehn Jahren zu erkennen. Sind mildernde Umstände vorhanden, so tritt Gefängnisstrafe nicht unter drei Monaten ein.

Die in dem § 245 enthaltenen Vorschriften finden auch hier Anwendung.

1. Auch dieser Paragraph bezieht sich sowohl auf § 258 als § 259 StGB.

2. Für die im wiederholten Rückfall begangene Hehlerei kommen im Gegensatz zum Rückfallsdiebstahl nur Hehlereistrafen in Betracht (vgl. § 244 StGB. und Erl. 2 zu diesem Paragraph).

3. Zu Abs. 3 vgl. die Erl. zu § 245.

Nebenstrafen.

§ 262. Neben der wegen Hehlerei erkannten Gefängnisstrafe kann auf Verlust der bürgerlichen Ehrenrechte und neben jeder Verurteilung wegen Hehlerei auf Zulässigkeit von Polizeiaufsicht erkannt werden.

Zweiundzwanzigster Abschnitt. Betrug und Untreue.

Betrug.

§ 263. Wer in der Absicht, sich oder einem Dritten einen rechtswidrigen Vermögensvorteil zu verschaffen, das Vermögen eines anderen dadurch beschädigt, daß er durch Vorspiegelung falscher oder durch Entstellung oder Unterdrückung wahrer Tatsachen einen Irrtum erregt oder unterhält, wird wegen Betrugs mit Gefängnis bestraft, neben welchem auf Geldstrafe, sowie auf Verlust der bürgerlichen Ehrenrechte erkannt werden kann.

Sind mildernde Umstände vorhanden, so kann ausschließlich auf die Geldstrafe erkannt werden.

Der Versuch ist strafbar.

In besonders schweren Fällen tritt an die Stelle der Gefängnisstrafe Zuchthaus bis zu zehn Jahren. Ein besonders schwerer Fall liegt insbesondere dann vor, wenn die Tat das Wohl des Volkes geschädigt oder einen anderen besonders großen Schaden zur Folge gehabt oder der Täter besonders arglistig gehandelt hat.

Wer einen Betrug gegen Angehörige, Vormünder oder Erzieher begeht, ist nur auf Antrag zu verfolgen. Die Zurücknahme des Antrages ist zulässig.

1. Zum Tatbestand des Betrugs gehören: a) Arglistige Täuschung, b) dadurch bewirkte Irrtumserregung, c) dadurch bewirkte Vermögensverfügung, d) dadurch bewirkte Vermögensbeschädigung, e) die Absicht der Bereicherung.

2. Damit ein strafbarer Betrug vorliege, muß der Täter die Absicht gehabt haben, für sich oder einen anderen einen Vermögensvorteil zu erlangen, d. h. es muß die Vorstellung des zu erreichenden Vermögensvorteils bestimmend auf den Entschluß des Täters eingewirkt haben. Er muß dabei aber das Bewußtsein gehabt haben, daß der erstrebte Vermögensvorteil ein rechtswidriger ist, d. h. ein solcher, auf dessen Verwirklichung er kein Recht hat. Wenn also jemand durch Vorspiegelung falscher Tatsachen einen Schuldner zur Zahlung einer fälligen Schuld veranlaßt, begeht er keinen Betrug.

3. Eine Bereicherung ist nicht nur die Erlangung von Geld, Geldeswert oder des Besitzes einer Sache, sondern auch das Erhalten von Kredit, von Stundung für eine Schuld, die Befreiung von einer Schuld, die Vergrößerung der Kundschaft, die Verhinderung, daß ein anderer einen begründeten Anspruch erhebt oder eintreibt.

4. Der Täter muß weiter das Bewußtsein gehabt haben, daß er durch seine Schwindeleien das Vermögen eines anderen beschädigt; dabei genügt es, wenn der Täter mit der von ihm gebilligten Möglichkeit rechnet, daß seine Handlungsweise für den anderen einen Schaden bewirken könne (Eventualdolus). Es ist also nicht erforderlich, daß der Täter eine Schädigung bezweckt.

5. Das Vermögen eines andern ist beschädigt, wenn es infolge der Handlung des Täters einen geringeren Wert hat als vorher.

Das liegt nicht nur vor, wenn der Geschädigte eine Sache, insbesondere Geld, wenn auch nur darlehensweise, hergibt, sondern auch wenn er für einen andern gutspricht, wenn er bewogen wird, einen gewährten Kredit zu verlängern.

Das Vermögen ist auch beschädigt, wenn jemand einen Gewinn, der ihm mit Sicherheit sonst hätte zufallen müssen, aufgegeben hat. Dagegen gehört die Vereitelung ungewisser Hoffnungen nicht hierher. Wohl aber ist das Vermögen desjenigen geschädigt, der gegen Geld wertlose oder ungeeignete Mittel einhandelt, selbst wenn er damit eine strafbare Handlung begehen wollte (z. B. wenn harmlose Kräuter als Abtreibungsmittel verkauft werden).

Durch einen in Aussicht stehenden späteren Ersatz wird das Tatbestandsmerkmal der Vermögensbeschädigung nicht beseitigt.

6. Die auch durch stummes Verhalten mögliche Vorspiegelung falscher oder Entstellung wahrer Tatsachen ist immer eine Täuschungshandlung i. S. des § 263, die Unterdrückung wahrer Tatsachen, also das Verschweigen derselben, aber nur, wenn der Täter eine Rechtspflicht hatte, die wahre Tatsache mitzuteilen.

Eine solche Rechtspflicht zur Offenbarung kann sich schon allein aus den Grundsätzen von Treu und Glauben ergeben. In dieser Beziehung wurde folgender Grundsatz aufgestellt: Fordern Treu und Glauben mit Rücksicht auf die Verkehrssitte nach der Auffassung des redlichen Verkehrs über das, was sittlich erlaubt und erträglich ist, eine bestimmte Tatsache zu offenbaren, so besteht eine Rechtspflicht zur Offenbarung. In vielen Fällen enthält die Unterdrückung oder Entstellung wahrer Tatsachen zugleich die Vorspiegelung falscher Tatsachen.

7. Tatsachen sind auch innere Absichten, z. B. die Absicht nicht zahlen zu wollen (bei Zechbetrug), das Vorhaben heimlich auszuziehen (bei den sog. Mietrückern). Vgl. Erl. 8 zu § 289.

8. Diejenige Person, bei der ein Irrtum erregt ist, braucht nicht die gleiche zu sein, wie diejenige, deren Vermögen geschädigt ist, wenn nur die getäuschte Person die Möglichkeit hatte, über das Vermögen der andern Person eine Verfügung zu treffen, wie die Ehefrau über das Vermögen des Mannes, der Handlungsbevollmächtigte über das Vermögen des Prinzipals, der Rechtsanwalt über das Vermögen seines Klienten, der Richter über das Vermögen des Fiskus und einer Prozeßpartei.

9. Wohl aber muß immer ein innerer Zusammenhang zwischen der Täuschung und der Vermögensbeschädigung vorhanden sein.

Derjenige, welcher angibt, in einen Irrtum versetzt worden zu sein, ist deshalb immer ausdrücklich zu befragen, welche Vorspiegelung oder welche Unterdrückung auf ihn derartigen Eindruck gemacht hat, daß er bewogen wurde für sich oder seinen Auftraggeber eine Vermögensverfügung, insbesondere z. B. Hingabe von Geld, zu treffen.

Wenn jemand einem sich taubstumm stellenden Bettler eine kleine Gabe gibt, um ihn los zu werden und nicht etwa, weil er ihn wirklich für taubstumm hält, so ist er nicht betrogen. Wenn er aber der Vorspiegelung des Bettlers, er sei taubstumm, glaubt und deshalb aus Mitleid statt weniger Pfennige die Gabe von mehreren Mark gibt, dann ist er um den Mehrbetrag zwischen den wenigen Pfennigen und der größeren Gabe betrogen, weil hier der Zusammenhang zwischen Irrtumserregung und Vermögensbeschädigung gegeben ist.

10. Von häufig vorkommenden Betrugsspezialitäten sind zu erwähnen:

a) Der Zechbetrug (Zechprellerei), bei dem zu beachten ist, daß jeder Wirt alsbaldige Zahlung erwartet und zu beanspruchen hat. Liegt also in dem ganzen Verhalten eines vermögenslosen, dem Wirt unbekannten Gastes ohne bare Mittel die Vorspiegelung der falschen Tatsachen, er sei willens und imstande bar zu zahlen, so ist der Betrugstatbestand gegeben.

b) Der Haftgeldbetrug. Hier muß dem Täter nachgewiesen werden, daß er in dem Zeitpunkt, als er das Haftgeld annahm, nicht vorhatte den Dienst anzutreten. Außer durch Geständnis wird dies durch die Tatsache, daß sich der Täter gleichzeitig mehrfach verdingt hat, festzustellen sein.

c) Der Kostgeldbetrug, begangen dadurch, daß der Kostgänger am Zahltag mit Hinterlassung seiner Schuld verschwindet. Hier ist mit besonderer Vorsicht zu verfahren, weil der Betrugstatbestand nur gegeben ist, wenn dem Beschuldigten durch sein Geständnis oder besondere Umstände nachgewiesen wird, daß er von Anfang an oder wenigstens von seiner letzten Versicherung an, am Zahltag zahlen zu wollen, vorhatte, mit dem „Zahltag" durchzubrennen.

d) Der Einzug von Geldern durch Geschäftsreisende, die keine Vollmacht zum „Inkasso" haben, s. oben Erl. 7 am Ende zu § 246.

e) Der Heiratsbetrüger, der durch Vorspiegelung der unwahren Tatsache, er beabsichtige das Mädchen zu heiraten, dieses zur Herausgabe ihrer Ersparnisse usw. veranlaßt.

f) Der Hochstapler, der sich durch Beilegung hochtrabender Namen und Titel den Anschein einer wohlhabenden Person gibt, und dadurch andere zur kreditweisen Hergabe von Geld oder sonstigen Vermögenswerten veranlaßt.

g) Der Darlehensschwindler, der durch die Behauptung, er könne Darlehen verschaffen, das geldsuchende Publikum zur Zahlung von Provisionen usw. veranlaßt, ohne fähig und willens zu sein, Geld zu beschaffen.

h) Beim sog. Prozeßbetrug, d. h. beim Betrug durch Täuschung des Richters ist zu beachten, daß jede bewußt falsche Parteibehauptung zur Annahme des Betrugstatbestands führen kann. Fällt der Richter infolge der falschen Behauptungen der einen Partei ein Urteil zum Nachteil der anderen Partei, dann ist der Betrug vollendet; kommt es nicht zum Urteil, da der Richter den Schwindel erkennt, dann liegt Betrugsversuch vor.

11. Der strafbare Versuch ist immer dann gegeben, wenn die Vorspiegelung nicht geglaubt wurde. Immer aber muß schon einer bestimmten Person gegenüber die Vorspiegelung erfolgt sein. Ein Betrugsversuch ist also nicht gegeben (sondern nur straflose Vorbereitungshandlung), wenn jemand in einer Zeitung durch lügenhafte Annoncen unternimmt, die Leser der Annonce zu Geldhingaben zu verleiten. Es muß mindestens noch nachgewiesen werden, daß die Annonce schon auf bestimmte Personen gewirkt hat.

12. Betrügerische Schädigung um geringwertige Gegenstände aus Not wird milder und nur auf Antrag bestraft (vgl. § 264a).

13. Eine Strafschärfung bringt der durch die Strafrechtsnovelle v. 26. Mai 1933 geschaffene Absatz 4.

Hierzu wird auf die Erläuterungen 6 zu § 139; 1 zu § 175; 7 zu § 181a; 1 zu § 218; 1 zu § 222; 3 zu § 230 Bezug genommen. Da für die Bestrafung des Betrugs nach § 263 vor dem 30. Januar 1933 nur Gefängnisstrafe vorgesehen war, dürfte der Absatz 4 (besonders schwere Fälle) gegenstandslos geworden sein.

14. **Weitere Betrugstatbestände in- und außerhalb des Strafgesetzbuches:**

a) Der Notbetrug des § 264a Abs. 1 und der Verwandtenbetrug des § 264a Abs. 4.
b) Der Versicherungsbetrug des § 265.
c) Die Gebührenüberhebung und Abgabenüberhebung der §§ 352, 353.
d) Die unlautere Reklame des § 4 Unl.Wettbew.Ges.
e) Die Nahrungsmittelfälschung nach §§ 4, 11 des Lebensmittelgesetzes v. 5. Juli 1927 i. d. Fassung v. 17. Jan. 1936 bzw. 14. Aug. 1943, wonach bestraft wird, wer zum Zwecke der Täuschung in Handel und Verkehr Lebensmittel nachmacht oder verfälscht.
f) Der Steuerbetrug nach § 396 Reichsabgabenordnung.
g) Der Automatenmißbrauch und das Erschleichen freien Eintritts des § 265a.

15. Von der Erpressung des § 253 unterscheidet sich der Betrug in der Hauptsache dadurch, daß das Mittel zur Erreichung des Zieles beim Betrug in der arglistigen Täuschung, bei der Erpressung in der Gewalt oder Drohung besteht. Dem Betrogenen wird ein Vermögenswert abgeschwindelt, dem Erpreßten abgenötigt.

Rückfallbetrug.

§ 264. Wer im Inlande wegen Betruges einmal und wegen darauf begangenen Betruges zum zweiten Male bestraft worden ist, wird wegen abermals begangenen Betruges mit Zuchthaus bis zu zehn Jahren und zugleich mit Geldstrafe bestraft.

Sind mildernde Umstände vorhanden, so tritt Gefängnisstrafe nicht unter drei Monaten ein, neben welcher zugleich auf Geldstrafe erkannt werden kann.

Die im § 245 enthaltenen Vorschriften finden auch hier Anwendung.

1. Vgl. hierzu die Erl. zu §§ 244, 245. — Der Betrug wird nur härter bestraft, wenn wiederholter Rückfall vorliegt, wenn also schon der dritte Betrugsfall gegeben ist.

2. Rückfallbegründend ist nicht der Notbetrug um geringwertige Gegenstände (§ 264a).

Notbetrug.

§ 264a. Wer aus Not sich oder einem Dritten geringwertige Gegenstände zum Schaden eines andern durch Täuschung (§ 263 Abs. 1) verschafft, wird mit Geldstrafe oder mit Gefängnis bis zu drei Monaten bestraft.

Der Versuch ist strafbar.

Die Verfolgung tritt nur auf Antrag ein. Die Zurücknahme des Antrags ist zulässig.

Wer die Tat gegen einen Verwandten absteigender Linie oder gegen seinen Ehegatten begeht, bleibt straflos.

1. Im Anschlusse an die Erweiterung der Genußmittelentwendung zu einer Gebrauchsmittelentwendung (§ 370[5]) und an Diebstahl und Unterschlagung geringwertiger Gegenstände aus Not (§ 248a) ist hier eine gleiche Bestimmung für Bagatellbetrug aus Not geschaffen, deren Bedeutung besonders darin liegt, daß solche Straftaten nicht rückfallbegründend wirken und nur auf Antrag bestraft werden.

2. Im übrigen muß auch hier der Betrugstatbestand gegeben sein. Auch die Erschwindelung geringer Geldbeträge fällt unter diese Bestimmung.

Versicherungsbetrug.

§ 265. Wer in betrügerischer Absicht eine gegen Feuersgefahr versicherte Sache in Brand setzt, oder ein Schiff, welches als solches oder in seiner Ladung oder in seinem Frachtlohn versichert ist, sinken oder stranden macht, wird mit Zuchthaus bis zu zehn Jahren und zugleich mit Geldstrafe bestraft.

Sind mildernde Umstände vorhanden, so tritt Gefängnisstrafe nicht unter sechs Monaten ein, neben welcher auf Geldstrafe erkannt werden kann.

1. Der hier behandelte Versicherungsbetrug enthält zwei Fälle:

a) den sog. Brandversicherungsbetrug, der mit der noch schwerer zu bestrafenden Brandstiftung der §§ 306 ff. zusammenfällt, wenn es sich um ein Gebäude (§ 306) oder um eine der in § 308 bezeichneten Sachen handelt,

b) den sog. Seeversicherungsbetrug.

2. Unter **betrügerischer Absicht** versteht man die Absicht, die Versicherungssumme für sich oder einen anderen rechtswidrig zu erhalten.

3. Über die Bedeutung von „**in Brand setzen**" vgl. Erl. 3 zu § 306.

4. Die Bestimmung ist nötig neben der Bestimmung des § 263, weil bei der hier bezeichneten Handlung keine Täuschungshandlung vorzuliegen braucht, und außerdem schon die Vorbereitung des Betrugs strafbar ist ohne Rücksicht darauf, ob eine Versicherungssumme ausbezahlt wird, d. h. ob ein Vermögensschaden eingetreten ist. Kommt es zur Auszahlung der Versicherungssumme, dann liegt neben § 265 auch noch der Tatbestand des § 263 vor (§ 74).

Automatenbetrug, Erschleichen freien Eintritts.

§ 265a. Wer die Leistung eines Automaten, die Beförderung durch ein Verkehrsmittel oder den Zutritt zu einer Veranstaltung oder einer Einrichtung in der Absicht erschleicht, das Entgelt nicht zu entrichten, wird, soweit die Tat nicht nach anderen Vorschriften mit schwererer Strafe bedroht ist, mit Gefängnis bis zu einem Jahre oder mit Geldstrafe bestraft.

Der Versuch ist strafbar.

1. Da § 265a nur Platz greift, wenn die Tat nicht als Diebstahl oder Betrug strafbar ist, kommt § 265a für die sog. **Warenautomaten** im allgemeinen **nicht** in Betracht, da in diesem Falle Diebstahl vorliegt, dagegen für die sog. **Leistungsautomaten**, also vor allem für die Fernsprech- und Wiegeautomaten. Ebenso ist der sog. **blinde Passagier**, wenn die Voraussetzungen des § 263 vorliegen, d. h. wenn eine Person getäuscht worden ist, nach § 263 zu bestrafen.

2. Da der § 265a aus der Reformarbeit **vor** 1933 stammt, also kein nationalsozialistisches Ideengut enthält, dürften gegen seinen Fortbestand keine Bedenken bestehen.

Untreue.

§ 266. Wer vorsätzlich die ihm durch Gesetz, behördlichen Auftrag oder Rechtsgeschäft eingeräumte Befugnis, über fremdes Vermögen zu verfügen oder einen anderen zu verpflichten, mißbraucht oder die ihm kraft Gesetzes, behördlichen Auftrags, Rechtsgeschäfts oder eines Treuverhältnisses obliegende Pflicht, fremde Vermögensinteressen wahrzunehmen, verletzt und dadurch dem, dessen Vermögensinteressen er zu betreuen hat, Nachteil zufügt, wird wegen Untreue mit Gefängnis und mit Geldstrafe bestraft. Daneben kann auf Verlust der bürgerlichen Ehrenrechte erkannt werden.

In besonders schweren Fällen tritt an die Stelle der Gefängnisstrafe Zuchthaus bis zu zehn Jahren. Ein besonders schwerer Fall liegt insbesondere dann vor, wenn die Tat das Wohl des Volkes geschädigt oder einen anderen besonders großen Schaden zur Folge gehabt oder der Täter besonders arglistig gehandelt hat.

1. § 266 in der Fassung der Novelle vom 26. Mai 1933 unterscheidet zwei Gruppen von Untreuehandlungen, und zwar die Untreue in Form des Mißbrauchs einer **Vertretungsbefugnis** und die Untreue, begangen durch Verletzung einer **Interessenwahrnehmungspflicht**.

2. Die Untreue durch Mißbrauch einer Vertretungsbefugnis.

a) Dieser Teil des § 266 setzt voraus, daß dem Täter die Befugnis zusteht, über fremdes Vermögen zu verfügen, oder einen anderen zu verpflichten. Durch die letztere Alternative wird zum Ausdruck gebracht, und damit eine Streitfrage des alten Rechts erledigt, daß nämlich eine Untreue nicht nur durch Verringerung des fremden Aktivvermögens, sondern auch durch Belastung des fremden Vermögens mit einer Schuldverbindlichkeit, also durch Vergrößerung des Passivvermögens begangen werden kann (z. B. Ausstellung eines Wechsels, oder Übernahme einer Bürgschaft).

b) Die Vertretungsbefugnis kann beruhen:

aa) Auf Gesetz, z. B. die Vertretungsmacht des Vaters bezüglich der Verwaltung des Kindesvermögens, oder diejenige des Ehemanns bezüglich der Verwaltung des Vermögens seiner Frau, oder diejenige des Vormunds bezüglich des Mündelvermögens. Ferner Testamentsvollstrecker, Konkursverwalter, Nachlaßverwalter.

bb) Auf behördlichem Auftrag, z. B. die Vertretungsmacht des Beamten, sofern sie die Befugnis zur rechtsgeschäftlichen Vertretung des Staates oder der Gemeinde enthält.

cc) Auf Rechtsgeschäft. In diese Kategorie gehören solche Personen, die von dem Auftraggeber zu einem rechtsgeschäftlichen Handeln gegenüber einem Dritten bestellt sind, z. B. Treuhänder, Verkaufs-Kommissionär, Gerichtsvollzieher, nicht dagegen die bloßen Boten, die nur ganz bestimmte Aufträge in vorher vorgeschriebener Weise auszuführen haben, z. B. die Zeitungsträgerinnen, die Abonnementsgelder einzuziehen haben; sie begehen Unterschlagung, wenn sie kassierte Gelder für sich behalten.

c) Die Handlung des Vertretungsberechtigten muß einen Mißbrauch der Vertretungsbefugnis enthalten und zur Folge haben, daß für den, dessen Vermögensinteressen der Vertretungsberechtigte zu betreuen hatte, ein Nachteil entsteht.

aa) Das Handeln kann in einem Tun, Dulden, oder Unterlassen bestehen, z. B. in der Verabsäumung pflichtmäßiger Anlegung von Mündelgeld durch den Vormund, oder in dem Verjährenlassen einer Forderung, oder Unterlassung der Pfändung durch Gerichtsvollzieher usw.

bb) Ein Mißbrauch der Vertretungsmacht liegt vor, wenn die Handlung des Vertretungsberechtigten den Interessen des Vertretenen zuwiderläuft.

cc) Der Begriff des „Nachteil zufügen" dürfte wohl demjenigen der Vermögensbeschädigung beim Betrug gleichzusetzen sein, so daß also auch eine Vermögensgefährdung genügt, wenn nach der konkreten Sachlage die eingetretene Gefahr eines Verlustes, also die Ungewißheit darüber, ob nicht ein Verlust eintreten werde, den Wert des Vermögens vermindert.

4. Die Untreue durch Verletzung einer Interessenwahrnehmungspflicht.

a) Dieser Teil des § 266 setzt voraus, daß der Täter, ohne eine Vertretungsmacht zu besitzen, die Pflicht hat, fremde Vermögensinteressen wahrzunehmen.

b) Diese Pflicht kann wieder beruhen:

aa) auf Gesetz, z. B. Vorstandsmitglied einer Aktiengesellschaft,

bb) auf behördlichem Auftrag,

cc) auf Rechtsgeschäft, z. B. Handlungsgehilfe,

dd) auf einem Treuverhältnis.

c) Die Handlung des Täters muß eine Verletzung der Betreuungspflicht enthalten und zur Folge haben, daß dem Betreuten ein Nachteil entsteht. (Im übrigen siehe oben Ziff. 3c, aa—cc.)

5. Wegen der Straffschärfung in Abs. 2 des § 266 wird auf Erl. 13 zu § 263 Bezug genommen. Das dort Gesagte gilt hier entsprechend. Da im übrigen die Neufassung des § 266 teilweise aus der Reformarbeit vor 1933 stammt und die Änderungen ausschließlich praktischen Bedürfnissen Rechnung tragen, bestehen gegen den Fortbestand des § 266 in der derzeitigen Fassung wohl keine Bedenken.

6. Untreuetatbestände außerhalb des Strafgesetzbuchs.

a) Die Neufassung des § 266 durch die Strafgesetznovelle v. 26. Mai 1933 hat an sich die in anderen Gesetzen befindlichen Untreuetatbestände überflüssig gemacht. Die Novelle hat aber gleichwohl diese anderen Untreuetatbestände nicht aufgehoben, sondern in Art. IV die Strafrahmen dieser Sonderbestimmungen der neuen Fassung des § 266 angepaßt, also durchweg ebenfalls Zuchthaus für besonders schwere Fälle festgesetzt, und in Art. III einen Untreuetatbestand für den Geschäftsführer usw. einer GmbH. neu geschaffen. (§ 81a: Vorsätzliches Handeln zum Nachteil der Gesellschaft.)

b) Außer diesem neuen § 81a des GmbHG. gibt es also nach wie vor folgende Untreuetatbestände außerhalb des StGB.

aa) § 95 Ziff. 2 des Börsengesetzes v. 22. Juni 1896, abgeändert am 27. Mai 1908. Er lautet: Ein Kommissionär, welcher, um sich oder einem Dritten einen Vermögensvorteil zu verschaffen, bei der Ausführung eines Auftrags oder bei der Abwicklung eines Geschäfts absichtlich zum Nachteil des Kommittenten handelt, wird mit ...... usw. bestraft (sog. Kommissionsuntreue).

bb) § 294 des Aktiengesetzes v. 30. Jan. 1937.

cc) § 146 des Genossenschaftsgesetzes.

dd) § 142 des Gesetzes über die Beaufsichtigung der privaten Versicherungsunternehmungen und Bausparkassen v. 6. Juni 1931.

In den letztgenannten drei Fällen werden Mitgliedern des Vorstandes und des Aufsichtsrats und Liquidatoren einer Aktiengesellschaft bzw. einer Genossenschaft, bzw. eines Versicherungsvereins auf Gegenseitigkeit Gefängnis- und Geldstrafen, und nach der Novelle v. 26. Mai 1933, wie oben erwähnt, auch Zuchthausstrafen angedroht, wenn sie absichtlich zum Nachteil der Gesellschaft, bzw. Genossenschaft, bzw. des Versicherungsvereins auf Gegenseitigkeit handeln.

c) Das Wettbewerbsgesetz enthält in § 17 (Verrat von Geschäfts- oder Betriebsgeheimnissen) einen untreueähnlichen Tatbestand.

Dreiundzwanzigster Abschnitt. Urkundenfälschung.

Vorbemerkung.

1. Der 23. Abschnitt enthält außer dem, was allgemein als „Urkundenfälschung" bezeichnet wird (§ 267), noch das Bewirken falscher Eintragung in öffentliche Bücher (§§ 271—273, die sog. intellektuelle Urkundenfälschung) und einige verwandte Tatbestände: Urkundenunterdrückung, Grenzsteinverrückung (§ 274), Stempelfälschungen (§§ 275, 276) und Anfertigung oder Gebrauch falscher ärztlicher Zeugnisse (§§ 277—279). Durch die Verordnung v. 29. Mai 1943 wurde an die Stelle der §§ 267—270 ein neuer § 267 gesetzt. Da diese Änderung offensichtlich

kein nationalsozialistisches Gedankengut enthält, dürfte gegen den Fortbestand der Neuregelung keine Bedenken bestehen.

2. An Stelle der Übertretung des § 363 (fälschliche Anfertigung eines Legitimationspapiers) ist durch Gesetz v. 4. Sept. 1941 eine neue Vorschrift als § 281 in das Strafgesetzbuch eingefügt worden.

Urkundenfälschung.

§ 267. Wer zur Täuschung im Rechtsverkehr eine unechte Urkunde herstellt, eine echte Urkunde verfälscht oder eine unechte oder verfälschte Urkunde gebraucht, wird wegen Urkundenfälschung mit Gefängnis bestraft.

Der Versuch ist strafbar.

In schweren Fällen ist die Strafe Zuchthaus.

1. Das Wesen der Urkundenfälschung besteht nicht in der schriftlichen Behauptung einer unwahren Tatsache, sondern im Mißbrauch der urkundlichen Form. Ob der Inhalt der Urkunde wahr oder unwahr ist, ist unerheblich. Wer also z. B. zum Zwecke der Verwendung in einem Zivilprozeß eine Quittung über eine tatsächlich bezahlte Schuld mit dem Namen des Gläubigers unterzeichnet, macht sich der Urkundenfälschung schuldig.

2. Der wesentliche Unterschied des neuen Rechts gegenüber dem früheren besteht darin, daß die Urkundenfälschung nicht mehr ein zweiaktiges, sondern nunmehr ein einaktiges Delikt ist. Nach früherem Recht mußte zur Erfüllung des Tatbestandes der Urkundenfälschung zweierlei vorliegen: Die eigentliche Fälschung und das Gebrauchmachen von der falschen Urkunde. Lag nur die Fälschung vor, sei es auch mit der Absicht, später davon Gebrauch zu machen, so war bei dem Vergehen der einfachen Urkundenfälschung kein strafbarer Tatbestand gegeben, weil bei dem § 267 a. F. der Versuch nicht strafbar war. Nach dem neuen, durch die Verordnung v. 29. Mai 1943 geschaffenen Recht ist in jedem Falle schon die eigentliche Urkundenfälschung strafbar, also ohne Rücksicht darauf, ob irgend jemandem gegenüber von der gefälschten Urkunde Gebrauch gemacht wird.

3. Als Gegenstand der Urkundenfälschung bezeichnet das neue Recht eine Urkunde schlechthin. Es wird also nicht mehr, wie nach bisherigem Recht zwischen öffentlicher und privater Urkunde unterschieden.

Unter Urkunde i. S. des § 267 ist jeder sinnlich wahrnehmbare leblose Gegenstand zu verstehen, der bestimmt ist, eine außerhalb seiner selbst liegende Tatsache zu erweisen und zugleich den Urheber bezeichnet oder doch erkennbar macht. Keine Urkunden sind also nach wie vor die sog. Kennzeichen, d. h. Gegenstände, die nur zur Sicherung, zur Unterscheidung und zum Verschluß bestimmter Sachen dienen.

4. Als Fälschungshandlung bezeichnet das neue Recht zunächst die Herstellung einer unechten Urkunde; sie besteht darin, daß durch Unterschreiben einer Urkunde mit einem falschen Namen der Schein erweckt wird, als rühre die Urkunde von einer anderen Person her, als die ist, welche sie tatsächlich ausgestellt hat. Dabei ist zu beachten, daß die Herstellung einer falschen Urkunde nicht vorliegt, der Tatbestand des § 267 also nicht gegeben ist, wenn es demjenigen, der sich eines ihm nicht zustehenden Namens bei der Unterzeichnung einer Urkunde bedient, nur darauf ankommt, über seinen Namen oder Familienstand, nicht aber über seine Person (Identität) zu täuschen. Beispiele: Es macht sich nicht nach § 267 strafbar der Filmschauspieler, der sich, um nicht belästigt zu werden

während eines Ferienaufenthaltes in einem Kurort eines falschen Namens bedient ebensowenig die A, die in wilder Ehe mit B lebt, und, um diese Tatsache zu verheimlichen, Urkunden mit Frau B unterzeichnet. Es begeht schließlich auch keine Urkundenfälschung, wer mit Zustimmung des Namensträgers mit dessen Namen unterzeichnet, vorausgesetzt, daß der Unterzeichner den Namensträger vertreten will, daß er ferner rechtlich dazu befugt ist (für die Errichtung eines eigenhändigen Testamentes z. B. ist die Stellvertretung ausgeschlossen), und schließlich, daß der Namensträger in der Unterschrift sich vertreten lassen will. Beispiel: Der A bittet den B, für ihn ein Telegramm aufzugeben und dieses mit seinem, des A Namen zu unterzeichnen. B macht sich, wenn er diesem Ersuchen nachkommt, nicht wegen Herstellung einer unechten Urkunde im Sinne des § 267 strafbar.

5. Die zweite Möglichkeit der Fälschungshandlung ist die Verfälschung einer echten Urkunde; sie besteht in der Erweckung des Scheins, als habe die Urkunde einen anderen Inhalt, als der ist, den der Aussteller ihr gegeben hatte.

6. Neben der Fälschung zum Zwecke der Täuschung im Rechtsverkehr stellt das neue Recht in § 267 den Gebrauch der von einem anderen oder auch von dem Täter selbst, aber ohne Gebrauchsabsicht, gefälschten Urkunde unter Strafe. Dadurch wurde der bisherige § 270 überflüssig und deshalb gestrichen.

7. Der innere Tatbestand erfordert Vorsatz und die Absicht, im Rechtsverkehr zu täuschen; nicht strafbar ist also, wer nur zum Scherz eine Urkundenfälschung begeht.

8. Das neue Recht macht keinen Unterschied mehr zwischen einfacher und schwerer Urkundenfälschung. Deshalb wurde der § 268 gestrichen. Die schweren Fälle der Urkundenfälschung können nach Abs. 3 mit Zuchthaus bestraft werden.

9. Nach Abs. 2 ist der Versuch der Urkundenfälschung immer strafbar.

10. Die von dem bisherigen § 269 (sog. Blankettfälschung) erfaßten Fälle, also vor allem das Ausfüllen von in Blanko akzeptierten oder girierten Wechseln mit höheren Summen als ausgemacht war, fällt ohne weiteres unter das Verfälschen einer echten Urkunde i. S. des § 267 n. F. Der § 269 wurde daher gestrichen.

11. Beispiele: Der Täter X., der ein Rad gestohlen hat, legt als Beweis dafür, daß er das Rad auf ehrliche Weise erworben hat, dem Althändler, dem er das Rad zum Kaufe anbietet, eine Bescheinigung vor, daß er das Rad durch rechtmäßigen Kauf erworben habe; diese Bescheinigung ist von ihm geschrieben und mit einem erfundenen Namen unterzeichnet (Herstellung einer unechten Urkunde). Er erreicht hierdurch, daß der Althändler das gestohlene Rad kauft. X. hat sich einer Urkundenfälschung nach § 267 und eines Betruges nach § 263 schuldig gemacht, denn der Althändler konnte an dem gestohlenen Rad kein Eigentum erwerben und hat andererseits den Kaufpreis bezahlt; er wurde also in seinem Vermögen geschädigt.

Oder: Der Täter Z. läßt sich von einem Schuldner einen Wechsel über 100 Mk. ausstellen; aus der Zahl 1 macht er die Zahl 2 (Verfälschen einer echten Urkunde); mit diesem Wechsel kauft er für 200 Mk. Waren. Er ist ebenfalls wegen Urkundenfälschung, begangen in Tateinheit mit Betrug, zu bestrafen.

Erschwerte Urkundenfälschung.

§ 268. Gestrichen durch die Verordnung v. 29. Mai 1943.

Blankettfälschung.

§ 269. Gestrichen durch die Verordnung v. 29. Mai 1943.

Gebrauch einer falschen Urkunde.

§ 270. Gestrichen durch die Verordnung v. 29. Mai 1943.

Mittelbare Falschbeurkundung.

§ 271. Wer vorsätzlich bewirkt, daß Erklärungen, Verhandlungen oder Tatsachen, welche für Rechte oder Rechtsverhältnisse von Erheblichkeit sind, in öffentlichen Urkunden, Büchern oder Registern als abgegeben oder geschehen beurkundet werden, während sie überhaupt nicht oder in anderer Weise oder von einer Person in einer ihr nicht zustehenden Eigenschaft oder von einer anderen Person abgegeben oder geschehen sind, wird mit Gefängnis bis zu sechs Monaten oder mit Geldstrafe bestraft.

1. Wie schon in Erl. 1 zu § 267 ausgeführt ist, wird eine schriftliche Lüge nicht bestraft (wenn nicht etwa mit Hilfe derselben ein Betrug begangen ist). Wenn nun aber jemand veranlaßt, daß solche Lügen in öffentlichen Urkunden festgelegt werden, dann macht er sich strafbar. (Ein Fall sog. mittelbarer Täterschaft, siehe Vorbem. Z. 2 zu § 47.) Es ist dies die sog. mittelbare Falschbeurkundung, die in den §§ 271, 272 und 273 geregelt ist.

2. Nur wenn der die Urkunde aufnehmende Beamte guten Glaubens ist, kommt dieses Vergehen in Frage. Sonst liegt Anstiftung zum Beamtenvergehen der falschen Beurkundung im Amte (§ 348) vor.

3. Nicht die Bewirkung der falschen Beurkundung jeder und aller Erklärungen, Verhandlungen und Tatsachen kommt in Betracht, sondern nur die von rechtserheblichen Tatsachen usw., welche zum Beweise der Entstehung, Erhaltung, Veränderung oder Erlöschung irgendeines Rechtes bestimmt und geeignet sind, und hinsichtlich deren die öffentliche Urkunde usw. Beweis gegen jedermann zu erbringen bestimmt ist. M. a. W. Die Strafbarkeit aus § 271 reicht nur soweit, als die Beweiskraft der öffentlichen Urkunde reicht.

4. Öffentliche Urkunden sind solche, welche von einer öffentlichen Behörde innerhalb der Grenzen ihrer Amtsbefugnisse oder von einer mit öffentlichem Glauben versehene Person innerhalb des ihr zugewiesenen Geschäftskreises in der vorgeschriebenen Form aufgenommen sind (ZPO. § 415).

Als öffentliche Bücher sind hier zu erwähnen: die Standesregister, Grundbücher, Vereinsregister, Güterrechtsregister, Handelsregister, Genossenschaftsregister, Schöffenregister.

5. Vollendet ist das Vergehen, wenn die Urkunde abgeschlossen ist. Der Versuch ist nicht strafbar, wenn keine Gewinnsucht beim Täter vorliegt (§ 272).

6. Beispiele: a) Es ist nach § 271 bzw. 272 strafbar, wenn sich jemand unter falschem Namen oder mit falschen Geburtsdaten eine Quittungskarte gemäß § 1414 Reichsversicherungsordnung ausstellen läßt, oder wenn jemand beim Standesamt ein uneheliches Kind als ehelich anmeldet, da er hierdurch eine falsche Beurkundung im Geburtsregister bewirkt, oder wenn jemand mit den Papieren eines anderen sich zum Strafantritt meldet und infolgedessen unter dessen Namen in das Gefangenenregister eingetragen wird (vorausgesetzt, daß, was im einzelnen Falle geprüft werden muß, die Gefangenenregister nicht nur für den inneren Dienst, sondern im öffentlichen Interesse geführt werden). b) Dagegen macht sich nicht nach § 271 strafbar, wer durch unwahre Angaben vor dem Standesbeamten unrichtige Beurkundungen der Familienverhältnisse der Eheschließenden in Aufgebotsurkunden bewirkt, oder wer durch unrichtige Angaben über Namen oder sonstige persönliche Verhältnisse eine Verurteilung unter der unrichtigen Bezeichnung herbeiführt, oder wer sich bei der Polizei unter falschem Namen oder sonstigen falschen

Angaben anmeldet. (Im letzteren Falle kommt aber eine Übertretung nach § 360 Z. 8 in Frage, weil er sich eines ihm nicht zukommenden Namens einem zuständigen Beamten gegenüber bedient hat.)

Schwere mittelbare Falschbeurkundung.

§ 272. Wer die vorbezeichnete Handlung in der Absicht begeht, sich oder einem anderen einen Vermögensvorteil zu verschaffen oder einem anderen Schaden zuzufügen, wird mit Zuchthaus bis zu zehn Jahren bestraft, neben welchem auf Geldstrafe erkannt werden kann.

Sind mildernde Umstände vorhanden, so tritt Gefängnisstrafe ein, neben welcher auf Geldstrafe erkannt werden kann.

Gebrauchmachen einer solchen Urkunde.

§ 273. Wer wissentlich von einer falschen Beurkundung der im § 271 bezeichneten Art zum Zwecke einer Täuschung Gebrauch macht, wird nach Vorschrift jenes Paragraphen und, wenn die Absicht dahin gerichtet war, sich oder einem anderen einen Vermögensvorteil zu verschaffen oder einem anderen Schaden zuzufügen, nach Vorschrift des § 272 bestraft.

Wie die falsche Beurkundung zustande gekommen ist, ob durch strafbare Handlung des Erklärenden oder des Beamten oder durch Irrtum, ist für diesen Tatbestand, wie er hier in § 273 festgestellt ist, gleichgültig. Es ist also auch derjenige nach § 273 strafbar, der eine ausländische unechte öffentliche Urkunde im Ausland erschlichen hat und von dieser Urkunde im Inland Gebrauch macht.

Urkundenvernichtung.

§ 274. Mit Gefängnis, neben welchem auf Geldstrafe erkannt werden kann, wird bestraft, wer

1. eine Urkunde, welche ihm entweder überhaupt nicht oder nicht ausschließlich gehört, in der Absicht, einem anderen Nachteile zuzufügen, vernichtet, beschädigt oder unterdrückt, oder
2. einen Grenzstein oder ein anderes zur Bezeichnung einer Grenze oder eines Wasserstandes bestimmtes Merkmal in der Absicht, einem anderen Nachteil zuzufügen, wegnimmt, vernichtet, unkenntlich macht, verrückt oder fälschlich setzt.

Der Versuch ist strafbar.

1. In diesem Paragraph sind zwei ganz verschiedene nur äußerlich verwandte Fälle zusammengestellt: die Urkundenvernichtung der Ziff. 1 und die Grenzsteinverrückung der Ziff. 2.

2. Zur Urkundenvernichtung sind verwandte Tatbestände zu vergleichen in § 133 (vgl. die Bem. 2 zu diesem Paragraph) und in der Sachbeschädigung (§ 303), sowie für Beamte in § 348 Abs. 2. Es kann auch in Betracht kommen, ob derjenige, welcher eine Urkunde unterdrückt, nicht einen Diebstahl oder eine Unterschlagung an derselben begeht.

Wegen des Begriffs „Urkunde" vgl. Erl. 5 bis 8 zu § 267.

Unter „Absicht einem andern Nachteil zuzufügen" versteht das Gesetz, daß der Wille des Täters auf Herbeiführung irgendeiner Beeinträchtigung, nicht bloß eines Vermögensverlustes gerichtet sei, wenn er auch daneben im Endzweck sich selbst irgendeinen Vorteil verschaffen wollte.

Unterdrücken ist dauerndes oder zeitweises Beiseiteschaffen, Verheimlichen.

3. Der Grenzstein oder das Grenzzeichen muß, wenn es den Schutz des Gesetzes genießen soll, nach dem geltenden öffentlichen Recht des Landes oder mindestens nach dem übereinstimmenden Willen aller Beteiligten gesetzt sein. Ob er dann wirklich auf der richtigen Grenze sitzt, ist gleichgültig. Also macht sich auch der strafbar, welcher nach Beseitigung oder Verrückung des Steines behauptet und schließlich im Rechtsstreit erhärtet, die Grenze ziehe anders. Er darf eben nicht willkürlich und einseitig das gesetzte Zeichen entfernen.

Nicht nur die Grenzsteine kommen in Betracht, welche das Eigentum verschiedener Personen scheiden, sondern auch diejenigen, welche die einzelnen Abteilungen und ganzen Gemarkungen von Gemeinden, ja schließlich die Gebiete von Ländern voneinander trennen.

Zum Vorsatz gehört auch hier die Absicht, einem anderen Nachteile zuzufügen. Vgl. auch noch hierzu die Übertretung des § 370 Ziff. 1 StGB.

4. Beispiele zu § 274 Ziff. 1: Frau A nimmt aus dem Briefkasten der mit ihr verfeindeten Flurnachbarin Frau B einen Brief heraus und vernichtet ihn. Oder: Der Sohn A vernichtet das Testament seines Vaters, weil dieser die Schwester B im Testament bevorzugt hat. (Befand sich die Urkunde in amtlicher Aufbewahrung, dann liegt § 133 vor.)

Fälschung von Postwertzeichen u. ä.

§ 275. Mit Gefängnis nicht unter drei Monaten wird bestraft, wer

1. wissentlich von falschem oder gefälschtem Stempelpapier, von falschen oder gefälschten Stempelmarken, Stempelblanketten, Stempelabdrücken, Post- oder Telegraphen-Freimarken oder gestempelten Briefkuverts Gebrauch macht,
2. unechtes Stempelpapier, unechte Stempelmarken, Stempelblankette oder Stempelabdrücke für Spielkarten, Pässe oder sonstige Drucksachen oder Schriftstücke, ingleichen wer unechte Post- oder Telegraphen-Freimarken oder gestempelte Briefkuverts in der Absicht anfertigt, sie als echt zu verwenden, oder
3. echtes Stempelpapier, echte Stempelmarken, Stempelblankette, Stempelabdrücke, Post- oder Telegraphen-Freimarken oder gestempelte Briefkuverts in der Absicht verfälscht, sie zu einem höheren Werte zu verwenden.

1. Die §§ 275, 276 und 364 sollen die Stempel- und Postwertzeichen schützen.

2. § 275 bedroht die fälschliche Anfertigung (ohne daß Gebrauchmachen hinzukommen muß) in Ziff. 2, die Verfälschung zu höherem Wert (wieder ohne Gebrauchmachen) in Ziff. 3 und das Gebrauchmachen von falschen oder verfälschten derartigen Wertzeichen in Ziff. 1.

3. Der § 276 bedroht das wissentliche Wiederverwenden schon einmal verwendeter derartiger Wertzeichen.

4. § 364 bedroht endlich das Veräußern oder Feilhalten schon einmal verwendeter derartiger Wertzeichen.

Wiederverwendung von Wertzeichen.

§ 276. Wer wissentlich schon einmal zu stempelpflichtigen Urkunden, Schriftstücken oder Formularen verwendetes Stempelpapier oder schon einmal verwendete Stempelmarken oder Stempelblankette, ingleichen Stempelabdrücke, welche zum Zeichen stattgehabter Versteuerung gedient haben, zu stempelpflichtigen Schriftstücken verwendet, wird außer der Strafe, welche durch die Entziehung der Stempelsteuer begründet ist, mit Geldstrafe bestraft.

Gleiche Strafe trifft denjenigen, welcher wissentlich schon einmal verwendete Post- oder Telegraphenwertzeichen nach gänzlicher oder teilweiser Entfernung des Entwertungszeichens zur Frankierung benutzt. Neben dieser Strafe ist die etwa wegen Entziehung der Post- oder Telegraphengebühren begründete Strafe verwirkt.

1. In Abs. 1 wird das wissentliche Wiederverwenden schon einmal verwendeter Stempelwertzeichen, ohne daß es darauf ankommt, was mit dem Entwertungszeichen geschehen ist, in Abs. 2 das Wiederverwenden von Postfreimarken nach gänzlicher oder teilweiser Entfernung des Entwertungszeichens bedroht.

Bei beiden Tatbeständen ist ausdrücklich erwähnt, daß die Defraudationsstrafe daneben eintritt.

2. Werden Postfreimarken ohne Entfernung des Entwertungszeichens noch einmal verwendet, so tritt nur die Defraudationsstrafe des § 27 RPostG. ein.

3. Die Entfernung des Entwertungszeichens kann auf chemischem oder mechanischem Wege (also durch Radieren), sie kann auch durch Ausschneiden und Zusammensetzen vom Entwertungszeichen nicht getroffener Markenteile erfolgen.

4. Die Geldstrafe beträgt, da es sich um ein Vergehen handelt (§ 1 Abs. 2), mindestens drei und höchstens 10000 Reichsmark (§ 27 Abs. 2 Nr. 1).

Fälschung von Gesundheitszeugnissen.

§ 277. Wer unter der ihm nicht zustehenden Bezeichnung als Arzt oder als eine andere approbierte Medizinalperson oder unberechtigt unter dem Namen solcher Personen ein Zeugnis über seinen oder eines anderen Gesundheitszustand ausstellt oder ein derartiges echtes Zeugnis verfälscht, und davon zur Täuschung von Behörden oder Versicherungsgesellschaften Gebrauch macht, wird mit Gefängnis bis zu einem Jahre bestraft.

1. Die §§ 277, 278 und 279 bedrohen fälschliche Anfertigung, Verfälschung, unrichtige Ausstellung und Gebrauchmachen von falschen oder verfälschten Zeugnissen über die Gesundheit eines Menschen (nicht von Tieren) zur Täuschung von Behörden und Versicherungsgesellschaften.

2. In § 277 gehört zum Tatbestand außer der Fälschung auch noch das Gebrauchmachen.

3. Über Ärzte und approbierte Medizinalpersonen vgl. § 29 GewO. Hebammen gehören nicht hierher.

Ausstellen unrichtiger Gesundheitszeugnisse.

§ 278. Ärzte und andere approbierte Medizinalpersonen, welche ein unrichtiges Zeugnis über den Gesundheitszustand eines Menschen zum Gebrauche bei einer Behörde oder Versicherungsgesellschaft wider besseres Wissen ausstellen, werden mit Gefängnis von einem Monat bis zu zwei Jahren bestraft.

Über Ärzte und approbierte Medizinalpersonen vgl. Bem. 3 zu § 277.

Gebrauchmachen von unrichtigen Gesundheitszeugnissen.

§ 279. Wer, um eine Behörde oder eine Versicherungsgesellschaft über seinen oder eines anderen Gesundheitszustand zu täuschen, von einem Zeugnisse der in den §§ 277 bis 278 bezeichneten Art Gebrauch macht, wird mit Gefängnis bis zu einem Jahre bestraft.

Hier wird das Gebrauchmachen von Zeugnissen bedroht, welche nach §§ 277, 278 entstanden sind, selbst wenn für die Herstellung niemand strafrechtlich zur Rechenschaft gezogen werden kann.

Aberkennung der bürgerlichen Ehrenrechte.

§ 280. Neben einer nach Vorschrift der §§ 267, 274, 275, 277 bis 279 erkannten Gefängnisstrafe kann auf Verlust der bürgerlichen Ehrenrechte erkannt werden.

Mißbrauch von Ausweispapieren.

§ 281. Wer ein Ausweispapier, das für einen anderen ausgestellt ist, vorsätzlich zur Täuschung im Rechtsverkehr gebraucht, oder wer zur Täuschung im Rechtsverkehr einem anderen ein Ausweispapier überläßt, das nicht für diesen ausgestellt ist, wird mit Gefängnis, in besonders schweren Fällen mit Zuchthaus bestraft. Der Versuch ist strafbar.

Einem Ausweispapier stehen Zeugnisse und andere Urkunden gleich, die im Verkehr als Ausweis verwendet werden.

1. Zwecks schärferer Bekämpfung des Mißbrauchs von Ausweispapieren wurde mit dem Gesetz zur Änderung des Reichsstrafgesetzbuchs vom 4. September 1941 unter Streichung des § 363 die neue Vorschrift des § 281 in das Strafgesetzbuch eingefügt.

2. Der Abs. 1 des aufgehobenen § 363, der die Anfertigung falscher Ausweise, bzw. den Gebrauch gefälschter Ausweise behandelte, ist im neuen § 281 nicht enthalten. Es ist daher die Ausweisfälschung und der Gebrauch gefälschter Ausweise, auch wenn die Handlung zum Zwecke besseren Fortkommens geschieht, stets als Urkundenfälschung zu bestrafen.

3. Der neue § 281 befaßt sich also nur noch mit dem Mißbrauch der für andere ausgestellten echten Ausweise; erforderlich ist ferner nicht mehr,

daß die Verwendung zum Zwecke des besseren Fortkommens des Täters oder eines anderen geschieht.

4. Zu den in § 281 geschützten Ausweispapieren gehören Pässe, Kennkarten, Führerscheine, Behördenausweise mit Lichtbild, Wanderbücher und andere Urkunden, die im Verkehr als Ausweis verwendet werden, also Wohnungsscheine, Geburtsurkunden, Taufscheine, Lebensmittelkarten, Steuerkarten.

5. Nach ausdrücklicher gesetzlicher Bestimmung ist auch das Überlassen solcher echter Ausweispapiere an andere zum Zwecke der Täuschung im Rechtsverkehr strafbar.

6. Siehe auch Paßstrafverordnung v. 27. Mai 1942, abgedruckt im Anhang 3 Nr. 15.

Vierundzwanzigster Abschnitt. Bankerott.

Vorbemerkung:

1. Die Bestimmungen der Konkursordnung §§ 239—244 sind an Stelle der §§ 281—283 des Strafgesetzbuchs getreten.

2. Die Konkursordnung behandelt:

a) in § 239 den betrügerischen Bankerott, bei welchem das wesentliche ist, daß dem Schuldner bewiesen werden muß, er habe die Absicht gehabt, seine Gläubiger zu benachteiligen.

Ein oft vorkommender Fall ist der, daß der Schuldner, welcher seine Zahlungen eingestellt hat, oder über dessen Vermögen der Konkurs durch das Amtsgericht eröffnet ist, unter Mitnahme des noch vorhandenen Geschäftsvermögens in das Ausland entflieht.

Die Fälle der Ziffern 3 und 4 können nur von Vollkaufleuten begangen werden, weil nur diese die Verpflichtung haben Bücher zu führen.

b) in § 240 den einfachen Bankerott, bei welchem der Täter sich vorsätzlich oder fahrlässig gegen die in 4 Ziffern aufgeführten Bestimmungen vergangen haben muß; ein häufig vorkommender Fall ist die in Ziffer 2 bedrohte Verschleuderung von Vermögenswerten.

c) in § 241 die Gläubigerbegünstigung begangen in Kenntnis der Zahlungsunfähigkeit und mit dem Willen; bestimmten Gläubigern etwas zu gewähren, wozu eine Verpflichtung nicht bestand (z. B. Hingabe von Fahrnissen an Zahlungs Statt), und sie hierdurch vor den übrigen Gläubigern zu begünstigen.

d) in § 242 die Bankerottunterstützung, die selbständige Teilnahme an dem betrügerischen Bankerott, wie er in den Fällen des § 239 Ziff. 1 und 2 KO. bedroht ist.

e) in § 243 den Stimmenverkauf von Konkursgläubigern.

f) in § 244 die Anwendungen der Bestimmungen der §§ 239 bis 241 auf die Mitglieder des Vorstandes gewisser Gesellschaften. Vgl. auch § 83 des Reichsgesetzes v. 20. April 1892 betr. die Gesellschaft mit beschränkter Haftung i. d. Fassung v. 28. März 1924.

g) Siehe auch Vergleichsordnung v. 26. Febr. 1935 (RGBl. I S. 321), wo in § 122 die Geltendmachung erdichteter Forderungen und in § 123 der Stimmenkauf unter Strafe gestellt ist.

h) Siehe schließlich § 299 des Aktiengesetzes v. 30. Jan. 1937 (RGBl. I S. 107), wo der Stimmenkauf bei der Abstimmung in der Hauptversammlung mit Strafe bedroht ist.

Betrügerischer Bankrott.

§ 239. KonkOrdn. Schuldner, welche ihre Zahlungen eingestellt haben, oder über deren Vermögen das Konkursverfahren eröffnet worden ist, werden wegen betrügerischen Bankerotts mit Zuchthaus bestraft, wenn sie in der Absicht, ihre Gläubiger zu benachteiligen,

1. Vermögensstücke verheimlicht oder beiseite geschafft haben,
2. Schulden oder Rechtsgeschäfte anerkannt oder aufgestellt haben, welche ganz oder teilweise erdichtet sind,
3. Handelsbücher zu führen unterlassen haben, deren Führung ihnen gesetzlich oblag, oder
4. ihre Handelsbücher vernichtet oder verheimlicht oder so geführt oder verändert haben, daß dieselben keine Übersicht des Vermögenszustandes gewähren.

Sind mildernde Umstände vorhanden, so tritt Gefängnisstrafe nicht unter drei Monaten ein.

Einfacher Bankrott.

§ 240. KonkOrdn. Schuldner, welche ihre Zahlungen eingestellt haben, oder über deren Vermögen das Konkursverfahren eröffnet worden ist, werden wegen einfachen Bankerotts mit Gefängnis bestraft, wenn sie

1. durch Aufwand, Spiel oder Wette, oder durch Differenzhandel mit Waren oder Börsenpapieren übermäßige Summen verbraucht haben oder schuldig geworden sind;
2. in der Absicht, die Eröffnung des Konkursverfahrens hinauszuschieben, Waren oder Wertpapiere auf Kredit entnommen und diese Gegenstände erheblich unter dem Werte in einer den Anforderungen einer ordnungsmäßigen Wirtschaft widersprechenden Weise veräußert oder sonst weggegeben haben;
3. Handelsbücher zu führen unterlassen haben, deren Führung ihnen gesetzlich oblag, oder dieselben verheimlicht, vernichtet oder so unordentlich geführt haben, daß sie keine Übersicht ihres Vermögenszustandes gewähren, oder

   es gegen die Bestimmung des Handelsgesetzbuches unterlassen haben, die Bilanz ihres Vermögens in der vorgeschriebenen Zeit zu ziehen.

Neben der Gefängnisstrafe kann in den Fällen der Nr. 1, 2 auf Verlust der bürgerlichen Ehrenrechte erkannt werden.

Sind mildernde Umstände vorhanden, so kann auf Geldstrafe erkannt werden.

Gläubigerbegünstigung.

§ 241. KonkOrdn. Schuldner, welche ihre Zahlungen eingestellt haben, oder über deren Vermögen das Konkursverfahren eröffnet worden ist, werden mit Gefängnis bis zu zwei Jahren bestraft, wenn sie, obwohl sie ihre Zahlungsunfähigkeit kannten, einem Gläubiger in der Absicht, ihn vor den übrigen Gläubigern zu begünstigen, eine Sicherung oder Befriedigung gewährt haben, welche derselbe nicht oder nicht in der Art oder nicht zu der Zeit zu beanspruchen hatte.

Sind mildernde Umstände vorhanden, so kann auf Geldstrafe erkannt werden.

Schuldnerbegünstigung.

§ 242. KonkOrdn. Mit Zuchthaus bis zu zehn Jahren wird bestraft, wer

1. im Interesse eines Schuldners, welcher seine Zahlungen eingestellt hat, oder über dessen Vermögen das Konkursverfahren eröffnet worden ist, Vermögensstücke desselben verheimlicht oder beiseite geschafft hat, oder
2. im Interesse eines solchen Schuldners, oder, um sich oder einem anderen Vermögensvorteil zu verschaffen, in dem Verfahren erdichtete Forderungen im eigenen Namen oder durch vorgeschobene Personen geltend gemacht hat.

Sind mildernde Umstände vorhanden, so tritt Gefängnisstrafe oder Geldstrafe ein.

Stimmenverkauf.

§ 243. KonkOrdn. Ein Gläubiger, welcher sich von dem Gemeinschuldner oder anderen Personen besondere Vorteile dafür hat gewähren oder versprechen lassen, daß er bei den Abstimmungen der Konkursgläubiger in einem gewissen Sinne stimme, wird mit Geldstrafe oder mit Gefängnis bis zu einem Jahre bestraft.

§ 244. KonkOrdn. Die Strafvorschriften der §§ 239 bis 241 finden gegen die Mitglieder des Vorstandes einer Aktiengesellschaft oder eingetragenen Genossenschaft und gegen die Liquidatoren einer Handelsgesellschaft oder eingetragenen Genossenschaft, welche ihre Zahlungen eingestellt hat, oder über deren Vermögen das Konkursverfahren eröffnet worden ist, Anwendung, wenn sie in dieser Eigenschaft die mit Strafe bedrohten Handlungen begangen haben.

Fünfundzwanzigster Abschnitt.

Strafbarer Eigennutz und Verletzung fremder Geheimnisse.

Vorbemerkung:

1. In diesem Sammelabschnitt sind folgende strafbare Handlungen erörtert:
§§ 284—286 das Glücksspiel (Reichsgesetz v. 23. Dez. 1919, RGBl. 2145),
(§ 287 ist ersetzt durch §§ 14ff. des Reichsgesetzes zum Schutze der Warenbezeichnungen v. 12. Mai 1894, RGBl. S. 441),
§ 288 die Zwangsvollstreckungsvereitelung,
§ 289 die unberechtigte Wegnahme der Pfandsache,
§ 290 der unberechtigte Gebrauch verpfändeter Sachen durch Pfandleiher,
§ 291 Munitionswegnahme (aufgehoben),
§§ 292—296 unberechtigtes Jagen und Fischen,
§ 297 Anbordnahme von Kontrebande,
§ 298 Entlaufen eines Schiffsmannes mit der Heuer,
§§ 299, 300 Verletzung fremder Geheimnisse,
§§ 301, 302 Kreditierung an Minderjährige,
§§ 302a bis 302e Wucher.

2. Das Gesetz über die Zulassung öffentlicher Glücksspiele v. 14. Juli 1933 in der Fassung des Gesetzes v. 23. März 1934 (RGBl. I S. 213) bestimmt, daß in Kur- und Badeorten öffentliche Glücksspiele zugelassen werden können, wenn die Orte in den Jahren 1924—1930 jährlich durchschnittlich mindestens 70000 Besucher, darunter 15% Ausländer gehabt haben, oder wenn sie in der Nähe einer ausländischen Spielbank liegen.

Glücksspiel.

§ 284. Wer ohne behördliche Erlaubnis öffentlich ein Glücksspiel veranstaltet oder hält oder die Einrichtungen hierzu bereitstellt, wird mit Gefängnis bis zu zwei Jahren und mit Geldstrafe oder mit Geldstrafe bestraft.

Als öffentlich veranstaltet gelten auch Glücksspiele in Vereinen oder geschlossenen Gesellschaften, in denen Glücksspiele gewohnheitsmäßig veranstaltet werden.

1. Glücksspiel im Sinne der §§ 284, 285 ist ein Spiel, dessen Entscheidung mindestens in der Hauptsache vom Zufalle abhängig ist. Dabei kommt es auf die Benennung nicht an; auch die „Rennwette" ist ein Glücksspiel, weshalb ein Wettunternehmer durch „Totalisator", oder die Tätigkeit als „Buchmacher" der behördlichen Erlaubnis bedarf. Auch das ändert nichts an dem Charakter eines Spiels als Glücksspiel, daß der Gewandtere bessere Hoffnung auf Erfolg („Chancen") haben kann als der Ungewandte, der Neuling.

Kartenspiele, bei denen neben dem Zufall der günstigen Karte Berechnung und schlaue Auswahl der sich bietenden Möglichkeiten zur Entscheidung beiträgt, wie z. B. Whist, Skat, Tego sind keine Glücksspiele im Sinne des Gesetzes.

2. Als Beispiele vom Glücksspielen seien hier angeführt: die Würfelspiele, „meine, deine Tante", Kartenlotterie, Dreikartspiel, Mauscheln mit und ohne

Aßzwang, das Zwicken, das Setzen am Totalisator bei Rennen, das Buchmachen. Die Geldspiel- (Schleuder-) Automaten sind Glücksspiele, wenn nicht durch besondere Einrichtungen die Geschicklichkeit derjenigen Kreise, die den Automaten benutzen, eine Hauptrolle spielt. Mitwirkung einzelner Spieler, die durch ihre Geschicklichkeit besondere Erfolge erzielen, kommt nicht in Betracht.

3. Veranstalter des Unternehmens ist derjenige, der es auf eigene Rechnung betreibt. Öffentlich ist das Glücksspiel veranstaltet, wenn unbestimmt welche und wieviele Personen daran teilnehmen können.

4. Einrichtungen zum Glücksspiel sind Karten, Roulettes, Würfel, auf deren Sicherstellung für die Untersuchung stets besonders zu achten ist. Das Bereitstellen allein ist schon strafbar, auch wenn es gar nicht zum Gebrauch der Gegenstände kommt.

5. Der Absatz 2 richtet sich gegen die Clubs, die zur Umgehung des Gesetzes gebildet wurden. Bei ihnen wird die Öffentlichkeit ohne weiteres angenommen.

Teilnahme am Glücksspiel.

§ 284a. Wer sich an einem öffentlichen Glücksspiel (§ 284) beteiligt, wird mit Gefängnis bis zu sechs Monaten und mit Geldstrafe oder mit Geldstrafe bestraft.

Als Teilnehmer am Glücksspiel wird jeder bestraft, der sich an einem öffentlich veranstalteten Glücksspiel (Absatz 1 und 2 des § 284) irgendwie beteiligt.

§ 284b. In den Fällen der §§ 284, 284a sind die Spieleinrichtungen und das auf dem Spieltisch oder in der Bank befindliche Geld einzuziehen, sofern sie dem Täter oder einem Teilnehmer gehören. Andernfalls können die Gegenstände eingezogen werden.

Spieleinrichtungen s. oben Bem. 4 zu § 284.

Gewerbsmäßiges Glücksspiel.

§ 285. Wer aus dem Glücksspiele ein Gewerbe macht, wird mit Gefängnis und mit Geldstrafe, bei mildernden Umständen mit Gefängnis bis zu einem Jahre und mit Geldstrafe oder mit Geldstrafe bestraft.

1. Ein Gewerbe macht aus dem Glücksspiel, einerlei, ob öffentlich oder nicht öffentlich veranstaltet, wer dasselbe in der Absicht fortgesetzt ausübt, einen Erwerb aus demselben zu ziehen.

2. Strafbar ist beim Vorliegen der Gewerbsmäßigkeit in erster Reihe der Bankhalter, d. h. derjenige Mitspieler, welcher das Gesamtrisiko trägt, die Karten gibt und die Gewinne auszahlt. In richtigen Spielerkreisen hat dieser Bankhalter auch die ganze Gesellschaft mit Getränken und Erfrischungen freizuhalten. Strafbar macht sich aber beim Vorliegen der Gewerbsmäßigkeit auch der einzelne Teilnehmer)sog. Pointeur), der nichts weiter tut, als daß er Einsätze macht. S. auch Erl. zu § 284a.

Der Unternehmer, welcher, ohne an den Gewinn- und Verlustmöglichkeiten teilzunehmen, gegen einen feststehenden Gewinn die Spielmöglichkeit gewährt, macht sich nicht des gewerbsmäßigen Glücksspiels schuldig, ist aber nach § 284 strafbar, wenn das Glücksspiel öffentlich veranstaltet ist.

3. Derjenige, welcher das Lokal, die Karten, das Roulette zur Verfügung stellt, kann sich der Beihilfe zum gewerbsmäßigen Glücksspiel, derjenige, welcher die Spieler vor der Polizei verbirgt, der Begünstigung (§ 257) schuldig machen.

4. Auf der Spielbank liegende Gelder unterliegen der Einziehung nach §§ 40 284b und sind deshalb ebenso wie Karten, Roulette, Würfel und Streichhölzer (wie sie bisweilen bei „meine, deine Tante" gebraucht werden) sicherzustellen.

§ 285a. In den Fällen der §§ 284, 284a und 285 kann neben Gefängnis auf Verlust der bürgerlichen Ehrenrechte und auf die Zulässigkeit von Polizeiaufsicht erkannt werden.

Neben der Strafe kann angeordnet werden, daß die Verurteilung auf Kosten des Schuldigen öffentlich bekanntzumachen ist.

Lotterien und Ausspielungen.

§ 286. Wer ohne obrigkeitliche Erlaubnis öffentliche Lotterien veranstaltet, wird mit Gefängnis bis zu zwei Jahren oder mit Geldstrafe bestraft.

Den Lotterien sind öffentlich veranstaltete Ausspielungen beweglicher oder unbeweglicher Sachen gleich zu achten.

1. Der Paragraph verbietet öffentliche, d. h. dem Publikum zugängliche Ausspielungen jeder Art ohne besondere Erlaubnis und hebt in Abs. 1 die Ausspielungen von Geld, denn das sind die Lotterien, ausdrücklich hervor.

2. Ausspielungen in Privatzirkeln oder in geschlossenen Vereinen sind keine öffentlich veranstalteten. Arrangiert aber ein Verein bei einem Garten- oder Waldfest einen Glückshafen, Tombola usw., bei welchem jeder Beliebige Lose nehmen kann, so wird die Ausspielung zu einer öffentlichen, die ohne obrigkeitliche Erlaubnis nicht vorgenommen werden kann.

3. Öffentliche Ausspielung liegt nur dann vor, wenn von irgendeinem Unternehmer dem Publikum gegen Entrichtung eines Einsatzes in Aussicht gestellt wird, je nach dem Ergebnis einer durch Zufall bedingten Ziehung einen Wertgegenstand zu gewinnen; bei der Lotterie ist es Geld, bei den übrigen Ausspielungen (auch Preisrätselaufgabe kann hierher gehören) irgendeine andere bewegliche oder unbewegliche Sache.

4. Die obrigkeitliche Erlaubnis wird von den Verwaltungsbehörden im Benehmen mit den Steuerbehörden wegen der Reichsstempelabgaben erteilt. Die Ausspielung ist ohne obrigkeitliche Erlaubnis veranstaltet, auch wenn der der Erlaubnis zugrunde liegende Ausspielungsplan nicht eingehalten wird, also z. B. wenn mehr Lose ausgegeben werden als im genehmigten Plan enthalten waren.

5. Strafbar macht sich auch derjenige, welcher nicht wußte, daß zu einer öffentlichen Ausspielung obrigkeitliche Genehmigung erforderlich sei und in dieser Unkenntnis eine Ausspielung veranstaltete. Dagegen wird nur vorsätzliches Handeln bestraft; wenn also ohne Wissen des Vereinsvorstandes untergeordnete Organe mehr Lose ausgeben, als vorgesehen waren, kann der Vereinsvorstand nicht bestraft werden, die untergeordneten Organe nur, wenn in ihrem Tun die selbständige Veranstaltung einer Ausspielung zu finden ist.

6. Wegen Beihilfe zur unerlaubten Veranstaltung der Ausspielung kann derjenige zur Verantwortung gezogen werden, welcher in Kenntnis der ganzen Sachlage Lose vertreibt.

7. Auch derjenige macht sich der Beihilfe schuldig, welcher sog. Anteilscheine vertreibt von Serienlosgesellschaften, die in Wahrheit aber gar keine Gesellschaften, sondern nur Privatunternehmungen im Ausland wohnender Spekulanten sind.

Für das Treiben dieser Leute kommt auch noch das Reichsabzahlungsgesetz v. 16. Mai 1894 (RGBl. S. 450) und § 56 Abs. 2[5], 148[7]a der GewO. in Betracht.

8. Der Unternehmer einer unerlaubten Ausspielung macht sich auch noch einer Übertretung oder eines Vergehens gegen das Reichsstempelgesetz schuldig.

§ 287.

Durch § 14 des Reichsgesetzes über den Markenschutz v. 30. Nov. 1874 aufgehoben, jetzt ersetzt durch § 14 des Reichsgesetzes v. 12. Mai 1894 (RGBl. S. 441) zum Schutze der Warenbezeichnungen. Dieser ersetzt durch § 24 des Warenzeichengesetzes v. 5. Mai 1936 (RGBl. II S. 134).

Vollstreckungsvereitelung.

§ 288. Wer bei einer ihm drohenden Zwangsvollstreckung in der Absicht, die Befriedigung des Gläubigers zu vereiteln, Bestandteile seines Vermögens veräußert oder beiseite schafft, wird mit Gefängnis bis zu zwei Jahren oder mit Geldstrafe bestraft.

Die Verfolgung tritt nur auf Antrag des Gläubigers ein.

1. Während § 137 (Verstrickungsbruch) die Verletzung der staatlichen Autorität, welche die Zwangsvollstreckung durchführt, bestraft, wendet sich der § 288, der die Zwangsvollstreckungsvereitelung behandelt, gegen die Benachteiligung der Gläubiger durch Vereitelung der erst bevorstehenden Zwangsvollstreckung.

2. Unter Zwangsvollstreckung ist außer dem gewöhnlichen Falle der Vollstreckung infolge eines bürgerlichen Rechtsstreits auch die Vollstreckung zur Durchführung einer im Strafverfahren erkannten Einziehung oder einer Einziehung im Verwaltungsstreitverfahren und Steuerexekutionsverfahren zu verstehen.

3. Drohend ist die Zwangsvollstreckung, wenn sie nahe bevorsteht, wenn der Gläubiger seine bestimmte Absicht, seine Forderung nunmehr zur Durchführung zu bringen, zu erkennen gegeben hat. Dabei ist es gleichgültig, ob er die Klage schon erhoben hat oder etwa erst, wie bei Erhebung eines Wechselprotestes, in ganz bestimmt nahe Aussicht gestellt hat.

4. Strafbar ist nur, wer bei seiner Veräußerungshandlung gerade durch diese Handlung die Befriedigung des betreibenden Gläubigers vereiteln wollte. Wenn er lediglich handelte, um einen anderen Gläubiger, der ihm keine Ruhe ließ, loszubekommen, so macht er sich nicht strafbar, mag er auch das Bewußtsein gehabt haben, daß durch seine Handlungsweise schließlich die Befriedigung des betreibenden Gläubigers vereitelt werde.

5. Vermögensbestandteil ist alles, was zum Vermögen des Schuldners gehört und was der Zwangsvollstreckung unterworfen ist. Kompetenzstücke (§ 811 ZPO.) gehören also nicht hierher.

6. Unter Veräußerung ist neben dem Verkaufen auch das Verschenken, das Hingeben an Zahlungs Statt, das Belasten mit einer Hypothek begriffen.

7. Unter Beiseiteschaffung fällt auch die Vernichtung, das Wegbringen unter einem Scheinkaufvertrag, das Verbergen. Auch das Vorauserheben noch nicht verfallener Mietzinse gehört hierher.

8. Tritt beim Schuldner Zahlungseinstellung oder Konkurseröffnung ein, so wird das Veräußern bzw. Beiseiteschaffen häufig den Tatbestand des § 239 KO. (betrügerischer Bankerott) erfüllen.

Pfandkehr.

§ 289. Wer seine eigene bewegliche Sache, oder eine fremde bewegliche Sache zugunsten des Eigentümers derselben dem Nutznießer, Pfandgläubiger oder demjenigen, welchem an der Sache ein Gebrauchs- oder Zurückbehaltungsrecht zusteht, in rechtswidriger Absicht wegnimmt, wird mit Gefängnis bis zu drei Jahren oder mit Geldstrafe bestraft.

Neben der Gefängnisstrafe kann auf Verlust der bürgerlichen Ehrenrechte erkannt werden.

Der Versuch ist strafbar.

Die Verfolgung tritt nur auf Antrag ein.

Die Bestimmungen des § 247 Abs. 2 und 3 finden auch hier Anwendung.

1. Geschädigt wird bei der sog. Pfandkehr des § 289 nicht, wie beim Diebstahl, der Eigentümer der Sache, sondern der Nutznießer, Pfandgläubiger, oder derjenige, dem ein Gebrauchs- oder Zurückbehaltungsrecht an der Sache zusteht.

2. Über die Begriffe „bewegliche Sachen" und „fremde Sachen" vgl. die Erl. 3 und 4 zu § 242.

3. Der Nutznießer oder Nießbraucher hat sein Recht entweder auf Grund ausdrücklicher gesetzlicher Bestimmung oder auf Grund eines Vertrages oder endlich auf Grund der Ersitzung. Gesetzliche Nutznießungsrechte gibt es im Familienrecht: Vater und Mutter haben sie an dem Vermögen der Kinder, die noch unter elterlicher Gewalt stehen, Ehemann hat Nutznießung am eingebrachten Gut der Frau.

4. Der Pfandgläubiger leitet sein Recht an beweglichen Sachen ebenfalls aus dem Gesetz her oder aus Vertrag (Faustpfandrecht). Von gesetzlichen Pfandrechten sind insbesondere anzuführen: das des Vermieters oder Verpächters an der eingebrachten Sache des Mieters oder Pächters für Mietzins-, Pachtzins-, Wassergeldforderungen usw., das des Kommissionärs, Spediteurs, Lagerhalters und Frachtführers an den infolge ihres Gewerbes an sie gekommenen Handelswaren.

Der Hypothekengläubiger, dessen Recht sich auf die vom Grundstück getrennten Bestandteile und Zubehörstücke erstreckt, kommt hier nicht in Betracht, weil er kein Besitz- oder ähnliches Recht an den Sachen hat. (Vgl. Bem. 2 zu § 137).

5. Gebrauchsrechte haben die Mieter an der gemieteten Sache, der Entleiher an der entliehenen Sache.

6. Zurückbehaltungsrechte haben z. B. der Finder an der gefundenen Sache und gewisse Kaufleute nach Handelsrecht.

7. Unter „rechtswidriger Absicht" versteht das Gesetz die Absicht, das bestehende Recht des Gläubigers zu brechen, zu vereiteln.

8. Wegnehmen heißt hier (vgl. Erl. 18 zu § 242) Aufheben des Herrschaftsverhältnisses des Gläubigers über die bewegliche Sache mindestens gegen dessen zu vermutenden Willen. Strafbar macht sich also der Mieter, wenn er seine Möbel, obwohl ihm der Hausherr (Vermieter) dies ausdrücklich untersagt hat oder obwohl er wußte, daß der Hausherr von seinem Rechte Gebrauch machen wolle, aus der gemieteten Wohnung wegschafft. Vgl. Erl. 7 zu § 263. — Auf die Kompetenz (§ 811 ZPO.) erstreckt sich das Recht des Vermieters nicht.

9. Der Versuch ist hier nach ausdrücklicher Vorschrift (Abs. 3) strafbar.

10. Beispiel: Der Gläubiger A holt im Einverständnis mit seinem Schuldner B gegen den, wie er wußte, das Vermieterpfandrecht geltend gemacht wurde,

heimlich in der Nacht aus der Wohnung des B verschiedene Möbelstücke als Sicherheit für seine, des A Forderung gegen B: Der Gläubiger A hat zwar die Möbel dem Vermieter in dessen Eigenschaft als Pfandgläubiger „weggenommen", er hat dies aber nicht zugunsten des Eigentümers der Möbel, nämlich des B, getan, sondern ausschließlich in seinem eigenen Interesse. Der Gläubiger A ist daher nicht nach § 289 strafbar.

Gebrauchsanmaßung.

§ 290. Öffentliche Pfandleiher, welche die von ihnen in Pfand genommenen Gegenstände unbefugt in Gebrauch nehmen, werden mit Gefängnis bis zu einem Jahre, neben welchem auf Geldstrafe erkannt werden kann, bestraft.

1. Öffentlich sind die Pfandleiher, wenn sie ihr Gewerbe dem Publikum offenstehend treiben. Ob sie die durch die Gew.-O. (§ 34) vorgeschriebene Erlaubnis erwirkt haben oder nicht, ist gleichgültig. Auch diejenigen, welche sog. Rückkaufsgeschäfte machen, gehören hierher.

2. Das unbefugte Ingebrauchnehmen kann auch durch Weiterverpfändung geschehen. Dadurch kann aber die strafbare Handlung zur Unterschlagung werden, wenn nämlich die jederzeitige und sofortige Einlösung nicht möglich ist.

3. Beispiel: Der Inhaber eines Leihgeschäfts trägt einen bei ihm verpfändeten Mantel. Benutzt dagegen die Köchin in Abwesenheit ihrer Dienstherrin deren Ballkleid, so macht sie sich nicht strafbar. (Siehe Erl. 15 zu § 242.)

§ 291. Aufgehoben durch Kontrollratsgesetz Nr. 11.

Unbefugte Jagdausübung.

§ 292. Wer unter Verletzung fremden Jagdrechts dem Wilde nachstellt, es fängt, erlegt oder sich zueignet, oder eine Sache, die dem Jagdrecht unterliegt, sich zueignet, beschädigt oder zerstört, wird mit Gefängnis bestraft.

In besonders schweren Fällen, insbesondere wenn die Tat zur Nachtzeit, in der Schonzeit, unter Anwendung von Schlingen oder in anderer nicht weidmännischer Weise oder von mehreren mit Schußwaffen ausgerüsteten Tätern gemeinsam begangen wird, ist auf Gefängnis nicht unter drei Monaten zu erkennen.

Wer die Tat gewerbs- oder gewohnheitsmäßig begeht, wird mit Gefängnis nicht unter drei Monaten, in besonders schweren Fällen mit Zuchthaus bis zu fünf Jahren bestraft.

1. Unter „Jagdrecht" versteht das am 3. Juli 1934 in Kraft getretene Reichsjagdgesetz in § 1 „die ausschließliche Befugnis, jagdbaren Tieren nachzustellen, sie zu fangen oder zu erlegen und sich anzueignen, sowie die ausschließliche Befugnis, sich verendetes Wild, Fallwild und Abwurfstangen sowie die Eier jagdbaren Federwilds anzueignen und die Gehege nicht geschützter Raubvögel zu zerstören". Das ausschließliche Aneignungsrecht erstreckt sich auch auf das durch unbefugte Jagdausübung eines Dritten erlegte Wild.

2. Das Jagdrecht hat also eine doppelte Bedeutung: Es gibt einerseits dem Inhaber bestimmte Befugnisse, und es enthält andererseits ein Verbot an alle Außenstehenden, in die dem Jagdberechtigten vorbehaltene Sphäre einzugreifen.

Es kommt im einzelnen Falle stets darauf an, objektiv festzustellen, ob demjenigen, welcher an einem bestimmten Orte gejagt hat, ein Jagdrecht bzw. ein Jagdausübungsrecht zustand. Dieses Recht kann an Einschränkungen und Bedingungen nach der Zeit und Art und dem Gegenstand (Wildart) geknüpft sein mit der Wirkung, daß derjenige (es kann dies der Pächter, Aufseher oder Jagdgast sein), welcher sich außerhalb der Grenze des durch die Bedingung eingeschränkten Rechts befindet, demjenigen, welcher ganz ohne Berechtigung jagt, gleichzustellen ist. Denn der Jagdausübende hat dann kein aus der Person des Jagdberechtigten herleitbares Recht zur Jagdausübung; er verletzt fremdes Jagdrecht.

3. Das Objekt der Wilderei i. S. des § 292 ist ein wildes herrenloses jagdbares Tier (welche Tiere im einzelnen jagdbar sind, sagt § 2 des Reichsjagdgesetzes v. 3. Juli 1934) in lebendem oder in totem Zustand. Ist das Tier in den Besitz einer berechtigten oder unberechtigten Person gelangt, kann es nicht mehr Gegenstand einer unberechtigten Jagdausübung sein. Ebensowenig ist dies der Fall bei eingehegtem Wild, insbesondere bei Wild in einem Tiergarten. In all diesen Fällen erfüllt die Wegnahme des Wilds bzw. das Schießen auf dasselbe den Tatbestand des Diebstahls.

4. Maßgebend dafür, wo unberechtigt gejagt wird, ist der Standort des Wildes, nicht derjenige des Jägers. Strafbar ist also auch derjenige, welcher von seinem Jagdgebiet aus Wild, das auf fremdem Jagdgebiet steht, schießt, oder sich aus dem fremden Jagdgebiet durch seinen Hund oder einen Gehilfen zutreiben läßt. (Letzterer macht sich der Beihilfe zu § 292 schuldig.) Ebenso ist strafbar, wer von ihm auf eigner Jagd angeschossenes Wild auf fremdes Gebiet verfolgt und dort aufnimmt, oder von seinem Hunde vom fremden Jagdgebiet apportieren läßt, sofern mit dem Nachbar nicht ausdrücklich gegenseitige „Jagdfolge" vereinbart ist.

5. Nicht strafbar ist dagegen, wer auf seinem eigenen Jagdgebiet stehendes Wild durch fremdes Gebiet anschleicht oder von fremdem Gebiet aus erlegt, sofern nicht sein Verhalten unter die Übertretungsvorschrift des § 368 Nr. 10 fällt.

6. Das Jagdvergehen ist nach Abs. 2 erschwert, wenn es nicht weidmännisch mit Schießgewehr oder Hunden, sondern mit einer unweidmännischen Vorrichtung ausgeübt wird.

7. Gewerbsmäßig i. S. des Abs. 3 handelt, wer die Absicht hat, aus dem Wilderlegen eine ständige, fortgesetzte, wenn auch nur bei günstiger Gelegenheit fließende Einkommensquelle zu machen. Gewohnheitsmäßigkeit liegt vor, wenn der Täter aus einem durch Übung entwickelten Hang heraus handelt. (Siehe auch Erl. 2 zu § 260.)

8. Der Versuch des unberechtigten Jagens nach § 292 Abs. 1 ist nicht strafbar. Dagegen verlangen Grundgedanke und Zweck des neuen § 292 eine Auslegung, die die Möglichkeit gibt, das unweidmännische und gemeinschädliche Treiben der Wilderer in einem möglichst frühzeitigen Stadium zu erfassen. Es stellt daher z. B. schon das Aufsuchen des Wechsels durch den mit Schlingen ausgerüsteten Wilderer einen regelmäßigen Bestandteil des Schlingenlegens selbst dar und erfüllt daher schon den Tatbestand des vollendeten Jagdvergehens nach § 292 Abs. 1 und 2 (Nachstellung unter Anwendung von Schlingen).

9. Häufig treffen mit dem Jagdvergehen tateinheitlich zusammen Übertretungen nach §§ 60—62 des Reichsjagdgesetzes v. 3. Juli 1934.

10. Wegen der in Abs. 3 für „besonders schwere Fälle" vorgesehenen Zuchthausstrafe, die vor dem 30. Januar 1933 in keinem Falle der Wilderei verhängt werden konnte, wird auf Erl. 13 zu § 263 Bezug genommen. Das dort Gesagte gilt auch hier entsprechend.

11. Beispiele:

a) Dem Jagdaufseher A war von seinem Forstmeister streng verboten worden, Hirsche zu schießen. Trotzdem gestattet er seinem Freunde B, einem passionierten Jäger, der das Verbot kennt, in dem von ihm betreuten Forst den Abschuß eines Hirsches, den A für sich verwertet, während er dem B das Geweih überläßt: B, der ja das Bewußtsein hatte, fremdes Jagdrecht zu verletzen, hat sich eines Vergehens nach § 292 schuldig gemacht. Da das „Jagdrecht" die ausschließliche Befugnis des Jagdberechtigten enthält, sich das in seinem Jagdbezirk befindliche Wild anzueignen, hat auch A ein Vergehen nach § 292 begangen; denn er hat durch die Aneignung des Hirsches das Jagdrecht seines Forstmeisters verletzt.

b) Die Pilzsucherin A findet im Jagdrevier X einen soeben verendeten Hasen. Sie nimmt ihn an sich und bringt ihn nach Hause. Dort wird er ihr in einem unbewachten Augenblick von der Nachbarin B weggenommen: Da auch die Aneignung von Fallwild fremdes Jagdrecht verletzt, hat sich die A eines Jagdfrevels nach § 292 schuldig gemacht. Die Nachbarin B kann nicht wegen Diebstahls bestraft werden, da der Hase nicht in fremdem Eigentum stand, d. h. weil es an dem zum Tatbestand des § 242 gehörenden Merkmal „fremd" fehlt; denn der Eigentumserwerb an herrenlosen Sachen, die einem ausschließlich Aneignungsrecht, wie dem Jagdrecht, unterliegen, ist für jeden anderen als den Aneignungsberechtigten ausgeschlossen. (Siehe BGB. § 958.) Hätte allerdings die Nachbarin B den Hasen für fremdes Eigentum gehalten, dann müßte sie wegen versuchten Diebstahls bestraft werden (irrtümliche Annahme des in Wirklichkeit nicht vorhandenen Tatbestandmerkmals „fremd", siehe Erl. 5a zu § 59).

c) Der A hat ein Reh gewildert und verkauft es an den gutgläubigen B. Am nächsten Tag erfährt B den Sachverhalt. Als kurz darauf der Jagdberechtigte C bei B Nachfrage hält, ob er im Besitz des Rehes sei, bestreitet dies B: A hat zwar das Reh mittels strafbarer Handlung (nämlich Jagdfrevels nach § 292) erlangt, und B hat das Reh seines Vorteils wegen an sich gebracht. Dieses Ansichbringen erfüllt aber nicht den Tatbestand der Hehlerei nach § 259, da B ja beim Erwerb des Rehs den Sachverhalt nicht kannte. Das spätere Verheimlichen gegenüber C erfüllt ebenfalls nicht den Tatbestand des § 259, denn B war ja durch seinen guten Glauben gemäß § 932 BGB. Eigentümer des Rehes geworden, da dieses, niemals in das Eigentum des Jagdberechtigten C gelangte Reh keine dem C „abhanden gekommene Sache" im Sinne des § 935 BGB. darstellt. Von Hehlerei kann aber dann niemals die Rede sein, wenn der Täter der Vortat oder der Hehler unanfechtbares Eigentum an der Sache erworben hat. (Siehe Erl. 4 zu § 259.)

Unbefugtes Fischen.

§ 293. Wer unter Verletzung fremden Fischereirechts fischt oder eine Sache, die dem Fischereirecht unterliegt, sich zueignet, beschädigt oder zerstört, wird mit Gefängnis bis zu zwei Jahren oder mit Geldstrafe bestraft.

In besonders schweren Fällen ist auf Gefängnis nicht unter einem Monat zu erkennen. Ein besonders schwerer Fall liegt namentlich vor, wenn die Tat zur Nachtzeit, in der Schonzeit, durch Anwendung von Sprengstoffen oder schädlichen Stoffen begangen oder wenn der Fischbestand eines Gewässers durch den Fang von

Fischen gefährdet wird, die das für die Ausübung des Fischfanges festgesetzte Mindestmaß noch nicht erreicht haben.

Wer die Tat gewerbs- oder gewohnheitsmäßig begeht, wird mit Gefängnis nicht unter drei Monaten bestraft.

1. Der Umfang des Fischereirechts bestimmt sich nach Landesrecht. Unberechtigtes Fischen liegt z. B. vor, wenn weder eine Fischereiberechtigung noch ein Fischereipachtrecht oder eine Fischereierlaubnis vorliegt.

2. „Fischen" bedeutet den Fischen nachstellen. Ob wirklich Fische gefangen werden, ist für den Begriff gleichgültig. Auch die Aneignung toter Fische, sofern sie nicht wertlose Kadaver sind, fällt unter den Begriff „Fischen". Dagegen ist Wegnahme von Fischen aus geschlossenen Gewässern Diebstahl.

3. „Zur Nachtzeit" (Abs. 2) bedeutet hier wie im § 292 die Zeit zwischen Eintritt der Dunkelheit und Eintritt der Morgendämmerung. Das Einlegen und Herausnehmen von Fangvorrichtungen während der Nachtzeit fällt unter Abs. 2 ebenso das absichtliche Liegenlassen der Fangvorrichtungen während der Nacht Schädliche Stoffe sind solche, die auf Fische vergiftend oder betäubend wirken

4. Wegen Gewerbs- und Gewohnheitsmäßigkeit (Abs. 3) s. Erläuterung Ziff. 7 zu § 292 und Erl. 2 und 3 zu § 260.

Leichtere Fälle.

§ 294. In den Fällen des § 292 Abs. 1 und des § 293 Abs. 1 wird die Tat nur auf Antrag des Verletzten verfolgt, wenn sie von einem Angehörigen oder an einem Orte begangen worden ist, wo der Täter die Jagd oder die Fischerei in beschränktem Umfang ausüben durfte.

1. Wer zu den „Angehörigen" gehört, besagt § 52 Abs. 2.

2. In „beschränktem Umfang" ausübungsberechtigt ist z. B. der Jagdgast, dem nur die Erlegung bestimmter Wildarten oder einer bestimmten Stückzahl von Wild gestattet ist.

Einziehung.

§ 295. Jagd- oder Fischereigeräte, Hunde oder andere Tiere, die der Täter oder ein Teilnehmer zur Jagd oder Fischerei bei sich geführt oder verwendet hat, sind einzuziehen, auch wenn sie keinem von ihnen gehören.

Von der Einziehung kann abgesehen werden, wenn die Sache ohne Schuld des Eigentümers zur Tat benutzt worden ist oder die Einziehung eine unbillige Härte für den Betroffenen bedeuten würde.

1. Hier muß, abweichend von § 40, auf Einziehung erkannt werden, es sei denn, daß die Voraussetzungen des Abs. 2 vorliegen.

2. Die Einziehung der Jagdbeute selbst ist weder nach § 40 noch nach § 295 möglich, da sie nach § 1 des Jagdgesetzes dem alleinigen Aneignungsrecht des Jagdberechtigten unterliegt.

Besitz von Jagd- oder Fischereigerät.

§ 296. Wer Jagdgerät oder Fischereigerät in Besitz oder Gewahrsam hat oder von einem anderen für sich verwahren läßt, nachdem er wegen gewerbs- oder gewohnheitsmäßiger Wilderei (§ 292 Abs. 3, § 293 Abs. 3) oder mehr als einmal wegen Wilderei (§ 292 Abs. 1, 2, § 293 Abs. 1, 2) rechtskräftig verurteilt worden ist, wird mit Gefängnis bestraft, sofern sich nicht aus den Umständen ergibt, daß das Gerät nicht zur Verwendung bei der Wilderei bestimmt ist.

Wer Jagd- oder Fischereigerät für einen anderen in Verwahrung nimmt oder einem anderen überläßt, obwohl er weiß oder den Umständen nach annehmen muß, daß das Gerät zur Verwendung bei der Wilderei bestimmt ist, wird, sofern die Tat nicht nach anderen Vorschriften mit schwererer Strafe bedroht ist, mit Gefängnis bis zu zwei Jahren bestraft.

Das Jagd- oder Fischereigerät ist einzuziehen, auch wenn es dem Täter nicht gehört.

§ 245 a Abs. 4 gilt entsprechend.

Unbefugtes Fischen von Ausländern.

§ 296 a. Ausländer, welche in Deutschen Küstengewässern unbefugt fischen, werden mit Geldstrafe oder mit Gefängnis bis zu sechs Monaten bestraft.

Neben der Geld- oder Gefängnisstrafe ist auf Einziehung der Fanggeräte, welche der Täter bei dem unbefugten Fischen bei sich geführt hat, ingleichen der in dem Fahrzeug enthaltenen Fische zu erkennen, ohne Unterschied, ob die Fanggeräte und Fische dem Verurteilten gehören oder nicht.

Hier handelt es sich um unbefugtes Fischen von Ausländern, d. h. Nichtdeutschen in denjenigen Teilen des Meeres, welche noch innerhalb der Hoheitsgrenze eines der Länder liegen. Nach völkerrechtlichen Grundsätzen ist das Fischen in den bezeichneten Gewässern den Staatsangehörigen vorbehalten.

Schiffsgefährdung durch Kontrebande.

§ 297. Ein Reisender oder Schiffsmann, welcher ohne Vorwissen des Schiffers, ingleichen ein Schiffer, welcher ohne Vorwissen des Reeders Gegenstände an Bord nimmt, welche das Schiff oder die Ladung gefährden, indem sie die Beschlagnahme oder Einziehung des Schiffes oder der Ladung veranlassen können, wird mit Geldstrafe oder mit Gefängnis bis zu zwei Jahren bestraft.

1. Der Paragraph bedroht die unbefugte Anbordnahme von „Zoll- oder Kriegskontrebande", d. h. von Gegenständen, welche nach den zollgesetzlichen Vorschriften der anzulaufenden Häfen oder nach den völkerrechtlichen Grundsätzen über den Seekrieg die Beschlagnahme oder Einziehung der Ladung oder des ganzen Schiffes veranlassen können.

2. Bestraft wird, wer die Gegenstände im Bewußtsein vom Bestehen der bezeichneten Vorschriften an Bord nimmt, ohne daß er gerade eine gewinnsüchtig-

Absicht dabei zu haben braucht. Derjenige, welcher die Ware kreditweise liefert, kann sich der Beihilfe schuldig machen.

3. Reeder ist der Eigentümer eines zum Erwerb durch die Seefahrt dienenden Schiffes.

Bruch des Heuervertrages.

§ 298. Ein Schiffsmann, welcher mit der Heuer entläuft, oder sich verborgen hält, um sich dem übernommenen Dienste zu entziehen, wird, ohne Unterschied, ob das Vergehen im Inlande oder im Auslande begangen worden ist, mit Gefängnis bis zu einem Jahre bestraft.

1. Vgl. hierzu die Bestimmungen der deutschen Seemannsordnung.

2. Die Vorschrift findet gegen deutsche und nicht deutsche Schiffsleute Anwendung, welche auf einem deutschen Schiff im Inland oder Ausland Heuer (d. h. Lohnvorschuß) nehmen und dann vertragsbrüchig werden.

Verletzung des Briefgeheimnisses.

§ 299. Wer einen verschlossenen Brief oder eine andere verschlossene Urkunde, die nicht zu seiner Kenntnisnahme bestimmt ist, vorsätzlich und unbefugter Weise eröffnet, wird mit Geldstrafe oder mit Gefängnis bis zu drei Monaten bestraft.

Die Verfolgung tritt nur auf Antrag ein.

1. Hier wird die Verletzung des Briefgeheimnisses behandelt. Jedes auf irgendeine Art, vielleicht auch durch Umschnürung, verschlossene Schriftstück soll nur von demjenigen geöffnet werden dürfen, zu dessen Kenntnisnahme es bestimmt ist. Das wird wohl in den meisten Fällen der Adressat sein. Allein die Adresse ist nicht unbedingt maßgebend. So kann ein Brief auch zur Kenntnisnahme der ganzen Familie des Adressaten bestimmt sein.

2. Unbefugt ist die Eröffnung, wenn nicht strafprozessuale (§§ 99, 100, 110 StPO.) oder konkursrechtliche (§ 121 KO.) Bestimmungen oder familienrechtliche Vorschriften dazu die Befugnis geben.

Der Vormund oder Vater kann zur Eröffnung von Briefen an seine Pflegebefohlenen, der Ehemann zur Eröffnung von Briefen an seine Ehefrau unter besonderen Umständen befugt sein.

3. Kriminell strafbar ist aber das unbefugte Eröffnen nur, wenn sich der Täter bewußt war, daß er keine Befugnis zur Eröffnung habe, wenn z. B. der Beamte wußte, daß ihm seine Amtsgewalt die Eröffnung nicht erlaube.

Welcher Beweggrund dabei den Täter leitete, ist gleichgültig. Derjenige, welcher aus Neugierde einen Brief eröffnet, wird ebenso bestraft, wie der, welcher in gewinnsüchtiger Absicht handelt.

4. Das Eröffnen besteht in dem Beseitigen des Verschlusses, wobei ein Zerreißen des Kuverts oder der Umschnürung nicht notwendig vorliegen muß.

Das Kenntnisnehmen von dem Inhalt gehört nicht zu dem Tatbestand.

5. Für Postbeamte und Telegraphenbeamte gelten die besonderen Vorschriften der §§ 354, 355 StGB.

6. Strafantragsberechtigt ist der Eigentümer des Briefes. Bei zur Post gegebenen Briefen bleibt der Absender Eigentümer bis zu dem Moment, in welchem

der Postbote den Brief dem Adressaten bestellt hat. Dann erst wird der Adressat Eigentümer. — Die Verfolgung kann vom Verletzten im Wege der Privatklage erfolgen (s. § 374 StPO.).

Verletzung des Berufsgeheimnisses.

§ 300. Rechtsanwälte, Notare, Verteidiger in Strafsachen, Hebammen, sowie die Gehilfen dieser Personen werden, wenn sie unbefugt Privatgeheimnisse offenbaren, die ihnen kraft ihres Amtes, Standes oder Gewerbes anvertraut sind, mit Geldstrafe oder mit Gefängnis bis zu drei Monaten bestraft.

Die Verfolgung tritt nur auf Antrag ein.

1. Gewissen Personen der Rechtspflege und Heilpflege wird hier die Wahrung von Privatgeheimnissen zur Pflicht gemacht. Auf andere Personenkreise, insbesondere Beamte, ist die Bestimmung nicht auszudehnen. Beamten ist die Wahrung des Dienstgeheimnisses sowieso vorgeschrieben, die Verletzung der Vorschrift wird disziplinarisch bestraft.

2. Verteidiger in Strafsachen können außer Rechtsanwälten nach den §§ 138, 139, 144 StPO. noch eine Reihe anderer Personen sein.

3. Privatgeheimnisse sind Mitteilungen, welche mit der ausdrücklichen oder aus den begleitenden Umständen zu entnehmenden Auflage der Geheimhaltung gemacht werden.

4. Offenbaren heißt nichts anderes als an eine andere Person mitteilen.

5. Nur die unbefugte Mitteilung an einen anderen ist strafbar. Die Mitteilung bei der Einvernahme als Zeuge ist nicht unbefugt, auch wenn der Mitteilende das Recht gehabt hätte, das Zeugnis gemäß § 53 StPO. zu verweigern. Die Nichtanzeige des Vorhabens eines schweren Verbrechens wird sogar nach § 139 StGB. bestraft.

6. Nur diejenigen Privatgeheimnisse kommen in Betracht, die den genannten Personen kraft ihres Amtes usw., also in Ausübung desselben anvertraut wurden. Gleichgültig ist aber der Grund, aus dem sie einem andern dann mitgeteilt werden, z. B. in der Absicht zu beleidigen oder aus bloßer Schwatzhaftigkeit.

7. Strafantragsberechtigt ist derjenige, der das Geheimnis anvertraut hat.

8. Vgl. auch § 17 Unl. WettbewerbGes., wo Strafe angedroht wird u. a. demjenigen, der als Angestellter, Arbeiter oder Lehrling eines Geschäftsbetriebs ein Geschäfts- oder Betriebsgeheimnis, das ihm vermöge des Dienstverhältnisses anvertraut worden ist, während der Geltungsdauer des Dienstverhältnisses unbefugt an jemand zu Zwecken des Wettbewerbs oder aus Eigennutz, oder in der Absicht, dem Inhaber des Geschäftsbetriebs Schaden zuzufügen, mitteilt. (Sog. Industrieverrat.) Siehe auch VO. gegen Bestechung und Geheimnisverrat nichtbeamteter Personen in der Fassung v. 22. Mai 1943 (RGBl. I 1943 S. 351).

9. Der Grundsatz der Schweigepflicht des Arztes ist durchbrochen in § 10 des Geschlechtskrankheitengesetzes, wo eine Offenbarung unter bestimmten Umständen nicht für unbefugt erklärt wird (siehe Anm. 4 zu § 327).

Außerdem enthält die Reichsärzteordnung vom 13. Dezember 1935 in § 13 eine Strafbestimmung betr. Bruch der Verschwiegenheit durch Ärzte. Der Fortbestand dieses Gesetzes ist in Frage gestellt, zumal § 13 Abs. 3 Straffreiheit vorsieht, wenn die Offenbarung des Geheimnisses zu einem nach gesundem Volksempfinden berechtigten Zweck erfolgt. So hat bereits das Land Bayern unter Aufhebung der Reichsärzteordnung am 25. Mai 1946 ein bayrisches Ärztegesetz erlassen, in das die oben erwähnte Strafbestimmung des § 13, allerdings nur dessen Absatz 1 übernommen worden ist, wonach ein Arzt mit Gefängnis bis zu 1 Jahr und Geldstrafe, oder einer dieser Strafen bestraft wird, der unbefugt ein fremdes Geheimnis offenbart, das ihm bei Ausübung seines Berufs anvertraut oder zugängig geworden ist.

10. Eine sachliche Einschränkung des Anwendungsgebietes des § 300 bedeutet ferner § 19 der Krankenpflegeverordnung v. 28. Sept. 1938. Er lautet:

Eine Krankenschwester, die unbefugt ein fremdes Geheimnis offenbart, das ihr bei Ausübung ihres Berufes anvertraut oder sonst zugänglich geworden ist, wird mit Gefängnis bis zu einem Jahr und Geldstrafe oder mit einer dieser Strafen bestraft.

Der Krankenschwester stehen der Krankenpfleger und Personen gleich, die in der Vorbereitung auf den Krankenpflegeberuf stehen. Auch der Fortbestand dieser Gesetzesstelle ist in Frage gestellt, da auch hier unter den gleichen Voraussetzungen wie in §13 der Reichsärzteordnung Straffreiheit für Geheimnisoffenbarung vorgesehen ist.

11. Apotheker werden wegen Verletzung des Berufsgeheimnisses gemäß § 24 der Apothekerordnung v. 18. April 1937 (RGBl. I S. 457) bestraft.

Ausbeutung Minderjähriger.

§ 301. Wer in gewinnsüchtiger Absicht und unter Benutzung des Leichtsinns oder der Unerfahrenheit eines Minderjährigen sich von demselben Schuldscheine, Wechsel, Empfangsbekenntnisse, Bürgschaftsinstrumente oder eine andere, eine Verpflichtung enthaltende Urkunde ausstellen oder auch nur mündlich ein Zahlungsversprechen erteilen läßt, wird mit Gefängnis bis zu sechs Monaten oder mit Geldstrafe bestraft.

Die Verfolgung tritt nur auf Antrag ein.

1. Die §§ 301 und 302 sollen die Minderjährigen (die das 21. Lebensjahr noch nicht vollendet haben) gegen Ausbeutung ihres Leichtsinns und ihrer Unerfahrenheit schützen.

Der § 301 enthält den leichtern, der § 302 den durch Annahme der Verpfändung der Ehre erschwerten Fall.

2. Als verbotene Geschäftsabschlüsse kommen die einzeln aufgezählten Geschäfte in Betracht, welche wesentlich zuungunsten des Minderjährigen ausfallen. Wenn dabei noch eine übermäßige Zinsfestsetzung mit unterläuft, so kommen die Bestimmungen über Wucher (§§ 302a—e) zur Anwendung.

Gleichgültig ist für beide Paragraphen, ob der Täter von dem Minderjährigen das Versprechen verlangte oder der Minderjährige sich dazu erbot.

Strafantragsberechtigt ist in beiden Paragraphen der Minderjährige und der gesetzliche Vertreter desselben (§ 65 StGB.).

Schwere Ausbeutung Minderjähriger.

§ 302. Wer in gewinnsüchtiger Absicht und unter Benutzung des Leichtsinns oder der Unerfahrenheit eines Minderjährigen sich von demselben unter Verpfändung der Ehre, auf Ehrenwort, eidlich oder unter ähnlichen Versicherungen oder Beteuerungen die Zahlung einer Geldsumme oder die Erfüllung einer anderen, auf Gewährung geldwerter Sachen gerichteten Verpflichtung aus einem Rechtsgeschäfte versprechen läßt, wird mit Gefängnis bis zu einem Jahre oder mit Geldstrafe bestraft.

Neben der Gefängnisstrafe kann auf Verlust der bürgerlichen Ehrenrechte erkannt werden.

Dieselbe Strafe trifft denjenigen, welcher sich eine Forderung, von der er weiß, daß deren Berichtigung ein Minderjähriger in der vorbezeichneten Weise versprochen hat, abtreten läßt.

Die Verfolgung tritt nur auf Antrag ein.

1. Zu vgl. Erl. zu § 301.

2. Der Abs. 3 bedroht mit Strafe auch denjenigen, welcher sich eine der in Abs. 1 erwähnten Forderungen bewußt und in gewinnsüchtiger Absicht im Ernste oder auch nur zum Scheine übertragen läßt (§§ 398ff. BGB.).

Wucher.

§ 302a. Wer unter Ausbeutung der Notlage, des Leichtsinns oder der Unerfahrenheit eines anderen mit Bezug auf ein Darlehen oder auf die Stundung einer Geldforderung oder auf ein anderes zweiseitiges Rechtsgeschäft, welches denselben wirtschaftlichen Zwecken dienen soll, sich oder einem Dritten Vermögensvorteile versprechen oder gewähren läßt, welche den üblichen Zinsfuß dergestalt überschreiten, daß nach den Umständen des Falles die Vermögensvorteile in auffälligem Mißverhältnis zu der Leistung stehen, wird wegen Wuchers mit Gefängnis bis zu sechs Monaten und zugleich mit Geldstrafe bestraft. Auch kann auf Verlust der bürgerlichen Ehrenrechte erkannt werden.

1. Die §§ 302a bis e enthalten die Strafbestimmungen gegen den Wucher. Vgl. auch § 49a des Gesetzes über Mieterschutz und Mieteinigungsämter v. 17. Febr. 1928 (RGBl. I S. 25), wo der sog. Mietwucher mit Strafe bedroht wird. Siehe auch die Preisstrafrechtsverordnung in der Fassung v. 26. Oktober 1944 (RGBl. I, S. 264), abgedruckt im Anhang 2, Abschnitt C.

In § 302a wird der sog. Kreditwucher, der Normalfall des Wuchers, in § 302b der durch Verschleierung, Wechselmäßigkeit oder Ehrverpfändung erschwerte Kreditwucher, in § 302c das sog. Mitwuchern eines Käufers der wucherischen Forderung, in § 302d der gewerbs- und gewohnheitsmäßige Wucher und in § 302e der sog. Sachwucher bedroht.

2. Der in § 302a behandelte Kreditwucher hat zur Voraussetzung den Abschluß eines Gelddarlehens (Empfang von Geld gegen die Verpflichtung, die empfangene Sache zurückzuerstatten, § 607 BGB.) oder eines andern Geschäfts, welches denselben wirtschaftlichen Zwecken dient. Diesen Zwecken dient jedes Geschäft, welches zur Befriedigung eines Bedürfnisses, für welches in der eigenen Wirtschaft Mittel nicht vorhanden sind, Geldmittel anderer Personen in Anspruch nimmt.

3. Der „übliche Zinsfuß" ist nicht der gesetzliche von 4 und 5 Prozent, sondern der unter gleichen Zeit- und Ortsverhältnissen für Geschäfte gleicher Art allgemein angewandte.

4. Wer das Geschäft begonnen hat, ob sich der Geldsucher an den Geldgeber gewandt oder umgekehrt der Geldgeber sich dem Geldsucher aufgedrängt hat, ist für den Tatbestand gleichgültig.

Erschwerter Kreditwucher.

§ 302b. Wer sich oder einem Dritten die wucherlichen Vermögensvorteile (§ 302a) verschleiert oder wechselmäßig oder unter Verpfändung der Ehre, auf Ehrenwort, eidlich oder unter ähnlichen Versicherungen oder Beteuerungen versprechen läßt, wird mit Gefängnis bis zu einem Jahre und zugleich mit Geldstrafe bestraft. Auch kann auf Verlust der bürgerlichen Ehrenrechte erkannt werden.

1. Hier wird eine erschwerte Art des Kreditwuchers bedroht (vgl. Erl. 1 und 2 zu § 302a).

2. „Verschleiert" heißt unter der Form eines erlaubten Geschäfts verdeckt. Beispiel: es wird gleichzeitig ein Kaufvertrag abgeschlossen, nach welchem der Bewucherte für gänzlich wertlosen oder für ihn unbrauchbaren Plunder einen hohen Kaufpreis schuldig geworden zu sein versichert. Dabei ist dann der Kaufpreis die Entschädigung für das gleichzeitig gegebene Darlehen.

Mit- oder Nachwucher.

§ 302c. Dieselben Strafen (§ 302a, § 302b) treffen denjenigen, welcher mit Kenntnis des Sachverhalts eine Forderung der vorbezeichneten Art erwirbt und entweder dieselbe weiter veräußert oder die wucherlichen Vermögensvorteile geltend macht.

Hier wird das Mit- oder Nachwuchern eines Käufers der Darlehensforderung — also eines Rechtsnachfolgers des ersten Gläubigers — bedroht.

Gewerbs- oder gewohnheitsmäßiger Wucher.

§ 302d. Wer den Wucher (§§ 302a bis 302c) gewerbs- oder gewohnheitsmäßig betreibt, wird mit Gefängnis nicht unter drei Monaten und zugleich mit Geldstrafe bestraft. Auch ist auf Verlust der bürgerlichen Ehrenrechte zu erkennen.

Über die Begriffe „gewerbs- und gewohnheitsmäßig" vgl. die Bem. 2 und 3 zu § 260 StGB.

Sachwucher.

§ 302e. Dieselbe Strafe (§ 302d) trifft denjenigen, welcher mit Bezug auf ein Rechtsgeschäft anderer als der im § 302a bezeichneten Art gewerbs- oder gewohnheitsmäßig unter Ausbeutung der Notlage, des Leichtsinns oder der Unerfahrenheit eines anderen sich oder einem Dritten Vermögensvorteile versprechen oder gewähren läßt, welche den Wert der Leistung dergestalt überschreiten, daß nach den Umständen des Falles die Vermögensvorteile in auffälligem Mißverhältnis zu der Leistung stehen.

1. Für den Sachwucher, der hier bedroht ist, kommen alle Rechtsgeschäfte in Betracht, bei welchen die Erlangung irgendeines Vermögensvorteils angestrebt

wird von dem Wucherer, welcher die Gelegenheit zu unrechtmäßigem Gewinn benutzt. Als Beispiele sind zu nennen: Vieh-Leih- und Verkaufsgeschäfte, Zerstückelung von Grundstücken, Stellenvermittlung, Vermittelung von Forderungsabtretungen, Ausbeutung eines Arbeiters, Ankauf von Sachen zu Schundpreisen.

2. Der hier behandelte sog. Sachwucher ist im Gegensatz zu Kreditwucher (§ 302a) nur strafbar, wenn er gewerbs- oder gewohnheitsmäßig ausgeübt wird. Beim Kreditwucher erschwert die Gewerbs- und Gewohnheitsmäßigkeit die Strafbarkeit (§ 302d), beim Sachwucher begründet sie erst die Strafbarkeit.

3. Über den Begriff „gewerbs- und gewohnheitsmäßig" vgl. Erl. 2 und 3 zu § 260 StGB.

Sechsundzwanzigster Abschnitt. Sachbeschädigung.

Einfache Sachbeschädigung.

§ 303. Wer vorsätzlich und rechtswidrig eine fremde Sache beschädigt oder zerstört, wird mit Geldstrafe oder mit Gefängnis bis zu zwei Jahren bestraft.

Der Versuch ist strafbar.

Die Verfolgung tritt nur auf Antrag ein.

Ist das Vergehen gegen einen Angehörigen verübt, so ist die Zurücknahme des Antrages zulässig.

1. Nur eine vorsätzlich verübte Sachbeschädigung ist strafbar. Eine nicht gewollte und nur fahrlässig begangene Sachbeschädigung ist nicht mit Strafe bedroht, auch nicht, wenn sie bei Gelegenheit der Verübung einer strafbaren Handlung, etwa eines Widerstands oder einer Körperverletzung, durch Zerreißen von Kleidungsstücken, vorkommt. Welchen Zweck der Täter mit der Handlung verfolgt, ist gleichgültig. Straffrei wird er jedoch, wenn er infolge Notwehr, Notstands, Einwilligung des Eigentümers, erlaubter Selbsthilfe oder besonderer gesetzlicher Vorschriften das Recht zu der Handlung hatte. (Siehe §§ 227, 228, 229, 904 BGB. und Erl. 3 zu § 54.)

2. Über den Begriff „Sache" vgl. Bem. 2 zu § 242. Auch die Verletzung oder Tötung von Tieren kann den Tatbestand der Sachbeschädigung erfüllen.

3. Was eine „fremde" Sache ist, wurde in Bem. 4 zu § 242 StGB. erläutert.

4. Beschädigung einer Sache liegt nur vor, wenn der Stoff, aus dem die Sache besteht, vermindert oder verletzt wird. Bei zusammengesetzten Sachen, z. B. Maschinen, kann dies auch durch Auseinandernehmen bei sehr schwieriger Wiederzusammensetzung oder durch Einführen anderer Sachen zwischen die einzelnen Teile geschehen, z. B. Einstreuen von Sand in eine Dampfmaschine. — Darnach ist keine Beschädigung das Fliegenlassen eines gezähmten Vogels, das Wegwerfen eines Ringes in einen Teich oder Fluß.

Ob eine Vermögensschädigung des Eigentümers eintritt oder nicht, ist gleichgültig.

5. Eine Beschmutzung einer Sache ist auch eine Beschädigung, wenn der Schmutz nicht etwa, wie z. B. bei Metallen, ohne Beeinträchtigung des Stoffes wegzuwaschen ist.

6. Zerstören heißt schwer beschädigen, z. B. durch Töten eines Tieres auch durch Gift, durch Anzünden, durch Vernichten mittels Explosion.

7. Der Versuch ist nach der ausdrücklichen Vorschrift des Abs. 2 strafbar.

8. Antragsberechtigt ist der Eigentümer, der Pächter, der Mieter, der Nutznießer, überhaupt jeder, der durch die Beschädigung oder Zerstörung in seinem Recht unmittelbar verletzt wird. — Die Verfolgung kann vom Verletzten im Wege der Privatklage erfolgen (s. § 374 StPO.).

9. Was unter den in Abs. 4 erwähnten Angehörigen zu verstehen ist, ergibt sich aus Erl. 3 zu § 52.

Erschwerte Sachbeschädigung.

§ 304. Wer vorsätzlich und rechtswidrig Gegenstände der Verehrung einer im Staate bestehenden Religionsgesellschaft oder Sachen, die dem Gottesdienst gewidmet sind, oder Grabmäler, öffentliche Denkmäler, Gegenstände der Kunst, der Wissenschaft oder des Gewerbes, welche in öffentlichen Sammlungen aufbewahrt werden oder öffentlich aufgestellt sind, oder Gegenstände, welche zum öffentlichen Nutzen, oder zur Verschönerung öffentlicher Wege, Plätze oder Anlagen dienen, beschädigt oder zerstört, wird mit Gefängnis bis zu drei Jahren oder mit Geldstrafe bestraft.

Neben der Gefängnisstrafe kann auf Verlust der bürgerlichen Ehrenrechte erkannt werden.

Der Versuch ist strafbar.

1. Die Sachbeschädigung des § 304 als erschwerte unterscheidet sich von der des § 303 dadurch, daß die Sachen keine fremden zu sein brauchen, überhaupt in niemandens Eigentum stehen können (es kann also der Eigentümer selbst an eigener Sache sich des Vergehens schuldig machen, wenn er nicht die freie Verfügung über die Sache mehr hat) und daß kein Strafantrag erforderlich ist.

Sonst müssen alle Merkmale vorliegen, wie sie bei § 303 erläutert sind.

2. Über Sachen, die dem Gottesdienst gewidmet sind, vgl. Bem. 2 zu § 243.

3. Ein öffentliches Denkmal ist ein Denkmal, das an einem öffentlichen Platze steht.

4. Eine Wasserleitung dient zum öffentlichen Nutzen. Die Entziehung des Zuflusses, unter Umständen die bloße Verunreinigung des Wassers kann als Beschädigung angesehen werden. — Auch ein Arrestlokal wird als dem öffentlichen Nutzen dienend angesehen werden können.

5. Der Versuch ist auch hier strafbar.

6. Die Strafbestimmung des § 304 hat durch das Gesetz Nr. 21 der Regierung Württemberg/Baden vom 20. November 1945 (Regierungsblatt 1946 Nr. 1 S. 2) eine Ergänzung erfahren. § 3 Ziff. 2 dieses Gesetzes lautet: „Mit Gefängnis bis zu 2 Jahren oder mit Geldstrafe wird bestraft, wer ein Kunstwerk, Monument oder ein anderes Kulturgut, das von einer anderen Person geschaffen worden ist, vorsätzlich zerstört, verändert oder verheimlicht."

Besonders schwere Sachbeschädigung.

§ 305. Wer vorsätzlich und rechtswidrig ein Gebäude, ein Schiff, eine Brücke, einen Damm, eine gebaute Straße, eine Eisenbahn oder eine anderes Bauwerk, welche fremdes Eigentum sind, ganz oder teilweise zerstört, wird mit Gefängnis nicht unter einem Monat bestraft.

Der Versuch ist strafbar.

1. In § 305 sind besonders schwere, die Allgemeinheit berührende Fälle von Sachbeschädigung schwer bedroht. Doch ist hier erfordert, daß die Sache eine fremde ist.

2. Über den Begriff von Gebäude vgl. Bem. 3 zu § 243.

3. Für den Begriff Schiff kommt nur ein großes schweres Wasserfahrzeug, nicht eine Gondel, ein Nachen oder ein Kahn in Betracht.

4. Unter Eisenbahn ist der Unter- und Oberbau des Schienenwegs verstanden. Vgl. auch § 315.

5. Ein Strafantrag ist nicht erforderlich.

Siebenundzwanzigster Abschnitt.

Gemeingefährliche Verbrechen und Vergehen.

Vorbemerkung:

1. In diesem Abschnitt werden Straftaten behandelt, die in der Hauptsache bedingt sind durch Entfesselung von Naturkräften (Feuer, Wasser, Seuchen), durch erhebliche Störung und Gefährdung des Verkehrs und durch Beschädigung lebenswichtiger Anlagen. Den Zweck dieser Spezialbestimmungen bildet der Schutz der Allgemeinheit.

2. Wer das Vorhaben eines gemeingefährlichen Verbrechens nicht anzeigt, macht sich nach § 139 strafbar.

3. Nach Ziff. 7c der „Allgemeinen Anweisung an Richter Nr. 1" unterliegt die Aburteilung der Straftaten der §§ 304—324 der vorherigen Meldepflicht an die Militärregierung. (Siehe auch Vorbemerkung zu § 223.)

Schwere Brandstiftung.

§ 306. Wegen Brandstiftung wird mit Zuchthaus bestraft, wer vorsätzlich in Brand setzt:

1. ein zu gottesdienstlichen Versammlungen bestimmtes Gebäude,
2. ein Gebäude, ein Schiff oder eine Hütte, welche zur Wohnung von Menschen dienen, oder
3. eine Räumlichkeit, welche zeitweise zum Aufenthalt von Menschen dient, und zwar zu einer Zeit, während welcher Menschen in derselben sich aufzuhalten pflegen.

1. Die §§ 306 bis mit 308 behandeln die vorsätzliche, der § 309 die fahrlässige Brandstiftung. Der § 310 findet sowohl auf die vorsätzliche als auch die fahrlässige Brandstiftung Anwendung, ebenso § 311.

2. Vorsätzlich stiftet Brand, wer den Willen hat ein Gebäude usw. durch Feuer ganz oder teilweise zu zerstören. Wer nur einen Balken zur Vertilgung von Ungeziefer anzünden will, handelt nicht als vorsätzlicher Brandstifter.

3. Das Inbrandsetzen eines Gebäudes geschieht dadurch, daß man einen Teil des Gebäudes anzündet, oder Zündstoffe an demselben lagert oder irgend eine

sonstige Vorrichtung trifft, die bewirkt, daß ein Teil des Gebäudes vom Brand ergriffen wird. Veranstaltung einer Explosion wird in § 311 besonders behandelt.

Solange Gebäudeteile nicht schon so brennen, daß sie auch nach Abbrennen oder Entfernung des Zündstoffes weiterbrennen, liegt noch kein vollendetes Inbrandsetzen vor, wohl aber kann Versuch der Brandstiftung gegeben sein.

4. Zum Unterschied von § 308 kommt es bei den in § 306 genannten Gebäuden usw. gar nicht darauf an, ob sie dem Täter gehören oder nicht. Wegen der Gefährlichkeit der Handlung für die Mitmenschen, für die Allgemeinheit, wird die Brandstiftung von Gebäuden usw., die von Menschen bewohnt sein können, ohne Möglichkeit der Annahme mildernder Umstände mit Zuchthaus von einem Jahre an bestraft.

5. Gebäude ist ein mit dem Erdboden in fester Verbindung stehendes unbewegliches Bauwerk. Es genügt, wenn die Verbindung mit dem Erdboden auch nur durch die eigene Schwere des Bauwerks hergestellt wird. Vgl. im übrigen Erl. 3 zu § 243.

6. Nur Schiffe, welche so groß sind, daß Menschen darin wohnen können, kommen in Betracht, dazu gehören aber auch Flöße mit Wohnstätten.

7. Hütte ist ein unbedeutendes nur oberflächlich befestigtes Bauwerk; auch ein vorübergehend aus Holz und Stroh errichtetes Bauwerk gehört hierher.

8. Räumlichkeit ist ein abgeschlossener beweglicher oder unbeweglicher Raum, auch Eisenbahnwagen, Postautos, kleine Schiffe.

9. Wegen des sehr häufig mit Brandstiftung in Verbindung stehenden Versicherungsbetrugs vgl. § 265 und die Bem. 1a dazu.

Besonders schwere Brandstiftung.

§ 307. Die Brandstiftung (§ 306) wird mit Zuchthaus nicht unter zehn Jahren oder mit lebenslänglichem Zuchthaus bestraft, wenn

1. der Brand den Tod eines Menschen dadurch verursacht hat, daß dieser zur Zeit der Tat in einer der in Brand gesetzten Räumlichkeiten sich befand,
2. die Brandstiftung in der Absicht begangen worden ist, um unter Begünstigung derselben Mord oder Raub zu begehen oder einen Aufruhr zu erregen, oder
3. der Brandstifter, um das Löschen des Feuers zu verhindern oder zu erschweren, Löschgerätschaften entfernt oder unbrauchbar gemacht hat.

1. Der § 307 behandelt besonders schwere Fälle der vorsätzlichen Brandstiftung.

2. Hier handelt es sich in Ziff. 1 nur um den Tod eines Menschen als zufällige Folge. Hat der Täter den Tod des Menschen beabsichtigt, gewollt, so liegt Mord oder Totschlag vor.

Einfache Brandstiftung.

§ 308. Wegen Brandstiftung wird mit Zuchthaus bis zu zehn Jahren bestraft, wer vorsätzlich Gebäude, Schiffe, Hütten, Bergwerke, Magazine, Warenvorräte, welche auf dazu bestimmten öffentlichen Plätzen lagern, Vorräte von landwirtschaftlichen Erzeugnissen oder von Bau- oder Brennmaterialien, Früchte auf dem Felde, Waldungen oder Torfmoore in Brand setzt, wenn diese Gegenstände entweder fremdes Eigentum sind, oder zwar dem Brandstifter eigentümlich gehören, jedoch ihrer Beschaffenheit und Lage nach geeignet sind, das Feuer einer der im § 306 Nr. 1 bis 3 bezeichneten Räumlichkeiten oder einem der vorstehend bezeichneten fremden Gegenstände mitzuteilen.

Sind mildernde Umstände vorhanden, so tritt Gefängnisstrafe nicht unter sechs Monaten ein.

1. Während nach § 306 derjenige, welcher Kirchen und bewohnte Gebäude in Brand setzt, bestraft wird, einerlei ob sie ihm gehören oder nicht, wird nach § 308 milder und unter Zulassung mildernder Umstände derjenige, der die hier aufgezählten Sachen in Brand setzt, nur dann bestraft, wenn die Sachen fremdes Eigentum sind oder nach ihrer Lage und Beschaffenheit Kirchen und bewohnte Gebäude mit in das Feuer hereinziehen können.

2. Über die Bedeutung von vorsätzlich vgl. Erl. 2 zu § 306.

3. Über Gebäude vgl. Bem. 5, über Schiff Bem. 6, über Hütte Bem. 7 zu § 306.

4. Unter Magazinen und Bergwerken sind, da ja Gebäude schon aufgeführt sind, solche Vorrichtungen zu verstehen, welche nicht als Gebäude angesehen werden können, also unter Magazinen z. B. Waren unter einem Wetterschutzdach, unter Bergwerken mit Einbauten versehene Schächte oder Stollen.

5. Landwirtschaftliche Erzeugnisse sind alle Rohprodukte, die aus dem Grund und Boden unter Ausnützung desselben gewonnen werden, ohne den Boden selbst mit zu ergreifen.

6. Vorräte sind nur erhebliche Mengen.

7. Früchte auf dem Felde kommen in Betracht einerlei, ob sie noch im Boden stehen oder schon geerntet auf dem Felde lagern.

8. Als Waldungen kommen alle zur Gewinnung von Forstprodukten bestimmten Flächen in Betracht, auch wenn auf denselben keine Bäume, sondern nur Moos, Gras, Sträucher stehen.

9. Fremdes Eigentum ist für den Ehemann auch alles, was im Eigentum seiner Ehefrau steht.

10. Wer andere fremde Gegenstände als die in §§ 306, 308 genannten durch Feuer vorsätzlich zerstört oder beschädigt, kann nur wegen Sachbeschädigung nach § 303 bzw. 304 bestraft werden. Wer eine eigene nicht zu den in §§ 306, 308 genannten Gegenständen gehörende Sache durch Feuer zerstört, kann nur unter dem Gesichtspunkt des Versicherungsbetrugs (§ 265) bestraft werden.

Fahrlässige Brandstiftung.

§ 309. Wer durch Fahrlässigkeit einen Brand der in den §§ 306 und 308 bezeichneten Art herbeiführt, wird mit Gefängnis und mit Geldstrafe oder mit einer dieser Strafen bestraft; ist durch den Brand der Tod eines Menschen verursacht worden, so beträgt die Gefängnisstrafe mindestens einen Monat.

1. Fahrlässige Brandstiftung liegt vor, wenn der Täter bei gehöriger Aufmerksamkeit und Vorsicht den Brand der in §§ 306 und 308 bezeichneten Sachen

als erfahrungsmäßige Folge seines lässigen Umgehens mit Licht und Feuer voraussehen konnte.

2. Fahrlässiges Inbrandsetzen eines Gebäudes liegt nur vor, wenn Gebäudeteile (nicht also nur Möbel, Vorhänge eines Zimmers) schon so in Brand geraten waren, daß sie auch nach Entfernung des Zündstoffes selbständig und allein weitergebrannt hätten. Dies ist bei den häufig zur Anzeige gelangenden Zimmerbränden zu beachten.

3. Die Erschwerung der Verursachung des Todes eines Menschen liegt auch vor, wenn ein Mensch beim Löschen oder Retten tödlich verunglückt ist.

4. Straffreiheit für einen besonderen Fall gibt § 310.

Tätige Reue.

§ 310. Hat der Täter den Brand, bevor derselbe entdeckt und ein weiterer als der durch die bloße Inbrandsetzung bewirkte Schaden entstanden war, wieder gelöscht, so wird er nicht wegen Brandstiftung bestraft.

1. Der hier festgestellte Strafaufhebungsgrund (tätige Reue beim vollendeten Delikt) kommt sowohl bei der vorsätzlichen wie bei der fahrlässigen Brandstiftung dem Täter zugute. (Siehe Erl. 7 zu § 46.)

Bei der vorsätzlichen Brandstiftung kommt er aber nur in Betracht, wenn die Brandstiftung vollendet war, weil ja für den Rücktritt vom bloßen Versuch Straflosigkeit wegen Brandstiftung schon nach § 46 eintritt.

2. Entdeckt ist der Brand, wenn ein unbeteiligter Dritter ihn wahrgenommen hat, noch ehe dem Täter oder der von ihm herbeigerufenen Hilfe die Löschung gelungen ist. Die Wahrnehmung muß aber so beschaffen sein, daß sie eine Verhinderung der Tat oder eine Strafverfolgung gegen den Täter nach sich ziehen konnte.

3. Die Straffreiheit kommt dem Täter zugute, auch wenn er nicht allein sondern mit fremder Hilfe den Brand bewältigt hat.

Durch das Löschen des Brandes tritt nur Straflosigkeit wegen Brandstiftung ein. Dagegen kann der Täter z. B. wegen Sachbeschädigung bestraft werden.

Gefährdung feuergefährlicher Betriebe usw.

§ 310a. Wer

1. feuergefährliche Betriebe und Anlagen, insbesondere solche, in denen explosive Stoffe, brennbare Flüssigkeiten oder brennbare Gase hergestellt oder gewonnen werden oder sich befinden, sowie Anlagen oder Betriebe der Land- oder Ernährungswirtschaft, in denen sich Getreide, Futter oder Streumittel, Heu, Stroh, Hanf, Flachs oder andere land- oder ernährungswirtschaftliche Erzeugnisse befinden,

2. Wald-, Heide- oder Moorflächen, bestellte Felder oder Felder, auf denen Getreide, Heu oder Stroh lagert, durch Rauchen, durch Verwenden von offenem Feuer oder Licht oder deren ungenügende Beaufsichtigung, durch Wegwerfen brennender oder

glimmender Gegenstände oder in sonstiger Weise vorsätzlich oder fahrlässig in Brandgefahr bringt,
wird mit Gefängnis und mit Geldstrafe oder mit einer dieser Strafen bestraft.

1. Die Neufassung des § 310a wurde durch § 6 des Gesetzes zur Änderung des Strafgesetzbuchs vom 4. September 1941 geschaffen.

2. Der bisherige § 310a galt nur dem Schutze von Wald, Heide und Moor. Nunmehr sind darüber hinaus alle Betriebe, Anlagen und Vorräte, die ihrer Natur nach feuergefährdet sind, geschützt.

3. Ist ein Brand bereits entstanden, das geschützte Rechtsgut also verletzt, so ist § 310a unanwendbar.

Zerstörung durch Pulver.

§ 311. Die gänzliche oder teilweise Zerstörung einer Sache durch Gebrauch von Pulver oder anderen explodierenden Stoffen ist der Inbrandsetzung der Sache gleich zu achten.

1. Hier wird festgestellt, daß wegen vorsätzlicher oder fahrlässiger Brandstiftung auch der bestraft wird, welcher durch Umgehen mit Explosivstoffen die gänzliche oder teilweise Zerstörung einer der in den §§ 306, 308 aufgezählten Sachen verursacht hat.

2. Vgl. auch §§ 1ff. des Sprengstoffgesetzes v. 9. Juni 1884 (RGBl. S. 61).

Herbeiführung einer Überschwemmung.

§ 312. Wer mit gemeiner Gefahr für Menschenleben vorsätzlich eine Überschwemmung herbeiführt, wird mit Zuchthaus nicht unter drei Jahren und, wenn durch die Überschwemmung der Tod eines Menschen verursacht worden ist, mit Zuchthaus nicht unter zehn Jahren oder mit lebenslänglichem Zuchthaus bestraft.

1. Die §§ 312 und 313 bedrohen die vorsätzliche, der § 314 die fahrlässige Herbeiführung einer Überschwemmung mit gemeiner Gefahr in § 312 für Menschenleben, in § 313 für Eigentum, in § 314 für Leben oder Eigentum durch Fahrlässigkeit.

2. Überschwemmung ist nicht jedes Unterwassersetzen eines Grundstücks, etwa durch zeitweises Öffnen einer Schleuse — darin kann vielleicht der Tatbestand der Sachbeschädigung gefunden werden — sondern nur die Überflutung beträchtlicher Flächen von Grund und Boden oder eines Bergwerks durch Loslassen des Wassers als Naturkraft, sei es aus Flüssen, sei es aus Seen.

Auch die Vergrößerung einer schon vorhandenen Überschwemmung fällt hierunter.

3. Aber nicht immer wird die Verursachung einer Überschwemmung nach den §§ 312—314 bestraft, sondern nur wenn sie mit „gemeiner Gefahr" herbeigeführt wird, d. h. so, daß sie unbestimmt welche und wieviele Personen oder Sachen, also die Öffentlichkeit, gefährdet, während der Täter die Beschränkung der Gefahr nicht mehr in der Hand hat.

4. Bestraft wird die Herbeiführung einer Überschwemmung aber nur, wenn der Täter nicht dazu berechtigt war, wie etwa durch Notstand (§ 54 StGB.). Damit ist aber nicht gemeint, daß sich der Täter decken kann hinter ein ihm zustehendes Privatrecht, wie z. B. eine Stauberechtigung.

5. **Vorsätzlich** hat der Täter die Überschwemmung herbeigeführt, wenn er die Überflutung wollte und sich bewußt war, daß dabei gemeine Gefahr entstehe.

6. **Erschwert** ist die in § 312 bedrohte Herbeiführung einer Überschwemmung, wenn durch die Überschwemmung ein Mensch den Tod erleidet, sei es auch, daß er nur bei Rettungsarbeiten verunglückt.

§ 313. Wer mit gemeiner Gefahr für das Eigentum vorsätzlich eine Überschwemmung herbeiführt, wird mit Zuchthaus bestraft.

Ist jedoch die Absicht des Täters nur auf Schutz seines Eigentums gerichtet gewesen, so ist auf Gefängnis nicht unter einem Jahre zu erkennen.

1. Wegen der Begriffe Überschwemmung, gemeine Gefahr und vorsätzlich vgl. die Erl. 2, 3 und 5 zu § 312.

2. Unter Eigentum ist das Recht an Sachen aller Art: Grundstücken, Gebäuden, Bergwerken und beweglichen Sachen, also z. B. Feldfrüchten verstanden.

3. **Milder** wird die Handlung nach Absatz 2 bestraft, wenn die Absicht des Täters nur auf Schutz seines Eigentums gerichtet war. Dabei ist der Fall gemeint, daß der Täter den Schutz beabsichtigte, ohne in Notstand, wie ihn § 54 StGB. aufstellt, zu sein, wenn er also z. B. mit seinem oder seiner Angehörigen Leben nicht beteiligt ist oder wenn er den Notstand verschuldet hatte. Liegt Notstand im Sinne des § 54 StGB. vor, so tritt Straflosigkeit ein (s. Bem. 4 zu § 312).

Fahrlässige Überschwemmung.

§ 314. Wer eine Überschwemmung mit gemeiner Gefahr für Leben oder Eigentum durch Fahrlässigkeit herbeiführt, wird mit Gefängnis bis zu einem Jahre und, wenn durch die Überschwemmung der Tod eines Menschen verursacht worden ist, mit Gefängnis von einem Monat bis zu drei Jahren bestraft.

1. Über die Begriffe Überschwemmung, gemeine Gefahr, Eigentum vgl. die Erl. 2 und 3 zu § 312, 2 zu § 313.

2. Durch **Fahrlässigkeit** führt der Täter die Überschwemmung herbei, wenn er bei gehöriger Aufmerksamkeit und Vorsicht den Eintritt der Überschwemmung als erfahrungsmäßige Folge seines Handelns voraussehen konnte und rechtswidrig handelte (vgl. Bem. 4 zu § 312).

Transportgefährdung.

§ 315. Wer die Sicherheit des Betriebs einer Eisenbahn oder Schwebebahn, der Schiffahrt oder der Luftfahrt durch Beschädigen, Zerstören oder Beseitigen von Anlagen oder Beförderungsmitteln, durch Bereiten von Hindernissen, durch falsche Zeichen oder Signale oder durch ähnliche Eingriffe oder durch eine an Gefährlichkeit einem solchen Eingriff gleichkommende pflichtwidrige Unterlassung beeinträchtigt und dadurch eine Gemeingefahr herbeiführt, wird mit Zuchthaus bis zu zehn Jahren bestraft. In besonders schweren Fällen ist auf Zuchthaus nicht unter fünf Jahren oder auf lebenslanges Zuchthaus oder auf Todesstrafe zu erkennen.

Wer auf solche Weise die Sicherheit des Betriebs einer Straßenbahn beeinträchtigt und dadurch eine Gemeingefahr herbeiführt, wird mit Gefängnis bestraft. Der Versuch ist strafbar. In besonders schweren Fällen ist die Strafe Zuchthaus bis zu zehn Jahren.

Gemeingefahr bedeutet eine Gefahr für Leib oder Leben, sei es auch nur eines einzelnen Menschen, oder für bedeutende Sachwerte, die in fremdem Eigentum stehen oder deren Vernichtung gegen das Gemeinwohl verstößt.

Wegen der in § 315 Abs. 1 vorgesehenen Todesstrafe für „besonders schwere Fälle" siehe Erl. 3 zu § 13. Die Todesstrafe ist nicht mehr anwendbar.

Fahrlässige Transportgefährdung.

§ 316. Wer fahrlässig eine der im § 315 Abs. 1 bezeichneten Taten begeht, wird mit Gefängnis nicht unter einem Monat bestraft.

Wer fahrlässig eine der im § 315 Abs. 2 bezeichneten Taten begeht, wird mit Gefängnis bis zu drei Jahren oder mit Geldstrafe bestraft.

1. Unter Eisenbahnen sind auf festen Schienen mit elementaren Naturkräften (Dampf, Elektrizität) betriebene Bahnen zu verstehen. Pferdebahnen gehören also nicht hierher.

2. Der Unterschied zwischen Eisenbahnen (Abs. 1) und Straßenbahnen (Abs. 2) besteht darin, daß die Eisenbahn regelmäßig auf besonderen, nur für sie bestimmten Wegen führt, während die Straßenbahn Wege benutzt, die dem allgemeinen Verkehr dienen. Eine Hoch- und Untergrundbahn mit eigenem Bahnkörper ist daher eine Eisenbahn. Gleichgültig ist, ob die Bahn öffentlichen oder privaten Zwecken dient, z. B. Fabrikanschlußgleise, Bergwerkseisenbahnen.

3. Anlagen sind Gleise, Brücken, Bahndämme, Tunnel usw. Beförderungsmittel sind Waggons, Lokomotiven, Schiffe, Flugzeuge usw.

4. Hindernisse werden bereitet durch Aufstellen, Hinlegen oder Hinwerfen von Gegenständen, durch Loslösen oder Verrücken der Schienen, durch Loslassen oder Inbewegungsetzen von gebremsten Wagen oder Bewerfen des Zugpersonals mit Steinen. Falsche Zeichen und Signale sind z. B. Änderungen der für den Eisenbahnverkehr, Luftverkehr und die Schiffahrt bestimmten Signalzeichen.

5. Der Vorsatz muß sich auf die Herbeiführung der Gemeingefahr erstrecken. Liegt keine Gefahr vor, so kann die fragliche Handlung u. U. als grober Unfug bestraft werden.

6. In § 316 werden die fahrlässigen Gefährdungen mit Strafe bedroht.

Vorsätzliche Gefährdung des Telegraphenbetriebs.

§ 317. Wer vorsätzlich und rechtswidrig den Betrieb einer zu öffentlichen Zwecken dienenden Telegraphenanlage dadurch verhindert oder gefährdet, daß er Teile oder Zubehörungen derselben beschädigt oder Veränderungen daran vornimmt, wird mit Gefängnis von einem Monat bis zu drei Jahren bestraft.

1. Unter Telegraphenanlage versteht man eine Einrichtung, welche Gedanken von einem Ort zum andern durch Elektrizität mit und ohne Draht oder durch

das Licht (sogenannte optische Telegraphen) überträgt. Fernsprechanlagen und Rohrpostleitungen gehören, wie § 318a klargestellt hat, auch hierher.

2. Im Gegensatze zu den Eisenbahnanlagen in §§ 315, 316 ist hier verlangt, daß die Anlagen öffentlichen Zwecken, also den Interessen der Allgemeinheit dienen, einerlei übrigens ob sie im Eigentum des Staates oder eines Privaten (z. B. einer Aktiengesellschaft) stehen.

3. Der Betrieb wird verhindert, wenn die Anlage bestimmungsgemäß nicht mehr benutzt werden kann.

4. Wegen der Gefährdung vgl. Erl. 8 zu § 315.

5. Zur Erfüllung des Tatbestandes muß die Handlung vorsätzlich begangen sein im Gegensatz zu § 318, in welchem fahrlässiges Handeln bestraft wird.

Fahrlässige Gefährdung des Telegraphenbetriebs.

§ 318. Wer fahrlässigerweise durch eine der vorbezeichneten Handlungen den Betrieb einer zu öffentlichen Zwecken dienenden Telegraphenanlage verhindert oder gefährdet, wird mit Gefängnis bis zu einem Jahre oder mit Geldstrafe bestraft.

Gleiche Strafen trifft die zur Beaufsichtigung und Bedienung der Telegraphenanlagen und ihrer Zubehörungen angestellten Personen, wenn sie durch Vernachlässigung der ihnen obliegenden Pflichten den Betrieb verhindern oder gefährden.

1. Fahrlässigerweise verhindert oder gefährdet jemand den Betrieb, wenn er bei Anwendung gehöriger Aufmerksamkeit und Sorgfalt als erfahrungsmäßige Folge seines Verhaltens die Verhinderung oder Gefährdung hätte voraussehen können.

2. Wegen der Pflichtvernachlässigung vgl. die Erl. 3 und 4 zu § 316.

Gefährdung des Rohrpost- und Fernsprechbetriebs.

§ 318a. Die Vorschriften in den §§ 317 und 318 finden gleichmäßig Anwendung auf die Verhinderung oder Gefährdung des Betriebes der zu öffentlichen Zwecken dienenden Rohrpostanlagen.

Unter Telegraphenanlagen im Sinne der §§ 317 und 318 sind Fernsprechanlagen mitbegriffen.

§§ 319, 320 sind durch Gesetz vom 28. Juni 1935 gestrichen.

Beschädigung von Wasserbauten usw.

§ 321. Wer vorsätzlich Wasserleitungen, Schleusen, Wehre, Deiche, Dämme oder andere Wasserbauten, oder Brücken, Fähren, Wege oder Schutzwehre, oder dem Bergwerksbetriebe dienende Vorrichtungen zur Wasserhaltung, zur Wetterführung oder zum Ein- und Ausfahren der Arbeiter zerstört oder beschädigt, und durch eine dieser Handlungen Gefahr für das Leben oder die Gesundheit anderer herbeiführt, wird mit Gefängnis nicht unter drei Monaten bestraft.

Ist durch eine dieser Handlungen eine schwere Körperverletzung verursacht worden, so tritt Zuchthausstrafe bis zu fünf Jahren und, wenn der Tod eines Menschen verursacht worden ist, Zuchthausstrafe nicht unter fünf Jahren ein.

1. Die §§ 321 bis 324 wenden sich gegen Gefährdung des Lebens oder der Gesundheit von Menschen durch Beeinträchtigung von Wasserbauten und Bergwerksanlagen (§ 321), von Schiffahrtszeichen (§ 322), von Schiffen (§ 323), von Brunnen und Wasserbehältern sowie durch Verkauf gefährlicher Gegenstände (§ 324), sofern die Handlung vorsätzlich begangen ist. In § 326 werden dann die gleichen Handlungen, auch wenn sie nur fahrlässig begangen sind, aber nur dann mit Strafe bedroht, wenn durch die Handlung ein Schaden oder der Tod eines Menschen verursacht worden ist.

2. Unter Wege sind Land- und Wasserwege zu verstehen.

3. Da nur vom Fahrwasser in schiffbaren Strömen, Flüssen oder Kanälen die Rede ist, so kommen Landseen, Haffe, Hafeneingänge und floßbare Flüsse nicht für diesen Tatbestand in Betracht.

4. Aus dem Gebrauch des Ausdrucks „Anderer" geht hervor, daß die Gefährdung eines einzelnen Menschen den Tatbestand nicht erfüllt, sondern daß immer mehrere als gefährdet in Betracht kommen müssen.

§§ 322, 323 sind durch Gesetz vom 28. Juni 1935 gestrichen.

Brunnenvergiftung.

§ 324. Wer vorsätzlich Brunnen- oder Wasserbehälter, welche zum Gebrauche anderer dienen, oder Gegenstände, welche zum öffentlichen Verkaufe oder Verbrauche bestimmt sind, vergiftet, oder denselben Stoffe beimischt, von denen ihm bekannt ist, daß sie die menschliche Gesundheit zu zerstören geeignet sind, ingleichen wer solche vergiftete oder mit gefährlichen Stoffen vermischte Sachen wissentlich und mit Verschweigung dieser Eigenschaft verkauft, feilhält oder sonst in Verkehr bringt, wird mit Zuchthaus bis zu zehn Jahren und, wenn durch die Handlung der Tod eines Menschen verursacht worden ist, mit Zuchthaus nicht unter zehn Jahren oder mit lebenslänglichem Zuchthaus bestraft.

1. Vgl. hierzu die Bem. 1 zu § 321, Bem. 2 zu § 229.

2. Nur Wasserbehälter, welche zum Gebrauche von Menschen dienen, fallen hierunter, nicht also Fischbehälter und Viehtränken.

3. Für den zweiten in diesem Paragraph mit Strafe bedrohten Fall des Verkaufs gefährlicher Sachen kommen neben Nahrungs- und Genußmitteln, Medikamenten auch andere Gebrauchsgegenstände in Betracht, z. B. Spielsachen, Tapeten, Stoffe und ähnliches.

4. Zu dem zweiten Fall sind auch die Übertretungen des § 367[7] und das Lebensmittelgesetz vom 5. Juli 1927 (RGBl. I, 174) zu vergleichen.

Polizeiaufsicht.

§ 325. Neben der nach den Vorschriften der §§ 306 bis 308, 311 bis 313, 315, 321 bis 324 erkannten Zuchthausstrafe kann auf Zulässigkeit von Polizeiaufsicht erkannt werden.

Fahrlässige Begehung.

§ 326. Ist eine der in den §§ 321 bis 324 bezeichneten Handlungen aus Fahrlässigkeit begangen worden, so ist, wenn durch die Handlung ein Schaden verursacht worden ist, auf Gefängnis bis zu einem Jahre und, wenn der Tod eines Menschen verursacht worden ist, auf Gefängnis von einem Monat bis zu drei Jahren zu erkennen.

Vgl. hierzu die Erl. 1 zu § 321.

Verletzung von Absperrungsmaßregeln gegen ansteckende Krankheiten.

§ 327. Wer die Absperrungs- oder Aufsichts-Maßregeln oder Einfuhrverbote, welche von der zuständigen Behörde zur Verhütung des Einführens oder Verbreitens einer ansteckenden Krankheit angeordnet worden sind, wissentlich verletzt, wird mit Gefängnis bis zu zwei Jahren oder mit Geldstrafe bestraft.

Ist infolge dieser Verletzung ein Mensch von der ansteckenden Krankheit ergriffen worden, so tritt Gefängnisstrafe von drei Monaten bis zu drei Jahren ein.

1. Die §§ 327 und 328 bedrohen die wissentliche Nichtbeachtung sanitätspolizeilicher Maßregeln gegen Verbreitung von Seuchen; § 327 wendet sich gegen eine solche Nichtbeachtung von ansteckenden Krankheiten, welche Menschen befallen, § 328 gegen eine Nichtbeachtung von Viehseuchen.

Nur wissentliche Verletzung der erwähnten Vorschriften d. h. vorsätzliche Zuwiderhandlung mit dem Bewußtsein, gegen die behördliche Anordnung zu handeln, wird nach den §§ 327, 328 bestraft, bloße fahrlässige Zuwiderhandlung kann aber nach den Spezialgesetzen einer Strafe unterliegen. Siehe unten Bem. 3 und Bem. 2 bis 5 zu § 328.

2. Unter „ansteckenden Krankheiten" im Sinne von § 327 sind nur Menschenkrankheiten gemeint. Aber darunter fallen auch Viehseuchen, die auf Menschen übergehen wie z. B. Tollwut der Hunde, die Trichinenkrankheit der Schweine.

3. Hierher einschlagende Reichsgesetze sind:

Die internationale Sanitätskonvention v. 3. April 1894 mit Zusatzerklärung v. 30. Okt. 1897 (RGBl. 1898 S. 973) betr. Cholera und Pest; internationale Übereinkunft v. 3. Dez. 1903 (RGBl. 1907 S. 425);

Reichsgesetz v. 30. Juni 1900, betr. die Bekämpfung gemeingefährlicher Krankheiten (RGBl. 1900 S. 306), gegen Aussatz (Lepra), Cholera (asiatische), Fleckfieber (Flecktyphus), Gelbfieber, orientalische Beulenpest, Pocken (Blattern): Anzeigepflicht;

Reichsgesetz v. 3. Juni 1900, betr. die Schlachtvieh- und Fleischbeschau (RGBl. 1900 S. 547): bei Rindvieh, Schweinen, Schafen, Ziegen, Pferden und Hunden: vor und nach der Schlachtung amtliche Untersuchung;

Gesetz zur Bekämpfung der Papageienkrankheit und anderer übertragbarer Krankheiten v. 3. Juli 1934 (RGBl. S. 532).

4. Zur Bekämpfung der Geschlechtskrankheiten ist am 1. Febr. 1927 folgendes Reichsgesetz ergangen (RGBl. I S. 61), das durch VO. v. 21. Okt. 1940 (RGBl. I S. 1459) in §§ 2, 17, 18 geändert wurde: Auszug.

§ 1. Geschlechtskrankheiten im Sinne des Gesetzes sind Syphilis, Tripper und Schanker, ohne Rücksicht darauf, an welchen Körperteilen die Krankheitserscheinungen auftreten.

§ 2. Wer an einer mit Ansteckungsgefahr verbundenen Geschlechtskrankheit leidet und dies weiß, oder den Umständen nach annehmen muß, hat die Pflicht, sich von einem für das Deutsche Reich approbierten Arzte behandeln zu lassen. Eltern, Vormünder und sonstige Erziehungsberechtigte sind verpflichtet, für die ärztliche Behandlung ihrer geschlechtskranken Pflegebefohlenen zu sorgen.

Wer an einer ansteckungsgefährlichen Geschlechtskrankheit leidet und die Kosten der Behandlung nicht selbst tragen kann, erhält kostenlose Behandlung aus öffentlichen Mitteln.

§ 3. Die Durchführung der aus diesem Gesetz erwachsenden gesundheitlichen Aufgaben ist Gesundheitsbehörden zu übertragen, die sich mit den Beratungsstellen für Geschlechtskranke, den Pflegeämtern und den sonstigen Einrichtungen der sozialen Fürsorge möglichst im Einvernehmen zu halten haben. Die Beamten der Ordnungs- und Wohlfahrtspolizei haben die Durchführung der gesundheitlichen und sozialfürsorgerischen Aufgaben, insbesondere das Eingreifen der Fürsorgestellen Minderjährigen gegenüber, in jeder Weise zu unterstützen.

§ 4. Die zuständige Gesundheitsbehörde kann Personen, die dringend verdächtig sind geschlechtskrank zu sein und die Geschlechtskrankheit weiter zu verbreiten, anhalten, ein ärztliches Zeugnis, nur in begründeten Ausnahmefällen ein von einem durch die zuständige Gesundheitsbehörde benannten Arzte ausgestelltes Zeugnis über ihren Gesundheitszustand vorzulegen oder sich der Untersuchung durch einen solchen Arzt zu unterziehen. Auf Antrag des untersuchenden Arztes können solche Personen angehalten werden, wiederholt derartige Gesundheitszeugnisse beizubringen.

Personen, die geschlechtskrank und verdächtig sind, die Geschlechtskrankheit weiter zu verbreiten, können einem Heilverfahren unterworfen, auch in ein Krankenhaus verbracht werden, wenn dies zur Verhütung der Ausbreitung der Krankheit erforderlich erscheint.

Anzeigen, deren Urheber nicht erkennbar sind, dürfen nicht beachtet werden. Personen, die mit Namensnennung andere einer Geschlechtskrankheit bezichtigen, sind zunächst mündlich zu vernehmen und die Anzeigen erst dann weiter zu verfolgen, wenn die Vernehmung ergeben hat, daß ein ausreichender Anhalt für die Richtigkeit der behaupteten Tatsachen vorhanden ist.

Soweit andere Mittel zur Durchführung der in Absatz 1, 2 vorgesehenen Maßnahmen nicht ausreichen, ist die Anwendung unmittelbaren Zwanges zulässig. Ärztliche Eingriffe, die mit einer ernsten Gefahr für Leben oder Gesundheit verbunden sind, dürfen nur mit Einwilligung des Kranken vorgenommen werden. Die Reichsregierung bestimmt welche ärztlichen Eingriffe insbesondere hierunter fallen.

§ 5. Wer den Beischlaf ausübt, obwohl er an einer mit Ansteckungsgefahr verbundenen Geschlechtskrankheit leidet und dies weiß, oder den Umständen nach annehmen muß, wird mit Gefängnis bis zu drei Jahren bestraft, sofern nicht nach den Vorschriften des Strafgesetzbuchs eine härtere Strafe verwirkt ist.

Die Verfolgung tritt nur auf Antrag ein. Ist der Täter ein Angehöriger des Antragstellers, so ist die Zurücknahme des Antrags zulässig. (Dieser Absatz 2 wurde durch Gesetz Nr. 201 der Regierung W ü r t t e m b e r g - B a d e n v. 16. 5. 46 (Reg.-Blatt S. 172) aufgehoben, so daß die Straftat des § 5 kein Antragsdelikt mehr ist.)

Die Strafverfolgung verjährt in sechs Monaten.

§ 6. Wer weiß, oder den Umständen nach annehmen muß, daß er an einer mit Ansteckungsgefahr verbundenen Geschlechtskrankheit leidet und trotzdem eine Ehe eingeht, ohne dem andern Teil vor Eingehung der Ehe über seine Krankheit Mitteilung gemacht zu haben, wird mit Gefängnis bis zu drei Jahren bestraft.

Die Strafverfolgung tritt nur auf Antrag ein. Die Zurücknahme des Antrags ist zulässig.

Die Strafverfolgung verjährt in sechs Monaten.

§ 7. Die Behandlung von Geschlechtskrankheiten und Krankheiten oder Leiden der Geschlechtsorgane ist nur den für das Deutsche Reich approbierten Ärzten gestattet. Verboten ist, solche Krankheiten anders, als auf Grund eigener Wahrnehmung zu behandeln (Fernbehandlung) oder in Vorträgen, Schriften, Abbildungen oder Darstellungen Ratschläge für die Selbstbehandlung zu erteilen.

Wer einen anderen einem der in Abs. 1 enthaltenen Verbote zuwider behandelt oder sich zu einer solchen Behandlung öffentlich oder durch Verbreiten von Schriften, Abbildungen, von Darstellungen, wenn auch in verschleiernder Weise, erbietet, wird mit Gefängnis bis zu einem Jahre und mit Geldstrafe, oder mit einer dieser Strafen bestraft.

Gleiche Strafe trifft den Arzt, der sich zur Behandlung der in Abs. 1 bezeichneten Krankheiten in unlauterer Weise anbietet.

§ 10. Wer als Beamter oder Angestellter einer Gesundheitsbehörde oder einer Beratungsstelle unbefugt offenbart, was ihm über Geschlechtskrankheiten eines anderen oder ihre Ursache oder über die sonstigen persönlichen Verhältnisse der Beteiligten dienstlich bekannt geworden ist, wird mit Geldstrafe oder mit Gefängnis bis zu einem Jahre bestraft.

Die Verfolgung tritt nur auf Antrag ein. Den Antrag kann auch die Gesundheitsbehörde stellen.

Die Offenbarung ist nicht unbefugt, wenn sie von einem in der Gesundheitsbehörde oder in einer Beratungsstelle tätigen Arzte oder mit Zustimmung eines solchen Arztes an eine Behörde oder an eine Person gemacht wird, die ein berechtigtes gesundheitliches Interesse daran hat, über die Geschlechtskrankheit des andern unterrichtet zu werden.

§ 11. Wer zum Zwecke der Heilung oder Linderung von Geschlechtskrankheiten Mittel, Gegenstände oder Verfahren öffentlich oder durch Verbreitung von Schriften, Abbildungen oder Darstellungen, wenn auch in verschleiernder Weise, ankündigt oder anpreist oder solche Mittel oder Gegenstände an einem allgemein zugänglichen Orte ausstellt, wird mit Gefängnis bis zu sechs Monaten und mit Geldstrafe oder mit einer dieser Strafen bestraft.

Straflos ist, soweit nicht anderweitige reichs- oder landesrechtliche Vorschriften entgegenstehen, die Ankündigung oder Anpreisung dieser Mittel oder Gegenstände an Ärzte oder Apotheker oder an Personen, die mit solchen Mitteln oder Gegenständen erlaubterweise Handel treiben, oder in wissenschaftlichen, ärztlichen oder pharmazeutischen Fachzeitschriften.

§ 12. Vorträge, Schriften, Abbildungen und Darstellungen, die nur der Aufklärung über die Geschlechtskrankheiten, insbesondere über ihre Erscheinungsformen, dienen, sind straflos, soweit sie nicht unter die Strafbestimmungen des § 7 fallen.

§ 13. Die Reichsregierung kann das Inverkehrbringen von Mitteln oder Gegenständen, die zur Verhütung von Geschlechtskrankheiten dienen sollen, von dem Ergebnis einer amtlichen Prüfung abhängig machen und das Inverkehrbringen hierfür nicht geeigneter Gegenstände verbieten. Sie kann auch Vorschriften über das Ausstellen, Ankündigen oder Anpreisen der hiernach zugelassenen Mittel oder Gegenstände treffen.

Wer Mittel oder Gegenstände, die auf Grund des Abs. 1 Satz 1 vom Verkehr ausgeschlossen sind, in Verkehr bringt, wird mit Gefängnis bis zu sechs Monaten und mit Geldstrafe oder mit einer dieser Strafen bestraft. Ebenso wird bestraft, wer einer nach Absatz 1 Satz 2 getroffenen Vorschrift zuwiderhandelt.

§ 14. Mit Gefängnis bis zu einem Jahre und mit Geldstrafe oder mit einer dieser Strafen wird bestraft, insofern nicht nach den Vorschriften des Strafgesetzbuchs eine härtere Strafe verwirkt ist,

1. eine weibliche Person, die ein fremdes Kind stillt, obwohl sie an einer Geschlechtskrankheit leidet und dies weiß, oder den Umständen nach annehmen muß;
2. wer ein syphilitisches Kind, für dessen Pflege er zu sorgen hat, von einer anderen Person, als der Mutter, stillen läßt, obwohl er die Krankheit des Kindes kennt oder den Umständen nach kennen muß;
3. wer ein sonst geschlechtskrankes Kind, für dessen Pflege er zu sorgen hat, von einer anderen Person als der Mutter, ohne sie vorher über die Krankheit und die gebotenen Vorsichtsmaßnahmen durch einen Arzt mündlich unterweisen zu lassen, stillen läßt, obwohl er die Krankheit des Kindes kennt oder den Umständen nach kennen muß;
4. wer ein geschlechtskrankes Kind, obwohl er die Krankheit kennt oder den Umständen nach kennen muß, in Pflege gibt, ohne den Pflegeeltern von der Krankheit des Kindes Mitteilung zu machen.

Straflos ist das Stillen oder Stillenlassen eines syphilitischen Kindes durch eine weibliche Person, die selbst an Syphilis leidet.

§ 15. Mit Geldstrafe bis zu einhundertfünfzig Reichsmark oder mit Haft wird bestraft:

1. eine Amme, die ein fremdes Kind stillt, ohne im Besitz eines unmittelbar vor Antritt der Stellung ausgestellten ärztlichen Zeugnisses darüber zu sein, daß an ihr keine Geschlechtskrankheit nachweisbar ist;
2. wer zum Stillen eines Kindes eine Amme in Dienst nimmt, ohne sich davon überzeugt zu haben, daß sie im Besitze des in Nr. 1 bezeichneten Zeugnisses ist;
3. wer, abgesehen von Notfällen, ein Kind, für dessen Pflege er zu sorgen hat, von einer andern Person als der Mutter stillen läßt, ohne vorher im Besitz eines ärztlichen Zeugnisses darüber zu sein, daß eine gesundheitliche Gefahr für die Stillende nicht besteht.

Die Vorschriften des Absatz 1 finden im Falle des § 14 Absatz 2 keine Anwendung.

§ 17. Gesundheitsbehörde im Sinne dieses Gesetzes ist das Gesundheitsamt.

Verordnung zur Bekämpfung der Geschlechtskrankheiten.

Vom 27. 2. 1940.

Zu den ärztlichen Eingriffen, die nur mit Einwilligung des Kranken vorgenommen werden dürfen, gehören insbesondere die Entnahme der Rückenmarksflüssigkeit, der Zystoskopie, der Ureteren-Katheterismus und die Dehnung der Harnröhre.

Geschlechtskranke, die sich wissentlich dem angeordneten Heilverfahren, der Unterbringung im Krankenhaus entziehen, verstoßen gegen § 327.

Verletzung von Absperrungsmaßregeln gegen Viehseuchen.

§ 328. Wer die Absperrungs- oder Aufsichts-Maßregeln oder Einfuhrverbote, welche von der zuständigen Behörde zur Verhütung des Einführens oder Verbreitens von Viehseuchen angeordnet worden sind, wissentlich verletzt, wird mit Gefängnis bis zu einem Jahre oder mit Geldstrafe bestraft.

Ist infolge dieser Verletzung Vieh von der Seuche ergriffen worden, so tritt Gefängnisstrafe von einem Monat bis zu zwei Jahren ein.

1. Vgl. hierzu die Bem. 1 und 3 zu § 327.

2. Hierher einschlagende Reichsgesetze sind:

Reichsgesetz v. 7. April 1869: Maßregeln gegen die Rinderpest betr. (RGBl. S. 105);

Reichsgesetz v. 21. Mai 1878 betr. Zuwiderhandlungen gegen die zur Abwehr der Rinderpest erlassenen Vieheinfuhrverbote (RGBl. S. 95);

Viehseuchengesetz v. 26. Juni 1909 (RGBl. S. 519) in Kraft seit 1. Mai 1912 mit Ergänzung v. 15. Juli 1928 (RGBl. I, 289).

3. Die beiden Gesetze gegen die Rinderpest sind strenger als § 328.

4. Das Gesetz zur Abwehr der Viehseuchen umfaßt alle Seuchen der Haustiere mit Ausnahme der oben (Bem. 3) erwähnten Rinderpest. Die Bestimmungen dieses Gesetzes kommen in Anwendung, wenn dem Zuwiderhandelnden nicht nachzuweisen ist, daß er wissentlich, d. h. in Kenntnis der behördlichen Anordnung und mit dem Bewußtsein, daß die Anordnung durch die Handlung verletzt wird, gehandelt hat.

§ 329 ist gestrichen.

Verletzung der Baukunstregeln.

§ 330. Wer bei der Leitung oder Ausführung eines Baues wider die allgemein anerkannten Regeln der Baukunst dergestalt handelt, daß hieraus für andere Gefahr entsteht, wird mit Geldstrafe oder mit Gefängnis bis zu einem Jahre bestraft.

1. Hier wird sowohl das vorsätzliche als auch das fahrlässige Zuwiderhandeln gegen die Regeln der Baukunst bedroht.

2. Unter „Bau" ist sowohl Hoch- als Tiefbau (Bergbau, Wasser- und Straßenbau) verstanden, auch Abbruchsarbeiten und größere Reparaturbauten, z. B. Hebung eines Gebäudes, gehören hierher, auch Ausschachtung einer Baugrube, Errichtung von Gerüsten samt Leitern sind zum Bau zu rechnen.

3. Es muß durch das Zuwiderhandeln Gefahr für Leben oder Gesundheit anderer entstanden sein. Eine solche kann vorliegen, wenn auch der Bau noch nicht wirklich bezogen ist, auch wenn die Gefahr nur eine mittelbare ist, wie z. B. bei der Möglichkeit eines Brandausbruchs.

4. Mit dem Vergehen nach § 330 treffen, wenn Menschen verletzt oder getötet sind, fahrlässige Körperverletzung oder fahrlässige Tötung zusammen (vgl. §§ 222 230 StGB.). Vgl. auch § 367, Z. 13—15.

Vollrausch.

§ 330a. Wer sich vorsätzlich oder fahrlässig durch den Genuß geistiger Getränke oder durch andere berauschende Mittel in einen die Zurechnungsfähigkeit (§ 51 Abs. 1) ausschließenden Rausch versetzt, wird mit Gefängnis oder mit Geldstrafe bestraft, wenn er in diesem Zustand eine mit Strafe bedrohte Handlung begeht.

Die Strafe darf jedoch nach Art und Maß nicht schwerer sein als die für die vorsätzliche Begehung der Handlung angedrohte Strafe.

Die Verfolgung tritt nur auf Antrag ein, wenn die begangene Handlung nur auf Antrag verfolgt wird.

Siehe Erläuterungen zu § 330b.

Abgabe von Rauschgiften an Untergebrachte.

§ 330b. Wer wissentlich einer Person, die in einer Trinkerheilanstalt oder einer Entziehungsanstalt untergebracht ist, ohne Erlaubnis des Leiters der Anstalt geistige Getränke oder andere berauschende Mittel verschafft, wird mit Gefängnis bis zu drei Monaten oder mit Geldstrafe bestraft.

1. Durch das Gesetz gegen gefährliche Gewohnheitsverbrecher und über Maßregeln der Sicherung und Besserung v. 24. Nov. 1933 ist in den in das Strafgesetzbuch neu eingefügten §§ 330a und 330b der Mißbrauch von Rauschgiften unter Strafe gestellt.

2. Nach § 51 ist der Täter, wenn er zur Zeit der Tat so berauscht ist, daß er die Fähigkeit, das Unerlaubte der Tat einzusehen oder nach dieser Einsicht zu handeln, völlig verloren hat, nicht zurechnungsfähig, und deshalb nicht strafbar. Wer sich also in einen solchen Zustand versetzt und dann eine mit Strafe bedrohte Handlung begeht, kann wegen dieser Tat nicht bestraft werden, es sei denn, daß er sich schuldhaft in den Zustand der Zurechnungsunfähigkeit versetzt hat, obwohl er damit gerechnet hat, daß er in diesem Zustand die strafbare Handlung begehen würde (sog. actio libera in causa). In einem solchen Falle, in dem der Täter sich gewissermaßen Mut antrinkt, wird er nicht nach § 330a bestraft, sondern wegen der im Rausch begangenen Straftat. (Siehe Erl. 5 zu § 51.)

3. Im Gegensatz zu diesem Falle wird der Täter, der, ohne an eine zu begehende Straftat zu denken, sich sinnlos betrinkt und in diesem Rausch eine Straftat begeht, nicht für diese im Vollrausch begangene Straftat (sog. Rauschtat) bestraft, sondern deshalb, weil er sich in einen gefahrbringenden Zustand versetzt hat. Eine Unterscheidung nach der Richtung, ob der Täter in dem Rauschzustand ein Verbrechen, ein Vergehen oder eine Übertretung begeht, sieht § 330a nicht vor. Es ist ferner zu beachten, daß auch dann nur eine Tat nach § 330a vorliegt, wenn der Volltrunkene in demselben Vollrausch mehrere mit Strafe bedrohte Handlungen begeht.

4. Es ist ferner bei § 330a folgendes zu beachten: Obwohl die sog. Rauschtat nur eine äußere Bedingung der Strafbarkeit bildet, also nicht vom Vorsatz oder der Fahrlässigkeit des Täters umfaßt wird, darf daraus aber nicht etwa geschlossen werden, daß die innere Seite der Rauschtat ohne jede Bedeutung sei. Die Rechtslage ist vielmehr folgende:

a) Liegt überhaupt keine Willensbetätigung des Täters bei Begehung der Rauschtat vor (z. B. Hinfallen des Täters und dadurch bewirktes Lösen einer Schußwaffe), so scheidet § 330a von vornherein aus.

b) Im übrigen müssen aber grundsätzlich alle zum äußeren und inneren Tatbestand der Rauschtat gehörigen Tatbestandsmerkmale von dem Betrunkenen mit einem gewissen natürlichen Tatwillen verwirklicht werden. Wird insbesondere bei der fraglichen Straftat eine bestimmte Absicht gefordert, z. B. die rechtswidrige Zueignungsabsicht in § 242, dann muß der natürliche Täterwillen auch diese innere Tatseite umfassen.

5. Der neue § 330b stellt die Abgabe von Rauschgiften an Personen, die in einer Trinkerheilanstalt oder einer Entziehungsanstalt untergebracht sind, unter Strafe.

6. Siehe auch Polizeiverordnung über das Wirtshausverbot vom 18. Oktober 1939 (RGBl. I S. 2115).

Unterlassene Hilfeleistung.

§ 330c. Wer bei Unglücksfällen oder gemeiner Gefahr oder Not nicht Hilfe leistet, obwohl dies nach gesundem Volksempfinden seine Pflicht ist, insbesondere wer der polizeilichen Aufforderung zur Hilfeleistung nicht nachkommt, obwohl er der Aufforderung ohne erhebliche eigene Gefahr und ohne Verletzung anderer wichtiger Pflichten genügen kann, wird mit Gefängnis bis zu zwei Jahren oder mit Geldstrafe bestraft.

1. Da in dieser Gesetzesstelle, die den aufgehobenen § 360 Nr. 10 ersetzen soll, das „gesunde Volksempfinden" ein ausschlaggebendes Tatbestandsmerkmal bilden, das man nicht beseitigen kann, ohne damit die ganze Neufassung des Tatbestands in Frage zu stellen, bestehen im Hinblick auf Art. IV Ziff. 7 des Militärregierungsgesetzes Nr. 1 (siehe Erl. 2 zu dem aufgehobenen § 2 und Erl. 1 zu § 240 und Erl. 1 zu § 253) gegen den Fortbestand des § 330c schwerwiegende Bedenken. Andererseits wäre es aber auch im Hinblick auf Art. IV des Kontrollratsgesetzes Nr. 11 nicht unbedenklich, an Stelle des § 330c wieder den § 360 Ziff. 10 in Kraft zu setzen.

2. Ein Unglücksfall liegt auch dann vor, wenn ihn der Betroffene selbst herbeigeführt hat; es ist also auch der Selbstmordversuch ein Unglücksfall. Gemeine Gefahr oder Not ist gegeben, wenn die Allgemeinheit durch die Gefahr bedroht ist, z. B. Feuersbrunst, Überschwemmung usw.

3. Es sind aber keine übertriebenen Anforderungen zu stellen. Ein bis zur Selbstaufopferung gehender Heroismus wird nicht verlangt, wohl aber je nach Lage und Sache das Inkaufnehmen eines durch Zeitverlust entstehenden geschäftlichen Nachteils, unter Umständen auch einer im Verhältnis zum drohenden Schaden unbeachtlichen körperlichen Gefahr. Zur Hilfeleistung ist namentlich auch der verpflichtet, der — sei es ohne Verschulden, sei es fahrlässig — einen Unfall herbeigeführt hat.

4. Es soll das Unterlassen als solches wegen der rücksichtslosen Gesinnung bestraft werden; es ist daher unerheblich, ob und welche Folge das Unterlassen der Hilfeleistung gehabt hat. Es gehört also zum Tatbestand des § 330c nichts weiter, als daß der Täter pflichtwidrig keine Hilfe leistet.

5. Mit dem Vergehen des § 330c wird häufig, besonders bei Autounfällen, das Vergehen der Verkehrsflucht nach § 139a tateinheitlich zusammentreffen. Siehe die Erläuterungen zu § 139a.)

Achtundzwanzigster Abschnitt.

Verbrechen und Vergehen im Amte.

Vorbemerkung.

1. Die strafrechtliche Begriffsbestimmung des Beamten i. S. des § 359 deckt sich nicht mit dem allgemeinen Beamtenbegriff, wie er in dem deutschen Beamtengesetz v. 26. Jan. 1937 und dem deutschen Polizeibeamtengesetz v. 24. Juni 1937 niedergelegt ist. (S. Näheres hierüber in der Erläuterung zu § 359).

2. Der Abschnitt enthält nicht alle strafbaren Handlungen, die von Beamten als solchen begangen werden können. Denn abgesehen von disziplinarisch zu ahndenden Vergehen, die gar nicht im StGB. sondern in den Beamtengesetzen vorgesehen sind und die neben der strafrechtlichen Ahndung in besonderem Verfahren gebüßt werden, sind noch strafbare Handlungen von Beamten in §§ 174², 266 behandelt.

Andererseits enthält der Abschnitt auch strafbare Handlungen von Nichtbeamten in §§ 333, 334 Abs. 2 (Bestechung eines Beamten, Richters durch einen Nichtbeamten).

3. Ein Beamtenvergehen liegt nur vor, wenn der Täter zur Zeit der Tat die Beamteneigenschaft hatte. Ob er dann bis zur Aburteilung aus dem Beamtenverhältnis ausgeschieden ist oder nicht, ändert nichts an der Strafbarkeit.

4. Beamtendelikte sind entweder solche, die überhaupt nur ein Beamter begehen kann (sog. eigentliche Amtsdelikte der §§ 331, 332, 334, 336, 343, 344, 345, 346, 348 Abs. 1, 352, 353, 354, 355, 356, 357) oder solche, die auch von jedem anderen Staatsbürger begangen werden können, aber strenger geahndet werden, wenn sie von Beamten begangen werden (sog. uneigentliche Amtsdelikte), wie z. B. Amtsunterschlagung, Körperverletzung, Hausfriedensbruch, Freiheitsberaubung im Amte §§ 350, 340, 342, 341; ferner §§ 347, 348 Abs. 2.

5. Ein Nichtbeamter, der sich an einem Amtsdelikt beteiligt, wird, wenn es sich um ein eigentliches Amtsdelikt handelt, wegen Anstiftung bzw. Beihilfe zu dem Amtsdelikt bestraft. Handelt es sich dagegen um ein uneigentliches Amtsdelikt, so wird der Nichtbeamte nur nach den gewöhnlichen Vorschriften über Körperverletzung, Hausfriedensbruch usw. bestraft. (Siehe Erläuterung 4a zu § 50.)

6. Vgl. auch § 12 des Unlaut. Wettbewerb-Gesetzes, wo demjenigen Strafe angedroht wird, der im geschäftlichen Verkehr zu Zwecken des Wettbewerbs dem Angestellten oder Beauftragten eines geschäftlichen Betriebs Geschenke oder andere Vorteile anbietet, verspricht oder gewährt, um durch unlauteres Verhalten des Angestellten oder Beauftragten bei dem Bezuge von Waren oder gewerblichen Leistungen eine Bevorzugung für sich oder einen Dritten zu erlangen. In Abs. 2 des § 12 wird dann umgekehrt der Angestellte usw. mit Strafe bedroht, der die Geschenke annimmt usw.

7. Gemäß Ziff. 7c der „Allgemeinen Anweisung an Richter Nr. 1" unterliegt die Aburteilung folgender Delikte aus diesem Abschnitt der vorherigen Meldepflicht an die Militärregierung: §§ 334, 336, 341—355.

Einfache passive Bestechung.

§ 331. Ein Beamter, welcher für eine in sein Amt einschlagende, an sich nicht pflichtwidrige Handlung Geschenke oder andere Vorteile annimmt, fordert oder sich versprechen läßt, wird mit Geldstrafe oder mit Gefängnis bis zu sechs Monaten bestraft.

1. Alles was man unter Bestechung zusammenfaßt, wird in den §§ 331 bis 334 behandelt: in § 331 Geschenkannahme eines Beamten für eine nicht pflichtwidrige Handlung, in § 332 für eine pflichtwidrige Handlung, in § 333 Bestechung eines Beamten (für pflichtwidrige Handlungen) durch einen Nichtbeamten, in § 334 Abs. 1 die Richterbestechlichkeit, in § 334 Abs. 2 die Richterbestechung durch einen Nichtbeamten.

2. Nach § 331 darf ein Beamter ohne Genehmigung seiner Behörde niemals Geschenke annehmen oder fordern, auch wenn das Geschenk für eine nicht pflichtwidrige Amtshandlung gegeben würde.

Die Annahme von Geschenken für Handlungen, welche gar nicht in das Amt einschlagen, gehört nicht hierher. Sie wird disziplinär geahndet, wenn der Beamte dabei seine dienstliche Ehre verletzte.

3. Als „andere Vorteile" kommen in Betracht: Genuß von Speise und Trank, Gestattung von Beischlaf usw.

4. Beispiel: Ein Steuerbeamter läßt sich für eine Steuerberatung eines Steuerpflichtigen von diesem eine Kiste Zigarren schenken.

Schwere passive Bestechung.

§ 332. Ein Beamter, welcher für eine Handlung, die eine Verletzung einer Amts- oder Dienstpflicht enthält, Geschenke oder andere Vorteile annimmt, fordert oder sich versprechen läßt, wird wegen Bestechung mit Zuchthaus bis zu fünf Jahren bestraft.

Sind mildernde Umstände vorhanden, so tritt Gefängnisstrafe ein.

1. Sowohl der Beamte als auch der Geber müssen das Bewußtsein haben, daß das Geschenk für einen amtlichen Akt gegeben wird; § 332 kommt also nicht in Frage, wenn das Geschenk ohne jede Rücksicht auf eine bestimmte amtliche Tätigkeit angenommen, gefordert oder versprochen wird.

2. Die am meisten in Betracht kommende Handlung ist die pflichtwidrige Unterlassung einer Anzeige seitens eines Vollzugsbeamten (Gendarmen, Feldhüters usw.).

3. Damit der Tatbestand des § 332 vorliege, muß sich der Beamte bewußt sein, die Amtshandlung sei eine pflichtwidrige. Ist dies nicht nachweisbar, so kann in Frage kommen, ob nicht wenigstens der Tatbestand des § 331 vorliegt.

4. Fordert ein Beamter ein Geschenk für eine Handlung, die gar nicht in seinen Dienstkreis gehört, zu deren Ausführung er gar nicht die Macht hat, so kann, wenn derjenige, welcher das Geschenk geben soll, guten Glaubens ist, ein Betrug oder Betrugsversuch vorliegen.

5. Beispiel: Ein Polizeibeamter läßt eine Dirne, die er auftragsgemäß wegen Diebstahls verhaftet hatte, auf freien Fuß, nachdem sie ihm den Beischlaf versprochen hatte.

Aktive Bestechung.

§ 333. Wer einem Beamten oder einem Mitgliede der bewaffneten Macht Geschenke oder andere Vorteile anbietet, verspricht oder gewährt, um ihn zu einer Handlung, die eine Verletzung einer Amts- oder Dienstpflicht enthält, zu bestimmen, wird wegen Bestechung mit Gefängnis bestraft; auch kann auf Verlust der bürgerlichen Ehrenrechte erkannt werden.

Sind mildernde Umstände vorhanden, so kann auf Geldstrafe erkannt werden.

1. Der Nichtbeamte macht sich nur strafbar, wenn er den Beamten zu einer Handlung, die eine Verletzung seiner Amts- oder Dienstpflicht enthält, verleiten will (§ 332).

2. Der Hauptfall ist das Anbieten eines Geschenkes an einen Vollzugsbeamten, damit er eine Anzeige unterlasse.

3. Durch Anbieten des Geschenks an die Ehefrau des Beamten wird der Tatbestand auch erfüllt.

4. Vollendet ist die Handlung schon mit dem bloßen Anbieten; ob der Beamte annimmt oder nicht, ob er dann die Handlung wirklich ausführt oder nicht, ist für das Vorliegen des Tatbestandes gleichgültig.

5. Begeht der Beamte infolge der Bestechung eine nicht nur pflichtwidrige sondern auch strafbare Handlung (z. B. Freilassung eines Verhafteten — § 347 —), so ist der Bestechende außerdem wegen Anstiftung zu der strafbaren Handlung (§ 347) zu bestrafen. (Idealkonkurrenz nach § 73.)

Passive und aktive Richterbestechung.

§ 334. Ein Richter, Schiedsrichter, Beisitzer einer Arbeitsgerichtsbehörde, Geschworener oder Schöffe, welcher Geschenke oder andere Vorteile fordert, annimmt oder sich versprechen läßt, um eine Rechtssache, deren Leitung oder Entscheidung ihm obliegt, zugunsten oder zum Nachteile eines Beteiligten zu leiten oder zu entscheiden, wird mit Zuchthaus bestraft.

Derjenige, welcher einem Richter, Schiedsrichter, Beisitzer einer Arbeitsgerichtsbehörde, Geschworenen oder Schöffen zu dem vorbezeichneten Zwecke Geschenke oder andere Vorteile anbietet, verspricht oder gewährt, wird mit Zuchthaus bestraft. Sind mildernde Umstände vorhanden, so tritt Gefängnisstrafe ein.

1. Der § 334, der die Richterbestechung behandelt, dehnt die Bestimmungen der §§ 332 und 333 auf Richter jeder Art, also auch Handelsrichter, Gewerberichter, Gemeinderichter, einerlei ob sie ständig oder nicht ständig in der richterlichen Funktion, ob sie Beamte oder Nichtbeamte sind, aus.

2. In Abs. 2 wird entsprechend dem § 333 der Nichtrichter mit Strafe bedroht, welcher eine Richterbestechung vornimmt.

3. Ist es wirklich zu einer Rechtsbeugung gekommen, so ist auch § 336 in Anwendung zu bringen.

Verfallserklärung.

§ 335. In den Fällen der §§ 331 bis 334 ist im Urteile das Empfangene oder der Wert desselben für dem Staate verfallen zu erklären.

Rechtsbeugung

§ 336. Ein Beamter oder Schiedsrichter, welcher sich bei der Leitung oder Entscheidung einer Rechtssache vorsätzlich zugunsten oder zum Nachteile einer Partei einer Beugung des Rechtes schuldig macht, wird mit Zuchthaus bis zu fünf Jahren bestraft.

1. Während die Richterbestechung des § 334 auch noch Geschworene und Schöffen nennt, sind diese hier nicht aufgenommen, können also für eine Rechtsbeugung allein, wenn keine Bestechung vorliegt, nicht bestraft werden.

2. Unter Beugung des Rechts versteht man die Entscheidung einer Rechtssache entgegen der Überzeugung des Beamten.

3. Die Rechtsbeugung kann in Strafsachen (auch in Polizeistrafsachen) ebensowohl wie in bürgerlichen Rechtsstreitigkeiten vorkommen.

§ 337.

Dieser Paragraph ist ersetzt durch § 67 des Personenstandsgesetzes v. 3. Nov. 1937: Wer die religiösen Feierlichkeiten einer Eheschließung vornimmt, bevor die Ehe vor dem Standesbeamten geschlossen ist, wird mit Geldstrafe oder Gefängnis bestraft. Eine Bestrafung tritt nicht ein, wenn einer der Verlobten lebensgefährlich erkrankt und ein Aufschub nicht möglich ist.

Beihilfe zur Doppelehe.

§ 338. Ein Religionsdiener oder Personenstandsbeamter, welcher, wissend, daß eine Person verheiratet ist, eine neue Ehe derselben schließt, wird mit Zuchthaus bis zu fünf Jahren bestraft.

Dieser Paragraph bedroht entsprechend dem § 171 (Verbrechen der Bigamie) den Standesbeamten und Geistlichen, der die Abschließung der zweiten unerlaubten Ehe ermöglicht.

Nötigung im Amte.

§ 339. Gestrichen durch die Verordnung v. 29. Mai 1943. (Siehe Erl. 7 zu § 240.)

Körperverletzung im Amte.

§ 340. Ein Beamter, welcher in Ausübung oder in Veranlassung der Ausübung seines Amtes vorsätzlich eine Körperverletzung begeht oder begehen läßt, wird mit Gefängnis nicht unter drei Monaten bestraft. Sind mildernde Umstände vorhanden, so kann die Strafe bis auf einen Tag Gefängnis ermäßigt oder auf Geldstrafe erkannt werden.

Ist die Körperverletzung eine schwere, so ist auf Zuchthaus nicht unter zwei Jahren zu erkennen. Sind mildernde Umstände vorhanden, so tritt Gefängnisstrafe nicht unter drei Monaten ein.

1. In § 340 wird bestimmt, daß Beamte, wenn sie in Ausübung ihres Amtes vorsätzlich eine Körperverletzung begehen, insofern ungünstiger gestellt sind, als sie auch, wenn nur eine einfache Körperverletzung vorliegt, ohne daß ein Antrag gestellt ist, verfolgt werden müssen, und daß § 233 keine Anwendung findet.

2. Es müssen alle Tatbestandsmerkmale der Körperverletzung, wie sie in § 223 bestimmt sind, vorliegen. Ob aber eine einfache oder eine erschwerte Körperverletzung (§ 223a) vorliegt, kommt nur bei der Strafausmessung in Betracht.

Für die schwere Körperverletzung des § 224 enthält der Abs. 2 des § 340 eine besondere Vorschrift.

Ist aber Todesfolge eingetreten, so kommt § 226 zur Anwendung.

3. Der Beamte wird nach dieser Vorschrift bestraft, nicht nur wenn er die Körperverletzung selbst begeht, sondern auch wenn er sie von anderen, z. B. von Untergebenen, begehen läßt. Darunter ist aber nicht schon ein bloßes Nichtverhindern der Untergebenen gemeint (ein solches würde disziplinär zu ahnden sein), sondern nur ein, wenn auch stillschweigendes, Anordnen. Das bloße Geschehenlassen einer Körperverletzung würde nach § 357 strafbar sein.

4. Solange die Körperverletzung Folge der rechtmäßigen Ausübung des Amtes ist, ist der Beamte natürlich straflos. Sobald der Beamte aber bewußt die ihm durch Dienstvorschriften (z. B. bei Ausübung der Waffengewalt, der Schulzucht) gezogenen Grenzen überschreitet, ist er für die in dieser Überschreitung begangenen Mißhandlungen nach § 340 strafbar.

Wenn der Beamte fahrlässigerweise die gezogenen Grenzen überschreitet, so kann er nach § 230 wegen fahrlässiger Körperverletzung zur Rechenschaft gezogen werden (§ 59 Abs. 2).

Beispiel: Ein Lehrer züchtigt infolge fahrlässiger Verwechslung den Schüler A, statt den mit Recht zu strafenden Schüler B. Der Lehrer ist nach § 230 strafbar.

Freiheitsberaubung im Amte.

§ 341. Ein Beamter, welcher vorsätzlich, ohne hierzu berechtigt zu sein, eine Verhaftung oder vorläufige Ergreifung und Festnahme oder Zwangsgestellung vornimmt oder vornehmen läßt, oder die Dauer einer Freiheitsentziehung verlängert, wird nach Vorschrift des § 239, jedoch mindestens mit Gefängnis von drei Monaten bestraft.

1. Auch Beamte, die bestimmungsgemäß gar nicht die Befugnis zu Verhaftungen haben, können wegen Freiheitsberaubung im Amte bestraft werden.

2. Zwangsgestellung heißt Vorführung. (§§ 134, 236, 457 StPO.)

3. Die Vorschriften über Verhaftungen, vorläufige Ergreifung und Festnahme finden sich in den §§ 112—132 StPO., § 890 ZPO. und § 106 KO.

4. Vornehmen lassen bedeutet hier dasselbe wie begehen lassen in § 340. Vgl. die Bem. 3 zu § 340.

Hausfriedensbruch im Amte.

§ 342. Ein Beamter, der in Ausübung oder in Veranlassung der Ausübung seines Amtes einen Hausfriedensbruch (§ 123) begeht, wird mit Gefängnis bis zu einem Jahre oder mit Geldstrafe bestraft.

Solange ein Beamter durch gesetzliche Vorschriften das Recht hat, eine fremde Wohnung zu betreten, kann er sich natürlich nicht eines Hausfriedensbruchs i. Amte schuldig machen. Wenn er aber während einer Amtshandlung unter bewußter Nichtachtung der bestehenden Vorschriften eine fremde Wohnung betritt oder seine Amtshandlung unterbricht oder gegen seine Vorschrift den Aufenthalt verlängert, so kann er sich nach dieser Bestimmung strafbar machen.

Geständniserpressung.

§ 343. Ein Beamter, welcher in einer Untersuchung Zwangsmittel anwendet oder anwenden läßt, um Geständnisse oder Aussagen zu erpressen, wird mit Zuchthaus bis zu fünf Jahren bestraft.

1. Die Vorschrift über Geständniserpressung findet wie auf leitende Beamte auch auf Beamte des Polizei- und Sicherheitsdienstes Anwendung.
2. Unter Untersuchung ist ein strafgerichtliches oder disziplinäres Verfahren verstanden.
3. Erpressen heißt jemanden widerrechtlich nötigen.
4. Als Zwangsmittel kommen in Frage: Fesseln, Mißhandlung, Einsperrung, Drohung.

Verfolgung Unschuldiger.

§ 344. Ein Beamter, welcher vorsätzlich zum Nachteile einer Person, deren Unschuld ihm bekannt ist, die Eröffnung oder Fortsetzung einer Untersuchung beantragt oder beschließt, wird mit Zuchthaus bestraft.

1. Als Täter für das Verbrechen der unzulässigen Verfolgung kommen nur staatsanwaltschaftliche Beamte, welche Eröffnung oder Fortsetzung einer Untersuchung beantragen, und richterliche Beamte, welche die Eröffnung oder Fortsetzung beschließen, in Betracht.
2. Unter Untersuchung ist auch ein staatsanwaltschaftliches Ermittelungsverfahren, auch eine Disziplinaruntersuchung gegen einen Beamten mit einbegriffen.
3. Gegen den Richter, der vorsätzlich zum Nachteil einer Partei unter Beugung des Rechts ein Urteil erläßt, findet § 336 Anwendung.

Unzulässige Strafvollstreckung.

§ 345. Ein Beamter, der vorsätzlich eine Strafe oder eine Maßregel der Sicherung und Besserung vollstreckt, die nicht zu vollstrecken ist, wird mit Zuchthaus bestraft.

Ist die Handlung aus Fahrlässigkeit begangen, so tritt Gefängnisstrafe oder Festungshaft bis zu einem Jahre oder Geldstrafe ein.

1. Hier wird das Verbrechen der unzulässigen Vollstreckung mit Strafe bedroht. Nur Beamte, welche mit der Strafvollstreckung befaßt sind, also Amtsrichter, Rechtspfleger, Staatsanwälte und Strafanstaltsbeamte, sowie Justizbeamte, welche die vollstreckbaren Urteilsausfertigungen erteilen, kommen für diese Strafbestimmung in Betracht.
2. Als zu vollstreckende Strafen sind gerichtliche, polizeiliche, verwaltungsgerichtliche und disziplinäre Strafen, auch bloße Ordnungsstrafen gemeint. Seit 1. Jan. 1934 fallen hierunter auch Maßregeln der Sicherung und Besserung.

Amtsbegünstigung.

§ 346. Ein Beamter, der vermöge seines Amtes zur Mitwirkung bei einem Strafverfahren oder bei der Vollstreckung einer Strafe oder einer Maßregel der Sicherung und Besserung berufen ist und wissentlich jemand der im Gesetz vorgesehenen Strafe oder Maßregel entzieht, wird mit Zuchthaus bis zu fünf Jahren bestraft. Sind mildernde Umstände vorhanden, so tritt Gefängnisstrafe nicht unter einem Monat ein.

1. Als Täter für das Verbrechen der sog. Amtsbegünstigung kommen Polizeibeamte, staatsanwaltschaftliche Beamte, Richter, Rechtspfleger und Strafanstaltsbeamte in Betracht.

2. Die Handlung kann bestehen: in der Unterlassung der Strafverfolgung (nur kriminell strafbarer Handlungen), in der Nichtbetreibung der Vollstreckung, und in der Vollstreckung einer gelinderen Strafe als derjenigen, auf die erkannt ist.

3. Da der § 152 Abs. 2 StPO. der Staatsanwaltschaft und § 163 StPO. den Behörden und Beamten des Polizeidienstes die gesetzliche Verpflichtung auferlegt, wegen aller gerichtlich strafbaren und verfolgbaren Handlungen einzuschreiten, so macht sich nach der Bestimmung des § 346 StGB. derjenige staatsanwaltschaftliche Beamte oder Polizeibeamte strafbar, welcher mit dem Bewußtsein, gegen seine gesetzliche Verpflichtung zu handeln, die Verfolgung unterläßt.

Entweichenlassen von Gefangenen.

§ 347. Ein Beamter, welcher einen Gefangenen, dessen Beaufsichtigung, Begleitung oder Bewachung ihm anvertraut ist, vorsätzlich entweichen läßt oder dessen Befreiung vorsätzlich bewirkt oder befördert, wird mit Zuchthaus bis zu fünf Jahren bestraft. Sind mildernde Umstände vorhanden, so tritt Gefängnisstrafe nicht unter einem Monat ein.

Ist die Entweichung durch Fahrlässigkeit befördert oder erleichtert worden, so tritt Gefängnisstrafe bis zu sechs Monaten oder Geldstrafe ein.

Einem Gefangenen steht gleich, wer in Sicherungsverwahrung oder in einem Arbeitshaus untergebracht ist.

1. Hier ist entsprechend dem § 121 StGB. der Beamte, welcher einen Gefangenen vorsätzlich entweichen läßt, in Abs. 1 besonders schwer bedroht.

2. Zu dem Begriffe des Gefangenen vgl. die Erl. 1 zu § 120.

3. Dem Abs. 2 entspricht für Nichtbeamte die Bestimmung des § 121 Abs. 2. Vgl. über die Bedeutung von Entweichung und von Fahrlässigkeit die Erl. 2 bis 4 zu § 121.

Falschbeurkundung und Urkundenfälschung im Amte.

§ 348. Ein Beamter, welcher, zur Aufnahme öffentlicher Urkunden befugt, innerhalb seiner Zuständigkeit vorsätzlich eine rechtlich erhebliche Tatsache falsch beurkundet oder in öffentliche Register oder Bücher falsch einträgt, wird mit Gefängnis nicht unter einem Monat bestraft.

Dieselbe Strafe trifft einen Beamten, welcher eine ihm amtlich anvertraute oder zugängliche Urkunde vorsätzlich vernichtet, beiseite schafft, beschädigt oder verfälscht.

Der Versuch ist strafbar.

In schweren Fällen ist die Strafe Zuchthaus.

1. Der Abs. 1 enthält die sog. Falschbeurkundung, d. h. die Herstellung einer an sich echten öffentlichen Urkunde mit unwahrem Inhalt, während das Wesen der Urkundenfälschung nach § 267 in der Herstellung einer unechten Urkunde mit wahrem oder unwahrem Inhalt besteht. (Siehe Erl. 1 zu § 267.)

a) Die Falschbeurkundung des Abs. 1 des § 348 ist ein sog. echtes Beamtendelikt, d. h. ein Vergehen, das nur von einem Beamten begangen werden kann. (Siehe Vorb. Z. 4 zu § 331 und Erl. 4a zu § 50.)

b) Während der Nichtbeamte, welcher vorsätzlich einen gutgläubigen Beamten zur Beurkundung einer Lüge in einer öffentlichen Urkunde veranlaßt, nach § 271 (intellektuelle Urkundenfälschung) bestraft wird (siehe Erl. 1 u. 2 zu § 271), wird der Beamte, der vorsätzlich eine Lüge beurkundet nach § 348 Abs. 1 bestraft, und der Nichtbeamte im letzteren Falle wegen Anstiftung (§ 48) zu dem Vergehen des § 348 Abs. 1.

c) Zu den Beamten, die Täter des Abs. 1 sein können, gehören nur solche, welche zur Aufnahme öffentlicher Urkunden, d. h. zur schriftlichen Festlegung von Erklärungen oder Tatsachen mit öffentlichem Glauben befugt sind. Es gehören also nicht hierher Beamte, die derartige Urkunden nur auszufertigen haben. Als Täter des Abs. 1 kommen also in Betracht: Richter, Notare, Standesbeamte, Gerichtsvollzieher, Rechnungsbeamte, Postbeamte, Fleischbeschauer usw.

d) Von den Beurkundungen, die vollen Beweis für und gegen jedermann zu erbringen bestimmt sind, sind scharf zu trennen Vermerke, die nur den inneren Dienst betreffen, z. B. die Dienstregister, die von den Gerichtsvollziehern zu führen sind; sie fallen nicht unter § 348 Abs. 1.

2. Der Abs. 2 enthält ein sog. unechtes Beamtendelikt, d. h. ein solches, das an sich von jedem begangen werden kann, das aber schwerer bestraft wird, wenn ein Beamter Täter ist. (Siehe Erl. 2a, cc zu § 50 und Vorbem. Z. 4 zu § 331.)

a) Der Abs. 2 enthält also lediglich straferhöhende Umstände gegenüber den Tatbeständen der §§ 133, 274 (Vernichtung, Beiseiteschaffen und Beschädigung von Urkunden) und gegenüber § 267 (Verfälschung von Urkunden).

b) Nichtbeamtete Teilnehmer an der Tat des § 348 Abs. 2 werden also lediglich nach §§ 133, 274, 267 bestraft. (Siehe die Erläuterungen zu § 50.)

Gewinnsüchtige Falschbeurkundung.

§ 349. Gestrichen durch die Verordnung v. 29. Mai 1943.

Einfache Amtsunterschlagung.

§ 350. Ein Beamter, welcher Gelder oder andere Sachen, die er in amtlicher Eigenschaft empfangen oder in Gewahrsam hat, unterschlägt, wird mit Gefängnis nicht unter drei Monaten bestraft; auch kann auf Verlust der bürgerlichen Ehrenrechte erkannt werden.

Der Versuch ist strafbar.

1. Amtsunterschlagung liegt nur vor, wenn für den Beamten die Empfangnahme der Gelder oder andern Sachen, die er sich rechtswidrig zueignet (vgl. die Erl. zu § 246), einen Teil seiner dienstlichen Obliegenheiten bildet. Erhielt er die Gelder nur gelegentlich seiner Dienstausübung, weil ein Beamter als besonders vertrauenswerter Mittelsmann gilt, so kann nur die gewöhnliche Unterschlagung des § 246 StGB. in Frage kommen.

2. Über die Bedeutung von „unterschlägt“ vgl. die Erl. 8 zu § 246.

3. Während der Tatbestand der gewöhnlichen Unterschlagung durch sofortige Ersatzmöglichkeit ausgeschlossen sein kann (Erl. 9 zu § 246), erfüllt die Verwendung amtlich vereinnahmter Gelder zu eigenen Zwecken grundsätzlich immer den Tatbestand der Amtsunterschlagung, weil derartige Gelder nach Sinn und Zweck der amtlichen Vorschriften immer streng getrennt von den eigenen Geldern zu halten sind. Jedenfalls kann sich der Beamte aber nie darauf berufen, er sei in der Lage, durch Verkauf von Vermögensstücken oder durch die Hilfe von Verwandten oder mit seiner nächsten Gehaltszahlung Ersatz zu leisten.

4. Die Amtsunterschlagung wird meistens auch den Tatbestand der Untreue im Sinne des § 266 StGB. enthalten.

5. Die erschwerte Amtsunterschlagung ist in § 351 StGB. behandelt.

6. Wegen Unterschlagung durch Postbeamte vgl. § 354. Auch an sog. „Fangbriefen“ kann Unterschlagung begangen werden.

Erschwerte Amtsunterschlagung.

§ 351. Hat der Beamte in Beziehung auf die Unterschlagung die zur Eintragung oder Kontrolle der Einnahmen oder Ausgaben bestimmten Rechnungen, Register oder Bücher unrichtig geführt, verfälscht oder unterdrückt, oder unrichtige Abschlüsse oder Auszüge aus diesen Rechnungen, Registern oder Büchern, oder unrichtige Belege zu denselben vorgelegt, oder ist in Beziehung auf die Unterschlagung auf Fässern, Beuteln oder Paketen der Geldinhalt fälschlich bezeichnet, so ist auf Zuchthaus bis zu zehn Jahren zu erkennen.

Sind mildernde Umstände vorhanden, so tritt Gefängnisstrafe nicht unter sechs Monaten ein.

1. Zu dem Tatbestande der Amtsunterschlagung tritt in den meisten Fällen noch die Erschwerung dieses Paragraphen hinzu, weil den Beamten die Buchführung in der Regel vorgeschrieben ist und die Entdeckung sofort stattfinden müßte, wenn die Bücher richtig weitergeführt würden.

2. „In Beziehung auf die Unterschlagung“ ist die unrichtige Buchführung erfolgt, wenn dadurch die Unterschlagung vorbereitet, ermöglicht oder gegen Entdeckung gesichert werden soll.

3. Eine unrichtige Führung liegt auch vor, wenn die vorgeschriebenen Einträge nicht gemacht werden oder die Führung eines vorgeschriebenen Registers ganz unterlassen wird.

4. Unter „Auszug“ ist eine verkürzte Wiedergabe verstanden.

5. „Belege“ sind Urkunden, deren Beilage zur Buchführung zum Beweise der Richtigkeit bei der Rechnungsprüfung vorgeschrieben ist.

Gebührenüberhebung.

§ 352. Ein Beamter, Anwalt oder sonstiger Rechtsbeistand, welcher Gebühren oder andere Vergütungen für amtliche Verrichtungen zu seinem Vorteile zu erheben hat, wird, wenn er Gebühren oder Vergütungen erhebt, von denen er weiß, daß der Zahlende sie überhaupt nicht oder nur in geringerem Betrage verschuldet, mit Geldstrafe oder mit Gefängnis bis zu einem Jahre bestraft.

Der Versuch ist strafbar.

1. In dieser Strafbestimmung wird das sog. „übermäßige Sportulieren", die sog. Gebührenüberhebung, bedroht.

2. Beamte, die in Betracht kommen, sind Notare, Gerichtsvollzieher, Fleischbeschauer usw.

3. Fordert der Beamte ein Geschenk, so macht er sich nicht nach dieser Bestimmung, sondern nach den §§ 331 ff. wegen Bestechung strafbar.

Abgabenüberhebung.

§ 353. Ein Beamter, welcher Steuern, Gebühren oder andere Abgaben für eine öffentliche Kasse zu erheben hat, wird, wenn er Abgaben, von denen er weiß, daß der Zahlende sie überhaupt nicht oder nur in geringerem Betrage verschuldet, erhebt, und das rechtswidrig Erhobene ganz oder zum Teil nicht zur Kasse bringt, mit Gefängnis nicht unter drei Monaten bestraft.

Gleiche Strafe trifft den Beamten, welcher bei amtlichen Ausgaben an Geld oder Naturalien dem Empfänger vorsätzlich und rechtswidrig Abzüge macht und die Ausgaben als vollständig geleistet in Rechnung stellt.

1. Wie der vorhergehende Paragraph (§ 352) sich gegen das Drücken des Publikums durch übermäßiges Sportulieren wendet, so bestraft dieser Paragraph in Abs. 1 Abgabebeamte des Staates oder einer Gemeinde, die höhere als die geschuldeten Abgabebeträge für eine öffentliche Kasse erheben und dann den höher erhobenen Betrag nicht buchen, sog. Abgabenüberhebung.

2. Voraussetzung ist, daß es sich um staatliche Abgaben handelt, die von den öffentlichen Kassen erhoben und eingezogen werden. Vor allem kommen in Betracht die Abgaben für die Benutzung einer öffentlich-rechtlichen Anstalt nach einem festgesetzten Tarif, also in erster Linie Post und Eisenbahn.

3. Meistens werden die in dem § 353 bedrohten Handlungen auch gleichzeitig eine Amtsunterschlagung enthalten. Möglich ist aber auch, daß solche überhobene Abgabebeträge zur Deckung beabsichtigter Unterschlagungen einstweilen zurückbehalten werden, dann liegt nur das Vergehen des § 353 Abs. 1 vor.

§ 353a. Aufgehoben durch Kontrollratsgesetz Nr. 11.

Verletzung der Amtsverschwiegenheit.

§ 353b. Ein Beamter oder früherer Beamter, der unbefugt ein ihm bei Ausübung seines Amtes anvertrautes oder zugänglich gewordenes Geheimnis offenbart und dadurch wichtige öffentliche Interessen gefährdet, wird mit Gefängnis, in besonders schweren Fällen mit Zuchthaus bis zu zehn Jahren bestraft; hat der Täter mit der eingetretenen Gefährdung fahrlässig nicht gerechnet, so ist auf Gefängnis bis zu zwei Jahren oder auf Geldstrafe zu erkennen.

Einem Beamten steht eine für eine Behörde tätige Person gleich, die auf die gewissenhafte Erfüllung ihrer Dienstpflicht durch Handschlag oder zur Verschwiegenheit besonders verpflichtet worden ist.

Der Versuch ist strafbar.

Die Tat wird nur mit Zustimmung der dem Täter vorgesetzten Behörde, und, wenn er nicht mehr in seinem Amt oder seiner Stellung ist, mit Zustimmung der letzten vorgesetzten Behörde verfolgt. Die Verfolgung von Personen, die zur Verschwiegenheit besonders verpflichtet worden sind, tritt nur auf Anordnung des Reichsministers der Justiz ein.

§ 353c. Wer, abgesehen von dem Fall des § 353b, unbefugt ein amtliches Schriftstück, das als geheim oder vertraulich bezeichnet worden ist, oder dessen wesentlichen Inhalt ganz oder zu einem Teil einem anderen mitteilt und dadurch wichtige öffentliche Interessen gefährdet, wird mit Gefängnis bestraft.

Ebenso wird bestraft, wer unbefugt einem anderen eine Mitteilung weitergibt, zu deren Geheimhaltung er von einer zuständigen Stelle besonders verpflichtet worden ist, und dadurch wichtige öffentliche Interessen gefährdet.

In besonders schweren Fällen ist die Strafe Zuchthaus bis zu zehn Jahren.

Hat der Täter mit der eingetretenen Gefährdung fahrlässig nicht gerechnet, so ist auf Gefängnis bis zu zwei Jahren oder auf Geldstrafe zu erkennen.

Der Versuch ist strafbar.

Die Tat wird nur auf Anordnung des Reichsministers der Justiz verfolgt.

Verletzung des Briefgeheimnisses.

§ 354. Ein Postbeamter, welcher die der Post anvertrauten Briefe oder Pakete in anderen, als den im Gesetze vorgesehenen Fällen eröffnet oder unterdrückt, oder einem anderen wissentlich eine solche Handlung gestattet, oder ihm dabei wissentlich Hilfe leistet, wird mit Gefängnis nicht unter drei Monaten bestraft.

1. Diese Gesetzesstelle enthält für Postbeamte eine Sondervorschrift, die oft Handlungen treffen wird, welche auch als Amtsunterschlagungen anzusehen sind (vgl. Bem. 6 zu § 350), im übrigen aber auch unzulässige Manipulationen mit Briefen (nicht Kreuzbandsendungen) und Paketen verhindern soll, die nur vorübergehende sind und sich nicht auf Aneignung richten (§ 348 Abs. 2).

2. Der weiter in § 354 vorgesehene Fall des Gestattens unzulässiger Manipulationen an Paketen und Briefen durch einen Nichtbeamten ist eine Beihilfehandlung, die aber als Sonderdelikt unter Täterstrafe gestellt ist. Auf den Nichtbeamten wird in diesem Falle in der Regel eine der Vorschriften der §§ 133, 242 (Diebstahl), 246 (Unterschlagung), 274[1] (Urkundenunterdrückung) oder 299 Anwendung finden.

Verletzung des Telegraphen- und Telephongeheimnisses.

§ 355. Telegraphenbeamte oder andere mit der Beaufsichtigung und Bedienung einer zu öffentlichen Zwecken dienenden Telegraphenanstalt betraute Personen, welche die einer Telegraphenanstalt anvertrauten Depeschen verfälschen oder in anderen, als in den im Gesetze vorgesehenen Fällen eröffnen oder unterdrücken, oder von ihrem Inhalte Dritte rechtswidrig benachrichtigen, oder einem anderen wissentlich eine solche Handlung gestatten oder ihm dabei wissentlich Hilfe leisten, werden mit Gefängnis bestraft.

Den einer Telegraphenanstalt anvertrauten Depeschen werden Nachrichten gleichgeachtet, die durch eine zu öffentlichen Zwecken dienende Fernsprechanlage vermittelt werden.

1. Wie in § 354 für Postbeamte, so ist hier für Telegraphenbedienstete eine den ordnungsmäßigen Betrieb sichernde Vorschrift gegeben. Eigene unzulässige Manipulationen, die auch gleichzeitig Urkundenfälschung sein können, und Gestattung der Vornahme solcher Handlungen durch Nichtbeamte sind bedroht.

2. Abs. 2 sichert auch das Telephongeheimnis gegen das Ausschwätzen durch Beamte und ähnliche Handlungen.

Parteiverrat.

§ 356. Ein Anwalt oder ein anderer Rechtsbeistand, welcher bei den ihm vermöge seiner amtlichen Eigenschaft anvertrauten Angelegenheiten in derselben Rechtssache beiden Parteien durch Rat oder Beistand pflichtwidrig dient, wird mit Gefängnis nicht unter drei Monaten bestraft.

Handelt derselbe im Einverständnisse mit der Gegenpartei zum Nachteile seiner Partei, so tritt Zuchthausstrafe bis zu fünf Jahren ein.

1. Ein Rechtsanwalt, der in derselben Sache (bürgerlicher Rechtsstreit, Angelegenheit der freiwilligen Gerichtsbarkeit, Grundbuchsache, Privatstrafklage) „beiden Herren dient", wird, wenn er dies vorsätzlich und in entgegengesetztem Interesse tut, nach der Vorschrift des Absatz 1 bestraft.

2. Handelt es sich um ein mit einer Partei verabredetes Benachteiligen der andern Partei, so tritt die schwere Strafdrohung des Abs. 2 ein.

Pflichtverletzung des Amtsvorgesetzten.

§ 357. Ein Amtsvorgesetzter, welcher seine Untergebenen zu einer strafbaren Handlung im Amte vorsätzlich verleitet oder zu verleiten unternimmt, oder eine solche strafbare Handlung seiner Untergebenen wissentlich geschehen läßt, hat die auf diese strafbare Handlung angedrohte Strafe verwirkt.

Dieselbe Bestimmung findet auf einen Beamten Anwendung, welchem eine Aufsicht oder Kontrolle über die Amtsgeschäfte eines anderen Beamten übertragen ist, sofern die von diesem letzteren Beamten begangene strafbare Handlung die zur Aufsicht oder Kontrolle gehörenden Geschäfte betrifft.

Über die Bestimmungen gegen die Anstiftung hinaus wird hier der Amtsvorgesetzte oder mit der Kontrolle betraute Beamte mit Strafe bedroht, auch wenn die Anstiftung erfolglos war (vgl. oben Erl. 1 zu § 48) oder wenn er die strafbare Handlung nur geschehen läßt.

Nebenstrafe.

§ 358. Neben der nach Vorschrift der §§ 331, 340, 341, 352 bis 355 und 357 erkannten Gefängnisstrafe kann auf Verlust der Fähigkeit zur Bekleidung öffentlicher Ämter auf die Dauer von einem bis zu fünf Jahren erkannt werden.

Hier ist für eine Reihe von Beamtenvergehen und Verbrechen eine Nebenstrafe, die erkannt werden kann, aber nicht muß, festgesetzt.

Begriff des Beamten.

§ 359. Unter Beamten im Sinne dieses Strafgesetzes sind zu verstehen alle im Dienste des Reiches oder in unmittelbarem oder mittelbarem Dienste eines Landes auf Lebenszeit, auf Zeit oder nur vorläufig angestellte Personen, ohne Unterschied, ob sie einen Diensteid geleistet haben oder nicht, ingleichen Notare, nicht aber Anwälte.

1. Hier wird für das ganze StGB. bestimmt, was unter „Beamten" zu verstehen ist.

2. Der strafgesetzliche Beamtenbegriff geht über den staatsrechtlichen hinaus, indem er nicht nur die im öffentlichrechtlichen Dienstverhältnis stehenden Beamten umfaßt, sondern darüber hinaus auch solche Angestellte, welche, ohne Beamte in obigem Sinne zu sein, durch einen öffentlichrechtlichen Akt zu Dienstverrichtungen berufen werden, die aus der Staatsgewalt abzuleiten sind und staatlichen Zwecken dienen.

3. Als Beamte im strafrechtlichen Sinne kommen in Betracht: Sämtliche Landes- und Gemeindebeamte (letztere als mittelbare Staatsbeamte). Ferner aber auch, und zwar ohne Rücksicht darauf, ob sie in öffentlichrechtlichem Verhältnis stehen: Postaushelfer, Feldhüter, Fleischbeschauer, Standesbeamte, alle Organe der Bahnpolizei, ohne Rücksicht darauf, ob es sich um Privateisenbahnen, oder die Reichsbahn handelt, u. a.

4. Nicht als Beamte in diesem Sinne gelten die Geistlichen (im Gegensatz zu den Kirchenbeamten, die mit dem Kassenwesen betraut, und insofern Beamte sind). Ferner sind nicht Beamte die Angestellten der Ortskrankenkassen, es sei denn, daß sie als Vollstreckungsbeamte bestellt sind, und die Schöffen und Geschworenen.

Neunundzwanzigster Abschnitt. Übertretungen.

Vorbemerkung:

1. Zahlreiche Übertretungen finden sich auch in Gesetzen außerhalb des StGB. (z. B. der GewO.), in den Polizeistrafgesetzen der einzelnen Länder sowie in sonstigen Landesgesetzen.

2. Während bei den Verbrechen und Vergehen jeweils ausdrücklich bestimmt ist, daß sie vorsätzlich (im Gesetz durch Worte wie: vorsätzlich, wissentlich, absichtlich,

n der Absicht, ausgedrückt) oder fahrlässig (§§ 163, 222, 230, 309) begangen sein müssen, enthalten die Bestimmungen über Übertretungen hierüber nichts. Daraus geht hervor, daß sie vorsätzlich und fahrlässig begangen werden können. Ausnahmen liegen nur dann vor, wenn nach der Natur der strafbaren Handlung überhaupt nur vorsätzliche Begehung möglich ist (z. B. §§ 360[11], 361[4]).

3. Im übrigen finden aber auf die Übertretungen alle Bestimmungen des allgemeinen Teils Anwendung, also auch die Schuld- und Strafausschließungsgründe der §§ 51ff.; s. die Vorbem. vor § 51.

4. Mittäterschaft (§ 47) und Anstiftung (§ 48) gibt es auch bei Übertretungen. Beihilfe (§ 49) zu Übertretungen und Begünstigung (§ 257) solcher sind jedoch nicht strafbar.

5. Der Versuch einer Übertretung ist nie strafbar (§ 43).

6. Strafantrag ist nur zur Verfolgung des § 370 Ziff. 5 und 6 erforderlich.

7. Die Verjährung aller Übertretungen tritt schon in 3 Monaten ein.

8. Die Übertretungen werden in der Regel zunächst nicht im gerichtlichen Verfahren, sondern auf dem Wege der polizeilichen Strafverfügung behandelt, gegen welche innerhalb einer Woche nach Zustellung Antrag auf gerichtliche Entscheidung gestellt werden kann.

Durch Gesetz Nr. 20 der Regierung Württemberg/Baden vom 20. Nov. 1945 (Regierungsblatt 1946, Nr. 1 S. 1) wurde das Strafverfügungsrecht der Polizeibehörden von Nord-Württemberg und Nord-Baden aufgehoben. Sämtliche Übertretungen in diesen Gebieten werden nunmehr von den Amtsgerichten abgeurteilt, und zwar grundsätzlich durch Verfügung. Auf dieses Verfahren finden in der Hauptsache die Bestimmungen über das Strafbefehlsverfahren Anwendung. Ein gleiches Gesetz erging für das Land Großhessen, sowie für verschiedene Oberlandesgerichtsbezirke. (Siehe Anhang 1, Abschnitt F. III.)

9. Durch Gesetz Nr. 21 der Regierung Württemberg/Baden vom 20. Nov. 1945 (Regierungsblatt 1946, Nr. 1 S. 2) wurden zwei neue Übertretungstatbestände geschaffen. § 1 lautet: „Mit Geldstrafe von 25—150 RM. oder mit Haft wird bestraft, wer einer die Ausgangsbeschränkung regelnden Verordnung zuwiderhandelt." § 2 lautet: „Mit Geldstrafe bis zu 150 RM. oder mit Haft bis zu 4 Wochen wird bestraft, wer unbefugt nicht im Besitz eines Personalausweises ist.

§ 360. Mit Geldstrafe bis zu einhundertfünfzig Reichsmark oder mit Haft wird bestraft:

1. aufgehoben.
2. wer außerhalb seines Gewerbebetriebes heimlich oder wider das Verbot der Behörde Vorräte von Waffen oder Schießbedarf aufsammelt;

   Vgl. die Anmerkung zu § 367 Ziff. 9.
3. aufgehoben.
4. wer ohne schriftlichen Auftrag einer Behörde Stempel, Siegel, Stiche, Platten oder andere Formen, welche zur Anfertigung von Metall- oder Papiergeld, oder von solchen Papieren, welche nach § 149 dem Papiergelde gleich geachtet werden, oder von Stempelpapier, Stempelmarken, Stempelblanketten, Stempelabdrücken, Post- oder Telegraphenwertzeichen, öffent-

lichen Bescheinigungen oder Beglaubigungen dienen können, anfertigt oder an einen anderen als die Behörde verabfolgt;

5. wer ohne schriftlichen Auftrag einer Behörde den Abdruck der in Nr. 4 genannten Stempel, Siegel, Stiche, Platten oder Formen, oder einen Druck von Formularen zu den daselbst bezeichneten öffentlichen Papieren, Beglaubigungen oder Bescheinigungen unternimmt, oder Abdrücke an einen anderen als die Behörde verabfolgt;

Die Ziffern 4 und 5 sollen Münzverbrechen, Urkundenfälschungen und Stempelvergehen verhüten. Daher findet die Vorschrift keine Anwendung, sobald mit der Begehung der Delikte nach §§ 146ff., 151, 275 begonnen wird.

6. wer Waren-Empfehlungskarten, Ankündigungen oder andere Drucksachen oder Abbildungen, welche in der Form oder Verzierung dem Papiergelde oder den dem Papiergelde nach § 149 gleich geachteten Papieren ähnlich sind, anfertigt oder verbreitet, oder wer Stempel, Stiche, Platten oder andere Formen, welche zur Anfertigung von solchen Drucksachen oder Abbildungen dienen können, anfertigt;

Die Bestimmung soll das Papiergeldwesen schützen. Hierher können sogenannte „Vexierscheine" gehören.

7. wer ohne ausdrückliche Ermächtigung der zuständigen Behörde das Wappen des Reichs oder eines Landes oder den Reichsadler oder den entsprechenden Teil eines Landeswappens führt oder gebraucht oder wer unbefugt eine Dienstflagge des Reichs oder eines Landes gebraucht; den Wappen, Wappenteilen und Flaggen stehen solche gleich, die ihnen zum Verwechseln ähnlich sind;

8. Wer gegenüber einer zuständigen Behörde oder einem zuständigen Beamten über seinen Namen, seinen Stand, seinen Beruf, sein Gewerbe, seinen Wohnort, seine Wohnung oder seine Staatsangehörigkeit eine unrichtige Angabe macht oder die Angabe verweigert.

1. Zuständiger Beamter ist derjenige, der ein Recht hat, den Namen zu erfahren, z. B. der Polizeibeamte, Registerrichter; dagegen nicht ein Telegraphenbeamter oder Briefträger.

2. Strafbar ist auch schon die Angabe eines falschen Vornamens.

3. Siehe im übrigen die Erläuterungen zu § 132a.

9. wer gesetzlichen Bestimmungen zuwider ohne Genehmigung der Staatsbehörde Aussteuer-, Sterbe- oder Witwenkassen, Versicherungsanstalten oder andere dergleichen Gesellschaften oder Anstalten errichtet, welche bestimmt sind, gegen Zahlung

eines Einkaufsgeldes oder gegen Leistung von Geldbeträgen beim Eintritte gewisser Bedingungen oder Fristen, Zahlungen an Kapital oder Rente zu leisten;

Durch § 108 Abs. 3 des Reichsgesetzes v. 12. Mai 1901 über die privaten Versicherungsunternehmungen (RGBl. 1901 S. 139ff.), ist diese Vorschrift, soweit private Versicherungsunternehmungen in Betracht kommen, aufgehoben und ersetzt.

10. Gestrichen durch Gesetz vom 28. Juni 1935.

11. wer ungebührlicherweise ruhestörenden Lärm erregt oder wer groben Unfug verübt;

1. Ruhestörung und grober Unfug kann nur vorsätzlich, nicht fahrlässig begangen werden. Dagegen ist es möglich, daß die Übertretung durch eine Unterlassung begangen wird: Nichtverhinderung von Hundegebell, von Hahnenschrei, Nichtschließen von Fenstern bei Klavierspiel. Nur Verletzung und Gefährdung der öffentlichen Ordnung fällt unter diese Bestimmung, nicht die Beeinträchtigung eines einzelnen Menschen oder einer einzelnen Familie. Das Publikum muß gestört sein.

2. Ruhestörender Lärm kann auch im geschlossenen Zimmer begangen werden, wenn der Lärm draußen gehört werden muß, auch unter Umständen am hellen Tag.

3. Ein grober Unfug kann sein: eine Prügelei, durch die das Publikum gestört wird, Verbreitung eines das Publikum beunruhigenden Gerüchts, Entblößen der Geschlechtsteile auf offener Straße ohne geschlechtliche Beziehung (sonst § 183), Auslöschen von Straßenlaternen.

12. wer als Pfandleiher oder Rückkaufshändler bei Ausübung seines Gewerbes den darüber erlassenen Anordnungen zuwiderhandelt, insbesondere den durch Landesgesetz oder Anordnung der zuständigen Behörde bestimmten Zinsfuß überschreitet.

Vgl. hierzu GewO. §§ 38, 53. Vgl. auch § 290.

Am 24. Nov. 1933 ist ein Tierschutzgesetz in Kraft getreten, durch das die bisherigen Bestimmungen des Strafgesetzbuchs (§§ 145b und 360 Ziff. 13) aufgehoben wurden.

Nach dem neuen Tierschutzgesetz ist als Vergehen strafbar die eigentliche Tierquälerei, d. h. das unnötige Quälen oder rohe Mißhandeln eines Tieres, sowie der unerlaubte Versuch am lebenden Tier. Ferner wird als Übertretung bestraft die Zuwiderhandlung gegen die zum Tierschutz erlassenen Vorschriften des Gesetzes. (Siehe die Erläuterungen zu dem aufgehobenen § 145b.)

In den Fällen der Nr. 2, 4, 5 und 6 kann neben der Geldstrafe oder der Haft auf Einziehung der Vorräte von Waffen oder Schießbedarf, der Stempel, Siegel, Stiche, Platten oder anderen Formen, der Abdrücke oder Abbildungen, erkannt werden, ohne Unterschied, ob sie dem Verurteilten gehören oder nicht.

§ 361. Mit Haft wird bestraft:

1. wer, nachdem er unter Polizei-Aufsicht gestellt worden ist,

den infolge derselben ihm auferlegten Beschränkungen zuwiderhandelt;

3. wer als Landstreicher umherzieht;

1. Als „Landstreicher“ zieht umher, wer ohne Zweck, Mittel und Erwerb sich von Ort zu Ort begibt.

2. Ist der Täter unfähig zu arbeiten, so wird nur unter besonderen Umständen Landstreicherei vorliegen. Vgl. auch § 361 Ziff. 8.

4. wer bettelt oder Kinder zum Betteln anleitet oder ausschickt, oder Personen, welche seiner Gewalt und Aufsicht untergeben sind und zu seiner Hausgenossenschaft gehören, vom Betteln abzuhalten unterläßt;

1. „Betteln“ heißt eine milde Gabe zum Lebensunterhalt (also in Geld, Nahrungsmitteln, Kleidern usw.) heischen. Ob die Gabe wirklich gewährt wird, ist gleichgültig.

2. Nicht unter Betteln fällt die Bitte um Unterstützung bei Verwandten oder Freunden, ferner das sogenannte „Kollektieren“, d. h. Sammeln für fremde Zwecke, das Erheben des Meistergeschenks, das Angehen einer Verpflegungsstation.

3. Straflos ist das Betteln im Notstand bei Hungersnot.

4. Betteln unter unwahren Vorspiegelungen ist Betrug, siehe Bem. 9 zu § 263.

5. wer sich dem Spiel, Trunk oder Müßiggang dergestalt hingibt, daß er in einen Zustand gerät, in welchem zu seinem Unterhalte oder zum Unterhalte derjenigen, zu deren Ernährung er verpflichtet ist, durch Vermittelung der Behörde fremde Hilfe in Anspruch genommen werden muß;

Der Zustand, von dem diese gesetzliche Bestimmung spricht, darf nicht ein nur vorübergehender sein.

6. wer öffentlich in auffälliger Weise oder in einer Weise, die geeignet ist, einzelne oder die Allgemeinheit zu belästigen, zur Unzucht auffordert oder sich dazu anbietet;

6a) wer gewohnheitsmäßig zum Erwerbe Unzucht treibt und diesem Erwerbe in der Nähe von Kirchen oder in einer Wohnung nachgeht, in der Kinder oder jugendliche Personen zwischen drei und achtzehn Jahren wohnen;

6b) wer gewohnheitsmäßig zum Erwerbe Unzucht treibt und diesem Erwerbe in der Nähe von Schulen oder anderen zum Besuch durch Kinder oder Jugendliche bestimmten Örtlichkeiten oder in einem Hause, in dem Kinder oder jugendliche Personen zwischen drei und achtzehn Jahren wohnen, in einer diese Minderjährigen sittlich gefährdenden Weise nachgeht;

6c) wer gewohnheitsmäßig zum Erwerbe Unzucht treibt und diesem Erwerbe in einer Gemeinde mit weniger als zwanzigtausend

Einwohnern nachgeht, in der die Ausübung der Unzucht zum Erwerbe durch eine zum Schutz der Jugend oder des öffentlichen Anstandes erlassene Anordnung der obersten Landesbehörde verboten ist.

1. Ziff. 6—6c sind seit 1. Juni 1934 in Geltung.

2. Die gewerbsmäßige Unzucht ist jetzt nur noch strafbar, wenn die Art der Ausübung anstößig ist. Eine polizeiliche Reglementierung (Bordell) ist seit dem Gesetz zur Bekämpfung der Geschlechtskrankheiten v. 1. Febr. 1927 (siehe Anm. 4 zu § 327) nicht mehr zulässig.

3. Öffentlich ist die Aufforderung, wenn sich die Dirne an einen beliebigen Straßenpassanten wendet.

4. Das Haus, in dem Jugendliche wohnen, ist nur im Falle der Gefährdung geschützt, während die Wohnung in jedem Falle geschützt ist (Ziff. 6a).

7. wer, wenn er aus öffentlichen Armenmitteln eine Unterstützung empfängt, sich aus Arbeitsscheu weigert, die ihm von der Behörde angewiesene, seinen Kräften angemessene Arbeit zu verrichten;

Ein direkter Zwang zur Arbeit findet, solange der Täter in Freiheit ist, nicht statt. Zum indirekten Zwang, zur Überwindung der Arbeitsscheu dient diese Bestimmung.

8. wer nach Verlust seines bisherigen Unterkommens binnen der ihm von der zuständigen Behörde bestimmten Frist sich kein anderweitiges Unterkommen verschafft hat und auch nicht nachweisen kann, daß er solches der von ihm angewandten Bemühungen ungeachtet nicht vermocht habe;

„Unterkommen" heißt Wohnung und Lebensunterhalt.

9. wer Kinder oder andere unter seiner Gewalt stehende Personen, welche seiner Aufsicht untergeben sind und zu seiner Hausgenossenschaft gehören, von der Begehung von Diebstählen, sowie von der Begehung strafbarer Verletzungen der Zoll- oder Steuergesetze, oder der Gesetze zum Schutze der Forsten, der Feldfrüchte, der Jagd oder der Fischerei abzuhalten unterläßt. Die Vorschriften dieser Gesetze über die Haftbarkeit für die den Täter treffenden Geldstrafen oder anderen Geldleistungen werden hierdurch nicht berührt;

1. Wie im zweiten Teil der Ziff. 4 das Nichtabhalten von Kindern vom Bettel, so wird hier das Nichtabhalten von bestimmt bezeichneten anderen strafbaren Handlungen bedroht.

2. Großjährige Kinder stehen nicht mehr unter der Gewalt der Eltern, auch wenn sie noch im Haushalt der Eltern leben.

3. Unter „Diebstählen" ist auch der Mundraub (§ 370[5] StGB.) mit inbegriffen.

4. Ob die Kinder selber bestraft werden können oder etwa deshalb noch nicht, weil sie unter 14 Jahren sind, ist für die Anwendung dieser Bestimmung gleichgültig.

10. Gestrichen durch die VO. zum Schutz von Ehe, Familie und Mutterschaft v. 9. März 1943. (Siehe Erl. 1 u. 2 zu § 170b).

Im Falle Nr. 9 kann statt der Haft auf Geldstrafe bis zu einhundertfünfzig Reichsmark erkannt werden.

§ 362. Die nach Vorschrift des § 361 Nr. 3 bis 8 Verurteilten können zu Arbeiten, welche ihren Fähigkeiten und Verhältnissen angemessen sind, innerhalb und, sofern sie von anderen freien Arbeitern getrennt gehalten werden, auch außerhalb der Strafanstalt angehalten werden.

Diese Gesetzesstelle gibt abweichend von der Bestimmung des § 18 Abs. 2 auch bei Haftstrafe die Möglichkeit des Zwangs zur angemessenen Arbeit.

§ 363 wurde durch Gesetz v. 4. Sept. 1941 gestrichen und durch § 281 ersetzt. (Siehe die dortigen Erläuterungen.)

Veräußerung gebrauchter Stempelmarken.

§ 364. Mit Geldstrafe bis zu einhundertfünfzig Reichsmark wird bestraft, wer wissentlich schon einmal verwendetes Stempelpapier nach gänzlicher oder teilweiser Entfernung der darauf gesetzten Schriftzeichen, oder schon einmal verwendete Stempelmarken, Stempelblankette oder ausgeschnittene oder sonst abgetrennte Stempelabdrücke der im § 276 bezeichneten Art veräußert oder feilhält.

Gleiche Strafe trifft denjenigen, welcher wissentlich schon einmal verwendete Post- oder Telegraphenwertzeichen nach gänzlicher oder teilweiser Entfernung des Entwertungszeichens veräußert oder feilhält.

1. Vgl. hierzu die §§ 275, 276 StGB.

2. Der Handel mit gebrauchten Post- und Telegraphenwertzeichen (Briefmarken usw.) ist nach Abs. 2 straflos, wenn die Entwertungszeichen nicht entfernt sind.

§ 365.

1. Durch das Gaststättengesetz v. 28. April 1930 (RGBl. 146ff.) ist § 365 aufgehoben.

Nach § 29 Z. 6 dieses Gesetzes wird mit Haft und mit Geldstrafe bis zu 150 RM. oder mit einer dieser Strafen bestraft, wer als Gast in einer Schankwirtschaft, den Schankräumen einer Gastwirtschaft, in einer Speisewirtschaft oder in einem öffentlichen Vergnügungsort über die Polizeistunde hinaus verweilt, obwohl der Inhaber oder der Vertreter oder ein Polizeibeamter ihn aufgefordert hat, wegzugehen.

Ferner wird bestraft (§ 29, Z. 7), wer als Inhaber einer Gast- oder Schank- oder Speisewirtschaft, oder eines öffentlichen Vergnügungsorts oder als Vertreter des Inhabers duldet, daß ein Gast über die Polizeistunde hinaus in den Schankräumen oder an dem Vergnügungsorte verweilt. § 14 des Gaststättengesetzes lautet: Die oberste Landesbehörde oder die von ihr bestimmte Behörde hat Bestimmungen über die Festsetzung und Handhabung der Polizeistunde in Gast- oder Schankwirtschaften nach Anhörung der wirtschaftlichen Vereinigungen der Arbeitgeber und Arbeitnehmer des Gast- und Schankwirtschaftsgewerbes zu erlassen, soweit dies nicht schon geschehen ist. Dabei ist anzuordnen, wann die Polizeistunde beginnt, wann sie endet, unter welchen Voraussetzungen sie verlängert oder verkürzt werden darf und wie ihre Einhaltung zu überwachen ist. Abs. 2: Die äußerste Grenze für die Festsetzung der Polizeistunde ist 1 Uhr nachts, sofern nicht besondere örtliche Verhältnisse eine Ausnahme rechtfertigen, worüber die oberste Landesbehörde entscheidet. Der Ausschank von Branntwein in Gast- oder Schankwirtschaften sowie der Kleinhandel mit Branntwein darf nicht vor 7 Uhr beginnen.

§ 23 Abs. 2 lautet: Die Bestimmungen über die Polizeistunde (§ 14) finden auf Zusammenkünfte von Vereinen und geschlossenen Gesellschaften nur Anwendung, wenn sie in einer Gast- oder Schankwirtschaft oder in Räumen, die mit einer solchen verbunden sind und in denen Schankwirtschaft betrieben wird, stattfinden. Die oberste Landesbehörde kann diese Bestimmungen auch auf Zusammenkünfte in Räumen ausdehnen, die im Eigentume dieser Vereine oder Gesellschaften stehen, oder ihnen mietweise, leihweise oder aus einem anderen Grunde überlassen worden sind, soweit in diesen Räumen Getränke ausgeschenkt werden. Nach § 29 Z. 8 dieses Gesetzes wird mit Haft und mit Geldstrafe bis zu 150 RM. oder mit einer dieser Strafen bestraft, wer der Vorschrift des § 14 Abs. 2 Satz 2 zuwiderhandelt.

2. Schankwirtschaft, Schankräume und Gastwirtschaft sind dem Publikum offen stehende Räume, in denen gewerbsmäßig Getränke oder Speisen aller Art zum Genuß auf der Stelle verabfolgt werden, also auch Kaffeehallen, Teestuben. Auch Bahnhofsrestaurationen fallen unter die Bestimmung gegenüber den Gästen, welche nicht der Eisenbahn wegen darin verkehren, sondern kommen, um dort zu zechen. Zur Schankwirtschaft gehören auch Privatzimmer des Wirts, in denen dieser nach der Polizeistunde weiterwirtschaftet.

3. Öffentliche Vergnügungsorte sind Plätze, an denen irgendeine Vorrichtung zum Vergnügen des Publikums vorhanden ist. Geschlossene Räumlichkeiten brauchen es nicht zu sein.

4. Die Gäste sind strafbar, auch wenn sie sich erst nach dem Eintritt der Polizeistunde in die Wirtschaft begeben.

5. In einer Gastwirtschaft übernachtende Fremde werden von dem Verbot nicht betroffen.

6. Der Wirt schützt sich vor Strafe, wenn er die Gäste nicht mehr bedient und auf ihrer Entfernung ernstlich besteht. Auch wenn der Wirt nur fahrlässigerweise versäumt, den beschriebenen Verpflichtungen nachzukommen, macht er sich strafbar. Er muß also im Verhinderungsfalle dafür Sorge tragen, daß sein Vertreter die Polizeistunde einhält.

§ 366. Mit Geldstrafe bis zu einhundertfünfzig Reichsmark oder mit Haft bis zu vierzehn Tagen wird bestraft:

1. wer den gegen die Störung der Feier der Sonn- und Festtage erlassenen Anordnungen zuwiderhandelt;

1. Dieses Blankettgesetz will die Störung der Sonntags- und Feiertagsheilighaltung verhüten. Vgl. auch §§ 41a, 55a, 146a GewO.

2. Siehe hierzu VO. Nr. 18 des Staatsministeriums der Regierung Württemberg/Baden vom 20. Dez. 1945 über den polizeilichen Schutz der Sonn- und Feiertage in Württemberg-Baden. (Reg.-Blatt 1946, Nr. 5 S. 39.)

2. wer in Städten oder Dörfern übermäßig schnell fährt oder reitet, oder auf öffentlichen Straßen und Plätzen der Städte oder Dörfer mit gemeiner Gefahr Pferde einfährt oder zureitet;

3. wer auf öffentlichen Wegen, Straßen, Plätzen oder Wasserstraßen das Vorbeifahren anderer mutwillig verhindert;

Aus dem Ausdruck „mutwillig verhindert" ergibt sich, daß die Handlung vorsätzlich begangen sein muß. Bloßes fahrlässiges Nichtzurseitefahren fällt daher nicht unter diese Vorschrift.

4. wer in den Städten mit Schlitten ohne feste Deichsel oder ohne Geläute oder Schelle fährt;

5. wer Tiere in Städten oder Dörfern, auf öffentlichen Wegen, Straßen oder Plätzen, oder an anderen Orten, wo sie durch Ausreißen, Schlagen oder auf andere Weise Schaden anrichten können, mit Vernachlässigung der erforderlichen Sicherheitsmaßregeln stehen läßt oder führt;

Die Nr. 2 bis 5 sind, soweit das Verhalten auf Straßen usw. in Frage kommt, gegenstandslos geworden durch die Vorschriften der Straßenverkehrsordnung v. 13. Nov. 1937 (RGBl. S. 1179), die unter Androhung von Übertretungsstrafen jedem Teilnehmer am öffentlichen Straßenverkehr zur Pflicht macht, ich so zu verhalten, daß der Verkehr nicht aefährdet werden kann.

6. wer Hunde auf Menschen hetzt;

Nicht zur Strafbarkeit nach dieser Bestimmung gehört, daß der Hund den Menschen verletzt. Kommt es zu einer Verletzung, so liegt Körperverletzung unter Umständen mittels einer das Leben gefährdenden Behandlung vor. Aus dem Ausdruck „hetzen" geht hervor, daß die Übertretung nur vorsätzlich begangen werden kann.

7. wer Steine oder andere harte Körper oder Unrat auf Menschen, auf Pferde oder andere Zug- oder Lasttiere, gegen fremde Häuser, Gebäude oder Einschließungen, oder in Gärten oder eingeschlossene Räume wirft;

1. Unrat sind nicht nur ekelerregende Stoffe, sondern alle Stoffe, welche verunreinigen können, also z. B. auch Farbe, frisch gemischter Kalk.

2. Menschen brauchen nicht getroffen worden zu sein, dagegen müssen die Steine usw. die fremden Häuser auch wirklich erreicht haben.

8. wer nach einer öffentlichen Straße oder Wasserstraße, oder nach Orten hinaus, wo Menschen zu verkehren pflegen, Sachen, durch deren Umstürzen oder Herabfallen jemand beschädigt werden kann, ohne gehörige Befestigung aufstellt oder aufhängt, oder Sachen auf eine Weise ausgießt oder auswirft, daß dadurch jemand beschädigt oder verunreinigt werden kann;

Wird ein Mensch beschädigt, so kann außerdem fahrlässige Körperverletzung (§ 230 StGB.) vorliegen.

9. wer auf öffentlichen Wegen, Straßen, Plätzen oder Wasserstraßen Gegenstände, durch welche der freie Verkehr gehindert wird, aufstellt, hinlegt oder liegen läßt;

1. Öffentliche Wege und Plätze sind solche, welche dauernd dem allgemeinen Verkehr dienen, einerlei, ob sie im Privateigentum oder Eigentum des Staates oder der Gemeinde stehen.

2. Für Übertretung dieser Vorschrift durch Bedienstete ist unter Umständen der Geschäftsherr strafrechtlich verantwortlich.

10. wer die zur Erhaltung der Sicherheit, Bequemlichkeit, Reinlichkeit und Ruhe auf den öffentlichen Wegen, Straßen, Plätzen oder Wasserstraßen erlassenen Polizei-Verordnungen übertritt.

Auch diese Bestimmung hat nur noch Bedeutung für die Wasserstraßen, da im übrigen die Vorschriften der Straßenverkehrs-Ordnung v. 13. Nov. 1937 maßgebend sind.

§ 366a. Wer die zum Schutze der Dünen und der Fluß- und Meeresufer, sowie der auf denselben vorhandenen Anpflanzungen und Anlagen erlassenen Polizei-Verordnungen übertritt, wird mit Geldstrafe bis zu einhundertfünfzig Reichsmark oder mit Haft bestraft.

Siehe auch §§ 21, 22 des Reichsnaturschutzgesetzes v. 26. Juni 1935 i.d. Fassung v. 1. Dez. 1936 und 20. Jan. 1938 (RGBl. 1935 S. 821; 1936 S. 36; 1938 S. 36).

§ 367. Mit Geldstrafe bis zu einhundertfünfzig Reichsmark oder mit Haft wird bestraft:

1. wer ohne Vorwissen der Behörde einen Leichnam beerdigt oder beiseite schafft, oder wer unbefugt einen Teil einer Leiche aus dem Gewahrsam der dazu berechtigten Personen wegnimmt;

Vgl. auch hierzu § 168 StGB.

2. wer den polizeilichen Anordnungen über vorzeitige Beerdigungen entgegenhandelt;

3. wer ohne polizeiliche Erlaubnis Gift oder Arzneien, soweit der Handel mit denselben nicht freigegeben ist, zubereitet, feilhält, verkauft oder sonst an andere überläßt;

1. **Gift** ist ein Stoff, der geeignet ist, in kleinen Mengen in den Körper gebracht vermöge seiner chemischen Beschaffenheit die menschliche Gesundheit zu zerstören, Vgl. auch Bem. 2 zu § 229. Der Handel mit Gift wird durch Landesgesetze geregelt.

2. Die **Arzneien**, welche dem freien Verkehr entzogen sind, werden von der Verordnung v. 22. Okt. 1901 (RGBl. 380), Ergänzungen dazu 1903 (RGBl. 281), 1907 (RGBl. 418, 774) und 1908 (RGBl. 146), sowie 1911 (RGBl. 181), 1920 (RGBl. 253), 1921 (RGBl. 490) sowie 9. u. 24. Dez. 1924, und VO. v. 26. Jan. 1929 und VO. v. 4. Okt. 1933 (RGBl. I S. 721), in zwei Abteilungen einzeln auf-

geführt: das Verzeichnis A enthält Zubereitungen, welche schon ihrer Form wegen (z. B. Abkochungen, Gemenge, Lösungen, Pastillen, Afterzäpfchen) ohne Rücksicht auf die Substanzen, aus denen sie zusammengesetzt sind, dem freien Verkehr entzogen sind, unter der Voraussetzung, daß sie als Heilmittel feilgehalten und verkauft werden.

Im Verzeichnis B sind dagegen nur chemische Präparate aufgeführt, die ihrer inneren Beschaffenheit wegen an das Publikum nur in Apotheken verkauft werden dürfen, einerlei in welcher Form sie auftreten und welchen Zwecken sie dienen sollen.

3. Der Großhandel mit Arzneimitteln ist vollständig freigegeben.

4. Der An- und Verkauf von Arzneimitteln und Giften im Umherziehen ist verboten durch §§ 56 ², ⁹, 148 ⁷ᵃ GewO.

5. Für die Errichtung chemischer Fabriken ist § 16 GewO. maßgebend.

6. Hierher gehört auch das Gesetz über den Verkehr mit Betäubungsmitteln (Opiumgesetz) v. 10. Dez. 1929 (RGBl. 215). Nach § 10 dieses Gesetzes wird u. a. bestraft, wer Opium, Kokain, Morphium usw. ohne die vorgesehene Erlaubnis einführt, ausführt, gewinnt, herstellt, verarbeitet, Handel mit ihnen treibt, sie erwirbt, abgibt usw. Diese Vorschrift gilt nach Abs. 4 des § 10 auch dann, wenn Stoffe oder Zubereitungen als solche der genannten Art in den Verkehr gebracht werden, ohne es zu sein.

4. wer ohne die vorgeschriebene Erlaubnis Schießpulver oder andere explodierende Stoffe oder Feuerwerke zubereitet;

1. Vgl. hierzu noch §§ 16, 147² GewO. über Schießpulverfabriken und Anlagen zur Feuerwerkerei usw.

2. Die hier gegebene Bestimmung findet Anwendung auf die nicht gewerbsmäßige Zubereitung explodierender Stoffe.

3. Für die zu den explodierenden Stoffen gehörenden Sprengstoffe vgl. § 9 des RG. v. 9. Juni 1884 gegen den verbrecherischen und gemeingefährlichen Gebrauch von Sprengstoffen (RGBl. S. 61 ff.).

5. wer bei der Aufbewahrung oder bei der Beförderung von Giftwaren, Schießpulver oder Feuerwerken, oder bei der Aufbewahrung, Beförderung, Verausgabung oder Verwendung von Sprengstoffen oder anderen explodierenden Stoffen, oder bei Ausübung der Befugnis zur Zubereitung oder Feilhaltung dieser Gegenstände, sowie der Arzneien die deshalb ergangenen Verordnungen nicht befolgt;

1. Hier wird die Strafbestimmung für Vorschriften über die Art des Verkehrs mit den in § 367 Ziff. 3 und 4 bezeichneten Stoffen gegeben.

2. Für die Sprengstoffe vgl. Bem. 3 zu § 367⁴ StGB.

3. Vgl. noch die Eisenbahn-Verkehrsordnung v. 6. Mai 1928 (RGBl. II S. 401) und § 5 der Postordnung für das Deutsche Reich vom 30. Jan. 1929 (RGBl. I, 33).

5a. wer bei Versendung oder Beförderung von leicht entzündlichen oder ätzenden Gegenständen durch die Post die deshalb ergangenen Verordnungen nicht befolgt;

Vgl. § 5 II der Postordnung v. 30. Jan. 1929 (s. Bem. 3 zu § 367⁵ StGB.).

6. wer Waren, Materialien oder andere Vorräte, welche sich leicht von selbst entzünden oder leicht Feuer fangen, an Orten oder in Behältnissen aufbewahrt, wo ihre Entzündung gefährlich werden kann, oder wer Stoffe, die nicht ohne Gefahr einer Entzündung beieinander liegen können, ohne Absonderung aufbewahrt;

1. Aufbewahren heißt lagern bis zur bestimmungsgemäßen Verwendung. Das vorübergehende Lagern von Hölzern auf dem Ofen oder Herd ist deshalb nicht strafbar.

2. Hierher gehören Bestimmungen der Landesgesetze über Feuerzeug, Petroleum und Mineralöle.

7. . . . .

Außer Kraft durch das an Stelle des RG. v. 14. Mai 1879, den Verkehr mit Nahrungsmitteln, Genußmitteln und Gebrauchsgegenständen betr., tretende RG. v. 5. Juli 1927 über den Verkehr mit Lebensmitteln und Bedarfsgegenständen (RGBl. I S. 134).

8. wer ohne polizeiliche Erlaubnis an bewohnten oder von Menschen besuchten Orten Selbstgeschosse, Schlageisen oder Fußangeln legt, oder an solchen Orten mit Feuergewehr oder anderem Schießwerkzeuge schießt, oder Feuerwerkskörper abbrennt;

1. Vgl. hierzu § 368[7]. Beamte, die mit Dienstrevolver instruktionsgemäß schießen, machen sich natürlich nicht strafbar. — Unter bewohnten oder von Menschen besuchten Orten sind nicht bloß öffentliche Orte zu verstehen, sondern auch Stellen auf Privatgrundstücken, ja selbst in Privaträumlichkeiten, die von Menschen besucht zu werden pflegen.

2. Selbstgeschosse sind an von Menschen besuchten Orten angelegte, sofern nur ihr Wirkungskreis (man denke an Entladung durch Tiere) auf solche Orte sich erstreckt, wenn sie auch an Stellen liegen, die von Menschen regelmäßig nicht betreten werden.

3. Ob mit Feuergewehr blind oder scharf geschossen wird, ist für diesen Tatbestand gleichgültig. Patronen sind auch Schießwerkzeuge.

4. § 367 Nr. 8 findet auf die rechtmäßige Jagdausübung in Jagdbezirken keine Anwendung. (Vgl. auch § 36 Abs. 1 S. 2 der VO. zur Ausführung des Reichsjagdgesetzes v. 27. März 1935 i. d. Fassung der VO. v. 5. Febr. 1937 (RGBl. 1937 S. 179).

9. wer einem gesetzlichen Verbot zuwider Stoß-, Hieb- oder Schußwaffen, welche in Stöcken oder Röhren oder in ähnlicher Weise verborgen sind, feilhält oder mit sich führt;

Am 1. April 1938 war an die Stelle des Gesetzes über Schußwaffen und Munition v. 12. April 1928 das die gesamte Materie regelnde Waffengesetz vom 18. März 1938 (RGBl. S. 265) getreten. Dieses Gesetz enthielt Bestimmungen über die Erlaubnispflicht für Waffenherstellung und Waffenhandel, den Munitionserwerb, den Waffenbesitz, den Waffenerwerb und das Waffenführen. Der Besitz von Waffen und Munition war grundsätzlich nicht von polizeilicher Erlaubnis abhängig. Wer außerhalb seines Wohn-, Dienst- oder Geschäftsraumes oder seines befriedeten Besitztums eine Schußwaffe führte, mußte einen von der Kreispolizeibehörde ausgestellten Waffenschein bei sich tragen. § 367 Nr. 9 war durch § 25 Nr. 1 des Waffengesetzes ersetzt, wonach verboten war Herstellung, Handel, Führen, Besitz und Einfuhr von Schußwaffen, die zum Zusammenklappen, Zusammenschieben, Verkürzen oder zum schleunigen Zerlegen über den für Jagd- und Sportzwecke allgemein üblichen Umfang hinaus besonders eingerichtet, oder die in Stöcken, Schirmen, Röhren oder in ähnlicher Weise verborgen sind. § 26 enthielt die Strafbestimmungen betr. die genannten Verbote, deren Verletzung Vergehen waren. Siehe auch die Polizeiverordnung über die Aufbewahrung von Waffen und Munition in alleinstehenden Gebäuden v. 12. Juni 1942 (RGBl. I S. 391). (Die sämtlichen Bestimmungen sind gegenstandslos geworden durch das generelle Waffenverbot der Besatzungsmächte.)

10. wer bei einer Schlägerei, in welche er nicht ohne sein Verschulden hineingezogen worden ist, oder bei einem Angriff sich einer Waffe, insbesondere eines Messers oder eines anderen Werkzeuges bedient;

1. Vgl. §§ 223, 223a, 227 über die Körperverletzung. — Über die Bedeutung von „Schlägerei" Erl. 1 zu § 227, „ohne sein Verschulden" Erl. 5 ebenda.

2. Der Angriff braucht nicht von mehreren gemacht zu sein. Es darf aber nicht zu einer Körperverletzung des Angegriffenen gekommen sein, sonst findet § 223a StGB. Anwendung.

11. wer ohne polizeiliche Erlaubnis gefährliche wilde Tiere hält, oder wilde oder bösartige Tiere frei umherlaufen läßt, oder in Ansehung ihrer die erforderlichen Vorsichtsmaßregeln zur Verhütung von Beschädigungen unterläßt;

1. Vgl. noch § 366⁵ StGB.

2. Ausgebrochene wilde Tiere, die nicht sofort verfolgt werden, sind herrenlos (§ 960 BGB.) und können von jedermann getötet werden.

3. Als bösartige Tiere kommen hier in Betracht: bissige Hunde, schlagende oder beißende Pferde, stoßende Ochsen und Bullen.

12. wer auf öffentlichen Straßen, Wegen oder Plätzen, auf Höfen, in Häusern und überhaupt an Orten, an welchen Menschen verkehren, Brunnen, Keller, Gruben, Öffnungen oder Abhänge dergestalt unverdeckt oder unverwahrt läßt, daß daraus Gefahr für andere entstehen kann;

1. Unter Gruben sind Bergwerksgruben gemeint. Weiher, die sich in Bodenvertiefungen aus Regen bilden und wegen ihres Gebrauchs zum Viehtränken oder für Feuersgefahr nicht bedeckt werden können, gehören nicht hierher.

2. Als Öffnung kann das Fehlen einer Sprosse in einem Treppengeländer angesehen werden.

3. Strafbar ist nicht nur der Eigentümer, sondern auch der Inhaber, der Verwalter.

13. wer trotz der polizeilichen Aufforderung es unterläßt, Gebäude, welche dem Einsturz drohen, auszubessern oder niederzureißen;

1. Ob das Gebäude an einer öffentlichen Straße liegt oder nicht ist gleichgültig.

2. Auch bloßes Versäumnis in der Ausbesserung oder mangelhafte Ausbesserung fällt unter diese Strafbestimmung.

14. wer Bauten oder Ausbesserungen von Gebäuden, Brunnen, Brücken, Schleusen oder anderen Bauwerken vornimmt, ohne die von der Polizei angeordneten oder sonst erforderlichen Sicherungsmaßregeln zu treffen;

15. wer als Bauherr, Baumeister oder Bauhandwerker einen Bau oder eine Ausbesserung, wozu die polizeiliche Genehmigung erforderlich ist, ohne diese Genehmigung oder mit eigenmächtiger Abweichung von dem durch die Behörde genehmigten Bauplane ausführt oder ausführen läßt;

1. Die verschiedenen hier genannten Personen sind nebeneinander strafrechtlich haftbar.

2. Voraussetzung für die Strafbarkeit ist, daß nach dem maßgebenden Landesrecht eine polizeiliche Genehmigung des Baues überhaupt erforderlich ist.

[16. wer den über das Abhalten von öffentlichen Versteigerungen und über das Verabfolgen geistiger Getränke vor und bei öffentlichen Versteigerungen erlassenen polizeilichen Anordnungen zuwiderhandelt.]

Diese Bestimmung ist gegenstandslos geworden. Es gelten jetzt §§ 8, 10 des Gesetzes über das Versteigerungsgewerbe v. 16. Okt. 1934 mit DurchfVO. v. 30. Okt. 1934 (RGBl. I S. 1091).

In den Fällen der Nr. 8, 9 kann neben der Geldstrafe oder der Haft auf die Einziehung der Selbstgeschosse, Schlageisen oder Fußangeln, sowie der verbotenen Waffen erkannt werden, ohne Unterschied, ob sie dem Verurteilten gehören oder nicht.

§ 368. Mit Geldstrafe bis zu einhundertfünfzig Reichsmark oder mit Haft bis zu vierzehn Tagen wird bestraft:

1. wer den polizeilichen Anordnungen über die Schließung der Weinberge zuwiderhandelt;
2. wer das durch gesetzliche oder polizeiliche Anordnungen gebotene Raupen unterläßt;
3. wer ohne polizeiliche Erlaubnis eine neue Feuerstätte errichtet oder eine bereits vorhandene an einen anderen Ort verlegt;

1. Die Ziff. 3 und 4 des § 368 verfolgen den Zweck, alle Feuerstätten der Häuser, bestehender oder neu errichteter, immer in brandsicherem Zustande zu erhalten.

2. Feuerstätte ist nicht nur die zur Aufnahme des Feuers dienende Vorrichtung, ondern alles, was zur feuersicheren Konstruktion der Öfen und Herde gehört.

4. wer es unterläßt, dafür zu sorgen, daß die Feuerstätten in seinem Hause in baulichem und brandsicherem Zustande unterhalten, oder daß die Schornsteine zur rechten Zeit gereinigt werden;

1. Vgl. die Bem. zu § 368³. — Das Gebot richtet sich an den Hauseigentümer und dessen verantwortlichen Vertreter, nicht aber an den Mieter und Pächter.

2. Auch der ist strafbar, welcher eine bestehende richtig konstruierte Feuerstätte so umgestaltet, daß sie feuergefährlich wird.

5. wer Scheunen, Ställe, Böden oder andere Räume, welche zur Aufbewahrung feuerfangender Sachen dienen, mit unverwahrtem Feuer oder Licht betritt, oder sich denselben mit unverwahrtem Feuer oder Licht nähert;

Nach dieser Vorschrift kann das Tabakrauchen in Scheunen usw. selbst mit verwahrten Tabakspfeifen unter Umständen bestraft werden.

6. wer in gefährlicher Nähe von Gebäuden oder feuerfangenden Sachen Feuer anzündet;

7. wer in gefährlicher Nähe von Gebäuden oder feuerfangenden Sachen mit Feuergewehr schießt oder Feuerwerke abbrennt;

Vgl. hierzu noch § 367⁸. — Diese Strafvorschrift soll die bezeichneten Handlungen wegen ihrer Feuergefährlichkeit verhindern. — Ob scharf oder blind geschossen wird, ist gleichgültig.

8. wer die polizeilich vorgeschriebenen Feuerlöschgerätschaften überhaupt nicht oder nicht in brauchbarem Zustande hält oder andere feuerpolizeiliche Anordnungen nicht befolgt;

9. wer unbefugt über Gärten oder Weinberge, oder vor beendeter Ernte über Wiesen oder bestellte Äcker, oder über solche Äcker, Wiesen, Weiden oder Schonungen, welche mit einer Einfriedigung versehen sind, oder deren Betreten durch Warnungszeichen untersagt ist, oder auf einem durch Warnungszeichen geschlossenen Privatwege geht, fährt, reitet oder Vieh treibt;

1. Das Gehen über fremde Gärten usw. ist befugt und kann deshalb nicht bestraft werden, wenn der Täter sich auf ein Wegerecht (Dienstbarkeit) oder ein Jagdrecht berufen kann.

2. Der strafbare Tatbestand liegt nur vor, wenn der Täter bewußt unbefugt seinen Weg über den Garten usw. nimmt.

10. wer zur Jagd ausgerüstet unbefugt ein fremdes Jagdgebiet außerhalb der zum allgemeinen Gebrauch bestimmten Wege betritt.

1. **Zur Jagd ausgerüstet** ist, wer ein zur Jagdausübung geeignetes Werkzeug, etwa ein Gewehr, so bei sich führt, daß er bei sich bietender Gelegenheit sofort davon Gebrauch machen kann.

2. Zum Tatbestand gehört nicht bewußte Widerrechtlichkeit; es genügt vielmehr Fahrlässigkeit, da ein reines Polizeidelikt vorliegt.

3. Forstschutzbeamte können in Ausübung des Forst- und Jagdschutzes auch fremde Reviere betreten. (§ 3 Abs. 2 der Durchführungsverordnung zu dem Gesetz über den Waffengebrauch der Forst- und Jagdschutzberechtigten vom 7. März 1935.)

10a. wer sich mit gebrauchsfertigem Fischereigerät unbefugt auf fremden Fischgewässern oder außerhalb der zum allgemeinen Gebrauch bestimmten Wege an fremden Fischgewässern aufhält.

§ 369. Mit Geldstrafe bis zu einhundertfünfzig Reichsmark oder mit Haft bis zu vier Wochen werden bestraft:

1. Personen, welche ohne obrigkeitliche Anweisung oder ohne Genehmigung des Inhabers einer Wohnung Schlüssel zu Zimmern oder Behältnissen in der letzteren anfertigen oder Schlösser an denselben öffnen, ohne Genehmigung des Hausbesitzers oder seines Stellvertreters einen Hausschlüssel anfertigen, oder ohne Erlaubnis der Polizeibehörde Nachschlüssel oder Dietriche verabfolgen;

1. Die obrigkeitliche Anweisung kann von der Polizeibehörde, dem Untersuchungsrichter, dem Staatsanwalt und dem Gerichtsvollzieher ausgehen.

2. Die Vorschrift ist in sicherheitspolizeilichem Interesse zum Schutze gegen diebische Angriffe gegeben.

2. Aufgehoben.

Nach § 23 der Maß- und Gewichtsordnung vom 30. Mai 1908, ersetzt durch § 22 dieses Gesetzes; § 22 wurde wieder ersetzt durch § 60 des Maß- und Gewichtsgesetzes vom 13. Dezember 1935 (RGBl. S. 1499).

3. Gewerbetreibende, welche in Feuer arbeiten, wenn sie die Vorschriften nicht befolgen, welche von der Polizeibehörde wegen Anlegung und Verwahrung ihrer Feuerstätten, sowie wegen der Art und der Zeit, sich des Feuers zu bedienen, erlassen sind.

§ 370. Mit Geldstrafe bis zu einhundertfünfzig Reichsmark oder mit Haft wird bestraft:

1. wer unbefugt ein fremdes Grundstück, einen öffentlichen oder Privatweg oder einen Grenzrain durch Abgraben oder Abpflügen verringert;

1. Vgl. § 274 Abs. 2 StGB. — Nach dem hier in Betracht kommenden Tatbestand wird über die Grenzen hinausgegangen ohne die Grenzsteine zu verrücken.

2. An öffentlichen Wegen (d. h. solchen, die der Allgemeinheit zur Verfügung stehen, vgl. § 116 Erl. 3) kann auch derjenige, in dessen Privateigentum der Weg steht, sich der Übertretung schuldig machen. Der Privateigentümer darf sogar seinen

Privatweg nicht abgraben, ohne sich nach der vorliegenden Übertretung strafbar zu machen, wenn andern eine Grunddienstbarkeit an diesem Wege zusteht.

2. wer unbefugt von öffentlichen oder Privatwegen Erde, Steine oder Rasen, oder aus Grundstücken, welche einem anderen gehören, Erde, Lehm, Sand, Grand oder Mergel gräbt, Plaggen oder Bülten haut, Rasen, Steine, Mineralien, zu deren Gewinnung es einer Verleihung, einer Erlaubnis oder einer Konzession der Behörde nicht bedarf, oder ähnliche Gegenstände wegnimmt;

1. Diebstahl gibt es nur an beweglichen Sachen. Die Erde ist aber, solange sie im Grundstück ist, unbeweglich; darum bedurfte es dieser Bestimmung.

2. Auch die Wegnahme von ungestochenem Torf fällt unter diese Strafbestimmung, ebenso das Wegnehmen von Tropfsteingebilden aus Höhlen. — Die unbefugte Aneignung von Mineralien, zu deren Gewinnung es einer Erlaubnis der Behörde bedarf, ist durch die Landesberggesetze geregelt.

3. Aufgehoben durch Kontrollratsgesetz Nr. 11.

4. Gestrichen durch Gesetz vom 28. Juni 1935.

5. wer Nahrungs- oder Genußmittel oder andere Gegenstände des hauswirtschaftlichen Verbrauchs in geringer Menge oder von unbedeutendem Wert zum alsbaldigen Verbrauch entwendet oder unterschlägt.

Wer die Tat gegen einen Verwandten absteigender Linie oder gegen seinen Ehegatten begeht, bleibt straflos.

1. Die frühere Genußmittelentwendung (der Mundraub) ist hier durch das Abänderungsgesetz von 1912 zu einer unberechtigten Verbrauchsmittelwegnahme (Diebstahl und Unterschlagung) erweitert. Vgl. die Erl. zu § 248a und § 264a. Wie § 248a eine Ausnahme macht von den §§ 242 und 246, so legt § 370[5] Ausnahmen fest von diesen Paragraphen und von 248a. Nur kommt bei § 370[5] die Not nicht in Betracht.

Aber auch hier wird noch der volle Tatbestand des § 242 (Diebstahls) und des § 246 (Unterschlagung) verlangt. Die Eigenart der Übertretung liegt lediglich in der Eigenschaft, der Menge und dem Wert des Weggenommenen. Der Diebstahl von Nahrungs-, Genuß- und Verbrauchsmitteln bleibt Übertretung, auch wenn er mittels Einbruchs, Einsteigens, Erbrechens von Behältnissen, falschen Schlüsseln begangen ist. Nur wird in solchen Fällen auch noch Hausfriedensbruch und vielleicht Sachbeschädigung (zerstörte Türen, Schränke usw.) vorliegen.

Werden die Nahrungs-, Genuß- und Verbrauchsmittel mittels Gewalt weggenommen, so liegt Raub vor (§ 249 StGB.). Ebenso ist § 252 anwendbar.

Rückfall, § 244, wird durch diese Übertretung nicht begründet.

2. Nahrungsmittel sind die der Ernährung des menschlichen Körpers in fester oder flüssiger Gestalt dienenden Mittel, auch wenn noch vorherige Zubereitung erforderlich ist. Also gehören hierher: rohe, noch auf dem Acker befindliche, nicht untergepflügte Saatkartoffeln, Backhefe, lebende Tiere, Fische.

3. Genußmittel sind Gegenstände, die dem menschlichen Körper zugeführt und dadurch verbraucht werden: Zigarren, Tabake, Zigaretten.

4. Gegenstände des hauswirtschaftlichen Verbrauchs sind Brennholz (aber nicht Bauholz), Kohlen und sonstiges Brennmaterial, Beleuchtungsmittel, Heilmittel, Nähsachen und ähnliches. Geld kommt hier nicht in Betracht. Ebensowenig Wäsche, Kleidungsstücke, Schuhe.

Viehfutter zum alsbaldigen Verbrauch in der eigenen Wirtschaft gehört hierher. Vgl. auch § 370[6].

5. Bei der Einschätzung, ob unbedeutender Wert oder geringe Menge vorliegt, ist auf die Verhältnisse des Geschädigten und des Täters Rücksicht zu nehmen. Auch wenn ein Gefäß entwendet wird, kann Mundraub vorliegen, wenn es dem Täter bei der Wegnahme nur auf den Inhalt des Gefäßes oder der Umhüllung ankommt. — Bei Bestimmung des Werts ist der allgemeine Wert zugrunde zu legen (z. B. bei einem Hunde, der dann von dem Diebe zum Schlachten um geringes Geld verschleudert wird). Bei fortgesetzten Entwendungen ist der Beurteilung der Gesamtwert des Entwendeten zugrunde zu legen; geht dieser über eine „geringe Menge" oder „unbedeutenden Wert" hinaus, liegt ein gewöhnlicher Diebstahl vor.

6. „Zum alsbaldigen Verbrauch" ist die Wegnahme erfolgt, wenn der Täter ein augenblickliches Bedürfnis oder Gelüst befriedigen wollte. Dabei braucht aber das Verzehren usw. nicht an Ort und Stelle zu erfolgen, ja es kann sogar, wie schon erwähnt (oben Bem. 2), noch eine Zubereitung, bei lebenden Tieren ein Töten und Abziehen vorhergehen. Dagegen ist die Handlung gemeiner Diebstahl, wenn der Täter Vorräte ansammeln wollte oder mit der Absicht das Gestohlene zu verkaufen oder damit sein Eigentum zu schmücken (z. B. Rosensträucher für seinen Garten) die Sachen weggenommen hat.

Übertretung bleibt es aber, wenn der Täter bei der Wegnahme auch daran dachte, seiner Familie oder seinen Hausgenossen den Mitgenuß zu verschaffen. Aus Not braucht nicht gehandelt zu sein (anders bei § 248a.)

7. Zur Verfolgung ist Strafantrag erforderlich s. Abs. 2 des § 370.

8. Abs. 2 der Ziff. 5 bringt den § 247 Abs. 2 StGB. auch hier zur Anwendung.

Beispiel: Stiftet ein Dritter die Ehefrau an, gegen ihren Ehemann eine Genußmittelentwendung zu begehen, so ist der Dritte als Anstifter strafbar, obwohl die Ehefrau nicht als Täterin bestraft werden kann. Stiftet umgekehrt die Ehefrau einen Dritten an, an ihrem Manne eine Genußmittelentwendung zu begehen, so ist die Ehefrau straflos, während der Dritte nach § 370 Z. 5 zu bestrafen ist. (Siehe Erl. 4c zu § 50 und die in Erl. 6c daselbst erwähnten Beispiele.)

9. Wenn der Täter in der Absicht einsteigt, Nahrungs- oder Genußmittel zum Zwecke des alsbaldigen Verbrauchs zu entwenden, tatsächlich aber andere Sachen wegnimmt, so begeht er nur einen einfachen Diebstahl. Wenn umgekehrt der Täter in der Absicht einsteigt, andere Sachen wegzunehmen, aber nur Nahrungs- und Genußmittel zum alsbaldigen Verbrauch entwendet, so liegt Tateinheit von versuchtem, schweren Diebstahl mit vollendetem Mundraub vor.

6. wer Getreide oder andere zur Fütterung des Viehes bestimmte oder geeignete Gegenstände wider Willen des Eigentümers wegnimmt, um dessen Vieh damit zu füttern.

1. Ein Diebstahl liegt hier nicht vor, weil die Zueignungsabsicht fehlt.
2. Zum Vieh gehört Groß- und Kleinvieh, auch Federvieh.

In den Fällen der Nr. 5 und 6 tritt die Verfolgung nur auf Antrag ein. Die Zurücknahme des Antrages ist zulässig.

Anhang 1.

Das Strafprozeßrecht.

A.

Wesen und Quelle des Strafprozesses.

1. Der Strafprozeß (auch formelles Strafrecht genannt im Gegensatz zum materiellen, im Strafgesetzbuch enthaltenen Strafrecht), hat die Aufgabe, die durch den Rechtsbrecher gestörte Rechtsordnung wieder herzustellen durch Feststellung und Ahndung der von ihm begangenen strafbaren Handlung. Der Strafprozeß ist ein gerichtliches Verfahren zur Entscheidung der Frage, ob gegen eine bestimmte Person wegen einer bestimmten Handlung eine kriminelle Strafe verhängt werden muß.

Im Gegensatz hierzu bildet das Wesen des Zivilprozesses die Feststellung privatrechtlicher, insbesondere vermögensrechtlicher Ansprüche. Im Strafprozeß steht der Staat, handelnd durch sein Organ, den Staatsanwalt, dem Angeklagten gegenüber, im Zivilprozeß der Kläger dem Beklagten. (Zum Strafprozeß gehört auch die Privatklage, die, ohne Mitwirkung der Staatsanwaltschaft, für bestimmte leichtere Vergehen wie Beleidigungen und einfache Körperverletzungen u. a. vorgesehen ist. Diese Privatklage ist nicht mit der Zivilklage, der Grundlage des Zivilprozesses zu verwechseln.)

2. Die Grundlage des neuen, hier behandelten Strafprozeßrechts bildet die für die ganze amerikanische Zone, also für Bayern, Württemberg/Baden und Großhessen geltende Strafrechtspflegeordnung 1946, bestehend aus dem Strafgerichtsverfassungsgesetz und der Strafprozeßordnung 1946.

a) Das Strafgerichtsverfassungsgesetz (StGVG.), das die Organisation und sachliche Zuständigkeit der Gerichte regelt, ist auf dem alten Gerichtsverfassungsgesetz (GVG.) in seiner Fassung vom 23. März 1924 aufgebaut und zwar unter Beibehaltung der dortigen Paragraphenziffern.

b) Die Strafprozeßordnung (StPO.), die das eigentliche Strafverfahren zum Gegenstande hat, beruht auf der alten StPO. in der Fassung vom 22. März 1924. Auch in diesem Gesetz wurden die alten Paragraphenziffern beibehalten. Die vor 1933 erlassenen Abänderungsvorschriften wurden nur insoweit in das neue Gesetz übernommen, als sie nicht die Rechte des Angeklagten schmälerten. Die nach 1933 geschaffenen Abänderungen wurden beseitigt, soweit sie typisch nationalsozialistisches Gedankengut enthielten, insbesondere eine die Rechtsstellung des Angeklagten beeinträchtigende Tendenz hatten.

B.

Die sachliche Zuständigkeit der Strafgerichte und der Instanzenzug.

Vorbemerkung:

Die Zuständigkeit der Gerichte ist im Strafverfahren in zweifacher Hinsicht, nämlich in sachlicher und örtlicher Beziehung von Bedeutung. Durch die Vorschriften über die sachliche Zuständigkeit wird festgestellt, welche Art von Gericht für die Verhandlung und Entscheidung einer bestimmten Strafsache berufen ist. Die Vorschriften über die örtliche Zuständigkeit (siehe Abschnitt C) regeln die

Frage, welches unter mehreren sachlich zuständigen Gerichten im Einzelfall in Tätigkeit zu treten hat.

Die sachliche Zuständigkeit ist im Strafgerichtsverfassungsgesetz geregelt, während die Bestimmungen über die örtliche Zuständigkeit in der Strafprozeßordnung enthalten sind.

I. Die Amtsgerichte.

1. Den Amtsgerichten ist die gesamte kleine und mittlere Kriminalität ihres Bezirks übertragen.
2. Sie sind zuständig (siehe § 23 StGVG.) für:
   a) Übertretungen,
   b) Vergehen und Verbrechen, soweit nach der Auffassung des Amtsgerichts mit großer Wahrscheinlichkeit damit zu rechnen ist, daß seine Strafgewalt ausreicht.
3. Der Amtsrichter kann erkennen (siehe § 24 StGVG.) auf:
   a) Zuchthaus bis zu 2 Jahren,
   b) Gefängnis bis zu 5 Jahren,
   c) Haft,
   d) Geldstrafe,
   e) Verlust der bürgerlichen Ehrenrechte, Unfähigkeit zur Bekleidung öffentlicher Ämter und sonstige Nebenstrafen und im Urteil auszusprechende Nebenfolgen,
   f) Maßregeln der Sicherung und Besserung mit Ausnahme von Sicherungsverwahrung.

II. Die Strafkammern.

1. Die Strafgewalt der Strafkammern umfaßt alle Strafen und Maßregeln der Sicherung und Besserung, die das Gesetz vorsieht. (§ 73a StGVG.)
2. Die Strafkammern sind als erkennende Gerichte erster Instanz zuständig für alle Vergehen und Verbrechen, in denen entweder der Staatsanwalt vor ihnen Anklage erhebt oder die wegen Überschreitung der Strafgewalt des Amtsrichters an das Landgericht verwiesen werden. (§ 74 Abs. 1 StGVG.)

   Die Strafkammern sind ferner zuständig für die Verhandlung und Entscheidung über das Rechtsmittel der Berufung gegen die Urteile des Amtsrichters. (§ 74, Abs. 2 StGVG.)

   Die Strafkammern sind schließlich zuständig für die Voruntersuchung und für die Entscheidung über die Beschwerden gegen Maßnahmen des Amtsrichters. (§ 73 StGVG.)
3. Die Strafkammern entscheiden grundsätzlich in der Besetzung von drei Richtern. (Außerhalb der Hauptverhandlung genügt unter bestimmten Voraussetzungen die Besetzung mit zwei Richtern bzw. mit dem Vorsitzer allein. Siehe § 76 StGVG.)

   Zu I und II: In Jugendsachen entscheidet der Amtsrichter als Jugendrichter (§ 26 StGVG.) und die Strafkammer als Jugendkammer (§ 77 StGVG.).

III. Das Oberlandesgericht.

1. Die Oberlandesgerichte sind in Strafsachen zuständig für die Verhandlung und Entscheidung über die Rechtsmittel:
   a) der Revision gegen die Urteile der Strafkammer und der Jugendkammer, und, falls die Oberste Justizverwaltung eine diesbezügliche

Anordnung erläßt, gegen Urteile der Amtsgerichte. (Siehe unten Abschnitt E Z. III, 1.)

b) der Beschwerde gegen strafrichterliche Entscheidungen, soweit nicht die Zuständigkeit der Strafkammer begründet ist. (§ 121 StGVG.)

2. Die Senate der Oberlandesgerichte entscheiden grundsätzlich in der Besetzung von drei Mitgliedern mit Einschluß des Vorsitzers. (§ 122 StGVG.) (In Ausnahmefällen entscheidet an Stelle des Senats der Einzelrichter.)

IV. Der Instanzenzug.

1. Urteile des Amtsgerichts können mit der Berufung, über die die Strafkammer entscheidet, angefochten werden. (Siehe § 312 StPO.) (Nach § 335 Abs. 1 StPO. kann auf Grund näherer Anordnung der Obersten Justizverwaltung ein Urteil des Amtsgerichts statt mit der Berufung mit der Revision angefochten werden.)

2. Gegen Berufungsurteile der Strafkammern ist grundsätzlich kein Rechtsmittel zulässig. (§ 333 Abs. 2 StPO.)

3. Das Rechtsmittel gegen die Urteile der Strafkammern als erkennende Gerichte erster Instanz ist die Revision, über die das Oberlandesgericht entscheidet. (§ 333 Abs. 1 StPO.)

V. Beschränkung der Zuständigkeit der deutschen Gerichte.

Die grundlegenden Bestimmungen sind:

1. Kontrollratsgesetz Nr. 4 Artikel III,
2. Zweites Gesetz zur Änderung des Gesetzes Nr. 2 der Militärregierung (Art. VI), in Kraft getreten am 15. Oktober 1946 (Amerikanische Zone).

1. Z. 1 lautet: Die Zuständigkeit der deutschen Gerichte umfaßt alle Fälle in Zivil- und Strafsachen mit folgenden Ausnahmen:

a) Strafvergehen gegen Alliierte Besatzungstruppen,
b) Straftaten, welche von Nazis oder anderen Personen gegen Bürger der Alliierten Nationen und deren Eigentum begangen werden, ebenso Versuche zur Wiederherstellung des Nazi-Regimes und Tätigkeit von Naziorganisationen,
c) Strafvergehen, in welche Streitkräfte oder Bürger der Alliierten Nationen verwickelt sind.
d) . . . .
e) . . . .

2. Z. 2 lautet: Um die Bestimmungen des Artikels VI des Gesetzes Nr. 2 der Militärregierung mit denen des Art. III des Gesetzes Nr. 4 des Kontrollrats (die beide gewisse Beschränkungen der Zuständigkeit der deutschen Gerichte festsetzen) in Einklang zu bringen, um einige grundsätzliche Änderungen einzubeziehen, um einige Anweisungen, die im Zusammenhang mit der Zuständigkeit der deutschen Gerichte von der Militärregierung erlassen wurden, zusammenzufassen und auf den neuesten Stand zu bringen, und unter Aufhebung des Gesetzes v. 2. März 1946 zur Änderung des Gesetzes Nr. 2 der Militärregierung, wird hiermit wie folgt bestimmt:

Artikel I.

Ziffer 10 in Artikel VI des Gesetzes Nr. 2 der Militärregierung — Deutsche Gerichte — wird wie folgt geändert:

10. Kein deutsches Gericht darf ohne ausdrückliche Ermächtigung durch ein Gesetz, eine Verordnung oder eine Anordnung des Kontrollrats oder

der Militärregierung, oder durch einen Befehl des Direktors der zuständigen Landesmilitärregierung sich in den folgenden Fällen oder Arten von Fällen für zuständig erklären oder Gerichtsbarkeit ausüben:

a) in Strafsachen, die sich beziehen:
   1. auf eine der Vereinten Nationen,
   2. auf die Streitkräfte einer der Vereinten Nationen,
   3. auf Einzelpersonen, die diesen Streitkräften angehören, oder auf Angehörige in deren Gefolge,
   4. auf Staatsangehörige der Vereinten Nationen,
   5. auf Staatenlose, die als verschleppte Personen einer der Vereinten Nationen gelten, oder
   6. auf strafbare Handlungen von Nationalsozialisten oder anderen Personen gegen Staatsangehörige Alliierter Nationen oder deren Eigentum sowie auf Versuche zur Wiederherstellung des nationalsozialistischen Regimes oder der Tätigkeit der nationalsozialistischen Organisationen.

b) in Zivilsachen...........

c) in Fällen, die Zuwiderhandlungen gegen Anordnungen der Alliierten Streitkräfte oder gegen gesetzliche Bestimmungen des Kontrollrats oder der Militärregierung betreffen, soweit keine ausdrückliche Ermächtigung gemäß Abs. 1 dieser Ziffer vorliegt. Wird jedoch ein deutsches Gericht zur Aburteilung solcher Fälle ermächtigt und ist das vom Gericht für die strafbare Handlung anzuwendende Strafmaß weder gesetzlich noch von der ermächtigenden Behörde festgesetzt, so ist das Gericht befugt, auf Gefängnis bis zu 5 Jahren oder auf Zuchthaus bis zu 2 Jahren, oder auf Geldstrafe bis zu 10000 Mk. — allein oder neben Freiheitsstrafe — zu erkennen,

d—i) betreffen nicht ausschließlich strafprozessuale Fragen.

(Für die tägliche Strafrechtspraxis kommt als „Anordnung" i. S. obiger Z. c vor allem die Verordnung Nr. 1, Art. I Nr. 19 und Nr. 31 in Betracht, wonach ausschließlich zuständig ist ein Gericht der Militärregierung, wenn „Diebstahl oder schwindelhafter Erwerb von Eigentum der Alliierten Streitkräfte oder eines Angehörigen derselben" oder wenn „Unbefugter Besitz von Verfügungsgewalt oder Verfügung über Eigentum der Alliierten Streitkräfte oder eines Angehörigen derselben" in Frage kommt.)

C.

Die örtliche Zuständigkeit der Strafgerichte.

Die örtliche Zuständigkeit (Gerichtsstand) ist, wie oben erwähnt, in der Strafprozeßordnung geregelt. Der Ausdruck Gerichtsstand betrifft ausschließlich die örtliche Zuständigkeit.

I. Begründet wird der Gerichtsstand in erster Linie durch den Ort der begangenen Tat (§ 7 StPO.), ferner durch den Wohnsitz, bzw. gewöhnlichen Aufenthalt, bzw. den letzten Wohnsitz (§ 8 StPO.) und durch den Verwahrungsort (§ 8a StPO.). des Beschuldigten.
   1. Diese drei Gerichtsstände sind gleichberechtigt; gesetzlich steht keinem von ihnen ein Vorrang vor dem anderen zu.
   2. In der Praxis wird man allerdings dem Gerichtsstand der begangenen Tat (er ist nach § 3 Abs. 3 des Strafgesetzbuches sowohl dort be-

gründet, wo die Ausführungshandlung vorgenommen wurde, als auch dort, wo der Erfolg eingetreten ist) gegenüber dem Gerichtsstand des Wohnsitzes (§ 8 StGVG.) den Vorrang geben, und zwar deshalb, weil der Staatsanwaltschaft die Person des Täters und infolgedessen der Gerichtsstand des Wohnsitzes häufig zunächst unbekannt ist. Abgesehen davon wird aber auch meistens die Erhebung der Beweise am sichersten und schnellsten am Tatort erfolgen können. Der Gerichtsstand des Wohnsitzes wird in der Regel nur dann in Frage kommen, wenn besondere Umstände vorliegen, wie z. B. die Tatsache, daß die Zeugen sämtlich am Wohnsitz des Beschuldigten, der von dem Tatort weit entfernt liegt, wohnhaft sind. Der Gerichtsstand des Verwahrungsorts (§ 8a StPO.) kommt dann in Frage, wenn der Täter an einem anderen Ort als dem Tatort oder Wohnsitz festgenommen worden ist.

II. Der Gerichtsstand der Ergreifung (§ 9 StPO.).
1. Er kommt in Frage, wenn die strafbare Handlung im Auslande begangen ist und ein Gerichtsstand in Gemäßheit des § 8 oder des § 8a StPO. nicht begründet ist.
2. Er ist ferner gegeben, wenn die Handlung im Inlande begangen ist, jedoch weder der Gerichtsstand der begangenen Tat noch der Gerichtsstand des Wohnsitzes ermittelt ist und der Beschuldigte nicht auf behördliche Anordnung verwahrt wird.

III. Der Gerichtsstand des Zusammenhangs (§ 13 StPO.).
Für zusammenhängende Strafsachen, d. h. wenn eine Person mehrerer strafbarer Handlungen beschuldigt wird, oder wenn bei einer strafbaren Handlung mehrere Personen als Täter, Teilnehmer, Begünstiger oder Hehler beschuldigt werden, so daß die einzelnen Taten möglicherweise zur Zuständigkeit verschiedener Gerichte gehören würden, ist ein Gerichtsstand bei jedem Gericht begründet, welches für eine der Strafsachen zuständig ist.

D.

Der Verlauf des Strafverfahrens.

Das Strafverfahren zerfällt in drei Hauptteile: das Vorverfahren, das Hauptverfahren und das Vollstreckungsverfahren.

I. Das Vorverfahren. Zu ihm gehört:
1. das sog. vorbereitende Verfahren (insbesondere Vorbereitung der öffentlichen Klage), das im wesentlichen in der Hand des Staatsanwalts liegt (§§ 151—177 StPO.).
   a) Vorbemerkung: Das Amt des Staatsanwalts wird ausgeübt (§ 142 StGVG):
      aa) Bei den Oberlandesgerichten und den Landgerichten durch einen oder mehrere Staatsanwälte. Der erste Beamte der Staatsanwaltschaft beim Oberlandesgericht heißt Generalstaatsanwalt, der erste Beamte der Staatsanwaltschaft beim Landgericht heißt Oberstaatsanwalt.
      bb) Bei den Amtsgerichten durch einen oder mehrere Staatsanwälte oder Amtsanwälte.
   b) Die Staatsanwaltschaft hat, wenn sie von einer strafbaren Handlung Kenntnis erlangt (durch Anzeigen der Polizei, von Privatpersonen oder aus eigener Wahrnehmung) den Sachverhalt zu erforschen.

Es besteht für sie der sog. Verfolgungszwang (§§ 152, 160 StPO.). Ausnahmen von diesem Verfolgungszwang (auch Legalitätsprinzip genannt) bestehen nur für die Fälle des § 153 StPO. (nämlich bei Übertretungen und bei Vergehen für den Fall, daß die Schuld des Täters gering und die Folgen der Tat unbedeutend sind), sowie ferner im Falle des § 154 (unbedeutende Nebendelikte), in den beiden Sonderfällen der §§ 154a und 154b StPO., ferner für die Antragsdelikte, d. h. die Straftaten, die nur auf besonderen Antrag verfolgt werden; in diesen letzteren Fällen kann der Staatsanwalt, auch wenn der Strafantrag gestellt ist, von der Verfolgung absehen, wenn ein öffentlichen Interesse an der Strafverfolgung nicht besteht (§ 152 Abs. 3 StPO.).

Schließlich übernimmt der Staatsanwalt in Privatklagesachen des § 374 StPO. nur dann die Verfolgung, wenn dies im öffentlichen Interesse liegt.

Verletzt der Staatsanwalt seine grundsätzliche Verfolgungspflicht, dann macht er sich nach § 346 StGB. strafbar.

c) Zur Durchführung seiner Aufgaben bedient sich der Staatsanwalt in der Hauptsache der Beamten des Polizeidienstes (§ 161 StPO.). Der gleiche Verfolgungszwang wie für die Staatsanwaltschaft besteht auch für die Polizeibeamten. § 163 StPO. lautet: „Die Behörden und Beamten des Polizeidienstes haben strafbare Handlungen zu erforschen und alle keinen Aufschub gestattenden Anordnungen zu treffen, um die Verdunkelung der Sache zu verhüten."

Ebenso wie der Staatsanwalt macht sich auch der Polizeibeamte eines Verbrechens nach § 346 StGB. schuldig, wenn er dadurch, daß er die gebotene Verfolgung einer strafbaren Handlung unterläßt, wissentlich jemand der gesetzlichen Strafe entzieht.

d) Ergeben die Ermittlungen keinen Anlaß zur Erhebung der öffentlichen Klage, so stellt die Staatsanwaltschaft das Verfahren ein; ist der Anzeigende zugleich der Verletzte, so steht ihm gegen diesen Bescheid binnen zwei Wochen nach der Bekanntmachung die Beschwerde an den vorgesetzten Beamten der Staatsanwaltschaft und gegen dessen ablehnenden Bescheid binnen einem Monat nach der Bekanntmachung der Antrag auf gerichtliche Entscheidung beim Oberlandesgericht zu (§ 172 StPO.).

e) Die Erhebung der Klage erfolgt regelmäßig entweder durch Einreichung einer Klageschrift oder durch Antrag auf gerichtliche Voruntersuchung (§ 170 StPO.).

Der Staatsanwalt erhebt die Anklage vor dem Amtsrichter, wenn er dessen Strafgewalt für ausreichend hält (siehe oben Abschnitt B Ziff. I), im übrigen vor der Strafkammer. Er kann jedoch die Anklage statt vor dem Amtsrichter vor der Strafkammer erheben, wenn er der Auffassung ist, daß dies mit Rücksicht auf den Umfang oder die Bedeutung der Sache angezeigt ist (§ 198a StPO.).

2. Zum Vorverfahren gehört ferner die gerichtliche Voruntersuchung (§§ 178—197 StPO.).

a) Sie ist dazu bestimmt, die gegen einen bestimmten Täter wegen einer bestimmten Tat erhobene Beschuldigung so weit zu klären, daß eine Entscheidung des Gerichts darüber erfolgen kann, ob die Hauptverhandlung anzuordnen oder der Angeschuldigte außer Verfolgung zu setzen ist (§ 190 StPO.).

b) Eine notwendige Voruntersuchung gibt es nicht mehr. Nach § 178 StPO. findet sie nur statt, wenn entweder der Staatsanwalt oder der Angeschuldigte sie beantragt und außergewöhnliche Umstände geltend macht, welche die Führung der Voruntersuchung durch einen Richter gebietet.

c) Die Eröffnung und Leitung der Voruntersuchung steht nach § 184 StPO. dem Untersuchungsrichter zu.

II. Das Hauptverfahren umfaßt das ganze Prozeßstadium, in welchem die Sache beim erkennenden Gericht anhängig ist. Zum Hauptverfahren gehört:

1. Die Anordnung der Hauptverhandlung durch den Vorsitzer. Sie ist an die Stelle des früheren Eröffnungsbeschlusses getreten (§§ 198—213 StPO.).

a) Die Anordnung der Hauptverhandlung durch den Vorsitzer erfolgt, sobald der Staatsanwalt die Anklageschrift eingereicht hat. Vorher läßt der Vorsitzer die Anklageschrift gemäß § 201 StPO. dem Angeschuldigten zustellen, mit der Aufforderung, binnen einer Woche etwaige Einwendungen zu erheben oder Beweisanträge zu stellen. (Von dieser Maßnahme kann abgesehen werden bei Übertretungen und bei Vergehen, wenn keine höhere Strafe als ein Monat Gefängnis zu erwarten ist.)

b) Hat der Vorsitzer gegen die Anordnung der Hauptverhandlung Bedenken, so muß er die Entscheidung des Gerichts herbeiführen. Dieses kann die Anordnung der Hauptverhandlung gemäß § 203 StPO. ablehnen, wenn nach seiner Überzeugung aus tatsächlichen oder rechtlichen Gründen mit großer Wahrscheinlichkeit zu erwarten ist, daß der Angeschuldigte in der Hauptverhandlung nicht verurteilt wird, oder, bei Anklageerhebung vor dem Amtsgericht, daß die zu verhängende Strafe oder Maßregel der Sicherung und Besserung die Strafgewalt des Amtsrichters überschreitet. Bestehen keine Bedenken, dann erfolgt die Anordnung der Hauptverhandlung unter gleichzeitiger Festsetzung von Ort und Zeit der Hauptverhandlung.

c) Das Gericht kann das Verfahren durch Beschluß gemäß § 205 StPO. vorläufig einstellen, wenn der Hauptverhandlung für längere Zeit die Abwesenheit des Angeschuldigten oder ein anderes in seiner Person liegendes Hindernis entgegensteht.

2. Die Vorbereitung der Hauptverhandlung. (§§ 214—225 StPO.). In dieses Stadium des Verfahrens fällt vor allem die Ladung der Prozeßbeteiligten und, soweit erforderlich, die Vernehmung von Zeugen, die aus bestimmten, in § 223 StPO. niedergelegten Gründen zur Hauptverhandlung nicht erscheinen können, durch einen beauftragten oder ersuchten Richter.

3. Die Hauptverhandlung (§§ 226—275 StPO.).

a) Die Hauptverhandlung beginnt mit dem Aufruf der Sache und dem Aufruf der Zeugen und Sachverständigen. Die Zeugen müssen sich nach Feststellung ihrer Anwesenheit zunächst wieder aus dem Sitzungssaal entfernen (§ 243 StPO.).

b) Es folgt nun die Vernehmung des Angeklagten über seine persönlichen Verhältnisse und Vortrag der Anklage durch den Staatsanwalt, und daran anschließend Vernehmung des Angeklagten zur Sache.

c) Nach dieser Vernehmung folgt die Beweisaufnahme (§§ 244ff. StPO.), d. h. die Vernehmung der Zeugen und Sachverständigen, Verlesung von Schriftstücken, Vorlegen von Beweisstücken (Verbrecherwerkzeuge, Fingerabdrücke usw.). Für die Beweisaufnahme, die das Fundament für die Urteilsfindung bildet, gilt der Grundsatz, daß das Gericht von Amts wegen alles zu tun hat, was zur Erforschung der Wahrheit erforderlich ist (§ 245 StPO.).

d) Nach dem Schlusse der Beweisaufnahme erhalten die Staatsanwaltschaft und sodann der Angeklagte (oder dessen Verteidiger) zu ihren Ausführungen und Anträgen das Wort. Der Angeklagte selbst hat stets das letzte Wort (§ 258 StPO.).

e) Die Hauptverhandlung schließt mit der Verkündung des Urteils. Das Urteil lautet gemäß § 260 StPO. auf Freisprechung, Verurteilung, Anordnung einer Maßregel der Sicherung und Besserung oder Einstellung des Verfahrens (letztere erfolgt, wenn ein sog. Prozeßhindernis vorliegt, d. h. wenn z. B. bei einer nur auf Antrag zu verfolgenden strafbaren Handlung sich ergibt, daß ein Strafantrag überhaupt nicht vorliegt oder zurückgenommen wurde [§ 260 Abs. 3 StPO.], oder wenn die Straftat verjährt ist.)

f) Allgemeine Grundsätze für die Hauptverhandlung:

aa) Prinzip der Mündlichkeit: Die Entscheidungen des Gerichts ergehen auf Grund einer Verhandlung, in der die Prozeßbeteiligten mündliche Vorträge halten und mündliche Anträge stellen. (Ausnahmen von diesem Grundsatz sind vorgesehen in §§ 249, 251, 253, 254, 256 StPO., sowie im Berufungsverfahren und besonders im Revisionsverfahren.)

bb) Der Angeklagte muß während der ganzen Dauer der Verhandlung anwesend sein (§ 230 StPO.). Ausnahmsweise kann die Hauptverhandlung ohne den Angeklagten durchgeführt werden, wenn er ordnungsmäßig geladen und in der Ladung darauf hingewiesen ist, daß in seiner Abwesenheit verhandelt werden kann, und wenn keine höhere Strafe als Haft, Geldstrafe oder Einziehung allein oder in Verbindung miteinander, zu erwarten ist. Eine höhere Strafe oder eine Maßregel der Sicherung und Besserung darf in diesem Abwesenheitsverfahren nicht verhängt werden (§ 232 StPO.).

cc) Bei der Urteilsfindung können nur diejenigen Richter mitwirken, vor denen die Verhandlung stattgefunden hat, und diese müssen während der ganzen Verhandlung anwesend sein. Ein Wechsel in der Person des Staatsanwalts, Verteidigers und Urkundsbeamten ist dagegen möglich. (Im Lande Württemberg/Baden kann nach der Verordnung Nr. 115 vom 10. Mai 1946 im Verfahren vor dem Amtsgericht die Staatsanwaltschaft auf Teilnahme an der Hauptverhandlung verzichten, wenn keine höhere Strafe als Gefängnis bis zu zwei Jahren, Haft oder Geldstrafe zu erwarten ist. Siehe Regierungsblatt Württemberg/Baden 1946 Nr. 13 S. 166.)

dd) Die Hauptverhandlung (einschließlich der Verkündung des Urteils) ist öffentlich, d. h. an der Verhandlung kann jedermann teilnehmen. Die Öffentlichkeit kann gemäß § 172 StGVG. für die ganze Verhandlung oder einen Teil derselben ausgeschlossen werden, wenn sie eine Gefährdung der öffentlichen Ordnung, insbesondere der Staatssicherheit, eine Gefährdung der Sittlichkeit oder eine Gefährdung eines wichtigen Geschäfts- oder Betriebsgeheimnisses besorgen läßt.

ee) Eine unterbrochene Hauptverhandlung wird nach der Unterbrechung nur dann noch einmal von neuem begonnen, wenn es das Gericht aus besonderen Gründen für nötig hält oder wenn die Hauptverhandlung insgesamt mehr als zehn Tage unterbrochen war; dabei bleiben Unterbrechungen von wenigre als drei Tagen unberücksichtigt (§ 229 StPO.).

III. Das Vollstreckungsverfahren bezweckt die Verwirklichung der vom Gericht gegen den Angeklagten verhängten Strafe bzw. Sicherungsmaßregel und liegt im allgemeinen in der Hand des Staatsanwalts (§ 451 StPO.).

E.

Berufung und Revision.

I. Gemeinsame Grundsätze:

1. Die Rechtsmittel der Berufung und der Revision können sowohl vom Angeklagten als auch von der Staatsanwaltschaft eingelegt werden; die Staatsanwaltschaft kann von ihnen auch zugunsten des Beschuldigten Gebrauch machen.
2. War das Urteil nur vom Angeklagten oder zu seinen Gunsten von der Staatsanwaltschaft angefochten worden, so darf das Urteil nicht zum Nachteil des Angeklagten abgeändert werden, d. h. es darf in dem neuen Urteil keine härtere Strafe verhängt werden, als die in dem angefochtenen Urteil erkannte (§§ 331, 358 Abs. 2 StPO.).
3. Das Rechtsmittel muß bei dem Gericht, dessen Urteil angefochten wird, binnen einer Woche nach Verkündung des Urteils zu Protokoll der Geschäftsstelle oder schriftlich eingelegt werden.

II. Berufung:

1. Sie ist gemäß § 312 StPO. zulässig gegen Urteile des Amtsgerichts. (Siehe oben Abschnitt B Ziff. IV.)
2. Sie bewirkt eine Nachprüfung des Urteils in tatsächlicher und rechtlicher Beziehung. Zu diesem Zwecke findet eine nochmalige Verhandlung vor dem Gericht höherer Instanz, der Strafkammer als Berufungsgericht, statt.
3. Das Berufungsgericht hat in absoluter Unabhängigkeit von dem erstrichterlichen Verfahren und dessen Ergebnissen über den Gegenstand der Anklage von neuem zu verhandeln, dabei neue Tatsachen und Beweismittel sowie alle zutage tretenden Änderungen der Sachlage zu berücksichtigen und dann ausschließlich auf Grund der Berufungsverhandlung nach eigener Überzeugung die Entscheidung in der Sache selbst zu treffen.

III. Revision:

1. Sie ist gemäß § 333 StPO. zulässig gegen Urteile der Strafkammern als erkennende Gerichte erster Instanz. Gegen Berufungsurteile der Strafkammern gibt es kein Rechtsmittel. (Siehe oben Abschnitt B Ziff. IV.)

(Auf Grund näherer Anordnungen der Obersten Justizverwaltung kann auch ein Urteil des Amtsgerichts statt mit der Berufung mit der Revision angefochten werden, § 335 Abs. 1 StPO. Das Land Württemberg/Baden hat von dieser Möglichkeit Gebrauch gemacht. Siehe Regierungsblatt 1946 Nr. 9 S. 89.)

2. Die Revision bewirkt eine Nachprüfung des Urteils lediglich in rechtlicher Beziehung. Zu diesem Zwecke findet eine Verhandlung vor dem Oberlandesgericht als Revisionsgericht statt.
3. Im Gegensatz zum Berufungsverfahren können in der Revisionsinstanz (zu der übrigens der Angeklagte nicht persönlich zu erscheinen braucht, sondern sich durch einen Verteidiger vertreten lassen kann) keine neuen Tatsachen und Beweismittel vorgebracht werden. Die tatsächlichen Feststellungen des angefochtenen Urteils sind also nicht angreifbar; vielmehr hat das Revisionsgericht sich ausschließlich darauf zu beschränken, zu prüfen, ob eine Verletzung des Gesetzes durch das Untergericht stattgefunden hat. Das Gesetz ist nach § 337 StPO. verletzt, wenn eine Gesetzesvorschrift überhaupt nicht oder nicht richtig angewendet worden ist.
4. Im Gegensatz zum Berufungsverfahren entscheidet das Revisionsgericht (Oberlandesgericht), wenn es zur Aufhebung des Urteis gelangt, nur ausnahmsweise in der Sache selbst, (siehe § 354 StPO.), während in der Regel die Sache zur anderweitigen Verhandlung und Entscheidung in die Vorinstanz zurückverwiesen wird.

F.

Besondere Verfahren.

I. Das beschleunigte Verfahren. (§§ 212—212b StPO.)

1. Im Verfahren vor dem Amtsrichter (aber nicht in Jugendsachen) kann der Staatsanwalt schriftlich oder mündlich den Antrag auf Aburteilung im beschleunigten Verfahren stellen, wenn der Sachverhalt einfach und die sofortige Aburteilung möglich ist.
2. Für dieses Verfahren gilt im einzelnen folgendes:
   a) Stellt der Staatsanwalt einen solchen Antrag, so wird die Hauptverhandlung, ohne daß es einer Entscheidung über die Anordnung der Hauptverhandlung bedarf, sofort durchgeführt.
   b) Eine Anklageschrift ist nicht erforderlich. Die Anklage kann mündlich erhoben werden.
   c) Einer Ladung des Beschuldigten, für die eine Frist von 24 Stunden gilt, bedarf es nur, wenn er sich nicht freiwillig zur Hauptverhandlung stellt oder nicht dem Gericht vorgeführt wird.
   d) Der Amtsrichter lehnt die Aburteilung im beschleunigten Verfahren ab, wenn sich die Sache zur Verhandlung in diesem Verfahren nicht eignet oder wenn eine höhere Strafe als zwei Jahre Gefängnis zu erwarten ist. Zuchthaus oder eine Maßregel der Sicherung und Besserung darf im beschleunigten Verfahren nicht verhängt werden.

II. Das Strafbefehlsverfahren. (§§ 407—412 StPO.)

1. Bei Übertretungen und Vergehen kann der Amtsrichter auf Antrag der Staatsanwaltschaft ohne vorherige Verhandlung durch Strafbefehl eine Strafe festsetzen.
2. Diese Strafe darf nur sein
   a) Geldstrafe (ohne Beschränkung)

b) Freiheitsstrafe von höchstens drei Monaten
c) Einziehung
d) Bekanntmachung der Entscheidung.
Maßregeln der Sicherung und Besserung dürfen in einem Strafbefehl nicht angeordnet werden.

3. Der Amtsrichter hat die Sache zur Hauptverhandlung zu bringen:
a) Wenn er Bedenken hat, die Strafe ohne vorgängige Hauptverhandlung festzusetzen,
b) wenn er hinsichtlich der Strafe von dem Antrage abweichen will.

4. Der Strafbefehl wird erlassen, wenn weder tatsächliche noch rechtliche Bedenken entgegenstehen. Er wird rechtskräftig, wenn nicht binnen einer Woche nach der Zustellung Einspruch eingelegt wird.

5. Bei rechtzeitigem Einspruch findet Hauptverhandlung statt, in der sich der Beschuldigte durch einen Verteidiger vertreten lassen kann. Bei der Urteilsfällung ist das Gericht an den im Strafbefehl enthaltenen Ausspruch nicht gebunden, es kann also eine schärfere Strafe aussprechen als die im Strafbefehl erkannte.

III. Die polizeiliche Strafverfügung. (§§ 413—418 StPO.)

1. Bei Übertretungen kann, wenn ein öffentliches Interesse an der Bestrafung besteht, durch die Polizeibehörde eine Strafverfügung erlassen werden.

2. In der Strafverfügung darf nur auf Haft bis zu 14 Tagen oder auf Geldstrafe sowie auf Einziehung erkannt werden.

3. Gegen die Strafverfügung kann binnen einer Woche nach der Bekanntmachung Antrag auf gerichtliche Entscheidung gestellt werden. (Für das Land Württemberg/Baden wurde durch das Gesetz Nr. 20 vom 20. Nov. 1945 — siehe Regierungsblatt 1946, Nr. 1 S. 1 — das Strafverfügungsrecht der Polizeibehörden aufgehoben. An Stelle der Polizeibehörde ist in diesem Lande der Amtsrichter getreten, der nunmehr Übertretungsstrafen durch Verfügung festsetzen kann, gegen die Einspruch eingelegt werden kann. Das weitere Verfahren richtet sich nach dem für das Strafbefehlsverfahren geltenden Bestimmungen der §§ 410 bis 412 StPO. Ein gleiches Gesetz erging für das Land Großhessen, und entsprechende Verordnungen wurden erlassen u. a. am 10. August 1946 für den Bezirk des hanseatischen Oberlandesgerichts und am 19. August 1946 für den Bezirk des Oberlandesgerichts Köln.

IV. Das Privatklageverfahren. (§§ 374—394 StPO.)

1. Grundsätzlich ist es Sache des Staates, sein Recht, zu strafen, selbst auszuüben und zwar durch die mit der Strafrechtspflege betrauten Organe. Nur ausnahmsweise überläßt der Staat dieses Recht dem durch die Straftat Verletzten und zwar in den Fällen, in denen die Privatklage zulässig ist.

2. Die Privatklage ist zulässig, wenn es sich um eine der in § 374 Abs. 1 StPO. genannten Straftaten handelt, nämlich:
a) Hausfriedensbruch (§ 123 StGB.);
b) Beleidigung (§§ 185—187, 189 StGB.);
c) Körperverletzung in den Fällen der §§ 223, 223a Abs. 1 und 230 StGB.;
d) Bedrohung (§ 241 StGB.);
e) Verletzung des Briefgeheimnisses (§ 299 StGB.);
f) Sachbeschädigung (§ 203 StGB.);

g) alle nach dem Gesetz gegen den unlauteren Wettbewerb strafbaren Vergehen;
h) alle Verletzungen des literarischen, künstlerischen und gewerblichen Urheberrechts, soweit sie als Vergehen strafbar sind.

Zur Privatklage berechtigt ist ferner nach § 374 Abs. 2 StPO. derjenige, der neben dem Verletzten das Recht hat, selbständig einen Strafantrag zu stellen (siehe §§ 195, 196, 232 Abs. 3 StGB.).

3. Die Staatsanwaltschaft erhebt wegen der in § 374 StPO. genannten Delikte die öffentliche Klage nur dann, wenn dies im öffentlichen Interesse liegt (§ 376 StPO.).

V. Die Nebenklage. (§§ 395—402 StPO.)

1. Während das Privatklagerecht den Verletzten gegen Klagunterlassungen schützen will, bezweckt die Nebenklage, dem Verletzten eine Möglichkeit zu geben, etwaigen Mängeln in der Klagdurchführung durch Teilnahme an dem Strafprozeß vorzubeugen. Im Gegensatz zum Privatkläger tritt der Nebenkläger nicht an die Stelle des mit der Strafverfolgung regelmäßig betrauten staatlichen Organs, sondern es soll ihm lediglich die Möglichkeit gegeben werden, neben dem Staatsanwalt seine besonderen an der Verurteilung des Angeklagten beteiligten Interessen wahrzunehmen.

2. Berechtigt zu der Anschlußerklärung als Nebenkläger sind:
a) Die nach Maßgabe des § 374 StPO. zur Privatklage Berechtigten (§ 395 Abs. 1 StPO.),
b) wer durch einen Antrag auf gerichtliche Entscheidung (§ 172 StPO.) die Erhebung der öffentlichen Klage herbeigeführt hat, wenn die strafbare Handlung gegen sein Leben, seine Gesundheit, seine Freiheit, seinen Personenstand oder seine Vermögensrechte gerichtet war (§ 395 Abs. 2 StPO.).

G.

Auszug aus der Strafprozeßordnung.

§ 52. (1) Zur Verweigerung des Zeugnisses sind berechtigt:
1. der Verlobte des Beschuldigten;
2. der Ehegatte des Beschuldigten, auch wenn die Ehe nicht mehr besteht;
3. wer mit dem Beschuldigten in gerader Linie verwandt, verschwägert oder durch Annahme an Kindes Statt verbunden, oder in der Seitenlinie bis zum dritten Grade verwandt oder bis zum zweiten Grade verschwägert ist, auch wenn die Ehe, durch welche die Schwägerschaft begründet ist, nicht mehr besteht.

(2) Die bezeichneten Personen sind vor jeder Vernehmung über ihr Recht zur Verweigerung des Zeugnisses zu belehren. Sie können den Verzicht auf dieses Recht auch während der Vernehmung widerrufen.

Anmerkung: Kein Mitglied der Alliierten Streitkräfte und kein Angestellter der Militärregierung, gleichgültig welcher Staatsangehörigkeit, kann als Zeuge vor einem deutschen Gericht weder vorgeladen noch zugelassen werden, es sei denn, daß die Zustimmung der Militärregierung eingeholt worden ist. (Militärregierungsgesetz Nr. 1 Art. VII Nr. 14.)

§ 53. (1) Zur Verweigerung des Zeugnisses sind ferner berechtigt:

1. Geistliche über das, was ihnen bei Ausübung der Seelsorge anvertraut ist;
2. Verteidiger des Beschuldigten über das, was ihnen in dieser ihrer Eigenschaft anvertraut ist;
3. Rechtsanwälte und Ärzte über das, was ihnen bei Ausübung ihres Berufs anvertraut ist.

(2) Die unter Nr. 2, 3 bezeichneten Personen dürfen das Zeugnis nicht verweigern, wenn sie von der Verpflichtung zur Verschwiegenheit entbunden sind.

§ 54. (1) Öffentliche Beamte, auch wenn sie nicht mehr im Dienste sind, dürfen über Umstände, auf welche sich ihre Pflicht zur Amtsverschwiegenheit bezieht, als Zeugen nur mit Genehmigung ihrer vorgesetzten Dienstbehörde oder der ihnen zuletzt vorgesetzt gewesenen Dienstbehörde vernommen werden.

(2) Im übrigen gelten die Bestimmungen des Beamtengesetzes.

§ 55. Jeder Zeuge kann die Auskunft auf solche Fragen verweigern, deren Beantwortung ihm selbst oder einem der im § 52 Nr. 1 bis 3 bezeichneten Angehörigen die Gefahr strafgerichtlicher Verfolgung zuziehen würde.

§ 94. (1) Gegenstände, welche als Beweismittel für die Untersuchung von Bedeutung sein können oder der Einziehung unterliegen, sind in Verwahrung zu nehmen oder in anderer Weise sicherzustellen.

(2) Befinden sich die Gegenstände in dem Gewahrsam einer Person und werden sie nicht freiwillig herausgegeben, so bedarf es der Beschlagnahme.

§ 95. (1) Wer einen Gegenstand der vorbezeichneten Art in seinem Gewahrsam hat, ist verpflichtet, ihn auf Erfordern vorzulegen und auszuliefern.

(2) Er kann im Falle der Weigerung durch die im § 70 bestimmten Zwangsmittel hierzu angehalten werden. Gegen Personen, welche zur Verweigerung des Zeugnisses berechtigt sind, finden diese Zwangsmittel keine Anwendung.

§ 97. Schriftliche Mitteilungen zwischen dem Beschuldigten und den Personen, die wegen ihres Verhältnisses zu ihm nach

§§ 52, 53 zur Verweigerung des Zeugnisses berechtigt sind, unterliegen der Beschlagnahme nicht, falls sie sich in den Händen der letzteren Personen befinden und diese nicht einer Teilnahme, Begünstigung oder Hehlerei verdächtig sind.

§ 98. (1) Die Anordnung von Beschlagnahmen steht dem Richter, bei Gefahr im Verzug auch der Staatsanwaltschaft und den Polizeibeamten zu, welche als Hilfsbeamte der Staatsanwaltschaft ihren Anordnungen Folge zu leisten haben.

(2) Ist die Beschlagnahme ohne richterliche Anordnung erfolgt, so soll der Beamte, welcher die Beschlagnahme angeordnet hat, binnen drei Tagen die richterliche Bestätigung nachsuchen, wenn bei der Beschlagnahme weder der davon Betroffene noch ein erwachsener Angehöriger anwesend war, oder wenn der Betroffene und im Falle seiner Abwesenheit ein erwachsener Angehöriger des Betroffenen gegen die Beschlagnahme ausdrücklichen Widerspruch erhoben hat. Der Betroffene kann jederzeit die richterliche Entscheidung nachsuchen. So lange die öffentliche Klage noch nicht erhoben ist, erfolgt die Entscheidung durch den Amtsrichter, in dessen Bezirk die Beschlagnahme stattgefunden hat.

(3) Ist nach erhobener öffentlicher Klage die Beschlagnahme durch die Staatsanwaltschaft oder einen Polizeibeamten erfolgt, so ist binnen drei Tagen dem Richter von der Beschlagnahme Anzeige zu machen und sind ihm die in Beschlag genommenen Gegenstände zur Verfügung zu stellen.

§ 99. Zulässig ist die Beschlagnahme der an den Beschuldigten gerichteten Briefe und Sendungen auf der Post sowie der an ihn gerichteten Telegramme auf den Telegraphenanstalten; desgleichen ist zulässig an den bezeichneten Orten die Beschlagnahme solcher Briefe, Sendungen und Telegramme, in betreff derer Tatsachen vorliegen, aus welchen zu schließen ist, daß sie von dem Beschuldigten herrühren oder für ihn bestimmt sind und daß ihr Inhalt für die Untersuchung Bedeutung habe.

§ 100. (1) Zu der Beschlagnahme (§ 99) ist nur der Richter, bei Gefahr im Verzuge und, wenn die Untersuchung nicht bloß eine Übertretung betrifft, auch die Staatsanwaltschaft befugt. Die letztere muß jedoch den ihr ausgelieferten Gegenstand sofort, und zwar Briefe und andere Postsendungen uneröffnet, dem Richter vorlegen.

(2) Die von der Staatsanwaltschaft verfügte Beschlagnahme tritt, auch wenn sie eine Auslieferung noch nicht zur Folge gehabt hat,

außer Kraft, wenn sie nicht binnen drei Tagen von dem Richter bestätigt wird.

(3) Die Entscheidung über eine von der Staatsanwaltschaft verfügte Beschlagnahme sowie über die Eröffnung eines ausgelieferten Briefes oder einer anderen Postsendung erfolgt durch den zuständigen Richter (§ 98).

§ 102. Bei dem, welcher als Täter oder Teilnehmer einer strafbaren Handlung oder als Begünstiger oder Hehler verdächtig ist, kann eine Durchsuchung der Wohnung und anderer Räume, sowie seiner Person und der ihm gehörigen Sachen, sowohl zum Zwecke seiner Ergreifung, als auch dann vorgenommen werden, wenn zu vermuten ist, daß die Durchsuchung zur Auffindung von Beweismitteln führen werde.

§ 103. (1) Bei anderen Personen sind Durchsuchungen nur behufs der Ergreifung des Beschuldigten oder behufs der Verfolgung von Spuren einer strafbaren Handlung oder behufs der Beschlagnahme bestimmter Gegenstände und nur dann zulässig, wenn Tatsachen vorliegen, aus denen zu schließen ist, daß die gesuchte Person, Spur oder Sache sich in den zu durchsuchenden Räumen befinde.

(2) Diese Beschränkung findet keine Anwendung auf die Räume, in welchen der Beschuldigte ergriffen worden ist, oder welche er während der Verfolgung betreten hat, oder in welchen eine unter behördlicher Aufsicht stehende Person wohnt oder sich aufhält.

§ 104. (1) Zur Nachtzeit dürfen die Wohnung, die Geschäftsräume und das befriedete Besitztum nur bei Verfolgung auf frischer Tat oder bei Gefahr im Verzug oder dann durchsucht werden, wenn es sich um die Wiederergreifung eines entwichenen Gefangenen handelt.

(2) Diese Beschränkung findet keine Anwendung auf Wohnungen von Personen, welche unter behördlicher Aufsicht stehen, sowie auf Räume, welche zur Nachtzeit jedermann zugänglich oder welche der Polizei als Herbergen oder Versammlungsorte bestrafter Personen, als Niederlagen von Sachen, welche mittels strafbarer Handlungen erlangt sind, oder als Schlupfwinkel des Glücksspiels oder gewerbsmäßiger Unzucht bekannt sind.

(3) Die Nachtzeit umfaßt in dem Zeitraum vom ersten April bis dreißigsten September die Stunden von neun Uhr abends bis vier Uhr morgens und in dem Zeitraume vom ersten Oktober bis einunddreißigsten März die Stunden von neun Uhr abends bis sechs Uhr morgens.

§ 105. (1) Die Anordnung von Durchsuchungen steht dem Richter, bei Gefahr im Verzug auch der Staatsanwaltschaft und den Polizeibeamten zu, welche als Hilfsbeamte der Staatsanwaltschaft ihren Anordnungen Folge zu leisten haben.

(2) Wenn eine Durchsuchung der Wohnung, der Geschäftsräume oder des befriedeten Besitztums ohne Beisein des Richters oder des Staatsanwalts stattfindet, so sind, wenn dies möglich, ein Gemeindebeamter oder zwei Mitglieder der Gemeinde, in deren Bezirk die Durchsuchung erfolgt, zuzuziehen. Die als Gemeindemitglieder zugezogenen Personen dürfen nicht Polizeibeamte sein.

(3) Die in den vorstehenden Absätzen angeordneten Beschränkungen der Durchsuchung finden keine Anwendung auf die im § 104 Abs. 2 bezeichneten Wohnungen und Räume.

§ 106. (1) Der Inhaber der zu durchsuchenden Räume oder Gegenstände darf der Durchsuchung beiwohnen. Ist er abwesend, so ist, wenn dies möglich, sein Vertreter oder ein erwachsener Angehöriger, Hausgenosse oder Nachbar zuzuziehen.

(2) Dem Inhaber oder der in dessen Abwesenheit zugezogenen Person ist in den Fällen des § 103 Abs. 1 der Zweck der Durchsuchung vor deren Beginn bekannt zu machen. Diese Vorschrift findet keine Anwendung auf die Inhaber der im § 104 Abs. 2 bezeichneten Räume.

§ 107. Dem von der Durchsuchung Betroffenen ist nach deren Beendigung auf Verlangen eine schriftliche Mitteilung zu machen, welche den Grund der Durchsuchung (§§ 102, 103) sowie im Falle des § 102 die strafbare Handlung bezeichnen muß. Auch ist ihm auf Verlangen ein Verzeichnis der in Verwahrung oder in Beschlag genommenen Gegenstände, falls aber nichts Verdächtiges gefunden wird, eine Bescheinigung hierüber zu geben.

§ 108. Werden bei Gelegenheit einer Durchsuchung Gegenstände gefunden, welche zwar in keiner Beziehung zu der Untersuchung stehen, aber auf die erfolgte Verübung einer anderen strafbaren Handlung hindeuten, so sind sie einstweilen in Beschlag zu nehmen. Der Staatsanwaltschaft ist hiervon Kenntnis zu geben.

§ 109. Die in Verwahrung oder in Beschlag genommenen Gegenstände sind genau zu verzeichnen und zur Verhütung von Verwechselungen durch amtliche Siegel oder in sonst geeigneter Weise kenntlich zu machen.

§ 110. (1) Eine Durchsicht der Papiere des von der Durchsuchung Betroffenen steht nur dem Richter zu.

(2) Andere Beamte sind zur Durchsicht der aufgefundenen Papiere nur dann befugt, wenn der Inhaber die Durchsicht genehmigt. Andernfalls haben sie die Papiere, deren Durchsicht sie für geboten erachten, in einem Umschlage, welcher in Gegenwart des Inhabers mit dem Amtssiegel zu verschließen ist, an den Richter abzuliefern.

(3) Dem Inhaber der Papiere oder dessen Vertreter ist die Beidrückung seines Siegels gestattet; auch ist er, falls demnächst die Entsiegelung und Durchsicht der Papiere angeordnet wird, wenn dies möglich, aufzufordern, ihr beizuwohnen.

(4) Der Richter hat die zu einer strafbaren Handlung in Beziehung stehenden Papiere der Staatsanwaltschaft mitzuteilen.

§ 111. (1) Gegenstände, welche durch die strafbare Handlung dem Verletzten entzogen wurden, sind, falls nicht Ansprüche Dritter entgegenstehen, nach Beendigung der Untersuchung und geeignetenfalls schon vorher von Amts wegen dem Verletzten zurückzugeben, ohne daß es eines Urteils hierüber bedarf.

(2) Dem Beteiligten bleibt die Geltendmachung seiner Rechte im Zivilverfahren vorbehalten.

§ 112. (1) Der Angeschuldigte darf nur dann in Untersuchungshaft genommen werden, wenn dringende Verdachtsgründe gegen ihn vorhanden sind und entweder er der Flucht verdächtig ist oder Tatsachen vorliegen, aus denen zu schließen ist, daß er Spuren der Tat vernichten, oder daß er Zeugen oder Mitschuldige zu einer falschen Aussage oder Zeugen dazu verleiten werde, sich der Zeugnispflicht zu entziehen, oder daß er die Freiheit zu neuen strafbaren Handlungen mißbrauchen werde. Diese Tatsachen sind aktenkundig zu machen.

(2) Der Verdacht der Flucht bedarf keiner weiteren Begründung:

1. wenn ein Verbrechen den Gegenstand der Untersuchung bildet;
2. wenn der Angeschuldigte ein Heimatloser oder Landstreicher oder nicht imstande ist, sich über seine Person auszuweisen;

§ 113. Ist die Tat nur mit Haft oder mit Geldstrafe bedroht, so darf die Untersuchungshaft nur wegen Verdachts der Flucht und nur dann verhängt werden, wenn der Angeschuldigte zu den im § 112 Nr. 2 bezeichneten Personen gehört, oder wenn er unter behördlicher Aufsicht steht, oder wenn es sich um eine Übertretung handelt, wegen deren die Unterbringung in einem Arbeitshaus angeordnet werden kann.

§ 114. (1) Die Verhaftung erfolgt auf Grund eines schriftlichen Haftbefehls des Richters.

(2) In dem Haftbefehl ist der Angeschuldigte genau zu bezeichnen und die ihm zur Last gelegte strafbare Handlung sowie der Grund der Verhaftung anzugeben.

(3) Der Haftbefehl ist dem Angeschuldigten, wenn möglich, bei der Verhaftung bekanntzumachen. Geschieht dies durch Verkündung, so ist der Angeschuldigte darauf hinzuweisen, daß ihm auf Verlangen eine Abschrift erteilt wird. Ist die Bekanntmachung bei der Verhaftung nicht erfolgt, so ist dem Angeschuldigten vorläufig mitzuteilen, welcher strafbaren Handlung er verdächtig ist. Die Bekanntmachung ist in diesem Falle unverzüglich nachzuholen.

§ 114a. Dem Verhafteten ist Gelegenheit zu geben, Angehörige und, soweit er daran ein wesentliches Interesse hat, andere Personen von der Verhaftung zu benachrichtigen, sofern der Zweck der Untersuchung nicht gefährdet wird; auf Verlangen des Verhafteten ist die Benachrichtigung von Amts wegen zu bewirken.

§ 114b. (1) Wird der Angeschuldigte auf Grund des Haftbefehls ergriffen, so ist er unverzüglich, spätestens am Tage nach der Ergreifung, dem zuständigen Richter vorzuführen.

(2) Der Richter hat den Angeschuldigten unverzüglich, spätestens am nächsten Tage, über den Gegenstand der Beschuldigung zu vernehmen.

(3) Bei der Vernehmung ist der Angeschuldigte auf die ihn belastenden Umstände hinzuweisen. Die Vernehmung soll ihm Gelegenheit geben, die Verdachtsgründe zu beseitigen und die Tatsachen geltend zu machen, die zu seinen Gunsten sprechen.

§ 114c. (1) Kann der Angeschuldigte nicht spätestens am Tage nach der Ergreifung vor den zuständigen Richter gestellt werden, so ist er auf sein Verlangen unverzüglich, spätestens am Tage nach der Ergreifung, dem nächsten Amtsrichter vorzuführen.

(2) § 114b Abs. 2, 3 gilt entsprechend.

(3) Ergibt sich bei der Vernehmung, daß der Haftbefehl aufgehoben oder der Ergriffene nicht die in dem Haftbefehl bezeichnete Person ist, so ist der Ergriffene freizulassen.

§ 115. Bei der Bekanntmachung des Haftbefehls ist der Angeschuldigte darauf hinzuweisen, daß er gegen den Haftbefehl Beschwerde einlegen kann. Ist der Haftbefehl wegen eines Verbrechens oder Vergehens erlassen, so ist der Angeschuldigte ferner darauf hinzuweisen, daß er, statt Beschwerde einzulegen, eine mündliche Verhandlung gemäß § 114d beantragen kann.

§ 115 a. (1) Solange der Beschuldigte sich in Untersuchungshaft befindet, ist jederzeit von Amts wegen darauf zu achten, ob die Fortdauer der Haft zulässig und notwendig ist (Haftprüfungsverfahren).

(2) Das Gericht muß in Zwischenräumen von zwei Monaten von Amts wegen nachprüfen, ob die Fortdauer der Haft gerechtfertigt ist.

(3) Auf Antrag des Angeschuldigten wird im Haftprüfungsverfahren nach mündlicher Verhandlung entschieden; auf dieses Recht ist der Angeschuldigte hinzuweisen. Stellt der Angeschuldigte den Antrag nicht, so ist er vor der Entscheidung zu hören; hat er einen Verteidiger, so ist auch der Verteidiger zu hören.

§ 115b. Nach Anordnung der Hauptverhandlung findet eine mündliche Verhandlung über den Haftbefehl nicht mehr statt.

§ 115c. (1) Für den Antrag auf mündliche Verhandlung gelten die für Rechtsmittel gegebenen Vorschriften der §§ 297 bis 300, 302 Abs. 2 entsprechend.

(2) Neben einem Antrag auf mündliche Verhandlung ist eine Beschwerde über den Haftbefehl nicht zulässig. Eine bereits eingelegte Beschwerde gilt mit der Anberaumung des Termins zur mündlichen Verhandlung als zurückgenommen.

§ 115d. (1) Von Ort und Zeit der mündlichen Verhandlung sind die Staatsanwaltschaft sowie der Angeschuldigte und der Verteidiger zu benachrichtigen.

(2) Der Angeschuldigte ist zu der Verhandlung vorzuführen, es sei denn, daß er auf die Anwesenheit in der Verhandlung verzichtet hat oder daß der Vorführung weite Entfernung oder Krankheit des Angeschuldigten oder andere nicht zu beseitigende Hindernisse entgegenstehen. Wird der Angeschuldigte zur mündlichen Verhandlung nicht vorgeführt, so muß ein Verteidiger seine Rechte in der Verhandlung wahrnehmen.

(3) Hat bis zum Beginne der mündlichen Verhandlung die Untersuchungshaft des Angeschuldigten seit der Verhaftung drei Monate gedauert, so ist ein Verteidiger zu der Verhandlung auch zuzuziehen, wenn der Angeschuldigte dazu vorgeführt wird.

(4) Hat der Angeschuldigte noch keinen Verteidiger gewählt, so ist ihm ein Verteidiger für die Verhandlung zu bestellen. §§ 142, 143, 145 gelten entsprechend.

§ 116. (1) Dem Verhafteten dürfen die Beschränkungen auferlegt werden, die der Zweck der Untersuchungshaft, die Ordnung der Anstalt oder die Sicherheit erfordert.

(2) Der Verhaftete soll in Einzelhaft untergebracht werden; das muß geschehen, wenn es der Zweck des Verfahrens erfordert.

(3) Über Maßnahmen zur Sicherung des Strafverfahrens entscheidet im Vorverfahren der Amtsrichter oder der Staatsanwalt, in der Voruntersuchung der Untersuchungsrichter und im Hauptverfahren der Vorsitzer des Gerichts. Maßnahmen des Staatsanwaltes bedürfen der Bestätigung durch den Richter. In dringenden Fällen kann der Anstaltsleiter vorläufige Anordnungen treffen; sie bedürfen der Bestätigung durch den Richter.

(4) Die näheren Rechts- und Verwaltungsvorschriften über den Vollzug der Untersuchungshaft erläßt die Oberste Justizverwaltung.

§ 126a. (1) Sind dringende Gründe für die Annahme vorhanden, daß jemand eine mit Strafe bedrohte Handlung im Zustand der Zurechnungsunfähigkeit oder der verminderten Zurechnungsfähigkeit begangen hat und daß seine Unterbringung in einer Heil- oder Pflegeanstalt angeordnet werden wird, so kann das Gericht durch Unterbringungsbefehl seine einstweilige Unterbringung anordnen, wenn die öffentliche Sicherheit es erfordert. Die Tatsachen, die diese Annahme rechtfertigen, sind aktenkundig zu machen.

(2) Für die einstweilige Unterbringung gelten die §§ 114—116, 124—126 entsprechend. Hat der Unterzubringende einen gesetzlichen Vertreter, so ist der Beschluß auch diesem bekannt zu machen. Die Freilassung gegen Sicherheitsleistung ist unzulässig.

(3) Der Unterbringungsbefehl ist aufzuheben, wenn der in ihm angegebene Grund der Unterbringung weggefallen ist oder wenn das Gericht im Urteil die Unterbringung in einer Heil- oder Pflegeanstalt nicht anordnet. Durch Einlegung eines Rechtsmittels darf die Freilassung nicht verzögert werden.

§ 127. (1) Wird jemand auf frischer Tat betroffen oder verfolgt, so ist, wenn er der Flucht verdächtig ist oder seine Persönlichkeit nicht sofort festgestellt werden kann, jedermann befugt, ihn auch ohne richterlichen Befehl vorläufig festzunehmen.

(2) Die Staatsanwaltschaft und die Polizeibeamten sind auch

dann zur vorläufigen Festnahme befugt, wenn die Voraussetzungen eines Haftbefehls oder eines Unterbringungsbefehls vorliegen und Gefahr im Verzug obwaltet.

(3) Bei strafbaren Handlungen, deren Verfolgung nur auf Antrag eintritt, ist die vorläufige Festnahme von der Stellung eines solchen Antrages nicht abhängig.

§ 128. (1) Der Festgenommene ist unverzüglich, sofern er nicht wieder in Freiheit gesetzt wird, dem Amtsrichter des Bezirks, in welchem die Festnahme erfolgt ist, vorzuführen. Der Amtsrichter hat ihn spätestens am Tage nach der Vorführung zu vernehmen.

(2) Hält der Amtsrichter die Festnahme nicht für gerechtfertigt oder ihre Gründe für beseitigt, so verordnet er die Freilassung. Andernfalls erläßt er einen Haftbefehl oder einen Unterbringungsbefehl, auf welchen die Bestimmungen des § 126 Anwendung finden.

§ 158. (1) Anzeigen strafbarer Handlungen oder Anträge auf Strafverfolgung können bei der Staatsanwaltschaft, den Behörden und Beamten des Polizeidienstes und den Amtsgerichten mündlich oder schriftlich angebracht werden. Die mündliche Anzeige ist zu beurkunden.

(2) Bei strafbaren Handlungen, deren Verfolgung nur auf Antrag eintritt, muß der Antrag bei einem Gericht oder der Staatsanwaltschaft schriftlich oder zu Protokoll, bei einer anderen Behörde schriftlich angebracht werden.

§ 159. (1) Sind Anhaltspunkte dafür vorhanden, daß jemand eines nicht natürlichen Todes gestorben ist, oder wird der Leichnam eines Unbekannten gefunden, so sind die Polizei- und Gemeindebehörden zur sofortigen Anzeige an die Staatsanwaltschaft oder an den Amtsrichter verpflichtet.

(2) Die Beerdigung darf nur auf Grund einer schriftlichen Genehmigung der Staatsanwaltschaft oder des Amtsrichters erfolgen.

§ 160. (1) Sobald die Staatsanwaltschaft durch eine Anzeige oder auf anderem Wege von dem Verdacht einer strafbaren Handlung Kenntnis erhält, hat sie behufs ihrer Entschließung darüber, ob die öffentliche Klage zu erheben sei, den Sachverhalt zu erforschen.

(2) Die Staatsanwaltschaft hat nicht bloß die zur Belastung, sondern auch die zur Entlastung dienenden Umstände zu ermitteln und für die Erhebung der Beweise Sorge zu tragen, deren Verlust zu besorgen steht.

(3) Die Ermittlungen der Staatsanwaltschaft sollen sich auch auf die Umstände erstrecken, die für die Strafbemessung und für die Anordnung von Maßregeln der Sicherung und Besserung von Bedeutung sind.

§ 161. Zu dem im vorstehenden Paragraphen bezeichneten Zwecke kann die Staatsanwaltschaft von allen öffentlichen Behörden Auskunft verlangen und Ermittlungen jeder Art, mit Ausschluß eidlicher Vernehmungen, entweder selbst vornehmen oder durch die Behörden und Beamten des Polizeidienstes vornehmen lassen. Die Behörden und Beamten des Polizeidienstes sind verpflichtet, dem Ersuchen oder Auftrage der Staatsanwaltschaft zu genügen.

§ 163. (1) Die Behörden und Beamten des Polizeidienstes haben strafbare Handlungen zu erforschen und alle keinen Aufschub gestattenden Anordnungen zu treffen, um die Verdunkelung der Sache zu verhüten.

(2) Sie übersenden ihre Verhandlungen ohne Verzug der Staatsanwaltschaft. Erscheint die schleunige Vornahme richterlicher Untersuchungshandlungen erforderlich, so kann die Übersendung unmittelbar an den Amtsrichter erfolgen.

§ 165. Wenn Gefahr im Verzug obwaltet, hat der Amtsrichter die erforderlichen Untersuchungshandlungen von Amts wegen vorzunehmen.

Anhang 2.

Wirtschaftsstrafrecht.

A.

Kriegswirtschaftsverordnung (KWVO.).

Vom 4. September 1939 (RGBl. I S. 1609). Geändert durch Verordnung vom 25. März 1942 (RGBl. I S. 147).

Vorbemerkung: Die Kriegswirtschaftsverordnung ist insoweit in Kraft geblieben, als sie Wirtschaftsfragen zum Gegenstande einer gesetzlichen Regelung gemacht hat, die nicht kriegsbedingt sind, sondern Mißstände betreffen, die den Krieg überdauert haben.

§ 1.

(1) Wer Rohstoffe oder Erzeugnisse, die zum lebenswichtigen Bedarf der Bevölkerung gehören, vernichtet, beiseiteschafft oder zurückhält und dadurch böswillig die Deckung dieses Bedarfs gefährdet, wird mit Zuchthaus oder Gefängnis bestraft. In besonders schweren Fällen kann auf Todesstrafe erkannt werden.

(2) Dieselbe Strafe trifft denjenigen, der Bescheinigungen über eine Bezugsberechtigung oder Vordrucke hierfür beiseiteschafft, nachmacht oder nachgemachte Bescheinigungen oder Vordrucke in den Verkehr bringt oder sich verschafft.

(3) Hat der Täter in der Absicht gehandelt, sich zu bereichern, so ist neben der Strafe aus Abs. 1 oder Abs. 2 auf Geldstrafe zu erkennen. Die Höhe der Geldstrafe ist unbeschränkt, sie muß das Entgelt, das der Täter für die Tat empfangen und den Gewinn, den er aus der Tat gezogen hat, übersteigen. An Stelle der Geldstrafe kann auf Vermögenseinziehung erkannt werden.

Erläuterungen:

1. Zu Abs. 1: a) Mit dieser Strafvorschrift soll der sog. „Schieber" getroffen werden, der die Versorgung der Bevölkerung mit allem zum lebenswichtigen Bedarf gehörenden Erzeugnissen gefährdet.

b) Zu den „Rohstoffen und Erzeugnissen des lebenswichtigen Bedarfs" gehören auch Tabakwaren, Kaffee, Tee und alkoholische Getränke, sowie auch Schlachttiere (Schwarzschlachtungen sind also auch nach dieser Bestimmung strafbar), sowie Bescheinigungen über die Bezugsberechtigung, denn die Bezugskarten sind denjenigen Gegenständen gleichzuachten, die auf die Karten bezogen werden können.

c) Unter „Vernichten, Beiseiteschaffen und Zurückhalten" ist jedes Verhalten zu verstehen, durch das die fraglichen Gegenstände dem bestimmungsmäßigen Wirtschaftsumlauf entzogen werden.

Ein Beiseiteschaffen insbesondere ist jedes Herausnehmen des lebenswichtigen Rohstoffes bzw. Erzeugnisses aus dem vorgesehenen Verteilungsgang. Und zwar hat die erste auf eine solche Entziehung gerichtete Maßnahme nicht etwa die Wirkung, daß die beiseite geschafften Waren nicht mehr der Bewirtschaftung unterlägen. Vielmehr ist jede weitere Änderung des Verbleibs der fraglichen Erzeugnisse außerhalb des üblichen Verteilungsplans ein neues Beiseiteschaffen. Wenn also z. B. die Ehefrau des Schwarzschlächters das von diesem geschlachtete Schwein in Büchsen einmacht, dann entfaltet sie eine Tätigkeit, die über die bloße Sicherung zur Erhaltung des Besitzes hinausgeht, insofern sie etwas tut, was die Rückführung des Fleisches in den ordentlichen Wirtschaftsprozeß weiter erschwert. Die Ehefrau würde sich also in einem solchen Falle ebenfalls des Beiseiteschaffens im Sinne des § 1 KWVO. strafbar machen.

Ein Zurückhalten kann nicht nur beim Kaufmann, sondern auch dann in Frage kommen, wenn eine Privatperson in besonders großem Umfange gehamstert hat und die Waren in der augenblicklich herrschenden Notzeit nicht zur Verfügung stellt.

d) Als Erfolg des Beiseiteschaffens usw. genügt es, daß eine Gefährdung des Bedarfs eintritt. Immerhin muß sich aber die fragliche Tätigkeit auf größere Mengen von Erzeugnissen erstrecken. Die geringfügigen Zuwiderhandlungen gegen die Bewirtschaftungsmaßnahmen werden im allgemeinen nach der Verbrauchsregelungs-Strafverordnung (VRStVO.) zu ahnden sein.

e) Der Täter nach § 1 muß „böswillig" handeln. Der Begriff „böswillig" bedeutet eine über den Vorsatz hinausgehende Steigerung des verbrecherischen Willens. Der Täter handelt dann böswillig, wenn er bewußt die Bedarfsdeckung gefährdet, indem er sich durch seine Handlungsweise der allgemeinen Not entziehen und sich in einem nicht unwesentlichen Umfange eine Besserstellung gegenüber der Allgemeinheit verschaffen will.

f) Die in Absatz 1 vorgesehene Todesstrafe kann im Hinblick auf Militärregierungsgesetz Nr. 1 Art. IV Ziff. 8 nicht mehr zur Anwendung gelangen. (Siehe Erl. zu § 13 StGB.)

2. Zu Abs. 2: a) Diese Vorschrift ist durch die VO. v. 25. März 1942 eingefügt worden. Sie war notwendig, weil eine Bezugskarte erst dann eine Urkunde wird, wenn sie den Namen des Berechtigten erhält. Entwendet also ein Angestellter eines Ernährungs- oder Wirtschaftsamtes solche Bezugskarten vor der Ausgabe an die Berechtigten, konnte er bisher nur wegen Vergehens nach § 133 StGB. oder wegen Diebstahls nach § 242, aber nicht gemäß §§ 348 Abs. 2 StGB. bestraft werden. Nunmehr ist aber nach dem neuen Abs. 2 des § 1 für ein solches Beiseiteschaffen einer noch nicht ausgefüllten Bezugskarte eine Zuchthausstrafe möglich.

b) Aus dem gleichen Grunde mußte auch das „Nachmachen" unter Strafe gestellt werden, denn die Herstellung eines solchen falschen Vordrucks konnte mangels Vorliegens einer „Urkunde" nicht nach §§ 267ff. StGB. bestraft werden.

c) „Verschaffen" kann sich der Täter die nachgemachte Bezugskarte durch Kauf, Schenkung oder auch Diebstahl und Hehlerei.

3. Abs. 3 enthält eine Bestimmung über die Geldstrafe, die bei Bereicherungsabsicht verhängt werden muß.

§ 1a.

(1) Mit Gefängnis und Geldstrafe oder einer dieser Strafen wird bestraft, wer in Ausübung eines Gewerbes oder Berufs

1. für die Bevorzugung eines anderen bei der Lieferung von Waren oder bei Leistungen eine Tauschware oder einen sonstigen Vorteil fordert oder sich oder einem anderen versprechen oder gewähren läßt,
2. die Lieferung einer Tauschware oder einen sonstigen Vorteil anbietet, verspricht oder gewährt, um sich oder einem anderen Waren oder Leistungen bevorzugt zu verschaffen.

(2) Wer nicht in Ausübung eines Gewerbes oder Berufs handelt, bleibt als Teilnehmer an einer nach Abs. 1 strafbaren Handlung straffrei.

Erläuterungen:

1. Der Sinn dieser neuen, durch die VO. v. 25. März 1942 geschaffenen Gesetzesstelle ist der, einer Störung oder Gefährdung der Geldwirtschaft durch Überhandnehmen des Tauschhandels entgegenzuwirken. Der Hersteller oder Kaufmann, der kraft seines Gewerbes über Waren verfügt, die zur vollen Befriedigung des zivilen Bedarfs nicht in ausreichendem Maße zur Verfügung gestellt werden können, soll nicht dadurch zu eigenem Nutzen über diese Waren verfügen können, daß er sie gegen andere Waren eintauscht, bzw. den Verkauf von einem solchen Tausch abhängig macht. In „Ausübung seines Gewerbes oder Berufs" handelt aber auch der Arzt und der Rechtsanwalt.

2. Soweit es sich um bewirtschaftete d. h. bezugsbeschränkte Waren handelt, konnte bei einem Tauschgeschäft gemäß § 1 Abs. 1 Nr. 1 VerbrauchsregelungsStrafVO. eingeschritten werden. Bezüglich der nichtbewirtschafteten Waren versagte aber der strafrechtliche Schutz. Diese Lücke füllt § 1a aus. Er verbietet jedes Tauschgeschäft in Ausübung eines Gewerbes oder Berufes.

3. Das Gesetz sieht sechs Tätigkeitshandlungen vor, durch die der Tatbestand des § 1a verwirklicht werden kann.

4. Der Verbraucher ist an sich nicht strafbar, es sei denn, daß er einen Überpreis zahlt (PreisstrafrechtsVO.), oder daß es sich um eine bezugsbeschränkte Ware handelt (Verbrauchsregelungs-Strafverordnung).

§ 1b.

Für die Strafverfolgung gelten in den Fällen des § 1a die §§ 4, 7 bis 19, 22, 23 der Verbrauchsregelungs-Strafverordnung vom 26. November 1941 (Reichsgesetzbl. I S. 734) entsprechend.

§ 1c.

(1) Rohstoffe und Erzeugnisse, auf die sich die nach den §§ 1, 1a strafbare Handlung bezieht, können neben der Strafe ohne Rücksicht auf Eigentumsverhältnisse und sonstige Rechte Dritter zugunsten des Reichs eingezogen werden.

(2) Auf die Einziehung kann auch selbständig erkannt werden. Auf das Verfahren finden die §§ 430 bis 432 der Strafprozeßordnung Anwendung. Zuständig ist auch das Gericht, in dessen Bezirk sich der einzuziehende Gegenstand zur Zeit der Stellung des Antrags befindet.

(3) § 9 Abs. 3 bis 6 der Verbrauchsregelungs-Strafverordnung vom 26. November 1941 (Reichsgesetzbl. I S. 734) gilt entsprechend. (Siehe S. 269.)

§ 1d.

(1) Wer Geldzeichen ohne gerechtfertigten Grund zurückhält, wird mit Gefängnis, in besonders schweren Fällen mit Zuchthaus bestraft.

(2) Zurückgehaltene Geldzeichen können neben der Strafe ohne Rücksicht auf Eigentumsverhältnisse und sonstige Rechte Dritter zugunsten des Reichs eingezogen werden. § 1c Abs. 2 dieser Verordnung und § 9 Abs. 3 bis 5 der Verbrauchsregelungs-Strafverordnung finden entsprechende Anwendung.

(3) Wer zurückgehaltene Geldzeichen bei einem Kreditinstitut einzahlt, bevor eine Anzeige erstattet oder eine Untersuchung eingeleitet war, wird nicht wegen Zurückhaltung von Geldzeichen bestraft. Der Einzahlung bei einem Kreditinstitut steht für die Erlangung der Straffreiheit die Selbstanzeige gemäß § 410 der Reichsabgabenordnung gleich.

(4) Die Strafverfolgung tritt nur auf Anordnung des Reichsministers der Justiz ein.

Erläuterungen zu §§ 1b, 1c, 1d:

1. Nach § 1b kann der Tauschhandel auch im Ordnungsstrafverfahren verfolgt werden.

2. § 1c sieht die Einziehung eingetauschter Waren vor.

3. § 1d stellt die sog. Geldhortung unter Strafe. Der Abs. 3 sieht die Möglichkeit der tätigen Reue vor.

B.

Verbrauchsregelungs-Strafverordnung (VRStVO.).

In der Fassung vom 26. November 1941 (RGBl. I S. 734).

Vorbemerkung: Zur Sicherung des Bedarfs der Wirtschaft an den notwendigen Lebensgütern und im Hinblick auf die Schwierigkeiten in der Gesamternährungslage müssen auch nach Beendigung des Krieges die wichtigsten Gegenstände des täglichen Bedarfs auf dem Wege vom Erzeuger bzw. Hersteller bis zum

Verbraucher staatlich gelenkt werden. Es ist daher die Verbrauchsregelungs-Strafverordnung vom 14. November 1939 in der Fassung vom 26. November 1941 in Kraft geblieben.

Die eigentlichen Straftatbestände sind in den §§ 1—3 enthalten. Die §§ 4—7 behandeln das Ordnungsstrafverfahren, §§ 9, 10 die Einziehung, § 11 die öffentliche Bekanntmachung, §§ 12—20 Besonderheiten des Ordnungsstrafverfahrens; in § 21 ist die Verjährungsfrage geregelt.

§ 1.

(1) Mit Gefängnis und Geldstrafe, letztere in unbeschränkter Höhe, oder mit einer dieser Strafen wird bestraft, wer in Ausübung eines Gewerbes oder Berufs

1. bezugsbeschränkte Erzeugnisse ohne Bezugsberechtigung, insbesondere ohne gültige Bescheinigung über die Bezugsberechtigung (z. B. Bezugskarte, Bezugschein, Großbezugschein, Punktscheck, Bestellschein, Eintragung in die Kundenliste), bezieht oder abgibt, eine ihm nicht zustehende Bezugsberechtigung für sich ausnutzt oder die Verfügung über eine Bezugsberechtigung einem anderen überläßt oder sich verschafft,
2. durch unrichtige oder unvollständige Angaben eine Bezugsberechtigung erschleicht,
3. dem Verbraucher (Versorgungsberechtigten) bezugsbeschränkte Erzeugnisse vorenthält, zu deren Abgabe er verpflichtet ist,
4. Bescheinigungen über die Bezugsberechtigung entgegennimmt oder Abschnitte abtrennt, ohne Ware zu liefern,
5. gegen Anordnungen der Landeswirtschaftsämter oder Wirtschaftsämter verstößt, die auf Grund ausdrücklicher Ermächtigung erlassen werden und auf die Strafandrohungen dieser Verordnung Bezug nehmen,
6. eine sonstige Zuwiderhandlung gegen die Vorschriften des Zweiten Abschnitts der Verordnung über die öffentliche Bewirtschaftung von landwirtschaftlichen Erzeugnissen oder gegen eine Bestimmung begeht, die auf Grund der Verordnung über die öffentliche Bewirtschaftung von landwirtschaftlichen Erzeugnissen oder einer hierauf beruhenden anderen Vorschrift erlassen worden ist.

Der Versuch ist strafbar.

(2) In leichten Fällen kann auf Geldstrafe bis zu 150 Reichsmark oder auf Haft erkannt werden.

(3) Liegt in den Fällen des Abs. 1 Nr. 6 ausschließlich eine Zuwiderhandlung gegen eine Anordnung einer bewirtschaftenden Stelle auf dem Gebiet der Ernährungswirtschaft vor (§§ 6 und 7 der Verordnung über die öffentliche Bewirtschaftung von landwirtschaftlichen Erzeugnissen vom 27. August 1939 — Reichsgesetzbl. I S. 1521), so tritt die Strafverfolgung nur auf Verlangen der bewirtschaftenden Stelle ein. Das Verlangen ist unzulässig, wenn wegen derselben Handlung eine Ordnungsstrafe (§§ 4 und 20) festgesetzt worden ist. Das Verlangen kann zurückgenommen werden.

Erläuterungen:

1. In § 1 wird strafbares Verhalten des Herstellers, Erzeugers, Verarbeiters und Händlers behandelt.

a) Die Zuwiderhandlungen nach § 1 Abs. 1 sind Vergehen. Ist die Tat als „leichterer Fall" anzusehen, dann ist sie gemäß Abs. 2 eine Übertretung. Soweit es sich um Vergehen handelt, kann die Strafe nicht durch polizeiliche Strafverfügung, wohl aber durch amtsrichterlichen Strafbefehl verhängt werden. Wegen des Ordnungsstrafverfahrens siehe §§ 4ff.

b) Sämtliche Zuwiderhandlungen können (mit Ausnahme derjenigen nach § 1 Ziff. 2) auch fahrlässig begangen werden.

2. Zu § 1 Ziff. 1:

a) Bezugsbeschränkte Erzeugnisse sind solche, bezüglich deren durch Gesetz oder gesetzesgleiche Anordnung oder durch Verfügung örtlicher Dienststellen eine Beschränkung des Verbrauchers im Bezug der betreffenden Waren festgelegt ist, indem diese Waren vom letzten Verbraucher nur auf Karte oder Bezugschein bezogen werden können. Hierunter fallen aus dem Gebiet der gewerblichen Wirtschaft: Spinnstoffwaren, Schuhe, Kraftstoffe, Seife und Waschmittel, sowie Kohlen, Schreibmaschinen und Batterien. Auf dem Gebiet der Ernährungswirtschaft sind bezugsbeschränkt: Fleisch und Fleischwaren, Nährmittel, Eier, Milch, Zucker, Tee, Kakao, Kaffeeersatz, Kartoffeln, Getreide, Futtermittel u. a. (Bohnenkaffee gehört zwar i. S. des § 1 KWVO. zum „lebenswichtigen Bedarf" der Bevölkerung und ist auch beschlagnahmt, er ist aber nicht „bezugsbeschränkt" i. S. der VRStV.)

b) Strafbar ist zunächst der Bezug oder die Abgabe von bezugsbeschränkten Erzeugnissen ohne gültige Bescheinigung der Bezugsberechtigung, ferner die Ausnutzung einer dem Ausnutzenden nicht zustehenden Bescheinigung. Schließlich ist auch der Handel mit Bezugsberechtigungen unter Strafe gestellt und zwar sowohl die Überlassung als auch der Erwerb und zwar (im Gegensatz zur alten VO.) ohne Rücksicht darauf, ob die Überlassung in Bereicherungsabsicht erfolgt oder nicht. (Diebstahl bezugsbeschränkter Waren ist nicht gleichzeitig eine Zuwiderhandlung gegen die VRStVO.)

3. Ziff. 2 des § 1 stellt das Erschleichen einer Bezugsberechtigung unter Strafe. Diese Tat kann nur vorsätzlich begangen werden.

4. Ziff. 3 des § 1 bedroht mit Strafe diejenigen Gewerbetreibenden, die dem Verbraucher bezugsbeschränkte Erzeugnisse vorenthalten, zu deren Abgabe sie verpflichtet sind. Als Täter kommen in Betracht Leiter von Hotels, Pensionen, Krankenhäusern, Arbeitslagern, die sich die Lebensmittel- oder die Seifenkarten von den Gästen oder Insassen aushändigen lassen, ohne diesen die ihnen zustehenden Waren in vollem Umfange zugute kommen zu lassen. Der Tatbestand der Ziff. 3 ist ferner erfüllt, wenn der Verbraucher seinen Bezugschein einem Händler überläßt, und dieser, obwohl er dazu in der Lage ist, dem Verbraucher die ihm zustehenden Waren nicht aushändigt.

5. Ziff. 4 des § 1 enthält eine Strafdrohung gegen denjenigen Händler usw., der Bescheinigungen über die Bezugsberechtigung entgegennimmt oder Abschnitte abtrennt, ohne Ware zu liefern. Strafbar ist also die Markenabnahme ohne Warenabgabe.

6. Die Ziff. 5—6 enthalten Blankettvorschriften wegen Zuwiderhandlungen gegen Anordnungen der Landwirtschaftsämter oder Wirtschaftsämter.

7. Neben der Strafe (Gefängnis oder Geldstrafe in unbeschränkter Höhe, in leichteren Fällen Geldstrafe bis zu 150 Mark oder Haft) kann auf Einziehung der fraglichen Erzeugnisse erkannt werden (§ 9). Schließlich kann angeordnet werden, daß die Bestrafung auf Kosten des Verurteilten öffentlich bekannt gemacht wird (§ 11).

§ 2.

(1) Mit Geldstrafe bis zu 150 Reichsmark oder mit Haft wird bestraft, wer, ohne in Ausübung eines Gewerbes oder Berufs zu handeln,

1. bezugsbeschränkte Erzeugnisse ohne Bezugsberechtigung bezieht, eine ihm nicht zustehende Bezugsberechtigung für sich ausnutzt oder die Verfügung über eine Bezugsberechtigung sich gegen Entgelt verschafft oder in der Absicht, sich zu bereichern, einem anderen überläßt,
2. eine nach § 1 Abs. 1 Nr. 2 oder 5 strafbare Handlung begeht,
3. eine sonstige Handlung begeht, die in den im Rahmen der öffentlichen Bewirtschaftung von landwirtschaftlichen Erzeugnissen erlassenen Bestimmungen unter Strafe gestellt ist.

(2) Mit dieser Strafe wird ferner bestraft, wer bezugsbeschränkte Erzeugnisse dem eigenen Betrieb entnimmt, ohne hierzu berechtigt zu sein.

(3) Der Versuch ist strafbar.

(4) In schweren Fällen ist die Strafe Gefängnis und Geldstrafe, letztere in unbeschränkter Höhe, oder eine dieser Strafen.

Erläuterungen:

1. Im § 2 ist die Strafbarkeit des Verbrauchers geregelt. Die Straftatbestände entsprechen im wesentlichen den für die Gewerbetreibenden in § 1 festgesetzten.

2. Nach Ziff. 1 macht sich auch derjenige strafbar, der eine größere Menge von Waren bezieht, als ihm nach der Bezugsberechtigung zusteht, da er ja den überschießenden Teil der Ware ohne Berechtigung erwirbt. Eine Ausnutzung einer dem Verbraucher nicht zustehenden Bezugsberechtigung liegt vor, wenn der Verbraucher sich die Bezugskarte oder den Bezugsschein von dem rechtmäßigen Inhaber übertragen läßt und nunmehr mit dieser Bescheinigung Waren bezieht, oder wer auf Grund einer gefundenen Bezugsberechtigung oder als Erbe des verstorbenen Berechtigten sich die Ware verschafft. Ferner fällt hierunter auch der Fall, daß die Angehörigen eines ausgeschiedenen Haushaltsmitglieds dessen Bezugskarten nicht an das Wirtschaftsamt abliefern, sondern weiterhin mit diesen Karten Waren beziehen. Schließlich macht sich nach § 2 Ziff. 1 auch derjenige strafbar, der eine Bezugsberechtigung sich gegen Entgelt verschafft oder in der Absicht sich zu bereichern einem anderen überläßt. Unentgeltliche Überlassung (z. B. im Familienkreis) und unentgeltlicher Empfang bleiben straflos.

3. Nach Ziff. 2 ist ebenso wie für den Gewerbetreibenden (siehe § 1 Ziff. 2) auch für den Verbraucher das Erschleichen einer Bezugsberechtigung strafbar. Hierher gehört vor allem der Fall, daß der Verbraucher, um die Bezugsberechtigung zu erlangen, seinen vorhandenen Besitz (z. B. an Kleidern oder Schuhwerk) unrichtig angibt.

4. Nach Abs. 2 des § 2 darf auch der Erzeuger oder Händler bezugsbeschränkte Erzeugnisse für seinen persönlichen Bedarf nur gegen eine Bezugsberechtigung entnehmen.

5. Die Straftaten des § 2 sind Übertretungen, die an sich nach § 67 Abs. 3 StGB. in 3 Monaten verjähren. Die Verjährungsfrist beträgt aber ausnahmsweise ein Jahr (siehe § 21).

6. Der Versuch ist, obwohl es sich um eine Übertretung handelt, laut ausdrücklicher Bestimmung (siehe Abs. 3) strafbar.

7. Neben der Strafe (Geldstrafe bis 150 RM. oder Haft, in besonders schweren Fällen — siehe Abs. 4 — Gefängnis und Geldstrafe in unbeschränkter Höhe oder eine dieser Strafen) kann auf Einziehung der fraglichen Erzeugnisse erkannt werden (§ 9). Schließlich kann angeordnet werden, daß die Bestrafung auf Kosten des Verurteilten öffentlich bekannt gemacht wird (§ 11).

§ 3.

(1) Mit Gefängnis bis zu zwei Jahren und Geldstrafe in unbeschränkter Höhe oder mit einer dieser Strafen wird bestraft, wer bezugsbeschränkte gewerbliche Erzeugnisse, die zur Ausübung eines Gewerbes oder Berufs zugeteilt oder bestimmt sind, für einen anderen als den im Antrag angegebenen oder sonst bei der Zuteilung vorgesehenen Zweck oder entgegen den Auflagen oder Bestimmungen für ihre Verwendung gebraucht oder verbraucht.

(2) In leichten Fällen kann auf Geldstrafe bis zu 150 Reichsmark oder auf Haft erkannt werden.

(3) Der Versuch ist strafbar.

Erläuterungen:

1. Diese Bestimmung betrifft die zweckwidrige Verwendung bezugsbeschränkter Erzeugnisse.

2. Diese Bestimmung ist von besonderer Bedeutung für die Bewirtschaftung von Kraftstoff und Reifen. Verwendet der Verbraucher z. B. das für einen Lastwagen bewilligte Benzin für einen Personenkraftwagen, so macht er sich nach § 3 strafbar.

§ 4.

(1) Besteht bei einer nach §§ 1, 2 oder 3 strafbaren Handlung kein öffentliches Interesse an der Strafverfolgung, so kann das Landeswirtschafts-, Landes-(Provinzial-)ernährungs-, Wirtschafts- oder Ernährungsamt (im folgenden zusammenfassend Amt genannt) gegen die schuldigen Personen (Täter und Teilnehmer) Ordnungsstrafen bis zur Höhe von 1000 Reichsmark, bei Zuwiderhandlungen, die in Ausübung eines Gewerbes oder Berufs begangen worden sind, bis zur Höhe von 5000 Reichsmark festsetzen. Das gleiche gilt bei Zuwiderhandlungen gegen eine dem Amt gegenüber bestehende Auskunftspflicht.

(2) Wird die Zuwiderhandlung in einem Geschäftsbetrieb begangen, so können außerdem gegen die Inhaber oder Leiter des Geschäftsbetriebes Ordnungsstrafen bis zur Höhe von 5000 Reichsmark festgesetzt werden, wenn sie nicht nachweisen, daß sie die im Verkehr erforderliche Sorgfalt zur Verhütung der strafbaren Handlung angewandt haben. Ist Inhaber des Geschäftsbetriebes eine Handelsgesellschaft, eine juristische Person oder sonstige Personenvereinigung, so ist der Nachweis an Stelle des Inhabers von den zur gesetzlichen Vertretung befugten Personen zu führen.

(3) In Fällen von geringerer Bedeutung kann statt der Ordnungsstrafe eine schriftliche Verwarnung ausgesprochen werden. Sie ist gebührenpflichtig. Eine Anfechtung ist nicht zulässig.

(4) Zuständig für die Entscheidung ist das Amt, in dessen Bezirk der Täter seinen Wohnsitz oder Sitz hat oder die strafbare Handlung begangen worden ist. Richtet sich die Strafverfolgung lediglich gegen Leiter oder Angestellte einer Zweigniederlassung oder eines sonstigen Zweigbetriebes, so ist das Amt zuständig, in dessen Bezirk sich die Zweigniederlassung oder der Zweigbetrieb befindet; das gleiche gilt, wenn das Unternehmen seinen Sitz im Ausland hat.

(5) Bei zusammenhängenden Zuwiderhandlungen, welche einzeln zur Zuständigkeit verschiedener Behörden gehören würden, ist jede dieser Behörden zuständig.

(6) Ist hiernach eine Zuständigkeit nicht oder mehrfach begründet, so ist die Behörde zuständig, die zuerst mit der Sache befaßt worden ist. Sie kann die Sache an die andere zuständige Behörde abgeben, wenn dies zweckmäßig erscheint. In Zweifelsfällen bestimmt die gemeinsame höhere Behörde die zuständige Behörde.

Erläuterung: Die Wirtschafts- und Ernährungsämter können, wenn kein öffentliches Interesse an der gerichtlichen Strafverfolgung besteht, Ordnungsstrafen mittels Strafbescheiden verhängen, gegen die binnen einer Woche Antrag auf gerichtliche Entscheidung gestellt werden kann (§ 7), oder statt der Ordnungsstrafen schriftliche Verwarnungen aussprechen.

§ 5.

Ist durch eine Handlung, auf die die Voraussetzungen des § 4 Abs. 1 zutreffen, ausschließlich gegen eine Anordnung einer bewirtschaftenden Stelle auf dem Gebiet der Ernährungswirtschaft verstoßen worden (§§ 6 und 7 der Verordnung über die öffentliche Bewirtschaftung von landwirtschaftlichen Erzeugnissen vom 27. August 1939 — Reichsgesetzbl. I S. 1521), so kann das Amt nur dann eine Ordnungsstrafe festsetzen, wenn feststeht, daß von der bewirtschaftenden Stelle weder ein Verlangen nach Strafverfolgung gemäß § 1 Abs. 3 gestellt noch eine Ordnungsstrafe festgesetzt wird.

§ 6.

Das Landeswirtschaftsamt oder das Wirtschaftsamt kann im Rahmen der ihm übertragenen Bewirtschaftungsaufgaben Ordnungsstrafen gemäß § 4 Abs. 1 und 2 auch bei Verstößen gegen Anordnungen des Reichswirtschaftsministers, der Reichsstellen oder anderer Stellen, denen die Befugnisse nach §§ 1 und 2 der Verordnung über den Warenverkehr übertragen sind, verhängen, soweit die Verstöße nach der Verordnung über den Warenverkehr strafbar sind und diese Stellen die Durchführung des Ordnungsstrafverfahrens nicht an sich ziehen.

§ 7.

(1) Gegen die Ordnungsstrafe kann binnen einer Woche nach Bekanntgabe bei dem Amt, das den Strafbescheid erlassen hat, schriftlich oder mündlich zur Niederschrift Antrag auf gerichtliche Entscheidung gestellt werden. Die Frist wird auch durch den Eingang des Antrages beim Amtsgericht gewahrt.

(2) Der Antrag ist binnen einer Woche dem Amtsgericht zur Entscheidung zuzuleiten. Bis dahin kann das Amt den gegen den Antragsteller ergangenen Strafbescheid zurücknehmen und das Verfahren einstellen oder einen neuen Bescheid erlassen oder die Sache an die Staatsanwaltschaft zur Strafverfolgung abgeben. Der Antragsteller ist zu benachrichtigen.

§ 8.

(1) Für das Verfahren vor dem Amtsgericht gelten die Vorschriften der Strafprozeßordnung über das Verfahren vor dem Beschwerdegericht sinngemäß. Das Amtsgericht entscheidet endgültig. Es ist an die im Strafbescheid festgesetzte Ordnungsstrafe nicht gebunden; der Strafbescheid kann auch zum Nachteil des Antragstellers geändert werden.

(2) Hält das Gericht ein öffentliches Interesse an der Strafverfolgung für begründet, so legt es die Sache der Staatsanwaltschaft vor.

(3) Bis zur Entscheidung über den Antrag kann die Staatsanwaltschaft die Verfolgung im Strafverfahren übernehmen.

§ 9.

(1) Neben der Strafe können ohne Rücksicht auf Eigentumsverhältnisse und sonstige Rechte Dritter in den Fällen der §§ 1, 2 und 3 die Erzeugnisse, auf die sich die strafbare Handlung bezieht, zugunsten des Reichs eingezogen werden.

(2) Kann keine bestimmte Person verfolgt oder verurteilt werden, so kann auf Verlangen der Staatsanwaltschaft die Einziehung selbständig durch Beschluß angeordnet werden. Gegen den Beschluß findet die sofortige Beschwerde nach Maßgabe der Strafprozeßordnung statt.

(3) Mit der Rechtskraft der Entscheidung gehen das Eigentum und sonstige Rechte auf das Reich über.

(4) Für einen Rechtserwerb, der nach der Rechtskraft der Entscheidung eintritt, gelten die Vorschriften des bürgerlichen Rechts zugunsten derer, die Rechte von einem Nichtberechtigten herleiten.

(5) Für das Recht eines Dritten ist bis zur Höhe des Wertes oder des Erlöses der eingezogenen Erzeugnisse Entschädigung zu gewähren, es sei denn, daß der Dritte von der Straftat Kenntnis hatte oder haben mußte oder von ihr einen Vorteil gehabt hat. Bei der Feststellung, inwieweit ein Recht durch den Wert oder Erlös der eingezogenen Sache gedeckt war, sind vorgehende Rechte auch dann zu berücksichtigen, wenn bei ihnen die Voraussetzungen des Satzes 1 nicht gegeben sind. Der Anspruch verjährt in einem Jahr nach Eintritt der Rechtskraft der Entscheidung. Der Rechtsweg ist zulässig.

(6) § 11 der Verordnung über die öffentliche Bewirtschaftung von Eiern und Eierzeugnissen vom 7. September 1939 (Reichsgesetzbl. I S. 1732) und § 7 der Verordnung über die öffentliche Bewirtschaftung von Tieren und tierischen Erzeugnissen vom 7. September 1939 (Reichsgesetzbl. I S. 1714) bleiben unberührt.

§ 10.

(1) Die Einziehung kann in den Fällen der §§ 4 und 6 vom Amt neben der Ordnungsstrafe ausgesprochen werden.

(2) Ist eine Ordnungsstrafe rechtskräftig verhängt worden, so kann das Amt die Einziehung selbständig aussprechen. Die Vorschriften über den Antrag auf gerichtliche Entscheidung (§§ 7 und 8) gelten sinngemäß; eine Überleitung in das Strafverfahren findet nicht statt.

(3) Das Amt kann die Verwertung von Erzeugnissen, die der Einziehung unterliegen, zugunsten bezugsberechtigter Verbraucher anordnen, wenn die Entscheidung über die Einziehung wegen Gefahr des Verderbs nicht abgewartet werden kann. Der Erlös tritt an die Stelle der Erzeugnisse.

§ 11.

Das Gericht oder das Amt kann anordnen, daß die Bestrafung auf Kosten des Verurteilten öffentlich bekanntgemacht wird. Die Art der Bekanntmachung sowie die Frist, innerhalb deren sie zu erfolgen hat, sind im Urteil oder im Ordnungsstrafbescheid zu bestimmen.

§ 12.

Kann eine Ordnungsstrafe nicht beigetrieben werden, so hat das Amtsgericht, das zur Durchführung des Strafverfahrens im ersten Rechtszuge zuständig wäre, auf Verlangen des Amtes als Ersatzfreiheitsstrafe eine dem Verschulden entsprechende Haftstrafe bis zu sechs Wochen festzusetzen. Vor der Entscheidung ist der Betroffene zu hören. Gegen den Beschluß ist die sofortige Beschwerde zulässig.

§ 13.

(1) Die Ordnungsstrafbescheide sind den Betroffenen zuzustellen.

(2) Auf das Verfahren bei der Zustellung finden die Vorschriften der Zivilprozeßordnung über die Zustellungen von Amts wegen mit Ausnahme der §§ 189, 203 bis 207, 210a und 212a entsprechende Anwendung. Ist die Zustellung in der vorgeschriebenen Weise nicht ausführbar, so gilt sie als erfolgt, wenn der entscheidende Teil des Strafbescheides im Deutschen Reichsanzeiger und Preußischen Staatsanzeiger bekanntgemacht worden ist und seit dem Erscheinen des Blattes zwei Wochen verflossen sind.

(3) Die gebührenpflichtige Verwarnung kann durch eingeschriebenen Brief oder Übergabe an den Beschuldigten gegen Empfangsbekenntnis zugestellt werden.

§ 14.

(1) Für die Berechnung der Fristen finden die §§ 42 und 43 der Strafprozeßordnung und bei Versäumung einer Frist die §§ 44 bis 47 der Strafprozeßordnung entsprechende Anwendung.

(2) Gegen die Verweigerung der Wiedereinsetzung ist die Beschwerde zulässig; die §§ 28 bis 31 und 32 Abs. 2 der Strafprozeßordnung sind entsprechend anzuwenden.

§ 15.

Der Strafbescheid über die Ordnungsstrafe und die Entscheidung über die Einziehung sind zu begründen. In der Begründung sind die strafbare Handlung, die verletzten Vorschriften, die Beweismittel und die Rechtsmittel anzugeben.

§ 16.

Räumt der Beschuldigte die Zuwiderhandlung ein, so kann er sich in einer die wesentlichen Tatumstände und verletzten Vorschriften enthaltenden Niederschrift einer zugleich festzusetzenden Ordnungsstrafe unterwerfen. Die Unterwerfung steht der rechtskräftigen Festsetzung einer Ordnungsstrafe gleich.

§ 17.

(1) Die Vollstreckung des Ordnungsstrafbescheides erfolgt nach den landesrechtlichen Vorschriften im Verwaltungszwangsverfahren.

(2) Das Amt, das den Ordnungsstrafbescheid erlassen hat, ist für die Bewilligung von Teilzahlungen und Zahlungsfristen zuständig. Teilzahlungen werden zunächst auf die Strafe angerechnet.

(3) In den Nachlaß kann nur vollstreckt werden, wenn der Strafbescheid bei Lebzeiten des Bestraften rechtskräftig geworden ist.

§ 18.

Die Kosten des Ordnungsstrafverfahrens sind dem Bestraften aufzuerlegen. Mehrere wegen derselben Zuwiderhandlung Bestrafte haften für die Auslagen als Gesamtschuldner; dies gilt nicht für die durch die Vollstreckung entstandenen Auslagen.

§ 19.

(1) Die Gebühr für den Erlaß jedes Ordnungsstrafbescheides beträgt 5 vom Hundert des Betrages der auferlegten Geldstrafe und des Wertes der eingezogenen Erzeugnisse, mindestens aber eine Reichsmark. Für einen erfolglosen Antrag auf gerichtliche Entscheidung wird die Hälfte der vorstehenden Gebühr erhoben; sie kann ermäßigt werden, wenn der Antrag teilweise Erfolg hatte.

(2) An Auslagen werden erhoben:

1. telegraphische Gebühren und im Fernverkehr zu entrichtende Fernsprechgebühren,

2. Kosten von Zustellungen und öffentlichen Bekanntmachungen,
3. Entschädigungen, die an Zeugen und Sachverständige gezahlt sind,
4. Reisekosten der Beamten bei Geschäften außerhalb des Dienstsitzes,
5. Auslagen anderer Behörden,
6. Kosten der Erhaltung beschlagnahmter Sachen und der Beförderung von Personen oder Sachen.

(3) Die Kosten der Vollstreckung der Ordnungsstrafe werden nach den landesgesetzlichen Bestimmungen, die Kosten für die Vollstreckung einer Ersatzfreiheitsstrafe nach den für die Vollstreckung von Freiheitsstrafen geltenden Bestimmungen erhoben.

(4) Für gebührenpflichtige Verwarnungen beträgt die Gebühr eine Reichsmark. Die Festsetzung erfolgt zugleich mit der Erteilung der Verwarnung und ist nicht anfechtbar. Auslagen werden nicht erhoben.

§ 20.

(1) Soweit die bewirtschaftenden Stellen auf Grund ihrer Befugnisse im Rahmen der öffentlichen Bewirtschaftung von landwirtschaftlichen Erzeugnissen Vorschriften mit Wirkung gegen Nichtmitglieder erlassen, können sie Zuwiderhandlungen gegen diese Anordnungen auch gegenüber Nichtmitgliedern durch Festsetzung von Ordnungsstrafen verfolgen. Auf diese Ordnungsstrafen finden im übrigen die Vorschriften Anwendung, die für die Ordnungsstrafen der bewirtschaftenden Stellen gegen Mitglieder gelten.

(2) Die bewirtschaftenden Stellen können bei Verstößen gegen Anordnungen, die sie im Rahmen der öffentlichen Bewirtschaftung von landwirtschaftlichen Erzeugnissen erlassen haben, in Fällen von geringerer Bedeutung schriftliche Verwarnungen aussprechen. § 4 Abs. 3 Sätze 2 und 3 gelten entsprechend. Die Höhe der Gebühr beträgt eine Reichsmark. Auslagen werden nicht erhoben.

§ 21.

(1) Die Verfolgung von Übertretungen dieser Verordnung (§ 1 Abs. 2, § 2 Abs. 1 und 2 und § 3 Abs. 2) verjährt in einem Jahr. Im übrigen verjährt die Verfolgung von Zuwiderhandlungen gegen diese Verordnung in fünf Jahren.

(2) Die Vorschriften des Reichsstrafgesetzbuchs über die Verjährung der Strafverfolgung gelten entsprechend.

(3) Einer richterlichen Handlung, die die Verjährung unterbricht, stehen entsprechende Handlungen der Ämter gleich.

§ 22.

In Gemeinden, in denen ein Hauptwirtschafts (Haupternährungs-) amt besteht, stehen diesen die Rechte zu, die in dieser Verordnung dem Wirtschafts- (Ernährungs-) amt übertragen sind. Das Hauptwirtschafts- (Haupternährungs-) amt kann seine Befugnisse auf die Wirtschafts- (Ernährungs-) ämter seines Bezirks übertragen.

§ 23 gegenstandslos geworden.

§ 24.

(1) Die Verordnung tritt eine Woche nach der Verkündung in Kraft.

(2) Gleichzeitig treten die §§ 12 bis 14 der Verordnung über die Verbrauchsregelung für lebenswichtige gewerbliche Erzeugnisse vom 14. November 1939 (Reichsgesetzbl. I S. 2221) sowie § 34 der Verordnung über die öffentliche Bewirtschaftung von landwirtschaftlichen Erzeugnissen vom 27. August 1939 (Reichs-

gesetzbl. I S. 1521) und § 12 der Verordnung über die Gewährung von Sonderzulagen an Schwer- und Schwerstarbeiter, werdende und stillende Mütter, Kranke und gebrechliche Personen vom 16. September 1939 (Reichsgesetzbl. I S. 1825) außer Kraft.

Verordnung zur Ergänzung und Änderung von Vorschriften auf dem Gebiet der Verbrauchsregelung.

Vom 25. November 1941 (RGBl. I S. 135).

Artikel III.

(1) Beamte, Angestellte oder Helfer auf dem Gebiete der Verbrauchsregelung, die vorsätzlich entgegen den bestehenden Bestimmungen oder den Anordnungen der zentralen bewirtschaftenden Stellen Bescheinigungen über Bezugsberechtigungen an Gewerbetreibende oder Verbraucher abgeben oder dabei mitwirken, oder Sachverständige, die gegen besseres Wissen auf dem Gebiete der Verbrauchsregelung ein Gutachten abgeben, werden mit Gefängnis und Geldstrafe oder mit einer dieser Strafen bestraft, soweit nicht die Tat nach anderen Vorschriften mit einer schwereren Strafe bedroht ist. Die Strafverfolgung tritt auf Verlangen des Oberbürgermeisters oder Landrats ein, in dessen Geschäftsbereich der Beamte, Angestellte oder Helfer beschäftigt ist oder das Gutachten beigezogen wurde. Das Verlangen kann auch von dem Landeswirtschaftsamt oder Landes- (Provinzial-) ernährungsamt gestellt werden. Das Verlangen kann zurückgenommen werden.

Erläuterungen:

1. Die Ergänzungsverordnung v. 25. Nov. 1941 enthält in der Hauptsache die Neufassung der Verbrauchsregelungs-Strafverordnung v. 26. Nov. 1941.

2. Außerdem enthält diese VO. aber in obigem Artikel III eine neue Strafbestimmung gegen Bestechung. Diese Bestimmung soll vor allem der Versuchung entgegenwirken, der die mit Ausgabe von Bezugskarten befaßte Personen ausgesetzt sind, aus Entgegenkommen oder Gefälligkeit Bezugsberechtigungen ohne die gesetzlichen Voraussetzungen an Bekannte usw. abzugeben. Geschieht die Zuwiderhandlung gegen Entgelt, so erfolgt Bestrafung nach den allgemeinen Bestimmungen des Strafgesetzbuches betr. Bestechung (siehe §§ 331 ff.).

a) Die Strafbestimmung richtet sich zunächst gegen Beamte, Angestellte und Helfer auf dem Gebiete der Verbrauchsregelung. Wer Beamter ist, ergibt sich aus § 359 StGB. (siehe die dortigen Erläuterungen). Zu den Helfern gehören diejenigen Personen, die, ohne Beamte oder Angestellte zu sein, im Einzelfall zur Unterstützung herangezogen sind.

b) Die Strafdrohung richtet sich ferner gegen Sachverständige, die auf dem Gebiet der Verbrauchsregelung wider besseres Wissen ein Gutachten abgeben.

c) Die Strafverfolgung tritt nur auf Verlangen des Oberbürgermeisters oder Landrats ein.

C.

Preisstrafrechtsverordnung (Auszug)

in der Fassung vom 26. Oktober 1944 (RGBl. I S. 264).

§ 1.

(1) Wer den Vorschriften oder Anordnungen des Reichskommissars für die Preisbildung oder der von ihm mit der Preisbildung beauftragten Stellen vor-

sätzlich oder fahrlässig zuwiderhandelt, wird mit Gefängnis und Geldstrafe oder mit einer dieser Strafen bestraft. Das Höchstmaß der Geldstrafe ist unbeschränkt.

(2) Die gleiche Strafe trifft denjenigen, der den Vorschriften oder Anordnungen anderer staatlicher oder staatlich ermächtigter Stellen über Preise, Preisspannen, Zuschläge oder Abschläge, Zahlungsbedingungen, Preisauszeichnungen, Preisbindungen oder andere der Preisbildung oder dem Preisschutz dienende Maßnahmen vorsätzlich oder fahrlässig zuwiderhandelt.

(3) Als Zuwiderhandlung gilt auch jede Handlung, durch die die Vorschriften oder Anordnungen unmittelbar oder mittelbar umgangen werden.

(4) Der Versuch ist strafbar.

(5) Hat der Täter wissentlich und gewissenlos aus grobem Eigennutz gehandelt oder ist er vor Begehung der neuen vorsätzlichen Tat schon einmal wegen vorsätzlichen Vergehens gegen die in den Abs. 1 und 2 bezeichneten Vorschriften rechtskräftig verurteilt worden, so kann an Stelle der Gefängnisstrafe auf Zuchthaus bis zu zehn Jahren erkannt werden.

Anmerkung: Zu den Anordnungen i. S. des § 1, Abs. 1, gehört vor allem die PreisstopVO. vom 26. Nov. 1936, die verbietet, die Preise über den Stand vom 18. Oktober 1936 zu erhöhen (RGBl. I S. 955), sowie die GebrauchswarenVO. vom 21. Januar 1942 (RGBl. I S. 43).

§ 2.

Verletzt dieselbe Handlung die Vorschriften des § 1 und andere Strafgesetze, so kann auch neben der Freiheitsstrafe aus dem anderen Strafgesetz auf die nach § 1 zulässige Geldstrafe erkannt werden.

§ 3.

(1) In dem Urteil kann ohne Rücksicht auf Eigentumsverhältnisse und sonstige Rechte Dritter auf Einziehung der Gegenstände erkannt werden, auf die sich die strafbare Handlung bezieht oder die durch die strafbare Handlung erlangt sind.

(2) Die Einziehung unterbleibt, wenn der von ihr Betroffene nachweist, daß er von der Straftat weder Kenntnis hatte noch haben konnte und daß er von der Straftat auch keinen Vorteil gehabt hat. Rechte eines anderen an eingezogenen Gegenständen bleiben insoweit bestehen, als diese Voraussetzungen in seiner Person vorliegen.

(3) Macht ein anderer als der Beschuldigte an einem der Einziehung unterliegenden Gegenstande Rechte geltend oder liegen Tatsachen vor, aus denen zu schließen ist, daß solche Rechte bestehen, so soll dem anderen Gelegenheit gegeben werden, nachzuweisen, daß die Voraussetzungen für die Einziehung nicht vorliegen oder ihm Rechte an dem der Einziehung unterliegenden Gegenstande zustehen. Der Nachweis kann bis zum Ausspruch der Einziehung geführt werden. Erfolgt der Nachweis erst nach Erlaß der die Einziehung aussprechenden Entscheidung, so kann das Gericht den Ausspruch über die Einziehung aufheben oder einschränken.

(4) Im übrigen gehen das Eigentum und sonstige Rechte an den eingezogenen Gegenständen mit der Rechtskraft der Entscheidung auf das Reich über.

(5) Für einen Rechtserwerb, der nach der Rechtskraft der Entscheidung eintritt, gelten die Vorschriften des bürgerlichen Rechts zugunsten derer, die Rechte von einem Nichtberechtigten herleiten.

(6) Ist der Beschuldigte abwesend oder kann keine bestimmte Person verfolgt oder verurteilt werden, so kann auf Antrag der Staatsanwaltschaft die Einziehung durch Beschluß des Gerichtes ausgesprochen werden. Gegen den Beschluß des Amtsrichters findet die sofortige Beschwerde statt.

§ 4.

(1) Hat der Beschuldigte durch die strafbare Handlung Preise erzielt, die höher sind als die zulässigen Preise, so ist in dem Urteil auszusprechen, daß er den Mehrerlös an das Reich abzuführen hat, soweit er nicht auf Grund eines rechtlich begründeten Rückforderungsanspruches an den durch die Zuwiderhandlung Geschädigten zurückerstattet ist. Statt der Abführung an das Reich kann das Gericht auf Antrag des Geschädigten die Rückerstattung des Mehrerlöses an ihn anordnen, wenn es seinen Rückforderungsanspruch gegen den Beschuldigten für begründet hält.

(2) Legt der Beschuldigte oder der Geschädigte, nachdem die Abführung des Mehrerlöses an das Reich angeordnet ist, eine rechtskräftige Entscheidung vor, in der dem Geschädigten der Rückforderungsanspruch gegen den Beschuldigten zuerkannt ist, so ordnet die Strafvollstreckungsbehörde an, daß der dem Reich zuerkannte Anspruch nicht mehr vollstreckt wird, oder daß der Geschädigte aus dem bereits an das Reich abgeführten Mehrerlös befriedigt wird.

(3) Die Höhe des Mehrerlöses ist ziffermäßig zu bestimmen; sie kann geschätzt werden.

(4) Die Bestimmungen des Abs. 1 finden auch dann Anwendung, wenn der äußere Tatbestand einer Straftat nach § 1 vorliegt, ein Verschulden jedoch nicht nachzuweisen ist, oder eine Bestrafung aus anderen Gründen nicht erfolgen kann.

(5) Die Abführung des Mehrerlöses kann dem Täter nicht mehr auferlegt und der Abführungsanspruch kann nicht mehr vollstreckt werden, wenn die Straftat oder die Vollstreckung einer dafür erkannten Strafe verjährt ist oder, falls eine Bestrafung nicht erfolgt ist, die Vollstreckung einer Geldstrafe in gleicher Höhe verjährt wäre.

(6) § 3 Abs. 6 findet antsprechende Anwendung.

§ 5.

Das Gericht kann anordnen, daß die Verurteilung auf Kosten des Verurteilten öffentlich bekannt gemacht wird. Die Art der Bekanntmachung ist in dem Urteil zu bestimmen.

§ 6.

(1) Die Strafverfolgung tritt nur auf Verlangen des Reichskommissars für die Preisbildung oder der von ihm oder mit seiner Zustimmung hierzu ermächtigten Behörde ein. Das Verlangen ist unzulässig, wenn wegen derselben Handlung eine Ordnungsstrafe rechtskräftig festgesetzt worden ist.

(2) Das Verlangen kann bis zur Verkündung des Urteils zurückgenommen werden.

(3) Die Abs. 1 und 2 sind auf den Täter, der sich eines Verbrechens schuldig gemacht hat, nicht anzuwenden.

§ 7.

(1) Örtlich zuständig für das Verlangen der Strafverfolgung ist die Behörde, in deren Bezirk der Täter seinen Wohnsitz oder in Ermangelung eines Wohnsitzes seinen dauernden Aufenthalt hat.

(2) Ist die Zuwiderhandlung im Geschäftsbetrieb einer Handelsgesellschaft, einer juristischen Person oder einer sonstigen Personenvereinigung begangen worden, so ist die Behörde zuständig, in deren Bezirk das Unternehmen seinen Sitz hat. Richtet sich die Strafverfolgung lediglich gegen Leiter oder Angestellte einer Zweigniederlassung oder eines sonstigen Zweigbetriebes, so ist die Behörde zu-

ständig, in deren Bezirk sich die Zweigniederlassung oder der Zweigbetrieb befindet; das gleiche gilt, wenn das Unternehmen seinen Sitz im Ausland hat.

(3) Ist die Zuwiderhandlung bei der Veräußerung oder Verpachtung von Grundstücken oder bei der Vermietung oder Verpachtung von Räumen begangen, so ist die Behörde zuständig, in deren Bezirk die Grundstücke oder Räume gelegen sind.

(4) Bei zusammenhängenden Zuwiderhandlungen, welche einzeln zur Zuständigkeit verschiedener Behörden gehören würden, ist jede dieser Behörden sowie die Behörde zuständig, in deren Bezirk die strafbare Handlung begangen worden ist.

(5) Ist hiernach eine Zuständigkeit nicht oder mehrfach begründet, so ist die Behörde zuständig, die zuerst mit der Sache befaßt worden ist. Sie kann die Sache an die andere zuständige Behörde abgeben, wenn dies zweckmäßig erscheint. In Zweifelsfällen bestimmt die gemeinsame höhere Behörde (Preisüberwachungs- oder Preisbildungsstelle) die zuständige Behörde. Der Reichskommissar für die Preisbildung kann in besonderen Fällen die Zuständigkeit abweichend bestimmen.

Die §§ 8—37 betreffen das Ordnungsstrafrecht, die §§ 38—40 enthalten Schlußvorschriften.

D.

Verordnung über den Warenverkehr (Auszug).

In der Fassung vom 11. Dezember 1942 (RGBl. I S. 686).

Auf Grund des Gesetzes über wirtschaftliche Maßnahmen vom 3. Juli 1934 (RGBl. I S. 565) wird verordnet:

Zuwiderhandlungen.

§ 12.

(1) Mit Gefängnis und Geldstrafe in unbeschränkter Höhe oder mit einer dieser beiden Strafen wird bestraft, wer

1. vorsätzlich oder fahrlässig einer Anordnung zuwiderhandelt, die der Reichswirtschaftsminister auf Grund dieser Verordnung oder ihrer Durchführungs- oder Ergänzungsverordnung trifft;
2. vorsätzlich oder fahrlässig der Anordnung eines Reichsbeauftragten oder einer Reichsstelle zuwiderhandelt, sofern die Anordnung selbst oder eine sie ergänzende Anordnung ausdrücklich einen Hinweis auf die Strafbestimmungen dieser Verordnung enthält;
3. unrichtige oder unvollständige Angaben tatsächlicher Art macht oder benutzt, um für sich oder einen anderen eine Genehmigung, Bewilligung, verbindliche Zusage oder sonstige Bescheinigung zu erschleichen, die von dem Reichswirtschaftsminister, einem Reichsbeauftragten oder einer Reichsstelle auf Grund dieser Verordnung, ihrer Durchführungs- oder Ergänzungsvorschriften oder auf Grund einer Anordnung erteilt werden.

(2) Auflagen, die der Reichswirtschaftsminister, ein Reichsbeauftragter oder eine Reichsstelle machen, stehen die Anordnungen im Sinne der Ziffer 1 und 2 gleich.

(3) Neben der Strafe können die Gegenstände, auf die sich die Zuwiderhandlung bezieht, zugunsten des Reichs eingezogen werden. Ist die strafrechtliche Verfolgung einer bestimmten Person nicht möglich, so kann selbständig auf Einziehung erkannt werden.

(4) Die Einziehung unterbleibt, wenn der von der Einziehung Betroffene weder von der Zuwiderhandlung Kenntnis noch aus ihr einen Vorteil gehabt hat.

Rechte eines anderen an eingezogenen Gegenständen bleiben insoweit bestehen, als diese Voraussetzungen in der Person des anderen vorliegen.

(5) Für die Geldstrafe und die Einziehung gelten die §§ 416, 417 der Reichsabgabenordnung entsprechend.

§ 13.

(1) Wer vorsätzlich oder fahrlässig die von dem Reichsbeauftragten oder der Reichsstelle nach § 10 Abs. 2 erforderten Auskünfte nicht, nicht in der bestimmten Frist, unvollständig oder unrichtig erstattet, oder die Bücher oder sonstigen Belege nicht, nicht in der bestimmten Frist oder unvollständig vorlegt, wird mit Geldstrafe bestraft.

(2) Die §§ 416, 417 der Reichsabgabenordnung gelten entsprechend.

§ 14.

Wird im Betriebe eines Unternehmens eine nach den §§ 10, 12 oder 13 strafbare Handlung begangen, so kann gegen den Inhaber oder Leiter eine Ordnungsstrafe bis zu 300.000.— Reichsmark festgesetzt werden, sofern er nicht nachweist, daß er die im Verkehr erforderliche Sorgfalt zur Verhütung der strafbaren Handlung angewandt hat. Die Ordnungsstrafe wird auf Antrag des Reichsbeauftragten vom Reichsverwaltungsgericht festgesetzt.

Anmerkung: Diese Straftatbestände sind insoweit stillschweigend außer Kraft getreten, als die in ihnen genannten und nicht mehr bestehenden Reichsbehörden usw. in Frage kommen.

Anhang 3.

Jugendstrafrecht.

A.

Reichsjugendgerichtsgesetz

vom 1. Januar 1944 (RGBl. I 1943 S. 639).

Erster Teil.

Verfehlungen Jugendlicher und ihre Folgen.

Erster Abschnitt.

Allgemeine Vorschriften.

§ 1.

Anwendungsbereich.

(1) Dieses Gesetz gilt, wenn ein Jugendlicher eine Verfehlung begeht, die strafrechtlicher Ahndung unterliegt. Jugendlicher ist, wer zur Zeit der Tat vierzehn, aber noch nicht achtzehn Jahre alt ist.

(2) Das Gesetz gilt für Deutsche. Auf Angehörige anderen Volkstums wird es sinngemäß angewendet, soweit nicht etwas anderes bestimmt ist.

§ 2.

Die Folgen der Jugendstraftat.

(1) Die Straftat eines Jugendlichen wird mit Strafe oder mit Zuchtmitteln geahndet.

(2) Aus Anlaß der Straftat können Erziehungsmaßregeln angeordnet werden.

(3) Von Strafe und Zuchtmitteln wird abgesehen, wenn Erziehungsmaßregeln oder die Unterbringung in einer Heil- oder Pflegeanstalt die Ahndung durch den Richter entbehrlich machen.

§ 3.

Verantwortlichkeit.

(1) Ein Jugendlicher ist strafrechtlich verantwortlich, wenn er zur Zeit der Tat nach seiner sittlichen und geistigen Entwicklung reif genug ist, das Unrecht der Tat einzusehen und nach dieser Einsicht zu handeln. Zur Erziehung eines Jugendlichen, der mangels Reife strafrechtlich nicht verantwortlich ist, kann der Richter dieselben Maßnahmen anordnen wie der Vormundschaftsrichter.

(2) Wer unter vierzehn Jahren eine Verfehlung begeht, ist strafrechtlich nicht verantwortlich. Ist der Täter zur Zeit der Tat wenigstens zwölf Jahre alt, so wird er wie ein Jugendlicher zur Verantwortung gezogen, wenn der Schutz des Volkes wegen der Schwere der Verfehlung eine strafrechtliche Ahndung fordert; die Vorschriften über jugendliche Schwerverbrecher werden nicht angewendet.

Zweiter Abschnitt.

Die Strafe.

§ 4.

Jugendgefängnis.

(1) Die Strafe für Jugendliche ist Jugendgefängnis.

(2) Der Richter verhängt Jugendgefängnis, wenn das Bedürfnis der Volksgemeinschaft nach Schutz und Sühne wegen der Größe der Schuld oder wegen der schädlichen Neigungen des Jugendlichen, die in der Tat hervorgetreten sind, eine Strafe fordert.

§ 5.

Dauer des Jugendgefängnisses.

(1) Das Mindestmaß der Jugendgefängnisstrafe beträgt drei Monate, das Höchstmaß zehn Jahre; die Strafrahmen des allgemeinen Strafrechts gelten nicht.

(2) Bei der Strafbemessung muß der Richter berücksichtigen, daß die Strafe eine nachhaltige erziehliche Wirkung gewährleisten soll.

§ 6.

Jugendgefängnis von unbestimmter Dauer.

(1) Der Richter verhängt Jugendgefängnis von unbestimmter Dauer, wenn eine Jugendgefängnisstrafe von mindestens neun Monaten, höchstens jedoch vier Jahren geboten ist und sich wegen der schädlichen Neigungen des Jugendlichen, die in der Tat hervorgetreten sind, nicht voraussehen läßt, welche Strafdauer erforderlich ist, um ihn durch die Erziehung im Strafvollzug wieder in die Volksgemeinschaft einzuordnen.

(2) Der Richter setzt im Urteil das Mindestmaß der Strafe fest; es beträgt mindestens neun Monate. Das Höchstmaß beträgt vier Jahre; der Richter kann ein geringeres Höchstmaß bestimmen, doch soll dann der Unterschied zwischen dem Mindest- und dem Höchstmaß nicht weniger als zwei Jahre betragen.

Dritter Abschnitt.

Zuchtmittel.

§ 7.

Arten und Anwendung.

(1) Der Richter ahndet die Straftat mit Zuchtmitteln, wenn Jugendgefängnis nicht geboten ist, dem Jugendlichen aber eindringlich zum Bewußtsein gebracht werden muß, daß er für das von ihm begangene Unrecht einzustehen hat.

(2) Zuchtmittel sind:
1. der Jugendarrest,
2. die Auferlegung besonderer Pflichten,
3. die Verwarnung.

(3) Zuchtmittel haben nicht die Rechtswirkungen einer Strafe; sie werden nicht in das Strafregister eingetragen und begründen nicht die Anwendung von strafrechtlichen Rückfallvorschriften.

§ 8.

Jugendarrest.

(1) Der Jugendarrest ist Dauerarrest, Freizeitarrest oder Kurzarrest.

(2) Der Dauerarrest beträgt mindestens eine Woche und höchstens zehn Wochen. Er wird nach vollen Tagen oder Wochen bemessen.

(3) Der Freizeitarrest wird für die allwöchentliche Freizeit des Jugendlichen verhängt und auf mindestens eine Freizeit und höchstens vier Freizeiten bemessen.

(4) Der Kurzarrest wird aus besonderen Gründen, namentlich wenn die sofortige Vollstreckung notwendig ist, statt des Freizeitarrests verhängt; er beträgt mindestens einen Tag und höchstens sechs Tage und wird nach vollen Tagen bemessen.

(5) Einmaliger Kurzarrest bis zu drei Tagen und Freizeitarrest können nebeneinander verhängt werden.

Anmerkung zu Abs. 2: Durch Gesetz der Regierung Württemberg-Baden v. 14. 8. 1946 wurde die Höchstgrenze von 4 Wochen auf 10 Wochen erhöht. (Siehe Reg. Bl. 1946, Nr. 21, S. 246.)

§ 9.

Auferlegung besonderer Pflichten.

Als besondere Pflichten kann der Richter vor allem die Wiedergutmachung des Schadens und die Entschuldigung auferlegen. Auch kann er bei leichten Verfehlungen eine Geldbuße festsetzen, wenn anzunehmen ist, daß sie der Jugendliche aus Mitteln zahlt, über die er selbständig verfügen darf. Die Geldbuße fällt dem Reich zu, wenn sie nicht im Urteil zugunsten einer gemeinnützigen Einrichtungauferlegt wird.

§ 10.

Verwarnung.

Durch die Verwarnung soll dem Jugendlichen das Unrecht der Tat eindringlich vorgehalten werden.

Vierter Abschnitt.

Erziehungsmaßregeln.

§ 11.

Arten.

Erziehungsmaßregeln sind:
1. die Erteilung von Weisungen.
2. die Schutzaufsicht,
3. die Fürsorgeerziehung.

§ 12.

Weisungen.

(1) Weisungen sind Gebote und Verbote, die die Lebensführung des Jugendlichen regeln und dadurch seine Erziehung fördern und sichern sollen. Der Richter kann namentlich den Jugendlichen anweisen, eine Lehr- oder Arbeitsstelle anzunehmen oder bei einer Familie oder in einem Heim zu wohnen, und ihm verbieten, einen bestimmten Aufenthaltsort zu verlassen, mit bestimmten Personen zu verkehren, Gast- oder Vergnügungsstätten zu besuchen, geistige Getränke zu genießen oder zu rauchen.

(2) Der Richter erteilt die Weisungen im Einvernehmen mit der Jugendgerichtshilfe.

§ 13.

Schutzaufsicht und Fürsorgeerziehung.

Die Voraussetzungen der Schutzaufsicht und der Fürsorgeerziehung richten sich nach den Vorschriften über Jugendwohlfahrt.

Fünfter Abschnitt.

Mehrere Straftaten.

§ 14.

Mehrere Straftaten eines Jugendlichen.

(1) Auch wenn ein Jugendlicher mehrere Straftaten begangen hat, setzt der Richter nur eine Strafe, ein Zuchtmittel oder eine Erziehungsmaßregel derselben Art fest. Die gesetzlichen Höchstgrenzen der Jugendgefängnisstrafe und des Jugendarrests dürfen nicht überschritten werden. Soweit es dieses Gesetz zuläßt (§ 18), können Maßnahmen mit der Strafe verbunden oder ungleichartige Zuchtmittel und Erziehungsmaßregeln nebeneinander angeordnet werden.

(2) Ist gegen den Jugendlichen wegen eines Teils der Straftaten bereits rechtskräftig eine Strafe, ein Zuchtmittel oder eine Erziehungsmaßregel festgesetzt worden, aber noch nicht vollständig verbüßt, ausgeführt oder sonstwie erledigt, so wird unter Einbeziehung des Urteils in gleicher Weise nur auf eine Strafe oder Maßnahme erkannt. Eine Strafe, für die eine Probezeit läuft, darf nur einbezogen werden, wenn die Entlassung oder die Strafaussetzung widerrufen wird. Aus besonderen Gründen kann der Richter davon absehen, schon abgeurteilte Straftaten in die neue Entscheidung einzubeziehen; dabei kann er Zuchtmittel und Erziehungsmaßregeln für erledigt erklären, wenn er auf Strafe erkennt. Wird auf Jugendgefängnis erkannt, so steht eine Anrechnung bereits verbüßten Jugendarrests im Ermessen des Richters.

§ 15.

Mehrere Straftaten in verschiedenen Altersstufen.

Auf mehrere Straftaten, die teils vor, teils nach Vollendung des achtzehnten Lebensjahres begangen sind, wird ausschließlich das Jugendstrafrecht angewendet, wenn das Schwergewicht bei der im jugendlichen Alter begangenen Straftat liegt; anderenfalls wird ausschließlich das allgemeine Strafrecht angewendet, jedoch eine Einheitsstrafe nach den Grundsätzen des § 14 gebildet.

Sechster Abschnitt.
Gemeinsame Vorschriften.

§ 16.
Nebenstrafen und Nebenfolgen.

(1) Auf Verlust der bürgerlichen Ehrenrechte, Unfähigkeit zur Bekleidung öffentlicher Ämter oder Zulässigkeit von Polizeiaufsicht darf nicht erkannt werden.

(2) Der Gewinn, den der Jugendliche aus der Tat erlangt, und das Entgelt, das er für sie erhalten hat, können für verfallen erklärt werden; ist an die Stelle des ursprünglich erlangten Gegenstands ein anderer getreten, so kann dieser für verfallen erklärt werden.

§ 17.
Unterbringung in einer Heil- oder Pflegeanstalt.

Als Maßregel der Sicherung und Besserung im Sinne des allgemeinen Strafrechts kann nur die Unterbringung in einer Heil- oder Pflegeanstalt angeordnet werden.

§ 18.
Verbindung von Strafen und Maßnahmen.

(1) Der Richter kann neben Jugendgefängnis besondere Pflichten auferlegen, Weisungen erteilen und die Schutzaufsicht anordnen; auf andere Zuchtmittel und auf Fürsorgeerziehung kann er neben Jugendgefängnis nicht erkennen.

(2) Zuchtmittel und Erziehungsmaßregeln, ebenso mehrere Zuchtmittel oder mehrere Erziehungsmaßregeln können nebeneinander angeordnet werden.

(3) Der Richter kann neben Jugendgefängnis, Zuchtmitteln und Erziehungsmaßregeln auf Nebenstrafen und Nebenfolgen erkennen.

§ 19.
Nichterfüllung von Pflichten und Weisungen.

Kommt der Jugendliche Pflichten oder Weisungen, die ihm der Richter auferlegt oder erteilt hat, schuldhaft nicht nach, so kann Jugendarrest verhängt werden.

Siebenter Abschnitt.
Anwendung des allgemeinen Strafrechts.

§ 20.
Jugendliche Schwerverbrecher.

(1) War der Jugendliche zur Zeit der Tat sittlich und geistig so entwickelt, daß er einem über achtzehn Jahre alten Täter gleichgestellt werden kann, so wendet der Richter das allgemeine Strafrecht an, wenn [das gesunde Volksempfinden] es wegen der besonders verwerflichen Gesinnung des Täters und wegen der Schwere der Tat fordert.

(2) Dasselbe gilt, wenn der Jugendliche zur Zeit der Tat nach seiner sittlichen und geistigen Entwicklung zwar einem Erwachsenen nicht gleichgestellt werden kann, aber die Gesamtwürdigung seiner Persönlichkeit und seiner Tat ergibt, daß er ein charakterlich abartiger Schwerverbrecher ist und der Schutz des Volkes diese Behandlung fordert.

Anmerkung: Im Hinblick auf Militärregierungsgesetz Nr. 1 Art. IV Ziff. 7, wonach Bestrafung von Taten nach „gesundem Volksempfinden" verboten ist, kann § 20 in der obigen Fassung wohl nicht mehr angewendet werden. (Siehe die Erläuterungen zu §§ 2, 240, 253, 330c StGB.)

Zweiter Teil.

Sondervorschriften für die Jugendgerichtsverfassung und das Jugendstrafverfahren.

Erstes Hauptstück.

Jugendgerichtsverfassung.

§ 21.

Jugendgerichte.

(1) Über Verfehlungen Jugendlicher entscheiden die Jugendgerichte.

(2) Jugendgerichte sind der Amtsrichter als Jugendrichter und die Jugendkammer. Der Vorsitzer der Jugendkammer kann als Einzelrichter entscheiden, wenn der Staatsanwalt zustimmt.

(3) Der Reichsminister der Justiz kann einen Amtsrichter zum Jugendrichter für mehrere Bezirke bestellen (Bezirksjugendrichter).

§ 22.

Aufgaben des Jugendrichters.

Dem Jugendrichter liegen alle Aufgaben ob, die ein Amtsrichter im Strafverfahren hat. Ihm sollen auch die vormundschaftsrichterlichen Erziehungsaufgaben übertragen werden.

§ 23.

Jugendstaatsanwalt.

Für Verfahren, die zur Zuständigkeit der Jugendgerichte gehören, werden Jugendstaatsanwälte bestellt.

§ 24.

Auswahl der Jugendrichter und Jugendstaatsanwälte.

Die Richter bei den Jugendgerichten und die Jugendstaatsanwälte sollen erzieherisch befähigt und in der Jugenderziehung und Jugendführung erfahren sein.

§ 25.

Jugendgerichtshilfe.

(1) Im gesamten Verfahren soll die Jugendgerichtshilfe zur Mitarbeit herangezogen werden.

(2) Die Jugendgerichtshilfe wird von den Jugendämtern im Zusammenwirken mit der [Jugendhilfe der Nationalsozialistischen Volkswohlfahrt] ausgeübt. Das Nähere bestimmt der Reichsminister des Innern im Einvernehmen mit dem Reichsminister der Justiz.

Anmerkung: Entsprechend den veränderten Verhältnissen treten an Stelle der Jugendhilfe der NSV. die vor 1933 mit der Jugendfürsorge befaßten Vereinigungen.

Zweites Hauptstück.

Jugendstrafverfahren.

Erster Abschnitt.

Zuständigkeit.

§ 26.

Sachliche Zuständigkeit.

(1) Der Jugendrichter kann erkennen:

1. auf Jugendgefängnis bis zu vier Jahren oder von unbestimmter Dauer,
2. auf alle Zuchtmittel und Erziehungsmaßregeln, Nebenstrafen und Nebenfolgen; er kann auch die Unterbringung in einer Heil- oder Pflegeanstalt anordnen.

(2) Die Jugendkammer kann auf alle Strafen und Maßnahmen dieses Gesetzes, gegen jugendliche Schwerverbrecher auf alle nach dem allgemeinen Strafrecht zulässigen Strafen und Maßregeln der Sicherung und Besserung erkennen.

§ 27.

Örtliche Zuständigkeit.

(1) Neben dem Richter, der nach dem allgemeinen Verfahrensrecht zuständig ist, sind zuständig:

1. der Richter, dem die vormundschaftsrichterlichen Erziehungsaufgaben für den Beschuldigten obliegen,
2. der Richter, in dessen Bezirk sich der Beschuldigte zur Zeit der Erhebung der Anklage aufhält,
3. solange der Beschuldigte eine Jugendgefängnisstrafe von unbestimmter Dauer noch nicht vollständig verbüßt hat, der Richter, dem die Aufgaben des Vollstreckungsleiters obliegen.

(2) Der Staatsanwalt soll die Anklage nach Möglichkeit vor dem Richter erheben, dem die vormundschaftsrichterlichen Erziehungsaufgaben obliegen, solange aber der Beschuldigte eine Jugendgefängnisstrafe von unbestimmter Dauer noch nicht vollständig verbüßt hat, vor dem Richter, dem die Aufgaben des Vollstreckungsleiters obliegen.

(3) Wechselt der Angeklagte seinen Aufenthalt, so kann der Richter das Verfahren mit Zustimmung des Staatsanwalts an den Richter verweisen in dessen Bezirk sich der Angeklagte aufhält.

Zweiter Abschnitt.

Das Vorverfahren.

§ 28.

Umfang der Ermittlungen.

(1) Nach Einleitung des Verfahrens sollen so bald wie möglich die Volkszugehörigkeit des Beschuldigten, seine Lebens- und [Sippenverhältnisse] seine Lebensgeschichte, seine Haltung in der Volks- und Jugendgemeinschaft und alle übrigen Umstände ermittelt werden, die zur Beurteilung seiner seelischen, geistigen und körperlichen Eigenart dienen können. Der Erziehungspflichtige und der gesetz-

liche Vertreter, die Schule und der Betriebsführer oder Ausbildungsleiter sollen, soweit möglich, gehört werden.

(2) Bei Fürsorgezöglingen erhält die Fürsorgeerziehungsbehörde Gelegenheit zur Äußerung.

(3) Der Beschuldigte kann namentlich zur Klärung der Frage, ob er ein jugendlicher Schwerverbrecher ist, durch einen kriminalbiologisch vorgebildeten Jugendarzt untersucht und, wenn dies zur Beobachtung notwendig ist, in einer Anstalt untergebracht werden (§ 47).

Anmerkung: Entsprechend den veränderten Verhältnissen bedarf § 28 einer Änderung.

§ 29.

Vernehmung des Beschuldigten.

Ist Jugendgefängnis zu erwarten, so soll der Staatsanwalt oder der Vorsitzer des Jugendgerichts den Beschuldigten vernehmen, ehe die Anklage erhoben wird.

§ 30.

Absehen von der Verfolgung.

(1) Hält der Staatsanwalt eine Ahndung durch den Richter für entbehrlich, wenn vormundschaftsrichterliche Erziehungsmaßregeln oder eine Ermahnung angeordnet werden, so regt er sie beim Vormundschaftsrichter an. Besondere Pflichten auferlegen, namentlich eine Arbeitsauflage erteilen, oder eine Ermahnung aussprechen, kann auch der Jugendrichter.

(2) Der Staatsanwalt sieht von der Verfolgung ab, wenn eine erzieherische Maßnahme, namentlich eine Arbeitsauflage, oder ein Disziplinarmittel bereits angeordnet ist und eine Ahndung durch den Richter entbehrlich macht. Ferner kann er in besonders leichten Fällen von der Verfolgung absehen.

Dritter Abschnitt.

Das Hauptverfahren.

§ 31.

Einstellung des Verfahrens durch den Richter.

(1) Ist die Anklage eingereicht, so stellt der Richter das Verfahren ein, wenn eine erzieherische Maßnahme, namentlich eine Arbeitsauflage, oder ein Disziplinarmittel bereits angeordnet ist und eine Ahndung durch den Richter entbehrlich macht. Er kann das Verfahren einstellen, wenn der Angeklagte mangels Reife strafrechtlich nicht verantwortlich ist.

(2) Die Einstellung bedarf der Zustimmung des Staatsanwalts; sie kann mit einer Ermahnung verbunden werden. Der Einstellungsbeschluß kann auch in der Hauptverhandlung ergehen. Er wird mit Gründen versehen und ist unanfechtbar. Die Gründe werden dem Angeklagten nicht mitgeteilt, soweit davon Nachteile für die Erziehung zu befürchten sind.

(3) Wegen derselben Tat kann nur auf Grund neuer Tatsachen oder Beweismittel von neuem Anklage erhoben werden.

§ 32.

Nichtöffentlichkeit.

(1) Die Verhandlung ist nicht öffentlich.

(2) Dem Erziehungspflichtigen und dem gesetzlichen Vertreter des Angeklagten, dem Verletzten und seinem gesetzlichen Vertreter, der Jugendgerichtshilfe und

dem Jugendsachbearbeiter der Polizei ist die Anwesenheit gestattet. Andere Personen kann der Richter zulassen.

Anmerkung: Entsprechend den veränderten Verhältnissen bedarf § 32 einer Änderung.

§ 33.

Anwesenheit des Angeklagten und der Erziehungspflichtigen.

(1) Die Hauptverhandlung kann nur dann ohne den Angeklagten stattfinden, wenn dies im allgemeinen Verfahren zulässig wäre, besondere Gründe dafür vorliegen und der Staatsanwalt zustimmt.

(2) In wichtigeren Fällen soll der Vorsitzer auch die Ladung des Erziehungspflichtigen und des gesetzlichen Vertreters anordnen; ist die Mutter neben dem Vater erziehungspflichtig, so genügt die Ladung eines Elternteils. Die Vorschriften über die Ladung, die Folgen des Ausbleibens und die Gebühren von Zeugen gelten entsprechend.

§ 34.

Zeitweilige Ausschließung von Beteiligten.

(1) Der Vorsitzer soll den Angeklagten für die Dauer solcher Erörterungen von der Verhandlung ausschließen, aus denen Nachteile für die Erziehung entstehen können. Er soll ihn von dem, was in seiner Abwesenheit verhandelt worden ist, unterrichten, soweit es für seine Verteidigung erforderlich ist.

(2) Der Vorsitzer soll auch Angehörige, den Erziehungspflichtigen und den gesetzlichen Vertreter des Angeklagten von der Verhandlung ausschließen, soweit gegen ihre Anwesenheit Bedenken bestehen.

§ 35.

Erklärungsrecht der Jugendgerichtshilfe.

Die Vertreter der Jugendgerichtshilfe erhalten auf Verlangen das Wort.

Anmerkung: Entsprechend den veränderten Verhältnissen bedarf § 35 einer Änderung.

§ 36.

Berücksichtigung von Untersuchungshaft bei Jugendarrest.

Wird auf Jugendarrest erkannt und ist dessen Zweck durch Untersuchungshaft oder eine andere wegen der Tat erlittene Freiheitsentziehung ganz oder teilweise erreicht, so kann der Richter im Urteil aussprechen, daß oder wieweit der Jugendarrest nicht vollstreckt wird.

§ 37.

Überweisung an den Vormundschaftsrichter.

Der Richter kann dem Vormundschaftsrichter im Urteil die Auswahl und Anordnung von Erziehungsmaßregeln und Zuchtmitteln überlassen. Dieser muß dann eine Erziehungsmaßregel oder ein Zuchtmittel anordnen, soweit sich nicht die Umstände, die für das Urteil maßgebend waren, verändert haben.

§ 38.

Kosten und Auslagen.

In Verfahren wegen der Verfehlung eines Jugendlichen kann davon abgesehen werden, dem Angeklagten Kosten und Auslagen aufzuerlegen.

§ 39.

Urteilsgründe.

(1) Wird der Angeklagte schuldig gesprochen, so wird in den Urteilsgründen auch ausgeführt, welche Umstände für seine Bestrafung, für die angeordneten Maßnahmen, für die Überlassung ihrer Auswahl und Anordnung an den Vormundschaftsrichter oder für das Absehen von Strafe und Zuchtmitteln bestimmend waren. Dabei soll namentlich die seelische, geistige und körperliche Eigenart des Angeklagten berücksichtigt werden.

(2) Die Urteilsgründe werden dem Angeklagten nicht mitgeteilt, soweit davon Nachteile für die Erziehung zu befürchten sind.

Vierter Abschnitt.

Rechtsmittel.

§ 40.

Anfechtung von Urteilen.

Ein Urteil, in dem lediglich Zuchtmittel oder Erziehungsmaßregeln angeordnet oder deren Auswahl und Anordnung dem Vormundschaftsrichter überlassen sind, ist nur anfechtbar, wenn die Fürsorgeerziehung angeordnet ist oder die Anfechtung auf eine Bestrafung des Angeklagten abzielt.

Fünfter Abschnitt.

Gemeinsame Verfahrensvorschriften.

§ 41.

Stellung der Erziehungspflichtigen.

(1) Soweit der Beschuldigte ein Recht darauf hat, gehört zu werden, Fragen und Anträge zu stellen oder bei Untersuchungshandlungen anwesend zu sein, steht dieses Recht auch dem Erziehungspflichtigen und dem gesetzlichen Vertreter zu.

(2) Ist eine Mitteilung an den Beschuldigten vorgeschrieben, so soll die entsprechende Mitteilung an den Erziehungspflichtigen und den gesetzlichen Vertreter gerichtet werden.

(3) Die Rechte des gesetzlichen Vertreters zur Wahl eines Verteidigers und zur Einlegung von Rechtsbehelfen stehen auch dem Erziehungspflichtigen zu.

(4) Sind beide Elternteile erziehungspflichtig und übt der Vater diese Rechte aus, so kann die Mutter von ihnen keinen Gebrauch machen. Mitteilungen erhält in der Regel nur der Vater.

(5) Der Richter kann diese Rechte dem Erziehungspflichtigen und dem gesetzlichen Vertreter entziehen, wenn sie an der Verfehlung des Jugendlichen beteiligt sind oder ein Mißbrauch dieser Rechte zu befürchten ist.

§ 42.

Verteidiger.

(1) Der Vorsitzer bestellt dem Beschuldigten für das ganze Verfahren oder für einen Teil einen Verteidiger,

1. wenn einem Erwachsenen ein Verteidiger zu bestellen wäre,
2. wenn dem Erziehungspflichtigen und dem gesetzlichen Vertreter ihre Rechte nach diesem Gesetz entzogen sind.

(2) Der Verteidiger soll erzieherisch befähigt und in der Jugenderziehung und Jugendführung erfahren sein.

(3) Sind dem Erziehungspflichtigen und dem gesetzlichen Vertreter ihre Rechte nach diesem Gesetz entzogen, so stehen sie dem Verteidiger zu.

§ 43.

Beistand.

(1) Der Vorsitzer kann dem Beschuldigten in jeder Lage des Verfahrens einen Beistand bestellen, wenn kein Verteidiger notwendig ist.

(2) Der Erziehungspflichtige und der gesetzliche Vertreter dürfen nicht zum Beistand bestellt werden, wenn hierdurch ein Nachteil für die Erziehung zu erwarten wäre.

(3) Der Beistand hat die Rechte eines Verteidigers.

§ 44.

Mitteilungen.

(1) Vormundschaftsrichter, Schule und Jugendgerichtshilfe werden von der Einleitung und dem Fortgang des Verfahrens unterrichtet. Sie benachrichtigen den Staatsanwalt, wenn ihnen bekannt wird, daß gegen den Beschuldigten noch ein anderes Strafverfahren anhängig ist.

Anmerkung: Entsprechend den veränderten Verhältnissen ist Abs. 2 des § 44 gegenstandslos geworden.

§ 45.

Vorläufige Anordnungen über die Erziehung.

Bis zur Rechtskraft des Urteils kann der Richter vorläufige Anordnungen über die Erziehung des Jugendlichen treffen. Sie sind unanfechtbar.

§ 46.

Untersuchungshaft.

(1) Untersuchungshaft darf nur verhängt und vollstreckt werden, wenn ihr Zweck nicht durch eine vorläufige Anordnung über die Erziehung oder durch andere Maßnahmen erreicht werden kann.

(2) Über die Vollstreckung eines Haftbefehls und über die Maßnahmen zur Abwendung seiner Vollstreckung entscheidet der Richter, der den Haftbefehl erlassen hat, in dringenden Fällen der Jugendrichter, in dessen Bereich die Untersuchungshaft vollzogen werden müßte.

(3) Die richterlichen Entscheidungen, die die Untersuchungshaft betreffen, kann der zuständige Richter aus wichtigen Gründen sämtlich oder zum Teil einem anderen Jugendrichter übertragen.

§ 47.

Unterbringung zur Beobachtung.

Der Richter kann nach Anhören eines Sachverständigen anordnen, daß der Beschuldigte für höchstens sechs Wochen in einer zur kriminalbiologischen Untersuchung von Jugendlichen geeigneten Anstalt beobachtet wird.

Sechster Abschnitt.
Besondere Verfahren.

Erster Unterabschnitt.
Vereinfachtes Jugendverfahren.

§ 48.

Voraussetzungen.

Der Staatsanwalt kann bei dem Jugendrichter schriftlich oder mündlich beantragen, im vereinfachten Jugendverfahren zu entscheiden, wenn zu erwarten ist, daß der Jugendrichter ausschließlich Zuchtmittel verhängen, Weisungen erteilen oder die Schutzaufsicht anordnen wird. Der Antrag des Staatsanwalts steht der Anklage gleich.

§ 49.

Ablehnung des Antrags.

(1) Der Jugendrichter lehnt die Entscheidung im vereinfachten Verfahren ab, wenn sich die Sache hierzu nicht eignet, namentlich wenn eine Bestrafung des Angeklagten oder die Anordnung der Fürsorgeerziehung wahrscheinlich oder eine umfangreiche Beweisaufnahme erforderlich ist. Der Beschluß ist unanfechtbar.

(2) Lehnt der Jugendrichter die Entscheidung im vereinfachten Verfahren ab, so reicht der Staatsanwalt eine Anklageschrift ein.

§ 50.

Verfahren und Entscheidung.

(1) Der Jugendrichter entscheidet im vereinfachten Jugendverfahren auf Grund einer mündlichen Verhandlung durch Urteil. Der Staatsanwalt kann auf seine Teilnahme an der mündlichen Verhandlung verzichten; in diesem Fall kann der Jugendrichter im Urteil oder nachträglich durch unanfechtbaren Beschluß die sofortige Vollstreckung von Jugendarrest für zulässig erklären.

(2) Zur Vereinfachung, Beschleunigung und jugendgemäßen Gestaltung des Verfahrens darf von Verfahrensvorschriften abgewichen werden, soweit dadurch die Erforschung der Wahrheit nicht beeinträchtigt wird. Die Vorschriften über die Anwesenheit des Angeklagten (§ 33), die Stellung der Erziehungspflichtigen (§ 41) und die Mitteilung von Entscheidungen (§ 44) müssen beachtet werden.

Zweiter Unterabschnitt.
Andere besondere Verfahren.

§ 51.

Strafbefehl, beschleunigtes Verfahren und Entschädigung des Verletzten.

(1) Gegen einen Jugendlichen darf kein Strafbefehl erlassen werden.

(2) Das beschleunigte Verfahren des allgemeinen Verfahrensrechts ist unzulässig.

(3) Die Vorschriften über die Entschädigung des Verletzten werden im Verfahren gegen einen Jugendlichen nicht angewendet.

§ 52.

Polizeiliche Strafverfügung.

(1) In einer polizeilichen Strafverfügung darf gegen einen Jugendlichen nur Jugendarrest, Geldbuße und die Einziehung verhängt werden. Die Vorschriften über die Behandlung mehrerer Straftaten (§§ 14, 15) werden sinngemäß angewendet.

(2) Vor der Verhängung von Jugendarrest wird der Jugendliche gehört.

(3) Zahlt der Jugendliche die Geldbuße schuldhaft nicht, so kann Jugendarrest verhängt werden. Gegen diese Anordnung sind dieselben Rechtsbehelfe zulässig wie gegen die polizeiliche Strafverfügung.

(4) Die Frist für den Antrag auf gerichtliche Entscheidung und für die Einlegung der Beschwerde gegen die Strafverfügung an die nächsthöhere Polizeibehörde beträgt drei Tage.

§ 53.

Privatklage und Nebenklage.

Privatklage und Nebenklage sind gegen einen Jugendlichen unzulässig. Eine Widerklage kann gegen einen Jugendlichen erhoben werden. Eine Verfehlung, die durch Privatklage verfolgt werden kann, verfolgt der Staatsanwalt, wenn es wegen der öffentlichen Belange oder aus Gründen der Erziehung geboten ist.

§ 54.

Nichterfüllung von Pflichten und Weisungen.

(1) Die Entscheidung, ob wegen Nichterfüllung von Pflichten oder Weisungen Jugendarrest verhängt werden soll (§ 19), trifft das Jugendgericht des ersten Rechtszuges. Hat der Jugendliche seinen Aufenthalt gewechselt, so kann es das Verfahren an den Jugendrichter abgeben, in dessen Bereich sich der Jugendliche aufhält.

(2) Das Jugendgericht entscheidet nach Anhören des Jugendlichen durch unanfechtbaren Beschluß.

§ 55.

Ergänzung rechtskräftiger Entscheidung bei mehrfacher Verurteilung.

(1) Ist die einheitliche Festsetzung einer Strafe oder Maßnahme (§§ 14, 15) unterblieben und sind die durch die rechtskräftigen Entscheidungen erkannten Strafen, Zuchtmittel und Erziehungsmaßregeln noch nicht vollständig verbüßt, ausgeführt oder sonstwie erledigt, so trifft der Richter eine solche Entscheidung nachträglich.

(2) Die Entscheidung ergeht auf Grund einer Hauptverhandlung durch Urteil, wenn der Staatsanwalt es beantragt oder der Vorsitzer es für angemessen hält. Wird keine Hauptverhandlung durchgeführt, so entscheidet der Richter durch Beschluß. Für die Zuständigkeit und das Beschlußverfahren gilt dasselbe wie für die nachträgliche Bildung einer Gesamtstrafe nach den allgemeinen Vorschriften. Ist eine unbestimmte Strafe teilweise verbüßt, so ist der Richter zuständig, dem die Aufgaben des Vollstreckungsleiters obliegen.

(3) Ist polizeilich verhängter Jugendarrest Gegenstand der nachträglichen Entscheidung, so entscheidet der Richter durch Beschluß nach Anhören der Polizeibehörde; zuständig ist der Richter, dem die Aufgaben des Vollstreckungsleiters obliegen, soweit sich nicht aus Abs. 2 etwas anderes ergibt.

Dritter Teil.
Vollstreckung und Vollzug.
Erster Abschnitt.
Vollstreckung.

§ 56.
Vollstreckungsleiter.

(1) Vollstreckungsleiter ist der Jugendrichter. Die Vollstreckung einer Jugendgefängnisstrafe von unbestimmter Dauer, die nicht vom Jugendrichter verhängt ist, steht zunächst dem nach den allgemeinen Vorschriften zuständigen Staatsanwalt zu. Hat im ersten Rechtszug die Jugendkammer erkannt, so kann der Vorsitzer die Vollstreckung übernehmen.

(2) Für die Vollstreckung gegen jugendliche Schwerverbrecher gelten die allgemeinen Vorschriften.

(3) Soweit Schutzaufsicht oder Fürsorgeerziehung angeordnet ist, richtet sich die weitere Zuständigkeit nach den Vorschriften über Jugendwohlfahrt. Die Vollstreckung einer Strafverfügung steht, soweit sie auf Geldbuße oder Einziehung lautet, der Polizeibehörde zu.

§ 57.
Örtliche Zuständigkeit, Übergang und Abgabe der Vollstreckung.

(1) Soweit der Jugendrichter die Entscheidung eines anderen Gerichts zu vollstrecken hat, ist der Jugendrichter des Amtsgerichts zuständig, dem die vormundschaftsrichterlichen Erziehungsaufgaben obliegen. Ist Jugendarrest zu vollstrecken, der nicht vom Jugendrichter verhängt ist, so ist Vollstreckungsleiter der als Vollzugsleiter zuständige Jugendrichter.

(2) Ist Jugendarrest zu vollstrecken, der vom Richter verhängt ist, so gibt der zunächst zuständige Richter vor oder nach Einweisung und Ladung des Jugendlichen die Vollstreckung an den Jugendrichter ab, der als Vollzugsleiter zuständig ist.

(3) Ist eine Jugendgefängnisstrafe von unbestimmter Dauer zu vollstrecken, so geht nach der Aufnahme des Verurteilten in das Jugendgefängnis die Vollstreckung auf den Jugendrichter eines in dessen Nähe gelegenen Amtsgerichts über, den der Reichsminister der Justiz hierfür allgemein bestellt hat.

(4) Aus wichtigen Gründen kann der Vollstreckungsleiter die Vollstreckung widerruflich an einen sonst nicht oder nicht mehr zuständigen Jugendrichter abgeben; zulässig ist auch die Abgabe an den Vorsitzer der Jugendkammer, der die Vollstreckung ursprünglich übernommen hatte.

§ 58.
Strafaussetzung auf Probe.

(1) Der Vollstreckungsleiter kann eine Jugendgefängnisstrafe auf Probe aussetzen, wenn der Verurteilte einen wesentlichen Teil, mindestens ein Drittel der Strafe, verbüßt hat und eine weitere Strafverbüßung nicht erforderlich ist. Er entscheidet über die Aussetzung auf Antrag oder nach Anhören des Vollzugsleiters und des Staatsanwalts.

(2) Die Probezeit beträgt mindestens zwei und höchstens fünf Jahre; sie kann nachträglich bis auf zwei Jahre verkürzt oder bis auf fünf Jahre verlängert werden. Der Vollstreckungsleiter kann dem Verurteilten Auflagen machen und ihn unter Bewährungsaufsicht stellen; er kann solche Anordnungen auch nachträglich treffen oder ändern.

(3) Bewährt sich der Verurteilte in der Probezeit, so wird der Strafrest nicht vollstreckt. Führt er sich in ihr schlecht, so widerruft der Vollstreckungsleiter die Strafaussetzung und ordnet die weitere Vollstreckung an.

(4) Kommt der Widerruf in Frage, so kann der Vollstreckungsleiter, um sich der Person des Verurteilten zu versichern, vorläufige Maßnahmen treffen, namentlich einen Haftbefehl erlassen.

(5) Während der Probezeit ruht die Verjährung der Strafvollstreckung.

§ 59.

Entlassung auf Probe.

(1) Der Vollstreckungsleiter entläßt den zu einer Jugendgefängnisstrafe von unbestimmter Dauer Verurteilten auf Probe, wenn anzunehmen ist, daß er sich künftig in die Volksgemeinschaft einordnet. Die Entlassung ist nicht zulässig, bevor der Verurteilte das im Urteil festgesetzte Mindestmaß der Strafe verbüßt hat.

(2) Für die Probezeit stellt der Vollstreckungsleiter den Entlassenen unter Bewährungsaufsicht.

(3) Bewährt sich der Entlassene in der Probezeit nicht, so widerruft der Vollstreckungsleiter die Entlassung und ordnet die weitere Vollstreckung an.

(4) Im übrigen gilt dasselbe wie für die Strafaussetzung auf Probe.

§ 60.

Überweisung an die Polizei.

(1) Erlangt der Vollstreckungsleiter während des Vollzugs einer unbestimmten Jugendgefängnisstrafe die Überzeugung, daß der Verurteilte die Einordnung in die Volksgemeinschaft nicht erwarten läßt, und hat dieser das Mindestmaß der Strafe verbüßt, so überweist er ihn der Polizei zur Unterbringung in einem Jugendschutzlager.

(2) Ebenso überweist der Vollstreckungsleiter den zu bestimmten oder unbestimmter Jugendgefängnisstrafe verurteilten Jugendlichen nach Verbüßung der Strafe der Polizei zur Unterbringung in einem Jugendschutzlager, wenn dieser die Einordnung in die Volksgemeinschaft voraussichtlich nicht erwarten läßt.

Anmerkung: Entsprechend den veränderten Verhältnissen bedarf § 60 einer Änderung.

§ 61.

Umwandlung und Verlängerung des Jugendarrests.

(1) Der Vollstreckungsleiter kann aus wichtigen Gründen, namentlich um die sofortige Vollstreckung zu sichern, Freizeitarrest in Kurzarrest oder Dauerarrest umwandeln. Dabei steht Freizeitarrest in der Dauer einer Freizeit zwei Tagen Dauerarrest oder 36 bis 48 Stunden Kurzarrest gleich.

(2) Der Vollstreckungsleiter kann Jugendarrest über das im Urteil festgesetzte Maß hinaus vollstrecken, wenn der Jugendliche der Ladung ohne Entschuldigung nicht gefolgt ist; der aus diesem Grund verhängte Jugendarrest darf eine Freizeit oder drei Tage Kurzarrest oder Dauerarrest nicht übersteigen.

[(3) Versäumt der Jugendliche im Anschluß an den Jugendarrest schuldhaft die Arbeit, so kann der Vollstreckungsleiter anordnen, daß der Jugendliche eine Freizeit oder Kurzarrest nachzuverbüßen hat.]

Anmerkung: Abs. 3 wurde durch Gesetz der Regierung Württemberg-Baden v. 14. 8. 1946 gestrichen.

§ 62.

Absehen von der Vollstreckung des Jugendarrests.

(1) Die Vollstreckung des Jugendarrests wird nicht auf Probe ausgesetzt.

(2) Ist der Jugendarrest teilweise verbüßt, so sieht der Vollstreckungsleiter von der Vollstreckung des Restes ab, wenn dies aus Gründen der Erziehung geboten ist. Vor der Entscheidung hört er nach Möglichkeit den erkennenden Richter und den Staatsanwalt oder die Polizeibehörde, wenn diese den Jugendarrest verhängt hat.

(3) Hat der Verurteilte nach Verkündung des Urteils Untersuchungshaft erlitten, so kann der Vollstreckungsleiter von der Vollstreckung des Jugendarrests insoweit absehen, als dessen Zweck erreicht ist.

(5) Die Vollstreckung des Jugendarrests ist unzulässig, wenn seit Eintritt der Rechtskraft ein Jahr verstrichen ist.

Anmerkung: Abs. 4 ist gegenstandslos geworden.

§ 63.

Änderung und Aufhebung von Zuchtmitteln und Erziehungsmaßregeln.

(1) Der Vollstreckungsleiter kann Pflichten, die der Richter festgesetzt hat, ändern und davon befreien.

(2) Der Vormundschaftsrichter kann Weisungen, die der Richter festgesetzt hat, im Einvernehmen mit der Jugendgerichtshilfe ändern und davon befreien.

(3) Die Beendigung der Schutzaufsicht und der Fürsorgeerziehung richtet sich nach den Vorschriften über Jugendwohlfahrt.

Zweiter Abschnitt.

Vollzug.

§ 64.

Aufgabe des Jugendstrafvollzugs.

(1) Durch den Vollzug der Jugendgefängnisstrafe soll der Verurteilte dazu erzogen werden, sich verantwortungsbewußt in die Volksgemeinschaft einzuordnen.

(2) Zucht und Ordnung, Arbeit, Unterricht, Leibesübungen und sinnvolle Gestaltung der freien Zeit sind die Grundlagen dieser Erziehung. Wenn möglich, wird der Verurteilte für einen Beruf ausgebildet.

(3) Die Beamten müssen für die Erziehungsaufgabe des Vollzugs geeignet sein.

§ 65.

Jugendgefängnisse.

(1) Die Jugendgefängnisstrafe wird in Jugendgefängnissen der Reichsjustizverwaltung vollzogen.

(2) An einem Verurteilten, der sich nicht für den Jugendstrafvollzug eignet, braucht die Strafe nicht im Jugendgefängnis vollzogen zu werden. Jugendgefängnisstrafe, die nicht im Jugendgefängnis vollzogen wird, wird wie Gefängnisstrafe vollzogen.

(3) Im Jugendgefängnis darf an Verurteilten, die das vierundzwanzigste Lebensjahr noch nicht vollendet haben, auch Gefängnisstrafe und Haft vollzogen werden.

§ 66.

Jugendarrest.

(1) Der Vollzug des Jugendarrests soll den Jugendlichen in seinem Ehrgefühl aufrütteln und ihm eindringlich zum Bewußtsein bringen, daß er für das von ihm begangene Unrecht einzustehen hat.

(2) Der Jugendarrest wird in Jugendarrestanstalten oder Freizeitarresträumen der Reichsjustizverwaltung vollzogen. Vollzugsleiter ist der Jugendrichter am Ort des Vollzugs. An Fürsorgezöglingen, die sich in Heimerziehung befinden, kann der Vollstreckungsleiter im Einvernehmen mit der Fürsorgeerziehungsbehörde Jugendarrest in der Fürsorgeerziehungsanstalt vollziehen lassen.

(3) Der Dauerarrest und der Kurzarrest von mehr als drei Tagen werden durch strenge Tage verschärft, an denen der Jugendliche vereinfachte Kost und hartes Lager erhält.

(4) Im Freizeitarrest und im Kurzarrest bis zu drei Tagen erhält der Jugendliche vereinfachte Kost und hartes Lager.

(5) Der Vollzugsleiter kann als Hausstrafe den Jugendarrest ganz oder teilweise für nicht verbüßt erklären.

Anmerkung: Die Abs. 3 u. 4 wurden durch Gesetz der Regierung Württemberg-Baden v. 14. 8. 1946 gestrichen.

§ 67.

Erziehungsmaßregeln.

(1) Die Befolgung von Weisungen (§ 12) überwacht die Jugendgerichtshilfe. Handelt der Jugendliche den Weisungen zuwider, so unterrichtet sie den Vormundschaftsrichter.

(2) Die Ausübung der Schutzaufsicht und die Ausführung der Fürsorgeerziehung richten sich nach den Vorschriften über Jugendwohlfahrt.

§ 68.

Untersuchungshaft.

(1) An Jugendlichen wird die Untersuchungshaft nach Möglichkeit in einer besonderen Abteilung der Haftanstalt oder, wenn eine Freiheitsstrafe nicht zu erwarten ist, in einer Jugendarrestanstalt vollzogen. In der besonderen Abteilung der Haftanstalt kann die Untersuchungshaft auch an Beschuldigten vollzogen werden, die noch nicht einundzwanzig Jahre alt sind.

(2) Der Vollzug der Untersuchungshaft wird erziehlich gestaltet.

(3) Dem Vertreter der Jugendgerichtshilfe und, wenn der Beschuldigte unter Schutzaufsicht oder Bewährungsaufsicht steht, dem Helfer ist der Verkehr mit dem Beschuldigten in demselben Umfang wie einem Verteidiger gestattet.

Anmerkung: Entsprechend den veränderten Verhältnissen bedarf § 68 Abs. 3 einer Änderung.

Vierter Teil.

Strafregister.

§ 69.

Anwendung des Straftilgungsgesetzes und der Strafregisterverordnung.

(1) Verurteilungen zu Jugendgefängnis werden im Strafregister vermerkt. Auf die Vermerke werden, soweit nicht etwas anderes bestimmt ist, die für die Ge-

ängnisstrafe geltenden Vorschriften des Gesetzes über beschränkte Auskunft aus dem Strafregister und die Tilgung von Strafvermerken und der Strafregisterverordnung angewendet.

(2) Die Anordnung von Zuchtmitteln und Erziehungsmaßregeln wird dem Strafregister nur mitgeteilt, wenn sie mit einer Verurteilung zu Jugendgefängnis verbunden ist. Entscheidungen, durch die das Verfahren gegen einen Jugendlichen wegen mangelnder Reife eingestellt wird, werden dem Strafregister nicht mitgeteilt.

(3) Der Tag, an dem die Strafe verbüßt ist, wird bei Jugendgefängnis dem Strafregister stets mitgeteilt.

§ 70.

Beschränkte Auskunft und Tilgung.

(1) Für Vermerke über Jugendgefängnis beträgt die Frist, nach deren Ablauf nur noch beschränkt Auskunft aus dem Strafregister erteilt wird,

1. drei Jahre, wenn auf höchstens sechs Monate Jugendgefängnis allein oder mit Nebenstrafen erkannt worden ist, mit Ausnahme der Fälle, in denen die Unterbringung in einer Heil- oder Pflegeanstalt angeordnet worden ist,
2. fünf Jahre in allen übrigen Fällen.

Die Frist der Nr. 1 beginnt mit dem im Strafregister vermerkten Tag der Verurteilung. Die Frist der Nr. 2 beginnt mit dem Tag, an dem die Strafe verbüßt, verjährt oder erlassen und eine Unterbringung in einer Heil- oder Pflegeanstalt erledigt ist. Hat sich nach Ablauf einer Probezeit die Strafe oder die Unterbringung in einer Heil- oder Pflegeanstalt erledigt, ohne daß die Strafaussetzung oder Entlassung auf Probe widerrufen worden ist, so wird die Probezeit in die Frist der Nr. 2 eingerechnet.

(2) Die Frist, nach deren Ablauf Vermerke über Jugendgefängnis getilgt werden, beträgt

1. zwei Jahre, wenn auf höchstens sechs Monate Jugendgefängnis allein oder in Verbindung mit Nebenstrafen erkannt worden ist, mit Ausnahme der Fälle, in denen die Unterbringung in einer Heil- oder Pflegeanstalt angeordnet worden ist,
2. vier Jahre in allen übrigen Fällen.

Die Frist beginnt mit dem Tage, von dem ab nur noch beschränkt Auskunft erteilt wird.

Fünfter Teil.

Beseitigung des Strafmakels durch Richterspruch.

§ 71.

Voraussetzungen.

(1) Hat ein zu Jugendgefängnis Verurteilter durch einwandfreie Führung und durch Bewährung im Dienst der Volksgemeinschaft bewiesen, daß er ein ordentlicher Volksgenosse geworden ist, so erklärt der Jugendrichter auf Antrag des Verurteilten, seines gesetzlichen Vertreters oder des Erziehungspflichtigen den Strafmakel für ausgelöscht. Dies kann auch auf Antrag des Staatsanwalts geschehen.

(2) Die Anordnung kann frühestens zwei Jahre seit der Verbüßung oder dem Erlaß der Strafe ergehen. Hat sich der Verurteilte der Beseitigung des Strafmakels besonders würdig gezeigt, so kann die Anordnung auch schon früher getroffen werden. Ist die Strafe auf Probe ausgesetzt oder der Verurteilte auf Probe entlassen worden, so kann die Anordnung nicht vor Beendigung der Probezeit ergehen.

§ 72.

Verfahren.

(1) Zuständig ist der Jugendrichter des Gerichts, dem die vormundschaftsrichterlichen Erziehungsaufgaben für den Verurteilten obliegen, und, wenn der Verurteilte volljährig ist, der Jugendrichter, in dessen Bezirk der Verurteilte seinen Wohnsitz hat.

(2) Der Jugendrichter beauftragt mit den Ermittlungen über die Führung des Verurteilten und seine Bewährung im Dienst der Volksgemeinschaft vorzugsweise die Stelle, die den Verurteilten nach der Verbüßung der Strafe betreut hat. Er kann eigene Ermittlungen anstellen. Er hört den Verurteilten und, wenn dieser minderjährig ist, seinen gesetzlichen Vertreter und den Erziehungspflichtigen, ferner die Schule und die Polizeibehörde.

(4) Nach Abschluß der Ermittlungen äußert sich der Staatsanwalt. Will der Jugendrichter von dem Antrag des Staatsanwalts abweichen, so legt er die Sache unter Angabe seiner Gründe der Jugendkammer zur Entscheidung vor; diese entscheidet endgültig.

Anmerkung: Abs. 3 ist gegenstandslos geworden.

§ 73.

Entscheidung.

(1) Der Beschluß des Jugendgerichts, durch den der Strafmakel für ausgelöscht erklärt wird, wird dem Verurteilten durch den Jugendrichter verkündet. Zeit und Ort der Verkündung werden dem Erziehungspflichtigen und dem gesetzlichen Vertreter und dem Staatsanwalt mitgeteilt. Bei Minderjährigen erhält auch die Jugendgerichthilfe Mitteilung. Der Jugendrichter kann, wenn das Erscheinen des Verurteilten vor ihm nicht möglich oder mit Schwierigkeiten verbunden ist, einen anderen Jugendrichter um die Verkündung ersuchen oder dem Verurteilten den Beschluß zustellen lassen. Auch wenn der Beschluß verkündet worden ist, erhält der Verurteilte eine Ausfertigung.

(2) Das Jugendgericht lehnt die Beseitigung des Strafmakels ab, wenn der Verurteilte ihrer nicht würdig ist. Hält es die Voraussetzungen für eine Beseitigung des Strafmakels noch nicht für gegeben, so kann es die Entscheidung um höchstens zwei Jahre aufschieben. Die Beschlüsse werden begründet und dem Verurteilten bekanntgemacht; sie sind unanfechtbar.

Anmerkung: Entsprechend den veränderten Verhältnissen bedarf § 73 Abs. 1 einer Änderung.

§ 74.

Wirkung.

(1) Hat das Jugendgericht den Strafmakel für ausgelöscht erklärt, so darf sich der Verurteilte als unbestraft bezeichnen und jede Auskunft über die Tat und über die Strafe verweigern. Der Richter und der Staatsanwalt können aus besonderen Gründen anordnen, daß der Verurteilte vor ihnen Auskunft geben muß. Dies soll dann nicht öffentlich geschehen.

(2) Der Beschluß, durch den der Strafmakel für ausgelöscht erklärt wird, wird in das Strafregister und in die polizeilichen Listen eingetragen. Über die Verurteilung wird nur noch dem Strafrichter und dem Staatsanwalt für die Strafverfolgung auf ausdrückliches Ersuchen Auskunft erteilt. In polizeilichen Führungszeugnissen darf die Verurteilung nicht genannt werden.

§ 75.

Widerruf.

Stellt sich vor der Tilgung der Strafe heraus, daß der Verurteilte der Beseitigung des Strafmakels nicht würdig ist, so wird die Anordnung mit Zustimmung des Staatsanwalts widerrufen. Der Beschluß wird begründet und dem Verurteilten bekanntgemacht; er ist unanfechtbar. Wird der Verurteilte wegen einer neuen Straftat rechtskräftig schuldig gesprochen, so ist der erkennende Richter zuständig, im übrigen das Jugendgericht, das die Anordnung erlassen hat.

Sechster Teil.

Jugendliche vor Erwachsenengerichten.

§ 76. Gegenstandslos geworden.

§ 77.

Verbindung mehrerer Verfahren.

Verfahren, die zur Zuständigkeit der Jugendgerichte gehören, sollen mit Verfahren gegen andere Beschuldigte, für die ein Erwachsenengericht zuständig ist, nur verbunden werden, wenn es zur Erforschung der Wahrheit oder aus anderen wichtigen Gründen geboten ist.

§ 78.

Verfahren gegen Jugendliche vor Erwachsenengerichten.

(1) In Verfahren, in denen der Beschuldigte bei Erhebung der Anklage noch nicht achtzehn Jahre alt ist, sollen die Erwachsenengerichte die Verfahrensvorschriften dieses Gesetzes anwenden, soweit nicht besondere Gründe dagegensprechen.

(2) Das Erwachsenengericht kann, soweit es nicht ausschließlich zuständig ist, das Verfahren mit Zustimmung des Staatsanwalts durch Beschluß in das Jugendstrafverfahren verweisen.

(3) Die Auswahl und Anordnung von Erziehungsmaßregeln und Zuchtmitteln außer dem Jugendarrest wird dem Vormundschaftsrichter überlassen. Im übrigen kann das Erwachsenengericht auf sämtliche Strafen und Maßnahmen erkennen, die dieses Gesetz für Jugendliche zuläßt.

§ 79. Gegenstandslos geworden.

§ 80. Gegenstandslos geworden.

Siebenter Teil.

Schluß- und Übergangsvorschriften.

§ 81.

Gerichtsstand für unbestimmt Verurteilte.

Solange eine Jugendgefängnisstrafe von unbestimmter Dauer noch nicht vollständig verbüßt ist, ist für weitere Straftaten des Verurteilten der Richter, dem die Aufgaben des Vollstreckungsleiters obliegen, im Rahmen seiner Strafgewalt auch dann zuständig, wenn die weiteren Straftaten nicht in jugendlichem Alter begangen sind.

§ 82.

Behandlung sonstiger Freiheitstrafen gegen Jugendliche.

(1) Gefängnis- oder Festungshaftstrafen, auf die gegen einen Jugendlichen vor dem Inkrafttreten dieses Gesetzes erkannt worden ist, werden für die Anwendung dieses Gesetzes dem Jugendgefängnis gleichgestellt.

(2) Abs. 2 gegenstandslos geworden.

(3) Über Freiheitstrafen bis zu drei Monaten und über Geldstrafen wird nur beschränkt Auskunft erteilt; hat der Verurteilte das zwanzigste Lebensjahr vollendet und sind seit dem Tage der letzten Verurteilung vier Jahre verstrichen, so wird der Vermerk über die Verurteilung getilgt.

B.

Polizeiverordnung zum Schutze der Jugend

vom 10. Juni 1943.

§ 1.

Fernhaltung von öffentlichen Straßen und Plätzen während der Dunkelheit.

Minderjährige unter 18 Jahren dürfen sich auf öffentlichen Straßen und Plätzen oder an sonstigen öffentlichen Orten während der Dunkelheit nicht herumtreiben.

§ 2.

Fernhaltung aus öffentlichen Lokalen.

(1) Der Aufenthalt in Gaststätten aller Art ist Minderjährigen unter 16 Jahren, die sich nicht in Begleitung des Erziehungsberechtigten oder seines Beauftragten befinden, verboten.

(2) Minderjährige im Alter von 16 bis 18 Jahren dürfen sich ohne eine solche Begleitung nur bis 21 Uhr in Gaststätten aufhalten.

§ 3.

Fernhaltung von öffentlichen Lichtspielvorführungen.

Der Besuch von öffentlichen Lichtspielvorführungen, die nach 21 Uhr beendet sind, ist Minderjährigen unter 18 Jahren, die sich nicht in Begleitung des Erziehungsberechtigten oder seines Beauftragten befinden, verboten.

§ 4.

Fernhaltung von öffentlichen Varieté-, Kabarett- und Revuevorführungen.

Der Besuch von öffentlichen Varieté-, Kabarett- und Revuevorführungen ist Minderjährigen unter 18 Jahren verboten.

§ 5.

Fernhaltung von öffentlichen Tanzlustbarkeiten.

Der Aufenthalt in Räumen, in denen öffentliche Tanzlustbarkeiten stattfinden, und die Teilnahme an öffentlichen Tanzlustbarkeiten in Räumen und im Freien ist Minderjährigen unter 16 Jahren verboten und Minderjährigen im Alter von 16 bis 18 Jahren nur in Begleitung des Erziehungsberechtigten oder seines Beauftragten bis 23 Uhr gestattet.

§ 6.

Fernhaltung von öffentlichen Schieß- oder Spieleinrichtungen.

(1) Minderjährige unter 18 Jahren dürfen sich in öffentlichen Schieß- oder Spielhallen und ähnlichen Räumen, in denen für die Benutzung von Schieß- oder Spielgeräten ein Entgelt erhoben wird, nur in Begleitung des Erziehungsberechtigten oder seines Beauftragten aufhalten.

(2) Minderjährige unter 16 Jahren dürfen Schieß- oder Spielgeräte, die an anderen Orten als in den im Abs. 1 bezeichneten Räumen aufgestellt sind (z. B. auf Jahrmärkten, Schützenfesten oder bei sonstigen Volksbelustigungen), nur in Anwesenheit des Erziehungsberechtigten oder seines Beauftragten gegen Entgelt benutzen.

§ 7.

Verbot des Alkoholgenusses.

Minderjährigen unter 18 Jahren ist in Gaststätten der Genuß von Branntwein oder überwiegend branntweinhaltigen Genußmitteln, Minderjährigen unter 16 Jahren in Abwesenheit des Erziehungsberechtigten oder seines Beauftragten auch der Genuß von anderen alkoholhaltigen Getränken verboten.

§ 8.

Verbot des öffentlichen Rauchens.

Minderjährigen unter 18 Jahren ist der Genuß von Tabakwaren in der Öffentlichkeit verboten.

§ 9.

Vertretung des Erziehungsberechtigten.

Der Erziehungsberechtigte darf mit der Wahrnehmung seiner Erziehungsgewalt im Sinne dieser Polizeiverordnung nur eine volljährige Person beauftragen.

§ 10.

Aushangspflicht.

(1) Die Unternehmer haben auf die nach den §§ 3 bis 6 für ihre Betriebe, Einrichtungen und Veranstaltungen geltenden Verbote durch einen deutlich sichtbaren Aushang hinzuweisen.

(2) Die Kreispolizeibehörden können auch den Aushang der in den §§ 2 und 7 enthaltenen Bestimmungen anordnen.

§ 11.

Ausnahmen.

Abs. 1 u. 2 sind gegenstandslos geworden.

(3) Die Vorschrift des § 2 gilt nicht für Minderjährige unter 18 Jahren, die sich nachweislich auf Reisen befinden.

(4) Die Kreispolizeibehörden können Ausnahmen von den Verboten der §§ 2 bis 5 zulassen.

§ 12.

Strafvorschriften.

I. Jugendliche.

(1) Gegen Jugendliche, die vorsätzlich gegen die §§ 1 bis 8 dieser Polizeiverordnung verstoßen oder Minderjährigen unter 18 Jahren vorsätzlich Verstöße gegen die

§§ 2 bis 8 ermöglichen, wird Jugendarrest in der Form des Freizeitarrestes von einer Freizeit bis zu vier Freizeiten oder Geldstrafe bis zu 50 Reichsmark verhängt.

II. Erwachsene.

(2) Mit Geldstrafe bis zu 150 Reichsmark oder Haft bis zu sechs Wochen werden bestraft:

a) Erziehungsberechtigte und die von ihnen beauftragten Personen, die vorsätzlich oder fahrlässig durch Verletzung ihrer Aufsichtspflicht Minderjährigen unter 18 Jahren Verstöße gegen die §§ 1 bis 8 dieser Polizeiverordnung ermöglichen;
b) Unternehmer der in den §§ 2 bis 6 genannten Betriebe, Einrichtungen und Veranstaltungen, die vorsätzlich oder fahrlässig Minderjährigen unter 18 Jahren Verstöße gegen die §§ 2 bis 6 dieser Polizeiverordnung ermöglichen oder vorsätzlich oder fahrlässig dem § 10 zuwiderhandeln;
c) sonstige Personen über 18 Jahre, die vorsätzlich Minderjährigen unter 18 Jahren Verstöße gegen die §§ 2 bis 8 dieser Polizeiverordnung ermöglichen.

(3) Unberührt bleiben polizeiliche Sicherungsmaßnahmen, die Strafvorschriften des § 29 Ziffer 8 und des § 30 Abs. 2 des Gaststättengesetzes vom 28. April 1930 (Reichsgesetzbl. I S. 146), der §§ 25, 27 und 28 des Lichtspielgesetzes vom 16. Februar 1934 (Reichsgesetzbl. I S. 95) und sonstige Strafvorschriften, die eine höhere Strafe androhen.

§ 13.

Inkrafttreten.

Diese Polizeiverordnung tritt am siebenten Tage nach der Verkündung in Kraft.

Alphabetisches Sachverzeichnis.

Die Zahlen bedeuten die Seiten.

B.

C.

D.

E.

L.

M.

P.

Q.

R.

U.

V.

Die Zahlen bedeuten die Seiten.

Kolibri 360 GmbH
Ferdinand-Jühlke-Straße 7
99095 Erfurt, Deutschland
produktsicherheit@kolibri360.de